문학 개념어 몽땅

개념어 제대로 학습법

Q 개념어 공부, 왜 해야 할까요?

먼저, 다음 선택지를 한번 보세요. 평가원 기출문제의 일부입니다.

① 말을 건네는 방식을 통해 화자의 요구를 전달하고 있다.
② 대상을 의인화하여 화자와 자연의 유대감을 나타내고 있다.
③ 과거와 현재를 대비하여 미래에 대한 전망을 드러내고 있다.
④ 물음의 방식을 활용하여 대상에 대한 친밀감을 표현하고 있다.
⑤ 풍경을 사실적으로 묘사하여 계절의 변화상을 그려 내고 있다.

　이 중에서 단박에 이해할 수 있는 개념어가 몇 개나 되나요? 그동안 국어 문제를 풀 때마다 무슨 말인지 잘 모르면서 감으로 찍지는 않았나요? 그렇게 해서 맞으면 다행이고, 틀리면 운이 없는 것이고……. 그리고는 이렇게 말합니다. "역시 국어는 감이야. 공부해도 등급이 안 올라."
　물론 이것은 섣부른 생각입니다. 문학 공부에 필수적인 개념어에 대해서 모르고 하는 말이니까요. 수능·모의고사 등 시험의 발문, 〈보기〉, 선택지에 등장하는 주요 표현이 바로 문학의 개념어입니다. 문학에도 공부해야 할 개념어가 있다는 사실을 인지하는 것이 국어 영역 학습의 첫걸음입니다.

Q 개념어, 어떻게 공부해야 할까요?

　문학 개념어는 단순히 뜻만 외워서는 실제 시험에서 낯선 작품을 만났을 때 적용하기가 쉽지 않습니다. **문학 개념어 몽땅**이 제시하는 확실하고 제대로 된 3단계 학습 방법에 따라 개념어를 공부하시면 여러분의 문학 실력이 향상될 것입니다.

✕ 몽땅이 추천하는 개념어 3단계 학습법

step 1 개념어의 정의를 숙지하기

먼저 개념어의 정의를 숙지해야 합니다. **문학 개념어 몽땅**에서는 한눈에 들어오는 개념어의 정의를 제시하고 이와 함께 한 번 더 풀어서 설명해 주었습니다.

001 **표면적 화자** 表面(겉 표, 낯 면) │ '나' 등의 시어를 통해 겉으로 드러난 화자

화자가 시에서 '나', '우리' 등의 시어를 통해 명시되어 있을 때, 이러한 화자를 표면적 화자라고 한다.

step 2 개념어의 정의를 예시로 이해하기

영단어를 외우듯이 뜻만 암기하고 작품에 제대로 적용하지 못한다면 개념어 공부를 제대로 한 것이 아닙니다. **문학 개념어 몽땅**은 모든 개념어를 예시 작품을 통해 설명해 주었습니다. 개념어를 예시 작품을 통해 공부한다면 확실하게 그 뜻을 이해하고 기억할 수 있습니다.

십 년을 경영하여 초려삼간(草廬三間) 지어 내니
　　　　　　　　　　방이 세 칸인 초가집
나 한 간 달 한 간에 청풍(淸風) 한 간 맡아 두고
강산은 들일 데 없으니 둘러 두고 보리라

● 시어 '나'를 통해 화자가 표면에 드러나 있음을 알 수 있다. 화자는 3칸의 방을 '나', 달, 바람(청풍)이 한 칸씩 나눠 갖고, 강과 산은 자연에 두고 감상하겠다고 말하고 있다.

– 송순의 시조

step 3 다른 지문과 문제에 개념어를 적용하기

개념어를 예시를 통해 이해했다면 다음 단계는 무엇일까요? 바로 문제에 적용해 봄으로써 이해한 바를 활용하는 단계입니다. 이와 같은 3단계 학습을 반복하면 할수록, 시험에서 낯선 작품을 지문으로 만나더라도 공부한 개념어를 잘 적용하여 선택지를 쉽고 빠르게 판단할 수 있습니다.

청천(靑天)에 떠서 울고 가는 외기러기 날지 말고 내 말 들어
한양성 내에 잠깐 들러 부디 내 말 잊지 말고 외쳐 불러 이르기를 월황혼 되어 갈 때 적막
공규(空閨)에 던져진 듯 홀로 앉아 임 그리워 차마 못 살레라 하고 부디 한 말을 전하여 주렴
우리도 님 보러 바삐 가옵는 길이오매 전할 등 말 등 하여라

– 작자 미상의 사설시조

04 이 글에는 화자와 청자의 (대화, 문답)이/가 드러나 있다.

✕ 몽땅이 추천하는 개념어 3단계 학습법을 다시 한 번 정리해 볼까요?

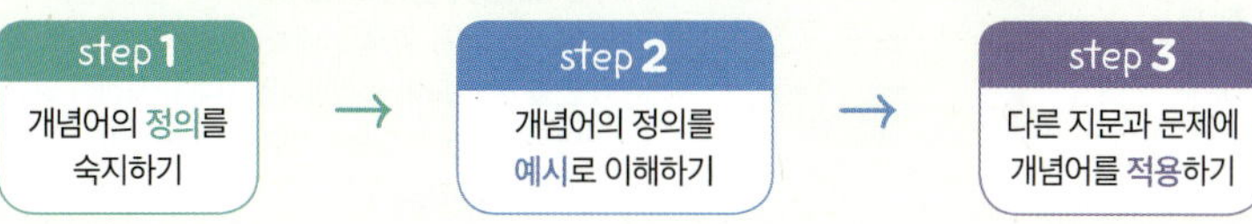

구성과 특징

01 수능 + 내신 시험에 나오는 문학 개념어 212개를 총망라!

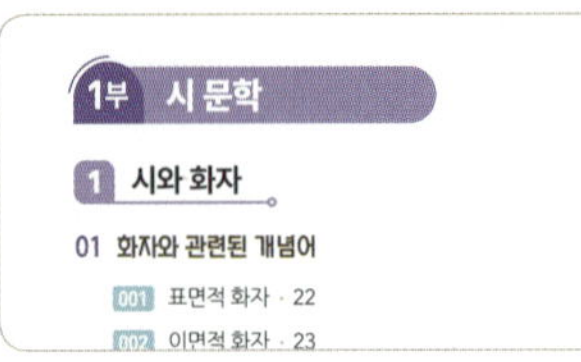

최근 10개년 수능/모평/학평 및 교과서를 바탕으로 필수 문학 개념어를 선별하여 **대단원-소단원**으로 분류하고, 보기 쉽게 **사전식**으로 총정리하였습니다.

02 개념어 학습에 최적화된 단계적, 입체적 구성!

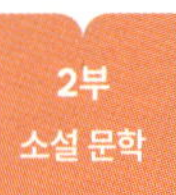
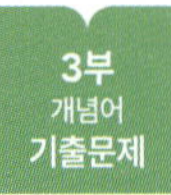

1부, 2부에서 학습한 개념어를 3부 기출문제로 완벽히 익힐 수 있게 구성하였습니다.

- 1부: 7개의 대단원과 18개의 소단원
- 2부: 7개의 대단원과 13개의 소단원
- 3부: 시 기출문제 & 소설 기출문제

● 개념어 제대로 학습법, 갈래별 작품 접근법 특강을 수록하여 학생들이 개념어 학습법을 이해하고 작품과 문제에 적용할 수 있도록 하였습니다.

---

1 대단원 길잡이
▶ 각 단원에서 배울 내용을 그림 속 상황을 통해 쉽고 간략하게 설명하였습니다.
▶ 작품 예시와 개념어 설명을 보며 핵심 개념어를 미리 파악할 수 있습니다.

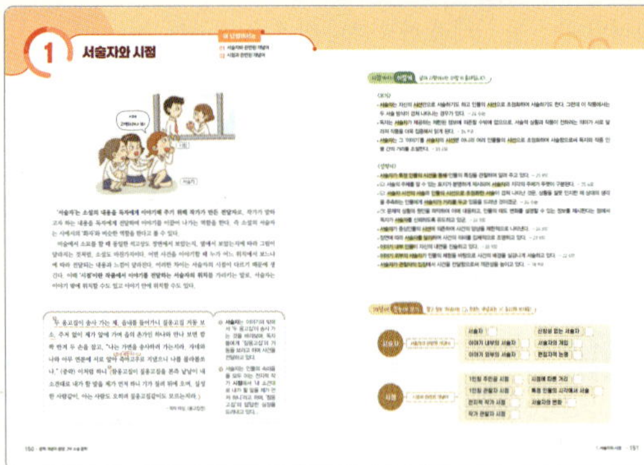

○ 시험에서는 이렇게

최근 수능과 모의평가에서 반복되어 출제되는 발문, 〈보기〉, 선택지 속 개념어를 정리하였습니다. 실제 시험에서 개념어가 어떻게 출제되는지 알 수 있습니다.

- '25 수능'은 2024년에 시행된 2025학년도 수능을 의미합니다.

○ 개념어 한눈에 보기

각 단원에서 앞으로 배울 개념어를 한눈에 확인할 수 있도록 도식화하였습니다. 자신이 알고 있는 개념어가 있는지 미리 체크해 보고 학습을 시작할 수 있습니다.

 ## 소단원 구성

▶ 함께 묶어서 학습하면, 학습 효율이 올라가는 개념어들을 모아 소단원을 구성하였습니다.
▶ 소단원 도입부에 해당 소단원에서 배울 내용을 간략하게 설명하여 학습 방향을 제시하였습니다.

● 개념어 학습

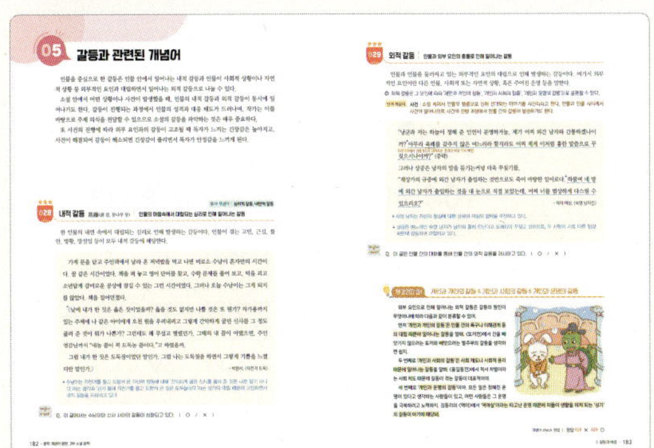

표제 개념어 212개

반드시 알아야 할 필수 개념어를 소단원별 분류에 따라 제시하였습니다.

- 이해하기 쉽고 정확한 개념어 설명
- 어려운 한자어 개념어에는 한자를 병기
- 모든 개념어에 예시 작품 수록
  (각종 시험 및 교과서 필수 작품으로 선별)
  - 작품은 기출 표기를 따르되, 맞춤법과 표준국어대사전에 따라 일부 수정하였습니다.
- ★ 표시로 출제 빈도 제시
- 보기 편하고 활용도 높은 사전식 편집

유사 개념어, 연계 개념어

- 유사 개념어: 시험에서 표제 개념어와 거의 같은 의미로 쓰이는 개념어입니다.
- 연계 개념어: 표제 개념어와 함께 공부하면 도움이 되는 개념어입니다.

개념어 check

개념어와 예시 작품을 제대로 이해했는지 ○× 문제, 빈칸 채우기 문제 등으로 확인할 수 있습니다.

헷갈리지 마!

헷갈리기 쉬운 2~3개의 개념어를 비교하여, 핵심 내용을 헷갈리지 않도록 설명하였습니다.

● 개념어 확인 문제

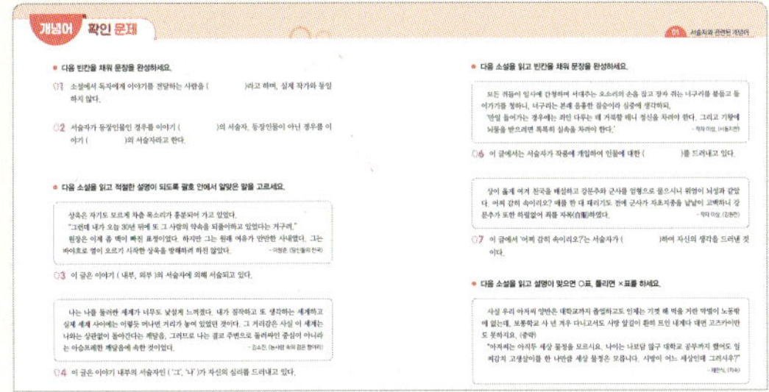

개념어 복습 및 마무리

확인 문제를 통해 소단원에서 공부한 개념어를 복습하며 마무리할 수 있습니다.

- 1부와 2부 각 7단원에는 확인 문제가 수록되어 있지 않습니다.

다양한 문제 유형과 예시 작품

빈칸 채우기, 맞는 개념어 선택하기, ○× 문제 등 다양한 유형의 문제와 작품을 통해 개념어 학습 정도를 점검할 수 있습니다.

 ## 개념어 기출문제

▶ 실제 시험에 출제된 기출문제를 통해 개념어를 집중 학습할 수 있습니다.

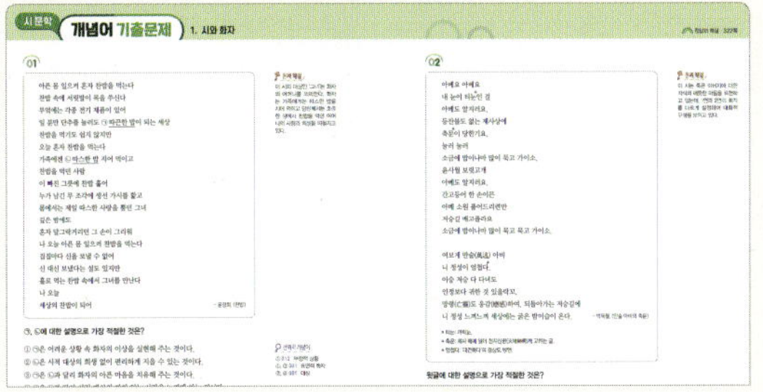

고1~고2 전국연합 학력평가 수록

대단원에서 다룬 개념어가 출제된 전국연합 학력평가 기출문제를 선별하여 수록하였습니다.

문제 해결, 선택지 개념어

문제를 푸는 방향을 제시하는 '문제 해결'과 교재에서 다룬 개념어를 찾아볼 수 있는 '선택지 개념어' 코너를 통해 효과적으로 학습할 수 있습니다.

차례

차례

3부 개념어 기출문제

시 문학 개념어 기출문제

소설 문학 개념어 기출문제

1부
시 문학

시인은 시를 지어서 자신의 정서나 생각, 가치관, 경험 등을 독자에게 전달하고자 하는데, 이를 효과적으로 전달하기 위해 화자라는 허구의 대리인을 설정한다. 즉, **'화자'는 시 속에서 시인을 대리하여 이야기하는 존재이다.** 화자는 시인 자신과 일치할 수도 있지만, 일치하지 않을 수도 있다.

화자가 시에서 이야기하는 데 활용되는 **모든 소재나 제재는 '대상'**이 되고, 그중 **화자가 말을 건네는 상대방으로 설정한 대상은 '청자'**가 된다.

일상에서 쓰이는 화자, 대상, 청자와 구분하기 위해 '시적 화자', '시적 대상', '시적 청자'라고 칭하기도 한다.

말 마소, 내 집도
정주 곽산
차 가고 배 가는 곳이라오.

여보소, 공중에
저 기러기
공중엔 길 있어서 잘 가는가?

– 김소월, 〈길〉

❶ 이 시의 **화자**는 '나'이다. '내'는 '나의'의 줄임말이므로 '내'를 통해 화자가 '나'임을 알 수 있다.

❷ 화자는 '여보소'라고 누군가에게 말하고 있다. 이를 통해 **청자**가 설정되어 있음을 알 수 있다.

❸ 제목에서도 알 수 있듯이 이 시는 '길'에 대해 이야기하고 있으므로, '길'은 **대상**이다. 시의 제목은 그 자체로 시의 대상이 되는 경우가 많다.

〈보기〉

- 이 시에서 성년이 된 **화자**는 얼음 아래의 물고기를 보면서 유년 시절 자신의 생가를 회상한다. — 25 9모
- **대상의 속성**에 주목하여 얻은 깨달음을 제시하는 방식으로 나타난다. — 24 수능
- 윤리적 덕목을 실천해야 하는 인물을 화자로 설정하여 **대화 형식**을 취하는 경우가 있다. — 18 6모

〈선택지〉

- **말을 건네는 방식**을 통해 **화자**의 요구를 전달하고 있다. — 25 9모
- (나)는 **대상**을 한정하는 어휘들을 사용하여 주제 의식을 강조하고 있다. — 25 6모
- (가)는 명시적 **청자**에게 **말을 건네는 방식**으로 **화자**의 감정을 드러낸다. — 24 수능
- (가)와 (나)는 모두, 사라져 가는 **대상**에 대한 **화자**의 안타까움을 드러낸다. — 24 수능
- ⓔ: 서러움을 느끼게 하는 **대상**인 실낱의 모습을 표현하고 있다. — 24 9모
- **대상**에 주목하여 **대상**과 관련된 가치를 추구하는 자세를 나타내고 있다. — 23 수능
- (가)는 위로하는 어조로, (나)는 충고하는 어조로 시적 **청자**에게 말을 건네고 있다. — 23 6모
- (가)는 '지금도'를 통해 '종가'의 불변성을, (나)는 '이제'를 통해 '시'의 **영속성**을 강조하고 있다. — 22 9모
- (가)에서 '또한'은 긍정적인 존재와 **화자**의 **동질성**을, (나)에서 '마구'는 부정적으로 취급되는 **대상**과 **화자** 간의 차별성을 부각한다. — 22 6모
- (가)와 (나)는 인격화된 사물을 **청자**로 하여 **화자**의 소망을 전달하고 있다. — 21 6모

개념어 한눈에 보기 알고 있는 개념어는 ○, 모르는 개념어는 ✕ 표시해 보세요!

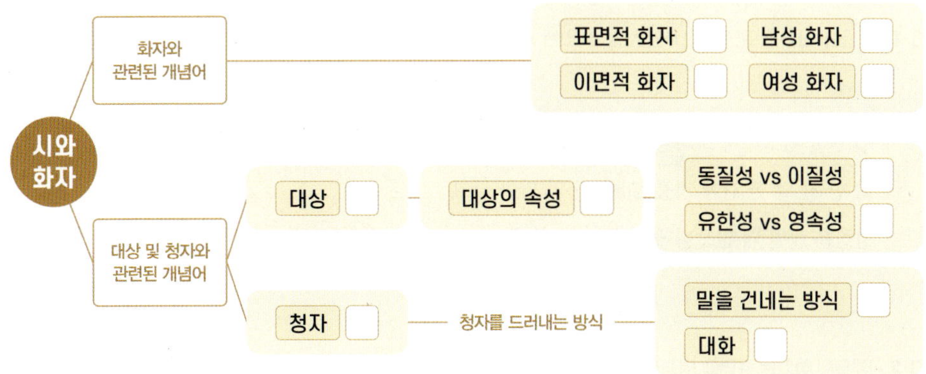

01 화자와 관련된 개념어

시인이 전달하고자 하는 이야기를 시 속에서 화자가 대신 말하고 있으므로, 화자가 누구인지 파악하는 것은 시 이해의 첫걸음이라 할 수 있다. 화자는 시의 표면에 드러나기도 하고 드러나지 않기도 한다.

한편 현대시에서는 화자의 성별이 드러나지 않거나 특정되지 않는 경우가 대부분이지만, 고전 시가에서는 화자의 성별이 드러나는 경우가 많다. 현대시와 달리 고전 시가는 주제가 한정적이므로 고전 시가에서 화자의 성별을 파악하면 작품의 주제나 세부 내용을 추측하는 데 도움이 된다.

001 표면적 화자 表面(겉 표, 낯 면) | '나' 등의 시어를 통해 겉으로 드러난 화자

화자가 시에서 '나', '우리' 등의 시어를 통해 명시되어 있을 때, 이러한 화자를 표면적 화자라고 한다.

➕ 시 문학에서 '표면'이라고 하면, 시 속에 시어로 쓰여 있다는 의미라 할 수 있다.

내 마음을 아실 이
내 혼자 마음 날같이 아실 이
　　　　　나와 같이
그래도 어디나 계실 것이면,

내 마음에 때때로 어리우는 티끌과
속임 없는 눈물의 간곡한 방울방울,
푸른 밤 고이 맺는 이슬 같은 보람을
보밴 듯 감추었다 내어 드리지.
　　보배인 듯

– 김영랑, 〈내 마음을 아실 이〉

• 시구 '내 혼자' 등을 통해 화자가 '나'임을 알 수 있다. 그러므로 이 시의 화자는 표면적 화자이다. 화자는 자신의 마음을 알아줄 이를 간절히 찾고 있다.

Q-1. 이 글의 화자가 표면적 화자임을 알 수 있는 시어나 시구를 모두 찾아 쓰세요. ＿＿＿＿＿＿＿＿＿

십 년을 경영하여 초려삼간(草廬三間) 지어 내니
　　　　　　　　방이 세 칸인 초가집
나 한 간 달 한 간에 청풍(淸風) 한 간 맡아 두고
강산은 들일 데 없으니 둘러 두고 보리라

• 시어 '나'를 통해 화자가 표면에 드러나 있음을 알 수 있다. 화자는 3칸의 방을 '나', 달, 바람(청풍)이 한 칸씩 나눠 갖고, 강과 산은 자연에 두고 감상하겠다고 말하고 있다.

– 송순의 시조

Q-2. 이 글의 화자는 표면에 명시되어 있다. （　○　/　×　）

이면적 화자 裏面(속 이, 낯 면) | 화자 자신을 지칭하는 시어가 겉으로 드러나지 않는 화자

화자가 시에서 시어를 통해 명시되어 있지 않을 때, 이러한 화자를 이면적 화자라고 한다. 화자가 시의 표면에 드러나지 않는 경우, 화자는 자신에 집중하기보다는 대상을 관찰하며 그에 대해 이야기하는 경우가 많다.

➕ 화자가 반드시 사람인 것은 아니다. 동물, 사물, 자연물 등이 화자로 설정되기도 한다. 사람 외의 화자 역시 시의 표면에 드러날 수도 있고 드러나지 않을 수도 있다.

햇살 피어 / 이윽한 후
<u>시간이 지난 후</u>

머흘 머흘 / 골을 옮기는 구름.

길경 꽃봉오리 / 흔들려 씻기우고.
<u>도라지</u>

차돌부리 / 촉 촉 죽순 돋듯.

물소리에 / 이가 시리다.

앉음새 갈히여 / 양지 쪽에 쪼그리고,

서러운 새 되어 / 흰 밥알을 쫏다.

— 정지용, 〈조찬〉

• 이 시의 화자는 표면에 드러나지 않는 이면적 화자이다. 5연의 '시리다'라는 감각의 주체, 6연의 '갈히여'라는 행동의 주체가 시어로 드러나 있지 않은 것 등을 통해 이를 알 수 있다.

Q-1. 이 글에는 '쪼그리고'라는 행위의 주체가 구체적인 시어로 드러나 있다. (○ / ✕)

산은 옛 산이로되 물은 옛 물이 아니로구나

주야에 흐르니 옛 물이 있을쏘냐

인걸(人傑)도 물과 같아서 가고 아니 오는구나
<u>특히 뛰어난 인재</u>

— 황진이의 시조

• 이 시조의 화자는 표면에 드러나지 않는 이면적 화자이다. 화자의 나이, 성별 등도 알 수 없다. 화자는 '산'과 '물'을 대조하며, 이를 통해 '인걸'에 대해 사색하고 있다.

Q-2. 이 글에서 화자는 작품 속에 시어로 명시되어 있다. (○ / ✕)

003 남성 화자 │ 시에서 화자의 성별이 남성으로 특정되는 화자

    고전 시가는 학식이 있는 남성 작가가 한정적 주제(임금과 나라에 대한 충정, 속세를 벗어나 자연에서 얻는 즐거움, 사대부로서 지켜야 할 덕목 등)로 시가를 지은 경우가 많다. 그리고 '작가 = 화자'인 경우가 많기 때문에 많은 작품의 화자가 남성으로 특정된다.

➕ 고전 시가에서 화자가 남성임을 짐작하게 하는 시어: 강호(자연을 의미함.), 역군은(임금님의 은혜), 해(주로 임금을 상징함.), 구름(종종 간신을 상징함.), 고인(옛 성인을 의미함.), 삼각산(임금이 계신 한양을 의미함.)

평생을 다 살아도 백 년이 못 되는데

공명이 무엇이라고 일생에 골몰할까

낮은 벼슬을 두루 거치고 부귀에 늙어서도

남가(南柯)의 한 꿈이라 황량(黃粱)이 덜 익었네
남가일몽 – 꿈과 같이 헛된 한때의 부귀영화

– 이이, 〈낙지가〉

● 이 작품은 조선의 문신이었던 이이가 지은 가사이다. '공명(공을 세워서 자기의 이름을 널리 드러냄.)'과 '벼슬'을 통해 화자가 남성임을 알 수 있다.

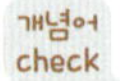

Q. 이 글의 화자는 공명이 부질없는 것이라고 인식하고 있는 사람이다. (○ / ×)

004 여성 화자 │ 시에서 화자의 성별이 여성으로 특정되는 화자

    고전 시가에서 여성 화자는 크게 두 가지 경우로 나타난다. 하나는 여성 작가의 작품의 화자이고, 나머지 하나는 남성 작가의 작품 중 임금에 대한 충정을 이별한 여인이 임을 그리워하는 심정에 빗대어 표현한 작품의 화자이다.

➕ 고전 시가에서 화자가 여성임을 짐작하게 하는 시어: 규방(여성의 거처), 부용(장)(여성의 방문에 두른 휘장), 연지(화장품의 일종), 독수공방(아내가 남편 없이 혼자 지냄.), 낭군(여성이 남편이나 연인을 부르는 말)

부용을 걷어 놓고 공작이 그려진 병풍을 두르니

가뜩이나 시름 많은데 날은 어찌 그리도 길던가

원앙이 그려진 비단을 베어 놓고 오색실을 풀어내어

금으로 만든 자로 재어서 임의 옷 지어 내니

솜씨는 물론이거니와 격식도 갖추었구나

– 정철, 〈사미인곡〉

● 이 작품은 조선의 문신이었던 정철이 지은 가사이다. 남성 작가가 지은 작품이지만, 비단과 실을 활용해 '임의 옷'을 만든다는 데서 화자가 여성임을 알 수 있다.

Q. 이 글에서 화자가 여성임을 짐작하게 하는 시어나 시구를 하나 이상 찾아 쓰세요. ___________

개념어 check 정답 │ **003** ○   **004** 부용, 임의 옷 지어 내니

● **다음 빈칸을 채워 문장을 완성하세요.**

01 시에서 시인의 정서나 관념, 생각을 전달하는 이를 (　　　　　　　)라고 하는데, 반드시 시인과 일치하는 것은 아니다.

● **다음 시를 읽고 적절한 설명이 되도록 괄호 안에서 알맞은 말을 고르세요.**

> 우리는 머리맡에 엎디어 / 있는 대로의 울음을 다아 울었고 / 아버지의 침상 없는 최후 최후의 밤은 / 풀벌레 소리 가득 차 있었다
>
> — 이용악, 〈풀벌레 소리 가득 차 있었다〉

02 이 글의 화자는 (표면적 화자, 이면적 화자)이다.

> 강호에 겨울이 드니 눈 깊이 한 자가 넘네
> 삿갓 비스듬히 쓰고 도롱이로 옷을 삼아
> 이 몸이 춥지 아니하옴도 역군은이샷다　〈제4수〉
>
> — 맹사성, 〈강호사시가〉

03 이 글의 화자는 (남성 화자, 여성 화자)이다.

● **다음 시를 읽고 설명이 맞으면 ○표, 틀리면 ×표를 하세요.**

> 아무도 그에게 수심을 일러 준 일이 없기에 / 흰나비는 도무지 바다가 무섭지 않다. //
> 청(靑)무우 밭인가 해서 내려갔다가는 / 어린 날개가 물결에 절어서 / 공주(公主)처럼 지쳐서 돌아온다.
>
> — 김기림, 〈바다와 나비〉

04 이 글의 화자는 '흰나비'이다.　(○ / ×)

> 깊은 곳에서 네가 나의 뿌리였을 때 / 나는 막 갈구어진 연한 흙이어서 / 너를 잘 기억할 수 있다 / 네 숨결 처음 대이던 그 자리에 더운 김이 오르고 / 밝은 피 뽑아 네게 흘려보내며 즐거움에 떨던 / 아, 나의 사랑을
>
> — 나희덕, 〈뿌리에게〉

05 이 글에는 사람이 아닌 화자가 표면에 드러나 있다.　(○ / ×)

정답 | 01 화자　02 표면적 화자　03 남성 화자　04 ×　05 ○

시에서 활용되는 모든 소재나 제재를 시의 대상이라 한다. 대상은 특정 인물일 수도 있고, '숲, 바다'와 같은 자연물일 수도 있고, '건물, 자전거, 의자'와 같은 사물일 수도 있다. 뿐만 아니라 '자유, 우정, 그리움' 같은 추상적 관념도 대상이 될 수 있다. 한편, 시의 대상 중에서 화자가 자신의 이야기를 듣는 상대방으로 설정한 대상을 청자라고 한다.

★★★

005 대상 │ 시에서 화자가 이야깃거리로 삼은 모든 것

화자가 시에서 이야기하는 모든 소재나 제재를 대상이라 할 수 있다. 화자가 자신과 대상 간의 관계에 대해 이야기하기도 하고, 화자가 관찰자의 입장에서 대상에 대해 이야기하기도 한다.

새는 새장 밖으로 나가지 못한다.

매번 머리를 부딪치고 날개를 상하고 나야 보이는,

창살 사이의 간격보다 큰, 몸뚱어리.

하늘과 산이 보이고 울음 실은 공기가 자유로이 드나드는

그러나 살랑거리며 날개를 굳게 다리에 매달아 놓는,

그 적당한 간격은 슬프다.

— 김기택, 〈새〉

- 이 시의 화자는 새장 안에 있는 '새'에 대해 이야기하고 있으므로, 중심 대상은 '새'이다. 제목에서도 이를 짐작할 수 있다. 현실에 안주하며 살아가는 현대인을 새장에 갇힌 새에 빗대어 이야기하고 있다.

Q. 이 글에서 '새장'에서 나가지 못하는 '새'와 달리 자유로운 상태로 표현된 대상을 찾아 쓰세요. ___________

★★★

유사 개념어 │ 사물의 속성

006 대상의 속성 │ 시에서 특정 대상이 갖는 특징이나 성질

대상이 가지고 있는 특징이나 성질을 대상의 속성이라 한다. 예를 들어 강물은 '끊임없이 흐른다.'라는 속성이 있다. 화자가 대상을 이야깃거리로 삼은 이유는 그 대상만이 가진 특징이나 성질에 주목했기 때문이라 할 수 있다. 따라서 화자가 대상의 어떤 속성에 주목했는지, 그 속성에 어떤 의미를 부여하여 표현했는지는 시험의 출제 요소가 된다.

빙자옥질(氷姿玉質)이여 눈 속에 네로구나
얼음같이 맑고 깨끗한 살결과 옥같이 아름다운 성질

가만히 향기 놓아 황혼월(黃昏月)을 기약하니

아마도 아치고절(雅致高節)은 너뿐인가 하노라 〈제3수〉
우아한 풍치와 높은 절개

— 안민영, 〈매화사〉

- 화자는 눈이 있는 추운 때에 꽃이 피는 매화의 속성에 감탄하며, 매화를 '빙자옥질', '아치고절'이라 예찬하고 있다.

▲ '네', '너'는 대상인 매화를 가리키는 말이다.

Q. 이 글에서 화자는 대상인 '매화'의 미적 속성에 주목하고 있다. (○ / ×)

007 동질성 vs 이질성 同質性(같을 동, 바탕 질, 성품 성) vs 異質性(다를 이, 바탕 질, 성품 성)

바탕이 같은 성질이나 특성을 동질성이라 하고, 바탕이 다른 성질이나 특성을 이질성이라 한다. 예를 들어 '까치'와 '비행기'는 '날아다닌다'는 동질성을 갖고 있지만, '까치'는 '자연물'이고 '비행기'는 '인공물'이라는 점에서 이질성을 갖는다. 시에서는 대상 간의 이러한 속성을 활용하여 화자가 말하고자 하는 바를 효과적으로 표현한다.

➕ 두 대상을 비교할 때뿐만 아니라, 하나의 대상이 서로 대비되는 성질을 함께 가지고 있을 때도 이질성이 나타난다고 할 수 있다.

연계 개념어 **동일시** | 화자가 자신과 대상을 동일하게 여기는 것을 동일시라 한다. 화자가 대상과 자신을 비교하여 동질성이 있다고 느낄 때, 화자는 대상과 자신을 같다고 여겨 동일시한다. 흔히 자연물과 화자 자신을 동일시하는 경우가 많다.

양면성 | 하나의 대상이 가진 서로 맞서는 두 가지의 성질을 양면성이라 한다. 하나의 대상이 가진 이질적인 면은 양면성을 띠는 경우가 많다. 이에 따라 시에서는 대비되는 시어를 활용하여 대상의 양면성을 드러내기도 한다.

여자는 자리에서 일어나 옷깃을 여미고 화단에서 금잔화 한 포기를 따 가슴에 꽂고 병실 안으로 사라진다. 나는 그 여자의 건강이 — 아니 내 건강도 속히 회복되기를 바라며 그가 누웠던 자리에 누워 본다.

— 윤동주, 〈병원〉

● 화자는 병원의 화단 근처에서 아픈 '여자'의 모습을 관찰하고 있다.

▲ 화자는 여자가 '누웠던 자리'에 자신도 '누워 본다'고 함으로써, 대상과 자신의 동질성을 드러내고 있다.

Q-1. 이 글에서 화자는 '여자'에게 동질감을 느끼고 있다. (○ / ✕)

까마귀 눈비 맞아 흰 듯 검구나

야광명월(夜光明月)이 밤인들 어두우랴

님 향한 일편단심(一片丹心)이야 고칠 줄이 이시랴

— 박팽년의 시조

● '희다'와 '검다'라는 서로 이질적인 색채어를 활용하여 대상인 '까마귀'의 양면성을 표현하고 있다.

▲ '밤'의 '어두움'의 속성을 활용하여 대상인 '달'의 '밝음'의 속성을 부각하고 있다.

■ ●와 ▲를 종합해 보면, 결국 이 작품은 서로 이질적인 색채어를 통해 '까마귀'의 양면성을 드러내며, '일편단심' 한결같은 '달'의 마음을 강조한 것이다.

Q-2. 이 글에서 색채어를 활용하여 대상의 이질적인 면을 드러낸 시구를 찾아 쓰세요. ________________

008 유한성 vs 영속성 有限性(있을 유, 한계 한, 성품 성) vs 永續性(길 영, 이을 속, 성품 성)

시간이나 수(數), 양(量) 등이 일정한 한도나 한계가 있는 성질을 유한성이라 하고, 영원히 계속되는 성질을 영속성이라 한다. 예를 들어 '인간'은 영원히 살 수 없다는 점에서 본질적으로 유한성을 가진 존재이며, 이에 비해 '산'과 같은 자연은 오랜 세월 그 자리에 그대로 존재한다는 점에서 영속성을 가진 존재이다. 시를 짓는 시인이 인간이기 때문에, 스스로에 대한 성찰이 드러나는 시에서 이러한 인간의 유한성과 그와 상반된 영속성에 대해 이야기하는 경우가 많다.

➕ 시에서 자연만이 영속성을 지닌 존재로 표현되는 것은 아니다. 인간인 화자가 이상적이라고 생각하는 대상에 영속성을 부여하여 표현하기도 한다.

연계 개념어 │ 불변성 │ 변하지 아니하는 성질을 불변성이라 하는데, 시에서 자연은 영속성을 지닌 대상이자 불변성을 지닌 대상으로 자주 활용된다. 고전 시가에서 흔히 '소나무', '대나무', '바위' 등의 자연물을 불변성을 지닌 대상으로 표현한다.

나를 가르치는 건

언제나

시간……

<u>끄덕이며 끄덕이며 겨울 바다에 섰었네</u>

남은 날은
적지만

기도를 끝낸 다음

더욱 뜨거운 기도의 문이 열리는
그런 영혼을 갖게 하소서

– 김남조, 〈겨울 바다〉

● 화자는 겨울 바다에 서서 '끄덕이며 끄덕이며' 깨달음의 시간을 보내고 있다.

▲ '남은 날'이 적다는 화자의 인식은 유한한 존재인 스스로에 대한 자각을 보여 준다.

■ 삶의 유한성에 대한 화자의 자각은 '더욱 뜨거운 기도'를 하는 '영혼'을 갖고자 하는, 즉 유한한 데서 오는 허무와 절망에 빠지지 않고 이를 극복하고자 하는 노력으로 이어진다.

Q-1. 이 글에서 자신의 유한성에 대한 화자의 인식이 드러난 구절을 찾아 쓰세요. ___________

오백 년 도읍지를 필마(匹馬)로 도라드니
특히 뛰어난 인재
<u>산천은 의구(依舊)하되 인걸(人傑)은 간 데 없다</u>
어즈버, 태평연월(太平煙月)이 꿈이런가 하노라

– 길재의 시조

● 이 시조는 고려의 신하였던 작가가 고려의 패망 후 옛 도읍지를 둘러보고 지은 작품이다. '산천', 즉 자연은 옛날 그대로 변함이 없는데, '인걸', 즉 고려의 충신들은 사라지고 없다고 표현하여, 자연의 영속성과 인간의 유한성을 대조하고 있다.

Q-2. 이 글에서 영속성을 가진 대상과 비교되는 대상을 찾아 쓰세요. ___________

시에서 화자가 말하는 사람이라면, 청자는 듣는 사람이다. 시에 청자가 항상 등장하는 것은 아니다. 시인이 시를 통해 전달하고자 하는 이야기에 청자가 필요하다고 생각하면, 청자를 설정하는 것이다. 청자는 '너', '당신' 등의 지칭하는 말로 시의 표면에 드러나기도 하고 드러나지 않기도 한다. 대상에 호격 조사 '아', '야', '여' 등을 붙여 청자임을 드러내기도 한다.

➕ 청자는 사람일 수도 있고, 자연물이나 사물일 수도 있다.

연계 개념어 | **명시적 청자** | '나'와 같은 구체적 시어로 드러난 화자를 '표면적 화자'라고 칭하는 것처럼, 시의 표면에 드러난 청자를 '명시적 청자', '표면에 드러난 청자'라고 칭하기도 한다.

내가 바라는 손님은 고달픈 몸으로

청포(靑袍)를 입고 찾아온다고 했으니, //

내 그를 맞아, 이 포도를 따 먹으면,

두 손은 함뿍 적셔도 좋으련. //

아이야, 우리 식탁엔 은쟁반에

하이얀 모시 수건을 마련해 두렴.

– 이육사, 〈청포도〉

● 화자는 청자에게 '아이야'라고 호명하며, 기다리는 '손님 = 그'(▲)를 맞이할 준비를 하는 모습을 드러내고 있다.

Q. 이 글에서 화자는 청자를 부르고 있다. （　○　/　×　）

시에서 화자가 독백체로 이야기하지 않고, 다른 이에게 이야기하는 것처럼 표현한 경우를 말을 건네는 방식이 쓰였다고 한다. 청자를 부르는 말이 드러나 있지 않더라도, 누군가에게 말하는 듯한 표현이 드러나 있다면 말을 건네는 방식이 쓰인 것으로 본다. 예를 들어 자연물에 인격을 부여하여 청자로 설정하고 화자가 자연물에게 말을 하였다면 말을 건네는 방식이 활용된 것이다.

➕ 화자가 청자에게 말을 하였다면, 청자의 대답 유무와 상관없이 말을 건네는 방식이 활용된 것으로 본다.

너희 왜 모르랴 밝는 날 어깨와 가슴에

더 많은 꽃과 열매를 달게 되리라는 걸

산바람 바닷바람보다도 짓궂은 이웃들의

비웃음과 발길질이 더 아프고 서러워

산비알과 바위너설에서 목 움츠린 나무들아

– 신경림, 〈나무를 위하여〉

● 이 시는 '목 움츠린 나무들' 같은 연약한 존재들이 연대하여 시련을 이겨 낸다면 '꽃과 열매를 달게 되'는 희망적 미래를 맞이할 것이라는 믿음을 드러내고 있다. 화자는 연약한 존재들을 '너희'라고 부르며 말을 건네고 있다.

Q. 이 글에서 화자는 청자인 '이웃들'에게 말을 건네고 있다. （　○　/　×　）

011 대화 | 화자와 청자가 말을 주고받는 것

사전적 의미의 대화와 같이, 시에서 화자와 청자가 서로 말을 주고받는 것으로 표현된 경우를 대화가 쓰였다고 한다. 이렇게 대화가 쓰인 시는 '대화 형식', '대화적 구성', '대화하는 방식'이 드러난다고 본다.

➕ '대화체'나 '대화적 어조'는 표현에 '대화'라는 말이 들어가 있지만, '대화' 그 자체보다 넓은 의미로 쓰이는 개념어로, '말을 건네는 방식'과 유사한 의미로 쓰인다. 화자의 독백이 아니라 화자가 누군가에게 말하는 듯한 표현이 있다면 '대화체', '대화적 어조'로 본다. 물론 화자와 청자가 말을 주고받는 '대화'도 '대화체', '대화적 어조'라 할 수 있다.

 연계 개념어 **문답** | 문답은 말 그대로 물음과 대답을 의미한다. 시에서 묻는 말과 그에 대해 대답하는 말이 쓰인 경우를 문답이라 한다. 시험에서는 '대상과의 문답', '문답 형식', '문답 방식' 등으로 선택지에 출제된다.

형님 온다 형님 온다 분고개로 형님 온다

형님 마중 누가 갈까 형님 동생 내가 가지

▲형님 형님 사촌 형님 시집살이 어떱뎁까

■이애 이애 그 말 마라 시집살이 개집살이

• 경북 지방에서 전해 오는 이 민요는, 화자가 청자(사촌 형님)에게 시집살이에 대해 물어보고, 청자가 화자에게 고된 시집살이에 대해 이야기해 주는 대화 형식이 활용되었다. ▲는 화자의 말, ■는 청자의 말이다.

– 작자 미상, 〈시집살이 노래〉

 개념어 check

Q. 이 글에서 화자는 청자인 '사촌 형님'에게 물음을 던지고 있다. (○ / ×)

💡 헷갈리지 마! 말을 건네는 방식 & 대화 & 문답

'말을 건네는 방식', '대화', '문답' 모두 선택지에 자주 등장하는 개념어야. 그러다 보니 이를 구분하는 데에 너무 몰두해 버리는 경우가 있더라. 시험에서 이 세 개념어 자체를 구분하는지 못하는지 평가하는 경우는 드물어.(선택지 5개가 출제되는데, ①에서는 '말을 건네는 방식'을, ②에서는 '대화'를, ③에서는 '문답'을 묻지는 않는다는 거야.)

대부분의 시는 화자의 혼잣말로 이루어져 있는데, 굳이 청자

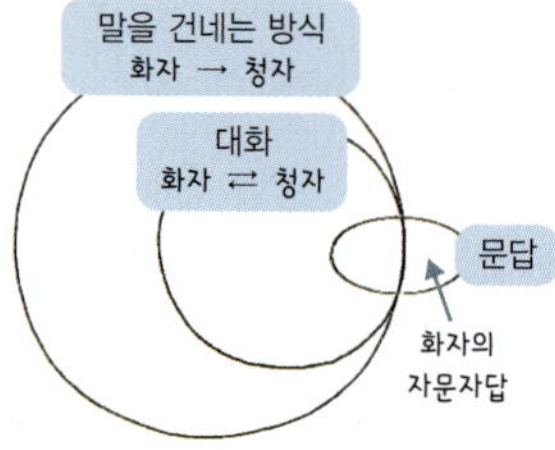

를 설정해서 이야기하고 있기 때문에 시험의 출제 요소가 되는 것이라고 볼 수 있어. 다시 말하면, '말을 건네는 것'과 '대화하는 것' 이 둘을 구분하는 게 중요한 게 아니라, 시에 설정된 청자를 파악할 수 있는지, 청자가 있다면 화자가 청자에게 어떤 말을 왜 하는지 파악하는 게 더 중요한 거야.

딱 하나 주의할 점은 청자가 없는 시인데, 화자가 혼자 묻고 답하는 경우도 문답으로 볼 수 있다는 거야. 그런데 이럴 때는 '자문자답의 형식/방식'이라고 출제되니까, 헷갈리지 않을 거야.

개념어 check 정답 | 011 ○

● **다음 빈칸을 채워 문장을 완성하세요.**

01 어떤 대상이 시간상으로 일정한 한계가 있다면 이 대상이 가진 속성은 (　　　　　)이라
할 수 있다.

02 화자가 대상과 자신이 동질성을 가지고 있다고 느끼는 경우, 화자는 대상과 자신을 같다
고 여겨 (　　　　　)하기도 한다.

● **다음 시를 읽고 적절한 설명이 되도록 괄호 안에서 알맞은 말을 고르세요.**

> 저 하잘것없는 한 송이의 달래꽃을 두고 보드래도, 다사롭게 타오르는 햇볕이라거나, 보
> 드라운 바람이라거나, 거기 모여드는 벌나비라거나, 그보다도 이 하늘과 땅 사이를 어렴풋
> 이 이끌고 가는 크나큰 그 어느 알 수 없는 마음이 있어, 저리도 조촐하게 한 송이의 달래꽃
> 은 피어나는 것이요, 길이 멸하지 않을 것이다.　　　　　　　　　　　　　　－ 신석정, 〈역사〉

03 이 글에서 '한 송이의 달래꽃'은 (영속성, 동질성)을 지닌 대상이다.

> 청천(靑天)에 떠서 울고 가는 외기러기 날지 말고 내 말 들어
> 한양성 내에 잠깐 들러 부디 내 말 잊지 말고 외쳐 불러 이르기를 월황혼 되어 갈 때 적막
> 공규(空閨)에 던져진 듯 홀로 앉아 임 그리워 차마 못 살레라 하고 부디 한 말을 전하여 주렴
> 우리도 님 보러 바삐 가옵는 길이오매 전할 둥 말 둥 하여라　　　　　　　－ 작자 미상의 사설시조

04 이 글에는 화자와 청자의 (대화, 문답)이/가 드러나 있다.

● **다음 시를 읽고 빈칸을 채워 문장을 완성하세요.**

> 암암이 슬퍼하고 낱낱이 주워 담아 꽃에게 말 붙이기를
> 그대는 한스러워 마소 해마다 꽃빛은 의구하니
> 하물며 그대 자취 내 손에 머물렀지
> 동산의 도리화는 잠깐의 봄을 자랑 마소
> 이십 번 꽃바람에 적막히 떨어진들 뉘라서 슬퍼할까　　　　　　　－ 작자 미상, 〈봉선화가〉

05 이 글에서 화자는 (　　　　　)에게 말을 건네고 있다.

정답 ┃ 01 유한성　02 동일시　03 영속성　04 대화　05 청자(꽃)

2 시적 상황과 시의 분위기

(시적 상황) 이별의 상황

(시의 분위기) 애상적 분위기

시적 상황과 시의 분위기는 시의 전반에서 드러나는 것이라 할 수 있다. '시적 상황≒시의 분위기'일 수도 있고, '시적 상황≠시의 분위기'일 수도 있다. **상황과 분위기는 엄밀하게 나뉘는 것이 아니므로 이 둘을 구분하는 것보다는 시에서 드러나는 상황과 분위기가 어떠한지 파악하는 것이 중요**하다. 예를 들어, 화자가 이별하였다면 시적 상황은 이별의 상황이고, 이별한 화자가 시어를 통해 가슴 아프고 슬픈 마음을 표현하였다면 시의 분위기는 애상적 분위기라 할 수 있다. 또, 화자가 일제 강점기와 같은 상황에 처해 있다면 시적 상황은 암울한 상황이라 할 수 있고, 시어를 통해서도 암울함이 드러나고 있다면 시의 분위기도 암울한 분위기라 할 수 있다.

즉, '**시적 상황**'은 주로 **화자/대상/청자의 상태나 형편과 관련된 것**이고, '**시의 분위기**'는 시적 상황이 반영된 **시어 등의 표현을 통해 독자에게 전해지는 것**이다.

---

❶-1
된서리 걷힌 후에 산빛이 금수(錦繡)로다
　　　　　　　　수를 놓은 비단
누렇게 익은 벼는 또 어찌 넓은 들에 펼쳐 있는가
❷-1
어부 피리도 흥에 겨워 달을 따라 부는구나
❶-2
초목이 다 진 후에 강산이 묻혔거늘

조물주 야단스러워 빙설로 꾸며 내니
아름다운 구슬로 장식한 집과 누각
경궁요대와 옥해은산이 눈 아래 벌였구나
❷-2　　　옥같이 맑은 바다와 은빛의 산
천지가 풍성하여 간 데마다 승경(勝景)이로다
　　　　　　　　뛰어난 경치

– 송순, 〈면앙정가〉

❶ 화자는 면앙정(정자)에서 바라본 자연을 그리고 있으므로, **자연을 보고 있는 상황**이라 할 수 있다.

❷ '흥에 겨워', '승경이로다' 등의 표현을 통해, 자연을 바라보며 화자가 즐거움을 느끼고 있음을 알 수 있고, 시에서도 그러한 **즐거운 분위기**가 드러나 있다고 할 수 있다.

〈보기〉

- (가)는 **적막한** 산골 마을을 배경으로 그곳에 사는 한 노인의 모습을 관찰하여 들려주는 시이다. − 24 9모
- (가), (나)는 **이별**에 대한 서로 다른 대처를 보여 준다. − 22 9모

〈선택지〉

- **역사적** 상황을 묘사하여 **비극적** 현실을 부각하고 있다. − 25 9모
- (가)와 (나)는 모두, 계절적 배경을 활용하여 **향토적 분위기**를 조성하고 있다. − 25 6모
- 가상의 상황을 제시하여 **환상적 분위기**를 강화하고 있다. − 23 수능
- (가)의 '녹음'은 **평온한 분위기**의, (나)의 '동방'은 **암울한 분위기**의 장소이다. − 23 6모
- (가)에서 '묵화'는 '황혼'이 상징하는 현실적 상황에, (나)에서 '북창'은 '저승의 밤'이 의미하는 **절망적 상황**에 대응된다. − 22 수능
- (다)에서 귀한 대우를 받는 삶을 그러한 속성을 가진 '부호가의 깊은 장막 안'으로 나타냄으로써, 인간과 가까운 공간의 **적막한 분위기**를 환기하는군. − 22 수능
- (가)에서 '날로'는 **부정적 상황**의 지속적인 심화를, (나)에서 '당장'은 당면한 상황에서 벗어나려는 절박감을 강조한다. − 22 6모
- 암울하고 비관적인 정서를 내포한 시어를 사용하여 **비극적 상황**을 고조하고 있다. − 19 수능

개념어 **한눈에 보기** 알고 있는 개념어는 ○, 모르는 개념어는 ✕ 표시해 보세요!

시적 상황과 관련된 개념어

시는 다양한 배경을 바탕으로 창작될 수 있다. 하루를 마치고 특별한 일이 없었던 일상의 소소함에 대해서도 시를 쓸 수 있다. 이러한 시에 나타나는 시적 상황 역시 일상적인 상황일 것이다. 하지만 시험에서는 시인에게 시상을 불러일으킨 특별한 사건이나 역사적 배경을 바탕으로 창작된 작품이 출제되는 경우가 많다. 이러한 작품의 경우 긍정적인 현실보다는 부정적인 현실을 배경으로 하기 때문에, 시적 상황 역시 긍정적인 경우보다는 부정적인 경우가 많다. 따라서 자주 출제되는 부정적인 시적 상황을 이해하면 화자의 정서나 태도, 나아가 시의 주제를 파악하는 데 도움이 될 것이다.

유사 개념어 | 부정적 현실

012 부정적 상황 | 바람직하지 못한 상황

화자나 대상이 옳지 않거나 바람직하지 못하다고 느끼는 상황이나, 화자나 대상이 고난, 역경 등 어려움에 처해 있는 상황을 말한다. 부정적 상황은 포괄적인 개념으로, '암울한 상황', '절망적 상황', '비극적 상황', '이별의 상황'을 모두 아우른다고 할 수 있다.

➕ 시적 상황을 파악할 때, 크게 긍정적 상황과 부정적 상황으로 나누어 접근하면 쉽게 파악할 수 있다. 그 후 '암울한 상황', '절망적 상황' 등 좀 더 구체적으로 상황을 파악해 보자.

나무는 자기 몸으로 / 나무이다

자기 온몸으로 나무는 나무가 된다

자기 온몸으로 헐벗고 영하 13도 / 영하 20도 지상에

온몸을 뿌리박고 대가리 쳐들고

무방비의 나목(裸木)으로 서서
잎이 지고 가지만 앙상히 남은 나무
두 손 올리고 벌받는 자세로 서서

아 벌받은 몸으로, 벌받는 목숨으로 기립하여, 그러나

이게 아닌데 이게 아닌데 / 온 혼(魂)으로 애타면서 속으로 몸속으로 불타면서

버티면서 거부하면서 영하에서 / 영상으로 영상 5도 영상 13도 지상으로

밀고 간다, 막 밀고 올라간다 / 온몸이 으스러지도록 / 으스러지도록 부르터지면서

터지면서 자기의 뜨거운 혀로 싹을 내밀고 / 천천히, 서서히, 문득, 푸른 잎이 되고

푸르른 사월 하늘 들이받으면서 / 나무는 자기의 온몸으로 나무가 된다

아아, 마침내, 끝끝내 / 꽃 피는 나무는 자기 몸으로 / 꽃 피는 나무이다

– 황지우, 〈겨울–나무로부터 봄–나무에로〉

● 잎이 지고 앙상한 가지만 뻗어 있는 겨울 '나무'는 헐벗은 상태에서 벌받는 자세로, 온몸으로 추운 영하의 날씨를 견디고 있다. 즉, 대상인 나무는 부정적 상황에 처해 있다.

▲ 하지만 나무는 부정적 상황에 굴복하지 않고 버티고 거부하며 저항하여, ■에서 알 수 있듯이 마침내 꽃을 피워 낸다.

 Q. 이 글에서 부정적 상황을 이겨 낸 대상이 이루어 낸 결실을 뜻하는 시구를 찾아 쓰세요. ________________

암울한 상황 暗鬱(어두울 암, 막힐 울) │ 암담하고 답답한 현실이 드러나는 상황

화자나 대상이 절망적이고 침울함을 느끼는 상황을 말한다. 고전 시가에서는 전란을 배경으로 할 때 시적 상황이 암울한 경우가 많고, 현대시에서는 일제 강점기, 군사 독재 정권을 배경으로 할 때 시적 상황이 암울한 경우가 많다.

연계 개념어 **암울한 분위기** │ 화자가 처한 상황이 암담하고 답답한 상황이고, 화자가 이러한 상황을 어둡고 암울한 시어들로 표현하고 있다면 시의 분위기 역시 암울하고 침울하게 형성된다.

검은 벽에 기대선 채로 / 해가 스무 번 바뀌었는디
1919년 기미독립운동으로부터 20년이 지남.
내 기린(麒麟)은 영영 울지를 못한다 //
성인(聖人)이 이 세상에 나올 징조로 나타난다고 하는 상상 속의 짐승
(중략)

바깥은 거친 들 이리떼만 몰려다니고

사람인 양 꾸민 잔나비떼들 쏘다다니어

내 기린은 맘둘 곳 몸둘 곳 없어지다 //

문 아주 굳이 닫고 벽에 기대선 채

해가 또 한 번 바뀌거늘 / 이 밤도 내 기린은 맘 놓고 울들 못한다

― 김영랑, 〈거문고〉

• 일제 강점기의 암울한 상황을 '검은 벽'을 통해 표현하고 있다. '기린'은 제목에서 알 수 있듯 '거문고'를 비유하여 표현한 것이다. 악기인 거문고가 울지 못하고, 마음과 몸을 둘 곳이 없어졌다는 것은 자유를 빼앗긴 우리 민족의 상황을 나타낸 것이다.

▲ '기린'을 억압하는 부정적 세력을 의미한다.

개념어 check

Q. 이 글에서 암울한 상황에 처한 우리 민족을 나타내는 시어를 찾아 쓰세요. ________________

절망적 상황 絕望(끊을 절, 바랄 망) │ 희망을 버리고 단념한 상황

화자나 대상이 처한 현실에서 더 이상 희망을 갖지 못하고 체념한 상황을 말한다. 고전 시가에서는 나라를 잃었거나 유배를 가서 돌아올 수 없는 상황일 때, 이별한 임과의 재회가 기약이 없을 때 시적 상황이 절망적인 경우가 많고, 현대시에서는 일제 강점기나 산업화의 여파로 인해 현실 상황이 좋지 않을 때 시적 상황이 절망적인 경우가 많다.

삽자루에 맡긴 한 생애가

이렇게 저물고, 저물어서

샛강 바닥 썩은 물에 / 달이 뜨는구나

우리가 저와 같아서 / 흐르는 물에 삽을 씻고

먹을 것 없는 사람들의 마을로 / 다시 어두워 돌아가야 한다

― 정희성, 〈저문 강에 삽을 씻고〉

• '삽자루'에 '생애'를 맡겼다는 데서 화자가 노동자임을 짐작할 수 있는데, ▲에서 '먹을 것 없는' 곳으로 '어두워 돌아'간다는 데서 궁핍한 삶을 체념적으로 받아들여야 하는 절망적 상황임을 알 수 있다.

개념어 check

Q. 이 글에서는 해가 져서 어두워짐을 의미하는 단어인 '저물다'를 '저물고, 저물어서'와 같이 반복하여 화자의 절망적 상황을 드러내고 있다. (○ / ×)

비극적 상황 悲劇(슬플 비, 심할 극) | 슬프고 안타까운 일을 당하여 불행한 상황

화자나 대상이 애달픈 일을 당하여 슬프고 불행함을 느끼는 상황을 말한다. 고전 시가에서는 임에게 버림받거나 궁핍한 현실에 처했을 때 시적 상황이 비극적인 경우가 많고, 현대시에서는 사랑하는 대상의 죽음, 한국 전쟁의 상흔이 드러날 때 시적 상황이 비극적인 경우가 많다.

연계 개념어 **비극적 분위기** | 시적 상황이 비극적 상황인 경우 시상도 슬프고 애달픈 일을 중심으로 전개되는 경우가 많은데, 이는 시의 전반적인 분위기에 영향을 미쳐 비극적 분위기가 형성된다.

옛날, 우리나라 / 먼 뒤쪽의

진두강 가람가에 살던 누나는

의붓어미 시샘에 죽었습니다. //

누나라고 불러 보랴 / 오오 불설워
'몹시 서러워'의 평안도 방언

시새움에 몸이 죽은 우리 누나는

죽어서 접동새가 되었습니다

– 김소월, 〈접동새〉

- 누나가 의붓어미의 시샘으로 인해 억울한 죽음을 당한 비극적 상황이 드러나 있다. ▲는 비극적 죽음을 맞이한 누나의 한(恨)을 상징한다.

Q. 이 글에서 누나의 비극적 죽음에 관한 화자의 심정이 직접적으로 드러난 시어를 찾아 쓰세요. ____________

이별의 상황 | 다른 대상과 서로 떨어져 있는 상황

화자나 대상이 다른 대상과 분리되거나 단절된 상태를 말한다. 고전 시가에서는 신하가 임금에게 버림받은 상황을 사랑하는 대상과 이별한 상황으로 나타내는 경우가 많고, 현대시에서는 조국을 잃은 상황을 사랑하는 대상과 이별한 상황으로 나타내는 경우가 있다.

연계 개념어 **대상의 부재** | 대상과 이별한 상황은 대상이 화자와 함께 있지 않은 상태인 대상의 부재(不在)와도 연결지어 생각해 볼 수 있다. 특히 사랑하는 대상이 죽은 경우 대상의 부재로 인한 이별의 정서가 극대화되어 나타난다.

재 위에 우뚝 선 소나무 바람 불 적마다 흔덕흔덕
길이 나 있어서 넘어 다닐 수 있는, 높은 산의 고개

개울에 섰는 버들 무슨 일 좋아서 흔들흔들

임 그려 우는 눈물은 옳거니와 입하고 코는 어이 무

슨 일 좋아서 후루룩 비쭉 하나니

– 작자 미상의 사설시조

- 이 사설시조에서 화자는 임과 이별하여 임이 그리워 울고 있다. 화자는 ▲가 '흔덕흔덕', '흔들흔들' 움직이는 모습에서 슬퍼하고 있는 자신과의 동질성을 발견하고 있는데, 한편으로는 자신의 ■가 '후루룩 비쭉' 한다며 우습게 표현하여 슬픔과 거리를 두는 모습을 보이고 있다. 이렇게 거리를 두는 방식으로 이별에 대처하고자 하는 것이다.

Q. 이 글에서 화자는 '소나무'와 '버들'의 모습에서 슬퍼하는 자신의 모습과 유사한 점을 발견하고 있다.

(○ / ×)

개념어 check 정답 | 015 불설워 016 ○

● **다음 빈칸을 채워 문장을 완성하세요.**

01 시의 전반에서 드러나는 (　　　　　　　　)은 주로 화자나 대상이 처한 형편이나 처지, 시대적 · 사회적 배경과 관련이 깊다.

02 화자가 사랑하는 사람, 즉 대상이 (　　　　　)하여 화자와 대상이 서로 단절되었을 때의 시적 상황을 이별의 상황이라 할 수 있다.

● **다음 시를 읽고 적절한 설명이 되도록 괄호 안에서 알맞은 말을 고르세요.**

> 　언제 한 번은 불고야 말 독사의 혀같이 징그러운 바람이여. 너도 이미 아는 모진 겨우살이를 또 한 번 겪으라는가 아무런 죄도 없이 피어난 꽃은 시방의 자리에서 얼마를 더 살아야 하는가 아름다운 길은 이뿐인가.
>
> 　　　　　　　　　　　　　　　　　　　　　　　　　　　　　　　 - 박봉우, 〈휴전선〉

03 이 글의 제목으로 볼 때, '(바람, 꽃)'은 남북 분단으로 인해 비극적 상황에 처한 우리 민족을 의미한다.

● **다음 시를 읽고 설명이 맞으면 ○표, 틀리면 ×표를 하세요.**

> 　철따라 푸짐히 두레를 먹던 정자나무 마을로 돌아가자 미끈덩한 기생충의 생리와 허식에 인이 배기기 전으로 눈빛 아침처럼 빛나던 우리들의 고향 병들지 않은 젊음으로 찾아가자꾸나
>
> 　　　　　　　　　　　　　　　　　　　　　　　　　　　　　　　　 - 신동엽, 〈향아〉

04 이 글의 화자는 '기생충의 생리와 허식'이 존재하는 상황을 긍정적으로 바라보고 있다.

（　○　/　×　）

● **다음 시를 읽고 빈칸을 채워 문장을 완성하세요.**

> 　이리하여 나는 이 습내 나는 춥고, 누긋한 방에서, / 낮이나 밤이나 나는 나 혼자도 너무 많은 것같이 생각하며, / 딜옹배기에 북덕불이라도 담겨 오면, / 이것을 안고 손을 쬐며 재우에 뜻 없이 글자를 쓰기도 하며, / 또 문밖에 나가지도 않고 자리에 누워서, / 머리에 손깍지 베개를 하고 굴기도 하면서, / 나는 내 슬픔이며 어리석음이며를 소처럼 연하여 쌔김질하는 것이었다.
>
> 　　　　　　　　　　　　　　　　　　　　　　　　　　 - 백석, 〈남신의주 유동 박시봉방〉

05 이 글에서 화자는 '(　　　　　)'이라는 공간에서 초라한 자신의 현실 상황을 마주하며 스스로에 대한 생각을 되새기고 있다.

정답 | 01 시적 상황 02 부재 03 꽃 04 × 05 방

04 시의 분위기와 관련된 개념어

시에서 분위기란 작품의 바탕에 깔려 있는 경향이나 느낌을 말하는 것이다. 시의 분위기는 느낌으로 이해되는 것이므로 다소 추상적이거나 주관적인 것으로 생각될 수 있다. 하지만 시험에서는 시어나 시구 등을 통해 형성된 시의 특정 분위기를 파악할 수 있는지 묻게 되므로 판단이 모호하지 않다.

017 적막한 분위기 寂寞(고요할 적, 쓸쓸할 막) | **주변이 잠잠하거나 적적해 외로운 느낌이 드는 분위기**

화자나 대상이 주변 소리가 들리지 않는 고요한 상황에서 쓸쓸함을 느끼거나, 외부와의 단절이나 의지할 곳 없는 상황에서 외로움을 느낄 때 형성되는 분위기를 적막한 분위기라 한다.

갱(坑) 속 같은 마을. 꼴깍, 해가, 노루꼬리 해가 지면 집집마다 봉당에 불을 켜지요. 콩깍지, 콩깍지처럼
안방과 건넌방 사이 마루를 놓을 자리에 마루를 놓지 않고 흙바닥 그대로 둔 곳
후미진 외딴집, 외딴집에도 불빛은 앉아 이슥토록 창문은 모과빛입니다.

기인 밤입니다. 외딴집 노인은 홀로 잠이 깨어 출출한 나머지 무우를 깎기도 하고 고구마를 깎다, 문득 바람도 없는데 시나브로 풀려 풀려 내리는 짚단, 짚오라기의 설레임을 듣습니다. 귀를 모으고 듣지요.
모르는 사이에 조금씩 조금씩
후루룩 후루룩 처마 깃에 나래 묻는 이름 모를 새, 새들의 온기를 생각합니다. 숨을 죽이고 생각하지요.

– 박용래, 〈월훈〉
달무리 – 달 언저리에 둥그렇게 생기는 구름 같은 허연 테

• 외부와 단절된 '갱'과 같은 마을이라는 점에서 적막한 분위기가 느껴진다.

▲ 시적 대상인 노인이 외로움과 고독함을 느끼는 시간으로 적막한 분위기를 형성하는 데 기여한다.

Q. 이 글에서 '갱 속 같은 마을'과 더불어 노인의 단절된 삶을 의미하는 공간이면서, 시의 적막한 분위기를 조성하는 시어를 찾아 쓰세요. ____________________

헷갈리지 마! **고요하다 & 고즈넉하다 & 아늑하다 & 적적하다 & 적막하다**

화자가 처한 상황이 소란하지 않고 조용한 분위기를 나타낼 때 '적막하다' 외에도 '고요하다, 고즈넉하다, 아늑하다, 적적하다' 등으로 분위기를 표현할 수 있어. '고요하다'는 '조용하고 잠잠하다.', '고즈넉하다'는 '고요하고 아늑하다.', '아늑하다'는 '포근하게 감싸안기듯 편안하고 조용한 느낌이 있다.', '적적하다'는 '조용하고 쓸쓸하다.'라는 사전적 의미를 갖고 있어. 뜻을 하나씩 살펴보면, 이 단어들은 모두 '조용하다'라는 뜻이 포함되어 있다는 걸 알 수 있겠지? 여기서 '적적하다, 적막하다'에는 '쓸쓸하다'라는 뜻도 담겨 있다는 것을 기억하도록 하자.

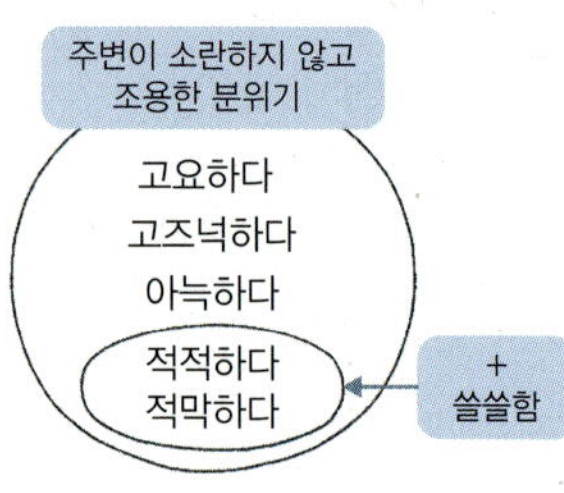

애상적 분위기 哀傷(슬플 애, 상처 상) | 슬퍼하거나 가슴 아파하는 분위기

화자나 대상이 주변의 모습이나 자신의 처지를 슬퍼하거나 가슴 아파하는 상황에서 느껴지는 분위기를 말한다.

연계 개념어 애상감 | 슬프고 가슴 아픈 감정을 애상감이라 한다. 시의 분위기는 화자의 정서와도 관련이 깊다. 시 전반에 애상적 분위기가 형성되어 있다면, 화자 역시 애상감을 느끼고 있는 경우가 많다.

이화(梨花)에 월백(月白)하고 은한(銀漢)이 삼경(三更)인 제
　　배꽃　　　　　　　　　　　은하수　　밤 열한 시에서 새벽 한 시 사이
일지춘심(一枝春心)을 자규(子規)야 알랴마는
나뭇가지에 어려 있는 봄날의 마음　　두견새
다정(多情)도 병(病)인 양하여 잠 못 들어 하노라

– 이조년의 시조

• 봄밤의 정경을 바라보는 화자의 모습이 표현되어 있는데, 시 전반에서 애상적인 분위기가 드러난다. ▲의 백색 이미지가 한(恨)의 이미지를 담고 있는 ■와 연결되어 애상적인 분위기를 형성한다.

Q. 이 글에서 화자는 봄밤에 애상과 우수로 잠을 이루지 못하고 있다.　(　○　/　✕　)

환상적 분위기 幻想(헛보일 환, 생각 상) | 현실에서 일어날 가능성이 없는 일을 생각하게 하는 분위기

현실을 넘어서거나 현실에서 동떨어져 실제로 존재하지 않고 실현될 수 없는 일을 생각할 때 느껴지는 분위기를 말한다.

연계 개념어 몽환적 분위기 | 몽환적 분위기는 환상적 분위기처럼 비현실적인 분위기를 의미하는데, 현실이 아닌 '꿈'과 같은 일이라는 의미를 좀 더 드러내고자 할 때 몽환적 분위기라 표현한다.

샤갈의 마을에는 삼월에 눈이 온다.

봄을 바라고 섰는 사나이의 관자놀이에

새로 돋은 정맥이 / 바르르 떤다.

바르르 떠는 사나이의 관자놀이에

새로 돋은 정맥을 어루만지며

눈은 수천수만의 날개를 달고

하늘에서 내려와 샤갈의 마을의

지붕과 굴뚝을 덮는다.

– 김춘수, 〈샤갈의 마을에 내리는 눈〉

• 이 시는 샤갈의 〈나와 마을〉이라는 그림에서 영감을 얻어 창작되었다. 3월에 눈이 내리는 환상적인 세계를 배경으로 삼고 있는데, '–ㄴ다'의 현재형 어미를 통해 환상적 세계에 생동감을 부여하며 환상적인 분위기를 조성하고 있다.

Q. 이 글에서 자연물을 살아 있는 대상으로 묘사해 환상적인 분위기를 조성하는 시행을 찾아 쓰세요.

향토적 분위기 鄕土(시골 향, 흙 토) │ 시골의 정취를 풍기는 분위기

농촌, 어촌, 산촌 지역의 생활이나 시골의 모습을 떠올릴 때 느껴지는 분위기를 말한다. 작품 속에서 토속적 방언을 활용하여 향토적 분위기를 조성하는 경우가 많다.

➕ '향토'는 '자기가 태어나서 자란 땅.'이라는 의미와 '시골이나 고장.'이라는 사전적 의미를 갖고 있다. 현대의 도시에서 태어난 사람에게 향토란 도시일 수밖에 없고, 현대의 농촌·어촌·산촌의 정경 역시 과거의 그것과는 많이 다르다. 따라서 문학 시험에서 말하는 '향토적 분위기'란 옛 시골을 떠올렸을 때 그려지는 정경에서 느껴지는 분위기라 할 수 있다.

연계 개념어 **목가적 분위기** │ '목가(牧歌)'는 전원의 한가로운 생활을 주제로 한 노래이다. 그래서 목가적 분위기라고 하면 복잡하고 바쁜 도시의 분위기와 대조되는, 한가롭고 평화로운 전원의 분위기를 가리킨다.

'오-매 단풍 들것네'
'어머나'의 전라도 방언
장광에 골 붉은 감잎 날아오아
장독대
누이는 놀란 듯이 치어다보며
'오-매 단풍 들것네'

추석이 내일모레 기둘리리
'기다리니'의 전라도 방언
바람이 잦이어서 걱정이리
누이의 마음아 나를 보아라
'오-매 단풍 들것네'

— 김영랑, 〈오-매 단풍 들것네〉

• 전라도 방언인 '오-매(1연은 누이의 말, 2연은 화자의 말임.)', '기둘리리'의 사용을 통해 향토적 분위기를 조성하고 있다. ▲는 '장독대'를 뜻하는 말로, 이 시어 역시 고향의 모습을 떠올리게 하며 향토적인 분위기를 조성하고 있다.

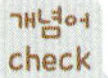

Q-1. 이 글은 방언과 향토적 정감을 주는 시어를 통해 향토적 분위기를 조성하고 있다. (○ / ×)

이 논배미를 얼른 매고 저 논배미로 건너가세
두렁으로 둘러싸인 논의 한 구획
잘하고 자로 하네 에히요 산이가 자로 하네 //
잘, 자주   농사꾼들에게 일을 잘한다는 격려의 의미
담송담송 닷 마지기 반달만치만 남았구나
논, 밭의 넓이 단위
잘하고 자로 하네 에히요 산이가 자로 하네 //

일락서산(日落西山)에 해는 지고 월출동령(月出東嶺)에 달 돋는다
해가 지는 서쪽 산   달이 뜨는 동쪽 고개
잘하고 자로 하네 에히요 산이가 자로 하네

— 작자 미상, 〈논매기 노래〉

• 이 민요는 농촌에서 논을 맬 때 농사꾼들이 함께 부른 노동요이다. '논배미' 등의 시어에서 향토적 분위기가 느껴진다. ▲는 '선창', ■는 후렴구에 해당하는 '후창'이다. 선창자가 선창하면 다 같이 후렴구를 후창하는 선후창 방식으로 노래가 이루어졌다.

Q-2. 이 글에서 '논배미' 외에 향토적 분위기가 느껴지는 시어를 찾아 쓰세요. ___________________

개념어 check 정답 │ **020-1** ○   **020-2** 마지기

● **다음 빈칸을 채워 문장을 완성하세요.**

01 시에서 작품 전반에 깔려 있는 느낌을 시의 (　　　　　)라고 하며, 시어나 시구를 통해 짐작할 수 있다.

02 시에서 현실에서 동떨어져 실제로 존재하지 않는 비현실적인 상황에서 느껴지는 분위기를 (　　　　　) 분위기라고 한다.

● **다음 시를 읽고 적절한 설명이 되도록 괄호 안에서 알맞은 말을 고르세요.**

> 허리 굵은 논실댁과 그의 딸 영자 영숙이 순임이가
> 밭 사이로 일어섰다 앉았다 하며 커다란 웃음들을 웃고
> 나 그 아래 냇가에 소고삐를 풀어놓고 / 어항을 놓고 있었던가 가재를 쫓고 있었던가
> 나를 부르는 소리 같기도 하고 / 쏴르르 쏴르르 무엇이 물살을 헤짓는 소리 같기도 하여
> 고개를 들면 아, 청청히 푸르던 하늘
> – 이시영, 〈마음의 고향 2 – 그 언덕〉

03 이 글은 농촌 마을인 고향의 모습을 그리고 있는데, (고요한, 향토적) 분위기를 느낄 수 있다.

> 公無渡河　임이여, 그 물을 건너지 마오
> 公竟渡河　임은 그예 물을 건너시네
> 墮河而死　물에 휩쓸려 돌아가시니
> 當奈公何　가신 임을 어이할꼬
> – 백수광부의 아내, 〈공무도하가〉

04 이 글에서는 임의 죽음을 슬퍼하는 화자의 정서를 통해 (애상적, 고즈넉한) 분위기를 느낄 수 있다.

● **다음 시를 읽고 빈칸을 채워 문장을 완성하세요.**

> 가을 햇볕에 공기에 / 익는 벼에 / 눈부신 것 천지인데,
> 그런데, / 아, 들판이 적막하다— / 메뚜기가 없다! //
> 오 이 불길한 고요— / 생명의 황금 고리가 끊어졌느니……
> – 정현종, 〈들판이 적막하다〉

05 이 글에서 '(　　　　　)'가 사라진 가을 들판은 적막한 분위기를 느끼게 한다.

정답 | **01** 분위기 **02** 환상적 **03** 향토적 **04** 애상적 **05** 메뚜기

3 화자의 어조, 태도, 정서

정서 만족감

태도 예찬적 태도

어조 영탄적 어조

정서란 어떤 일이나 상황을 경험한 마음에 생기는 여러 가지 감정을 의미하고, 태도란 그러한 감정이 드러난 자세를 의미하며, 어조란 말에서 드러나는 말투와 같은 특징을 의미한다.

시에서 화자의 정서란 화자가 느끼는 감정을 의미하는데, 화자의 정서는 화자의 태도에 반영되고, 화자의 태도는 화자의 어조로 표현된다고 말할 수 있다. 따라서 시를 창작할 때 **화자에 관한 설정은 '정서 → 태도 → 어조'의 순서**로 이루어진다고 볼 수 있다.

그런데 시는 언어로 표현되어 있으므로, 시의 표면에서 우리가 읽을 수 있는 것은 '어조'이다. 즉, 화자는 특정 '정서'를 가지고, 특정 '태도'를 취하여, 특정 '어조'로 말하고 있지만, 우리가 시를 읽을 때는 '어조'를 보고 화자의 '태도'를 짐작하고, 이를 바탕으로 화자의 '정서'를 파악할 수 있는 것이다. 따라서 **독자의 읽기는 '어조 → 태도 → 정서'의 순서**로 이루어진다고 볼 수 있다.

엊그제 겨울 지나 새봄이 돌아오니
❷-1
복숭아꽃과 살구꽃은 석양 속에 피어 있고
푸른 버들과 향기로운 풀은 가랑비 속에 푸르도다 ❸
칼로 마름질해 내었는가 붓으로 그려 낸 것인가 ❶
❷-2
조물주의 신비로운 재주가 사물마다 야단스럽구나

— 정극인, 〈상춘곡〉

❶ 〈상춘곡〉은 조선의 문신이었던 정극인이 지은 가사이다. 어미 '–ㄴ가'에서 **영탄적 어조**를 확인할 수 있다. 화자는 봄의 경치에 감탄하고 있다.

❷ 봄의 경치를 보고 신비로움을 느낀 **예찬적 태도**가 드러난다.

❸ 봄의 경치를 **만족**스럽게 즐기고 있는 화자의 **정서**를 시 전반에서 느낄 수 있다.

〈발문〉

• '산'에 대한 화자의 태도를 중심으로 (나)를 감상한 내용으로 적절하지 않은 것은? – 22 수능

〈보기〉

• 자연의 외적 모습을 바라보는 데 그치지 않고 주관적 대상으로 묘사하여, 화자와 자연의 정서적 교감을 드러낸다.

– 23 9모

〈선택지〉

• (가)와 (나)는 모두, 자연물에 화자의 정서를 투영함으로써 대상에 대한 친밀감을 드러내고 있다. – 25 6모
• ⓒ: 높이 날아오른 연을 동경하는 심리를 드러내고 있다. – 24 9모
• 사물의 모습에 대한 긍정적 인식을 바탕으로 중심 제재에 대한 예찬적 태도를 드러내고 있다. – 23 수능
• 영탄적인 어조로 대상에서 촉발된 인상을 표현하고 있다. – 23 9모
• 어조의 변화를 통해 긴장감을 조성하고 있다. – 23 6모
• (가), (다)에서는 모두 자연물이 쇠락하는 과정을 제시하여 인생에 대한 무상감을 드러내고 있다. – 22 수능
• [B]에서 화자는 시간의 경과를 의식하며 '세 다래 네 다래' 열린 '면화'에 대한 만족감을 드러내고 있다. – 22 수능
• (가)에는 인생의 허무함에 대한 순응적 태도가, (다)에는 인생의 허무함에 대한 극복 의지가 나타나 있다. – 21 수능
• (가)와 (나)는 가정의 진술을 활용하여 현실과 이상의 거리감을 드러내고 있다. – 20 9모

개념어 **한눈에 보기** 알고 있는 개념어는 ○, 모르는 개념어는 ✕ 표시해 보세요!

어조	화자의 어조와 관련된 개념어	영탄적 어조		성찰적 어조		담담한 어조	
		독백적 어조		단정적 어조		어조의 변화	
		명령적 어조		단호한 어조			

태도	화자의 태도와 관련된 개념어	낙관적 태도		체념적 태도		관조적 태도	
		예찬적 태도		반성적 태도		회의적 태도	
		의지적 태도		비판적 태도		냉소적 태도	
		순응적 태도		비관적 태도		자조적 태도	

정서	화자의 정서와 관련된 개념어	동경		일체감		만족감	
		교감		거리감		무력감	
		친밀감		경외감		무상감	

화자의 어조와 관련된 개념어

독자가 시를 읽을 때 시어를 통해 먼저 파악할 수 있는 것이 화자의 어조이다. 시의 전반에서 화자의 어조가 드러나는데, 시구의 종결 어미를 보면 화자의 어조를 파악하기 쉽다. 어조는 화자의 심리적 상황이나 대상에 대한 태도에 따라 다르게 나타나기 때문에 어조를 통해서 화자의 태도와 정서를 파악할 수 있다. 시험에서는 '○○○ 어조'와 같이 직접적으로 어조에 대해서 묻는데, 한편으로는 '○○○ 말투', '○○○ 진술'과 같이 '말투'나 '진술'이라는 표현을 활용하여 어조에 대해 묻기도 한다. 앞서 언급한 것처럼 종결 어미를 통해 어조가 드러나는 경우가 많기 때문에 '말투'나 '진술'로 어조에 대해 표현할 수 있는 것이다.

유사 개념어 | 감탄의 어조

021 영탄적 어조 詠歎(읊을 영, 탄식할 탄) | 슬픔이나 기쁨 등의 감정을 강조하여 드러내는 어조

화자가 상황이나 대상에 대해 기쁨, 슬픔, 분노, 즐거움 등의 정서를 절제하지 않고 감탄의 형태로 강하고 깊게 드러내는 어조를 말한다.

➕ 영탄적 어조는 격한 감정을 강하게 표현하는 격정적 어조가 쓰였을 때 함께 드러나기도 한다. 또 말하려는 내용을 의문문의 형태로 나타내어 의미를 강조하는 설의적 표현에서 영탄적 어조가 드러나기도 한다.

연계 개념어 **영탄적 표현** | 화자가 슬픔, 감동, 기쁨 등의 감정을 '아, 아아, 오' 등의 감탄사, '야, 이여' 등의 호격 조사, '−구나, −어라/−아라' 등의 감탄형 종결 어미, '−랴, −ㄹ까' 등의 의문형 종결 어미, 느낌표 등을 사용하여 강조하고 있다면 이를 영탄적 표현이라 한다.

구렁에 서 있는 나무 우뚝하기도 하구나

풍상(風霜)을 실컷 겪고 독야청청(獨也靑靑)하구나

져근덧 베지 말고 두면 동량재(棟梁材) 되겠구나
    기둥과 들보로 쓸 만한 좋은 재목. 인재를 의미함.
〈제1수(소나무[松])〉

오리마 적표마들이 관단 노태와 같겠느냐
    둘 다 명마를 의미함.   둘 다 걸음이 느린 말을 의미함.
바람에 슬피 울며 네 굽을 허위치니

아무리 천리지(千里志) 있은들 알 이 없어 서러워라
    천리를 달리고자 하는 뜻
〈제15수(말[馬])〉

− 권섭, 〈십육영〉

- 열여섯 가지 자연물을 통해 작가의 현실 인식을 드러낸 이 연시조에는, 화자가 자연물을 바라보고 느낀 바가 영탄적 어조로 표현되어 있다. 종결 어미 '−구나', '−어라'를 통해 영탄적 어조를 확인할 수 있다.

- '−느냐'는 의문형 종결 어미인데, 여기서는 물어보기 위해 쓰인 것이 아니라, 명마들은 결코 느린 말들과 같지 않다는 강조/감탄의 뜻을 드러내기 위해 물음의 형태로 표현한 것이다. 이러한 표현도 영탄적 어조가 드러난다고 할 수 있다.

Q. 이 글의 〈제1수〉에서는 대상에 대한 화자의 감탄이, 〈제15수〉에서는 경외감이 영탄적 어조로 드러난다.

(○ / ×)

022 독백적 어조 | 혼자서 말을 하는 듯한 어조

화자가 상황이나 대상을 관찰한 바를 표현하거나 자신의 마음속 이야기를 전달할 때 말을 건네는 대상인 청자 없이 혼잣말을 하는 듯한 어조를 말한다.

나는 이 겨울을 누워 지냈다.

사랑하는 사람을 잃어버려

염주처럼 윤나게 굴리던

독백도 끝이 나고

바람도 불지 않아

이 겨울 누워서 편히 지냈다.

(중략)

문 한번 열지 않고 / 반추동물처럼 죽음만 꺼내 씹었다.

나는 누워서 편히 지냈다.

사랑하는 사람을 잃어버린 / 이 겨울.

– 문정희, 〈겨울 일기〉

- 이 시에는 사랑하는 사람과 이별한 화자의 상실감이 담담한 독백적 어조로 드러나 있다.
- 이별 후 결코 편하게 지낼 수 없는 상황을 '편히' 지냈다고 반대로 표현함으로써 독백적 어조가 담담하게 느껴지며 화자의 고통스러운 심정이 더욱 부각되고 있다.

Q. 이 글에서 화자는 사랑하는 사람을 잃어버린 심정을 격정적인 독백적 어조로 표현하고 있다.

(○ / ×)

023 명령적 어조 | 어떤 행동을 할 것을 요구하는 어조

화자가 대상에게 어떤 행동을 하도록 요구하는 어조를 말한다. 구체적 청자에게 명령하기도 하지만, 독백체가 두드러지는 시에서 대상을 특정하지 않고 명령적 어조를 활용하는 경우도 있다. 화자의 희망이나 염원, 의지 등을 나타낼 때 명령적 어조가 활용된다.

➕ 명령적 어조는 명령형 종결 어미 '-아/-어', '-오', '-아라/-어라', '-너라', '-거라' 등을 사용하여 드러낸다.

龜何龜何 거북아, 거북아,
구 하 구 하

首其現也 머리를 내밀어라
수 기 현 야

若不現也 내어놓지 않으면,
약 불 현 야

燔灼而喫也 구워서 먹으리
번 작 이 끽 야

– 작자 미상, 〈구지가〉

- 《삼국유사》 중 가락국의 건국 신화에 삽입되어 전해지는 고대 가요이다. 종결 어미 '-어라'를 통해, 화자가 대상에게 행동을 요구하는 명령적 어조를 확인할 수 있다.

Q. 이 글에서 화자가 명령을 하는 대상을 찾아 쓰세요. _______________

개념어 check 정답 | 021 × 022 × 023 거북

024 성찰적 어조 省察(살필 성, 살필 찰) | 삶과 마음을 되돌아보고 반성하는 어조

화자가 자신의 행동이나 삶, 내면에 지녔던 생각을 다시 돌아보고 깊이 살펴 반성하는 뜻이 드러나는 어조를 말한다. 성찰적 어조는 시에서 활용되는 다른 어조들과 달리 특정 종결 어미를 통해 드러나기보다는 시의 내용을 통해 드러난다.

연계 개념어 **성찰적 태도** | 성찰적 태도는 화자가 지나간 일을 되돌아보며 반성하고 살피는 태도를 말한다. 시에서 성찰적 어조가 드러나 있다면 화자의 태도 역시 성찰적 태도를 지닌다고 할 수 있다.

인생은 살기 어렵다는데

시가 이렇게 쉽게 씌어지는 것은

<u>부끄러운 일이다.</u> //

육첩방은 남의 나라
일본의 다다미 여섯 장을 깐 방
창밖에 밤비가 속살거리는데, //

등불을 밝혀 어둠을 조금 내몰고,

시대처럼 올 아침을 기다리는 최후의 나, //

나는 나에게 작은 손을 내밀어

눈물과 위안으로 잡는 최초의 악수.

— 윤동주, 〈쉽게 씌어진 시〉

• 화자가 일제 강점기라는 암울한 시대 현실에서 시를 쉽게 쓰고 있는 자신에 대해 '부끄러운 일'이라고 말하며 반성하는 데에서 성찰적 어조가 드러난다.

개념어 check **Q.** 이 글에서 고뇌하던 화자가 성찰을 통해 현실 극복 의지를 드러낸 다섯 글자의 명사구를 찾아 쓰세요.

025 단정적 어조 斷定(끊을 단, 정할 정) | 딱 잘라 판단하고 결정하는 듯한 어조

화자가 자신의 판단에 확신을 갖고 상황이나 대상에 대해 분명하게 표현할 때 나타나는 어조를 말한다. 평서형 종결 어미 '—다', '—ㅂ니다'가 쓰일 때 단정적 어조가 드러나는 경우가 많다.

그물이 물결 속에서 멸치들을 떼어 냈던 <u>것이다</u>

햇빛의 꼿꼿한 직선들 틈에 끼이자마자

부드러운 물결은 팔딱거리다 길을 잃었을 <u>것이다</u>

바람과 햇볕이 달라붙어 물기를 빨아들이는 동안

바다의 무늬는 뼈다귀처럼 남아

멸치의 등과 지느러미 위에서 딱딱하게 굳어 갔던 <u>것이다</u>

— 김기택, 〈멸치〉

• 바닷속에서 생명력을 지녔던 '멸치'가 그물에 걸려 생명을 상실하는 과정을 '~ 것이다'라고 분명하게 말하는 데에서 단정적 어조가 느껴진다.

개념어 check **Q.** 이 글에서 화자는 그물에 잡힌 '멸치'에 관한 자신의 생각을 분명하게 말하고 있다. (○ / ×)

026 단호한 어조 斷乎(끊을 단, 어조사 호) | 결심이나 태도를 엄격하게 딱 잘라 말하는 어조

화자가 망설임 없이 자신의 입장이나 생각을 분명하고 확고하게 밝히는 어조를 말한다. 화자의 강한 의지를 부각하고자 할 때 단호한 어조를 활용하는 경우가 많다.

> 이 몸이 죽어 죽어 일백 번 고쳐 죽어
> 다시, 거듭
> 백골(白骨)이 진토(塵土)되어 넋이라도 있고 없고
> 임 향한 일편단심(一片丹心)이야 가실 줄이 있으랴
>
> — 정몽주의 시조

• 고려의 충신인 작가가 이방원의 〈하여가〉에 답한 시조로, 화자는 불가능한 상황을 설정하여 고려에 대한 절개를 지키겠다는 자신의 결정을 단호한 어조로 표현하고 있다. ▲에는 이러한 화자의 단호함이 집약되어 있다.

Q. 이 글에서 임에 대한 화자의 단호한 마음을 집약하여 드러낸 시어를 찾아 쓰세요. ________________

027 담담한 어조 淡淡(맑을 담, 맑을 담) | 사사로운 감정을 드러내지 않고 차분하게 말하는 어조

화자가 상황이나 대상을 바라보고 자신의 감정을 절제하며 겉으로 드러내지 않고 별일이 아니라는 듯 차분하게 말하는 어조를 말한다.

➕ 비극적인 상황을 담담한 어조로 표현하면 오히려 비극성이 더 극대화되어 시적 여운을 강화하는 효과가 있다.

> 차디찬 아침인데
> 묘향산행 승합자동차는 텅 하니 비어서
> ▲나이 어린 계집아이 하나가 오른다
> 옛말속같이 진진초록 새 저고리를 입고
> 손잔등이 밭고랑처럼 몹시도 터졌다
> 계집아이는 자성(慈城)으로 간다고 하는데
> 자성은 예서 삼백오십 리 묘향산 백오십 리
> 여기서
> 묘향산 어디메서 삼촌이 산다고 한다 / 새하얗게 얼은 자동차 유리창 밖에
> 내지인 주재소장 같은 어른과 어린아이 둘이 내임을 낸다
> 일제 강점기 때 '일본인'을 의미하는 말   '배웅'의 평안 방언
> 계집아이는 운다 느끼며 운다 / 텅 비인 차 안 한구석에서 어느 한 사람도 눈을 씻는다
> 계집아이는 몇 해고 내지인 주재소장 집에서 / 밥을 짓고 걸레를 치고 아이보개를 하면서
> 아이 돌보는 일을 하는 사람
> 이렇게 추운 아침에도 손이 꽁꽁 얼어서 / 찬물에 걸레를 쳤을 것이다
>
> — 백석, 〈팔원 – 서행시초 3〉

• 화자는 추운 아침 ▲가 승합차에 타는 상황을 관찰하고 있다. 계집아이는 어린 나이임에도 불구하고 손잔등이 몹시 터졌고, 혼자서 먼 길을 가야 하는 상황이다. 시인은 일제 강점기 당시 우리 민족의 비극적 삶을 계집아이의 모습을 통해 형상화하고 있는데, 이를 시 전반에서 담담한 어조로 서술하여 그 비극성을 더욱 극대화하고 있다.

Q. 이 글에서 화자는 주재소장 집에서의 '계집아이'의 삶을 추측하여 담담한 어조로 표현하고 있다.

(○ / ×)

화자의 어조가 시상이 전개되면서 바뀌는 것을 말하는데, 어조가 변할 때 화자의 태도나 심정의 변화가 동반되는 경우가 많다. 화자의 어조가 변하면 시상이 전환되므로 독자에게 강한 인상을 남길 수 있다.

생사(生死) 길은

예 있으매 머뭇거리고,

나는 간다는 말도

못다 이르고 어찌 갑니까.

어느 가을 이른 바람에

이에 저에 떨어질 잎처럼,

한 가지에 나고

가는 곳 모르온저.

아아, 미타찰(彌陀刹)에서 만날 나

도(道) 닦아 기다리겠노라.

– 월명사, 〈제망매가〉
(양주동 해독)

● 작가가 일찍 죽은 누이를 위해 재를 올리며 지은 노래인 이 향가는 누이의 죽음을 대하는 화자의 태도에서 어조의 변화가 드러난다. ●에서 누이의 죽음을 안타까워하던 화자는 ▲에서 체념적 어조로 삶의 무상감을 드러내는데, 마지막 ■에서는 누이와 다시 만날 것을 기약하며 슬픔을 종교적으로 승화하여 극복하고자 하는 마음을 의지적 어조로 드러내고 있다.

Q. 이 글은 시상이 전개되면서 성찰적 어조에서 명령적 어조로 어조의 변화가 일어나고 있다.

(○ / ×)

● **다음 빈칸을 채워 문장을 완성하세요.**

01 시에서 드러나는 화자의 목소리나 말투를 (   )라고 하며, 이를 통해 화자의 정
서나 태도를 파악할 수 있다.

02 시에서 성찰적 어조는 화자가 자신의 모습이나 생각 등을 되돌아보고 (   )하고
깊이 새길 때 드러난다.

● **다음 시를 읽고 적절한 설명이 되도록 괄호 안에서 알맞은 말을 고르세요.**

> 흥부 부부가 박덩이를 사이하고 / 가르기 전에 건넨 웃음살을 헤아려 보라.
> 금이 문제리, / 황금 벼이삭이 문제리,
> 웃음의 물살이 반짝이며 정갈하던 / 그것이 확실히 문제다.　　　　　　－ 박재삼, 〈흥부 부부상〉

03 이 글의 '그것이 확실히 문제다.'에는 (명령적 어조, 단정적 어조)가 드러나 있다.

> 더우면 꽃 피고 추우면 잎 지거늘 / 솔아 너는 어찌 눈서리를 모르느냐 / 구천의 뿌리 곧은
> 줄을 그것으로 하여 아노라　　〈제4수〉　　　　　　　　－ 윤선도, 〈오우가〉

04 이 글의 (초장, 중장, 종장)에는 추운 계절에도 변하지 않는 소나무에 대해 감탄하는 영
탄적 어조가 드러나 있다.

● **다음 시를 읽고 빈칸을 채워 문장을 완성하세요.**

> 소의 커다란 눈은 무언가를 말하고 있는 듯한데 / 나에겐 알아들을 수 있는 귀가 없다. /
> 소가 가진 말은 다 눈에 들어 있는 것 같다. // (중략) // 수천만 년 말을 가두어 두고 / 그저
> 끔벅거리고만 있는 / 오, 저렇게도 순하고 동그란 감옥이여.　　　　　　－ 김기택, 〈소〉

05 이 글에서는 감탄사 '(   )'와 조사 '이여'를 활용하여 사연을 담고 있는 소의 눈
에 대해 영탄적 어조로 표현하고 있다.

> 하나도 못 이루고 세월이 늦어지니 / 평생 우활은 날 따라 길어간다 / 아침이 부족한들 저
> 녁을 근심하며 / 일간모옥이 비 새는 줄 알던가 / 누더기 옷이 부끄러움 어이 알며 / 어리석
> 고 미친 말이 남의 미움받을 줄 알던가 / 우활도 우활할샤 그토록 우활할샤　　－ 정훈, 〈우활가〉

06 이 글의 화자는 사리에 어둡고 세상 물정을 잘 몰라 우활했던 자신의 삶을 돌아보며 지난
날에 대해 (   ) 어조로 표현하고 있다.

정답 | **01** 어조 **02** 반성 **03** 단정적 어조 **04** 중장 **05** 오 **06** 성찰적

화자가 시적 상황을 대하는 마음가짐이나 대응 방식을 태도라고 한다. 시를 읽으며 파악한 화자의 어조를 통해 화자의 태도를 짐작할 수 있다. 화자의 태도를 파악할 때, 먼저 긍정적인지 부정적인지 양분하여 판단한 후 구체적인 태도를 생각해 보면 좀 더 쉽게 파악할 수 있다. 시험에서 '태도'는 '자세'로 표현되기도 하므로, '○○○ 태도 = ○○○ 자세'로 간주해도 된다.

유사 개념어 | 낙천적 태도, 긍정적 태도

 **029 낙관적 태도** 樂觀(즐길 낙, 볼 관) | 앞으로 잘될 것이라고 믿으며 희망을 갖는 태도

화자가 상황이나 대상에 대해서 앞으로 잘될 가능성이 있다고 생각하면서 밝고 희망적으로 바라보는 태도를 말한다.

연계 개념어 **낙관적 전망, 낙관적 기대** | '낙관적 전망'이나 '낙관적 기대'는 화자가 앞날을 헤아려 보며 앞으로 모든 일이 잘될 것이라고 바라면서 기대하는 것을 말한다. 시에서 화자가 상황이나 대상에 대해 낙관적 태도를 보이고 있다면 화자는 앞으로 일어날 일에 대해 '낙관적 전망'이나 '낙관적 기대'를 갖고 있다고 볼 수 있다. 이는 작품의 주제 의식과 관련이 깊기 때문에 선택지에 자주 등장하는 개념어이다.

끊임없는 광음(光陰)을
　　시간이나 세월을 이르는 말
부지런한 계절이 피어선 지고

큰 강물이 비로소 길을 열었다

지금 눈 나리고

매화 향기 홀로 아득하니

내 여기 가난한 노래의 씨를 뿌려라

다시 천고의 뒤에

백마 타고 오는 초인이 있어

이 광야에서 목 놓아 부르게 하리라

— 이육사, 〈광야〉

- '지금' 현재의 상황은 '눈 나리'는 혹독한 겨울이라 볼 수 있다. (이 시가 쓰인 시대적 배경을 고려할 때, '눈'은 일제 강점기를 상징함.)

- 화자는 비록 현재는 힘겹지만 '천고의 뒤'인 미래에는 찬란한 앞날을 이끌어 갈 '백마 타고 오는 초인'이 나타날 것임을 확신하며 낙관적 태도를 보이고 있다.

 **Q.** 이 글에서 낙관적이고 밝은 미래를 이끌어 갈 존재를 의미하는 시어를 찾아 쓰세요. ________________

030 예찬적 태도 禮讚(예도 예, 기릴 찬) | 대상의 좋은 점을 발견하고 이를 칭찬하는 태도

화자가 대상을 긍정적으로 바라보고 좋거나 아름답거나 훌륭하다고 느낄 때 드러나는 태도를 말한다. 화자가 자연의 경치, 자연물이나 사물의 속성, 초월적 존재 등을 훌륭하거나 뛰어나다고 느끼며 이를 칭찬할 때 예찬적 태도가 잘 드러난다.

강가에 우뚝 서니 쳐다볼수록 더욱 높다
바람서리에 불변하니 뚫을수록 더욱 굳다
사람도 이 바위 같으면 대장부인가 하노라 〈제2수〉

– 박인로, 〈입암이십구곡〉

● 이 작품은 '입암'(바위)을 예찬하는 연시조이다. 〈제2수〉에서는 바위의 우뚝 서서 높은 모습과 바람과 서리에도 변하지 않는 굳은 모습에 대해 화자가 예찬적 태도를 드러내고 있다.

개념어 check

Q. 이 글에서 화자는 '바위'의 특정 속성에 주목하여 '바위'를 예찬하고 있다. (○ / ×)

유사 개념어 | 진취적 자세

031 의지적 태도 意志(뜻 의, 뜻 지) | 확고한 뜻이나 목표를 이루고자 하는 태도

화자가 자신이 뜻한 바를 이루어 내고자 할 때, 또는 자신의 신념을 지키고자 할 때 드러나는 태도를 말한다. 의지적 태도는 결의에 찬 마음이나 굳게 다짐하는 모습과 함께 나타나기도 한다.

연계 개념어 **극복 의지, 화자의 의지** | '극복 의지'는 화자가 힘들고 암울한 상황을 이겨 내기 위해 굳은 마음을 먹고 의지적 태도를 표출할 때 드러난다. 시험에서는 더 구체적으로 '~하려는 화자의 의지'로 출제되기도 한다. 화자의 의지적 태도는 작품의 주제 의식과 관련이 깊기 때문에 '극복 의지'와 '화자의 의지' 역시 선택지에 자주 등장하는 개념어라 할 수 있다.

전신이 검은 까마귀, / 까마귀는 까치와 다르다.
마른 가지 끝에 높이 앉아 / 먼 설원을 굽어보는 저
형형한 눈, / 고독한 이마 그리고 날카로운 부리.
광채가 반짝반짝 빛나며 밝은
얼어붙은 지상에는 / 그 어디에도 낟알 한 톨 보이지 않지만
그대 차라리 눈발을 뒤지다 굶어 죽을지언정
결코 까치처럼 / 인가의 안마당을 넘보진 않는다.

(중략)

나는 / 빈 가지 끝에 홀로 앉아
말없이 / 먼 지평선을 응시하는 한 마리 / 검은 까마귀가 되리라.

– 오세영, 〈자화상 2〉

● 화자는 '까마귀'의 고고함을 '까치'와의 비교를 통해 드러내고 있는데, ▲에서 자신 역시 '까마귀'처럼 타협하지 않는 삶을 살겠다는 의지적 태도를 종결 어미 '–리라'를 통해 드러내고 있다.

Q. 이 글에서 화자의 의지적 태도가 직접적으로 드러난 시행을 찾아 쓰세요. ___________________

개념어 check 정답 | **029** 초인 **030** ○ **031** 검은 까마귀가 되리라.

순응적 태도 順應(순할 순, 응할 응) | 주어진 상황을 받아들이는 태도

화자가 자신이 처한 상황을 거역하지 않고 그대로 받아들이며 따르고자 하는 태도를 말한다.

➕ '순응'에는 변하면 변하는 대로, 명령이면 명령대로, 주어진 것을 받아들이며 '적응하다'라는 의미가 담겨 있으므로, '순응적 태도'는 부정적인 상황에서 희망을 포기하고 단념하는 '체념적 태도'와는 차이가 있다. 하지만 서로 배척되는 것은 아니므로 작품에 따라 두 가지 태도가 함께 드러나기도 한다.

고인(古人)도 날 못 보고 나도 고인 못 뵈네
　옛 성인(聖人)
고인을 못 봐도 가던 길 앞에 있네
가던 길 앞에 있거든 아니 가고 어찌할까 〈제9수〉

– 이황, 〈도산십이곡〉

• 이 작품은 총 12수로 이루어진 연시조이다. 〈제9수〉에서는 화자가 옛 성인을 비록 만날 수는 없지만, 그들이 추구한 학문 수양의 길이 자신의 앞에 놓여 있으니, 그 길을 따라 학문을 수양하겠다는 순응적 태도를 드러내고 있다.

Q. 이 글에서 화자는 '고인'이 '가던 길'을 그대로 따르고자 하는 순응적 태도를 보이고 있다. （ ○ / × ）

체념적 태도 諦念(살필 체, 생각할 념) | 앞으로 잘될 것이라는 희망을 버리고 단념하는 태도

화자가 상황에 대해 잘될 가능성이 있다고 믿었던 생각을 포기하거나 그 생각을 아주 끊어 버리는 태도를 말한다.

➕ 화자가 '체념적 태도'를 드러내기 전에 현실이나 상황에 대한 한탄의 감정을 드러내는 경우가 많다.

무정한 세상은 다 나를 버리거늘
네 혼자 유신하여 나를 아니 버리거든
　신의가 있음.
위협으로 회피하며 잔꾀로 여길려냐
▲하늘 삼긴 이내 궁(窮)을 설마한들 어이하리
　가난한 상태
빈천도 내 분(分)이니 서러워해 무엇하리
　자기 신분에 맞는 한도

• 이 작품은 구체적이고 사실적인 생활 묘사가 뛰어난 가사이다. 가난을 '네(너)'로 의인화하여, 세상은 무정하지만 가난은 신의가 있어 화자를 버리지 않았다고 표현하고 있는데, 이어서 ▲에서 하늘이 만든 운명이 '궁(가난)'이므로 어떻게 할 수 없다는 체념적 태도를 드러내고 있다.

– 정훈, 〈탄궁가〉

Q. 이 글의 화자는 궁핍하게 살아야 하는 자신의 삶을 서러워하며 거부하는 태도를 보이고 있다.

（ ○ / × ）

034 반성적 태도 反省(돌이킬 반, 살필 성) | 잘못을 되짚어 생각하는 태도

화자가 지나간 일이나 자신의 언행에 대해 부족하거나 잘못했던 점을 뉘우칠 때 나타나는 태도를 말한다.

➕ 선택지에서 '성찰'과 '반성'은 둘을 구분하는 것이 의미가 없을 정도로 유사한 의미로 쓰인다.

국철 타고 앉아 가다가

문득 알아들을 수 없는 말이 들려 살피니

아시안 젊은 남녀가 건너편에 앉아 있었다 / (중략) /

저이들이 무엇 하려고 / 국철을 탔는지 궁금해서 쳐다보면

서로 마주 보며 떠들다가 웃다가 귓속말할 뿐

나를 쳐다보지 않았다 / 모자 장사가 모자를 팔러 오자

천 원 주고 사서 번갈아 머리에 써 보고 / (중략) /

나는 아시안 젊은 남녀와 천연하게

동승하지 못하고 있어 낯짝 부끄러웠다

국철은 회사와 공장이 많은 노선을 남겨 두고 있었다

저이들도 일자리로 돌아가는 중이지 않을까

– 하종오, 〈동승〉

● 화자는 국철을 타고 가다가 낯선 말로 대화하는 '아시안 젊은 남녀'를 보고는 그들을 호기심의 대상으로 바라본다.

▲ 화자는 그들을 관찰하다가 자신과 다르지 않음을 깨닫고, 자신의 천박한 호기심에 대해 반성적 태도를 드러낸다. 그리고 그들 역시 자신과 같은 사람이라는 동질감을, ■에서 '저이들도' 일하러 가는 길일 것이라는 추측의 표현으로 드러낸다.

Q. 이 글에서 대상에 대한 화자의 반성적 태도가 직접적으로 드러나는 시어를 찾아 쓰세요. ＿＿＿＿＿＿

035 비판적 태도 批判(비평할 비, 판가름할 판) | 옳고 그름을 따져 지적하는 태도

화자가 상황이나 대상에 대해 옳고 그름을 가려 판단하거나 잘못된 점을 들추어 지적하는 태도를 말한다.

➕ 고전 시가에서는 현실의 세태나 지배층의 횡포 등을, 현대시에서는 불의에 저항하지 못하는 대상이나 문명 발달로 인한 자연 파괴 현상 등을 다룰 때 화자의 비판적 태도가 잘 드러난다.

▲ 두터비 파리를 물고 두엄 우희 치다라 안자

것넌 산 바라보니 백송골(白松鶻)이 떠 잇거늘 가슴이
　　　　　　　　　　송골매

금즉하여 풀덕 뛰여 내닷다가 두엄 아래 잣바지거고
섬뜩하여

모쳐라 날낸 낼식만정 에헐질 번 하괘라
　　　　어혈－타박상 등으로 피부에 피가 맺힌 것

– 작자 미상의 사설시조

● 풍자 기법이 두드러진 이 사설시조는, '두터비, 파리, 백송골'을 의인화하여 당대 현실을 비판하고 있다. 두터비(탐관오리)가 ▲에서 파리(힘없는 백성)에게 횡포를 부리다가 ■에서는 백송골(중앙 관리)에게 비굴하게 구는 것으로 표현하여, 탐관오리에 대한 비판적 태도를 드러내고 있다.

Q. 이 글에서 '파리'는 허세를 부리며 약육강식하는 '두터비'의 모습을 비판하고 있다. (○ / ×)

036 비관적 태도 悲觀(슬플 비, 볼 관) │ 앞으로 잘되지 않을 것이라고 생각하고 절망하는 태도

화자가 상황이나 대상을 부정적으로 바라보고 앞으로 잘될 가능성이 없다고 여겨 슬퍼하거나 절망하는 태도를 말한다.

➕ 앞으로의 일에 가능성을 두고 희망적으로 바라보는 '낙관적 태도'와는 의미가 대조적인 개념어이다. 또한 '관(觀)'이라는 말에서 짐작할 수 있듯이, '낙관적 태도'와 '비관적 태도'에는 화자의 현실 인식이나 세상을 바라보는 관점이 반영되어 있다고 볼 수 있다.

비탈진 공터 언덕 위 푸른 풀이 덮이고 그 아래 웅덩
이 옆 미루나무 세 그루 갈라진 밑동에도 <u>푸른 싹</u>이 돋
았다 때로 늙은 나무도 젊고 싶은가 보다

(중략)

때로 우리는 묻는다 우리의 굽은 등에 푸른 싹이 돋
을까 묻고 또 묻지만 비계처럼 씹히는 달착지근한 혀,
항시 <u>우리들 삶은 낡은 유리창에 흔들리는 먼지 낀 풍경 같은 것이었다</u>   – 이성복, 〈다시 봄이 왔다〉

• 화자는 나무의 밑동에 자란 '푸른 싹'을 보고 '우리의 굽은 등'에도 생기 있는 '푸른 싹'이 돋을 수 있을까 생각해 보고 있다.

▲ 하지만 생각을 거듭해 보아도, '우리들 삶'은 생기 없는 '낡은 유리창에 흔들리는 먼지 낀 풍경 같은 것'이라며 비관적 인식과 태도를 보이고 있다.

Q. 이 글에서 화자의 비관적 태도가 담긴 '낡은 유리창에 흔들리는 먼지 낀 풍경'과 대조되는 대상을 찾아 쓰세요.

---

037 관조적 태도 觀照(볼 관, 비출 조) │ 떨어진 위치에서 거리를 두고 대상을 바라보는 태도

화자가 상황이나 대상에 대해 거리를 두고 차분한 마음으로 바라보는 태도를 말한다. 관조적 태도가 드러날 때는 화자의 감정이 절제되어 표현되는 경우가 많다.

산에는 꽃 피네. / 꽃이 피네.

갈 봄 여름 없이 / 꽃이 피네. //
가을-운율을 고려한 표현
산에 / 산에 / 피는 꽃은

저만치 혼자서 피어 있네. // (중략) //

산에는 꽃 지네 / 꽃이 지네.

갈 봄 여름 없이 / 꽃이 지네.   – 김소월, 〈산유화〉

• 화자는 '꽃'을 통해 존재의 생성('피네'), 고독('혼자서 피어 있네'), 소멸('지네')을 절제된 표현으로 형상화하고 있다. 절제된 표현 속에서 화자의 관조적 태도가 드러난다.

Q. 이 글에서 화자는 '꽃'이 피고 지는 상황을 관조하며 자신의 심정을 직접 드러내고 있다. (○ / ✕)

회의적 태도 懷疑(품을 회, 의심할 의) | 의심을 품는 태도

화자가 상황이나 대상을 부정적으로 바라볼 때, 또는 자신의 삶이나 행동에 관해 고민할 때, 마음속에 의심을 품는 태도를 말한다.

연계 개념어 회의감 | 회의감은 의심이 드는 느낌을 말한다. 화자는 특정 대상이나 현실, 혹은 화자 자신에 대한 회의감을 드러낼 수 있는데, 넓게 보았을 때 회의감은 부정적 감정이라 할 수 있다.

나의 지식이 독한 회의를 구하지 못하고
내 또한 삶의 애증을 다 짐지지 못하여
▲병든 나무처럼 생명이 부대낄 때
저 머나먼 아라비아의 사막으로 나는 가자

• 화자는 자신이 가진 '지식'으로는 삶의 본질에 대한 의구심('독한 회의')을 해결하지 못하고, 스스로 삶에서 느끼는 감정('삶의 애증') 또한 감당하지 못한다는 회의적 태도를 드러내고 있다. 그래서 스스로를 ▲라고 표현하고 있다.

– 유치환, 〈생명의 서·일장〉

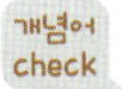

Q. 이 글에서 화자가 회의적 태도를 바탕으로 자신을 비유한 자연물을 찾아 쓰세요. ________________

냉소적 태도 冷笑(찰 냉, 웃을 소) | 대상을 비웃는 태도

화자가 상황이나 대상을 부정적으로 여겨 그에 대해 비웃을 때 나타나는 태도를 말한다. 냉소적 태도에는 비판적 정서가 깔려 있다고 할 수 있다.

연계 개념어 냉소적 어조 | 냉소적 어조는 화자가 상황이나 대상에 대해 정답지 않고 차갑게 표현할 때 드러난다. 화자의 어조를 통해 태도를 파악할 수 있으므로 화자가 상황을 냉소적인 어조로 표현하고 있다면 화자의 태도도 냉소적이라고 짐작할 수 있다.

하하 허허 한들 내 웃음이 진정 웃음인가
하 어처구니없어서 울다가 그리 웃네
벗님네들 웃지를 말구려 아귀가 찢어지리라

• 정치 현실을 혼란하게 만드는 이들을 비판한 시조이다. 화자 자신이 '하하 허허' 웃지만 진짜로 웃겨서 웃는 것이 아니라는 것을 물음의 형태로 제시하고 있다.

– 권섭의 시조

Q. 이 글의 화자는 웃음을 매개로 하여 '벗님네들'을 향한 냉소적 태도를 드러내고 있다. (○ / ✕)

040 자조적 태도 自嘲(스스로 자, 비웃을 조) | 자기 스스로를 비웃는 태도

화자가 자기 자신에 대해서 부정적으로 생각하고 비웃는 태도를 말한다. 자조적 태도에는 스스로를 비판적으로 바라보는 정서가 깔려 있다고 할 수 있다.

그러니까 이렇게 옹졸하게 반항한다

이발쟁이에게

땅 주인에게는 못하고 이발쟁이에게

구청 직원에게는 못하고 동회 직원에게도 못하고
동사무소 – 예전에 '주민센터'를 이르던 말
야경꾼에게 20원 때문에 10원 때문에 1원 때문에

우습지 않으냐 1원 때문에

모래야 나는 얼마큼 작으냐

바람아 먼지야 풀아 난 얼마큼 작으냐

정말 얼마큼 작으냐……

- 김수영, 〈어느 날 고궁을 나오면서〉

- 화자는 힘이 있는 자(땅 주인, 구청 직원, 동회 직원)에게는 반항하지 못하고, 힘이 없는 자(이발쟁이, 야경꾼)에게만 반항하는 자신이 '우습지 않으냐'고 스스로를 비웃으며 말하고 있다.

▲ 작디작은 '모래', '먼지' 등에게 말을 건네는 방식을 활용하여, 힘없는 자에게만 반항하는 화자 자신의 옹졸함을 자조적 태도로 드러내고 있다.

Q. 이 글에서 화자가 자조적 태도를 드러내며 반복적으로 제시한 시구를 찾아 쓰세요. ___________

 **헷갈리지 마!** 냉소 vs 자조

냉소와 자조는 모두 '비웃음'을 의미하고, 그 바탕에 비판적 태도가 깔려 있어. 하지만 '냉소'는 사람, 세태 등을 대상으로 하는 것이고, '자조'는 자기 자신만을 대상으로 하는 것이야. 즉, 냉소의 대상은 한정이 없는 데 반해, 자조의 대상은 자기 자신만 될 수 있어. 이렇게 보면 자조는 냉소에 포함된다고 볼 수 있지. '스스로를 냉소하는 것 = 자조'인 것이야.

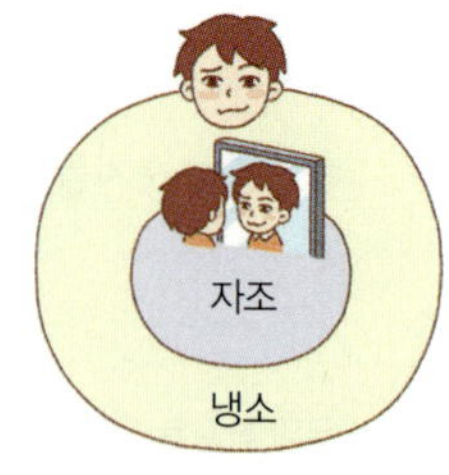

개념어 check 정답 | **040** 얼마큼 작으냐

● 다음 빈칸을 채워 문장을 완성하세요.

01 시에서 대상이나 상황에 대한 화자의 마음가짐이나 대응 방식을 (　　　　)라고 하며, 주로 화자의 말투, 즉 어조를 통해서 드러난다.

02 시에서 화자가 주어진 상황에 적응하여 따르는 태도를 (　　　　) 태도라고 한다.

● 다음 시를 읽고 적절한 설명이 되도록 괄호 안에서 알맞은 말을 고르세요.

> 논밭 갈아 김 매고 베잠방이 대님 쳐 신 들메고
> 낫 갈아 허리에 차고 도끼를 벼려 들러 메고 울창한 산속에 들어가서 삭정이 마른 섶을 베거니 자르거니 지게에 짊어져 지팡이에 받쳐 놓고 샘을 찾아가서 점심도 다 비우고 곰방대를 툭툭 털어 잎담배 피워 물고 콧노래 흥얼대다가
> 석양이 재 넘어갈 때 어깨를 추스르며 긴 소리 짧은 소리 하며 어이 갈꼬 하더라
>
> – 작자 미상의 사설시조

03 이 글에는 바쁘고 고된 농사일을 (낙천적, 비관적)으로 생각하는 민중들의 삶의 태도가 드러나 있다.

> 말 하나가 살아남아 빛나기 위해서는 / 말과 하나가 되는 사랑이 있어야 하는데 / 어머니는 어머니의 삶을 통해 말을 만드셨고 / 나는 사전을 통해 쉽게 말을 찾았다 / 무릇 시인이라면 하찮은 것들의 이름이라도 / 뜨겁게 살아 있도록 불러 주어야 하는데 / 두툼한 개정판 국어사전을 자랑처럼 옆에 두고 / 서정시를 쓰는 내가 부끄러워진다
>
> – 정일근, 〈어머니의 그륵〉

04 이 글에는 삶의 진정성이 담겨 있지 않은 말로 시를 썼던 모습을 부끄럽게 여기는 화자의 (반성적, 회의적) 태도가 드러나 있다.

> 벼는 서로 어우러져 / 기대고 산다. / 햇살이 따가워질수록 / 깊이 익어 스스로를 아끼고 이웃들에게 저를 맡긴다. // (중략) //
> 벼가 떠나가며 바치는 / 이 넓디넓은 사랑, / 쓰러지고 쓰러지고 다시 일어서서 드리는 이 피 묻은 그리움, / 이 넉넉한 힘……
>
> – 이성부, 〈벼〉

05 이 글의 화자는 민중의 모습을 벼의 속성을 통해 표현하고 있는데, 민중의 공동체 의식과 생명력을 (비판적, 예찬적) 태도로 바라보고 있다.

정답 | **01** 태도 **02** 순응적 **03** 낙천적 **04** 반성적 **05** 예찬적

07

화자의 정서와 관련된 개념어

시어를 통해 드러나는 화자의 어조와 그러한 어조에서 느껴지는 화자의 태도는 모두 화자의 정서에서 비롯된 것이다. 화자의 정서란 시적 상황에서 발생된 감정이나 기분을 말하므로, 시적 상황이 다양한 만큼 화자의 정서도 다양하다. 그중 시험에서는 그리움과 슬픔의 정서가 자주 출제되었는데, 이는 어렵지 않게 파악할 수 있으므로 여기서는 그 외의 빈출 정서에 해당하는 개념어를 공부해 보자.

★★★

041 동경 憧憬(그리워할 동, 깨달을 경) │ 대상에 대해 우러르며 간절히 생각하는 마음

화자가 자신의 처지나 현실에 만족하지 못하고 지금보다 더 나은 다른 세계나 타인의 삶을 부러워하며 그것을 생각할 때 나타나는 정서를 말한다. 시에서 이상향이 등장하는 경우 화자는 그에 대한 동경의 정서를 갖고 있다고 할 수 있다.

살어리 살어리랏다 청산에 살어리랏다

머루랑 다래랑 먹고 청산에 살어리랏다

얄리얄리 얄랑셩 얄라리 얄라 //

우러라 우러라 새여 자고 니러 우러라 새여

널라와 시름 한 나도 자고 니러 우니노라
  너보다   많은
얄리얄리 얄라셩 얄라리 얄라 //

(중략)

살어리 살어리랏다 바다에 살어리랏다

나마자기 구조개랑 먹고 바다에 살어리랏다
나문재(해초의 일종)와 굴과 조개
얄리얄리 얄라셩 얄라리 얄라

– 작자 미상, 〈청산별곡〉

> 유랑민의 처지를 노래한 이 고려 가요는, 삶의 고뇌와 비애로부터 벗어나 이상향을 동경하는 화자의 정서가 드러나 있다. '청산'과 '바다'는 화자가 속세보다 더 나은 세계라고 생각하며, 가고자 하는 동경의 공간이다.

Q-1. 이 글에서 '새'는 울고 있는 것으로 볼 때 화자가 동경하는 대상이다. (○ / ×)

산 너머 남촌에는 누가 살길래

저 하늘 저 빛깔이 저리 고울까 //

금잔디 너른 벌엔 호랑나비 떼 / 버들밭 실개천엔 종달새 노래 //
넓은 벌판
어느 것 한 가진들 들려 안 오리 / 남촌서 남풍 불 제 나는 좋데나

– 김동환, 〈산 너머 남촌에는〉

> '남촌'은 하늘빛이 곱고 평화로운 자연의 정경을 가진 공간으로, 화자가 동경하는 세계로 그려지고 있다.

Q-2. 이 글에서 동경의 공간인 '남촌'에 대한 감탄을 물음의 형태로 드러낸 시어를 찾아 쓰세요. ___________

042 교감 交感(사귈 교, 느낄 감) | 서로 가까이 마음이 통하는 일

화자가 대상과 감정을 나누거나 화자가 관찰하는 대상이 다른 대상과 감정을 공유하며 서로의 마음을 읽고 관계를 맺을 때 나타나는 정서를 말한다.

물먹는 소 목덜미에

할머니 손이 얹혀졌다.

이 하루도

함께 지났다고,

서로 발잔등이 부었다고,

서로 적막하다고,

– 김종삼, 〈묵화〉

• '할머니'는 고단한 하루를 함께 보낸 '소'에게, 목덜미에 손을 얹고 공감과 위로를 전하고 있다. 즉, 이 시는 '할머니'와 '소'와의 교감을 그리고 있다.

Q. 이 글에서 '할머니'가 자신의 고단한 삶을 함께 나누며 교감하고 있는 대상을 찾아 쓰세요. ____________

043 친밀감 親密感(친할 친, 빽빽할 밀, 느낄 감) | 대상과 심리적으로 친하다고 여기는 마음

화자가 대상을 심리적으로 가깝다고 생각해 친하게 느낄 때 나타나는 정서를 말한다. 화자가 대상과 심리적으로 가깝다고 느끼면 친밀감이 높고, 심리적으로 가깝지 않다고 느끼면 친밀감이 낮다.

➕ 시험에서는 화자와 대상 간의 심리적 거리가 가까우면 '친밀감'으로, 심리적으로 거리가 멀면 '거리감'으로 선택지가 출제된다.

➕ 화자가 대상에 대한 친밀감을 드러내는 방식은 다양할 수 있는데, 그중 1단원에서 배운, '청자'에게 '말을 건네는 방식'은 화자가 대상에게 친밀감을 드러내는 대표적인 방식 중 하나이다.

낡은 나조반에 흰밥도 가재미도 나도 나와 앉아서
　　책상처럼 생긴 큰 상
쓸쓸한 저녁을 맞는다

흰밥과 가재미와 나는

우리들은 그 무슨 이야기라도 다 할 것 같다

우리들은 서로 미덥고 정답고 그리고 서로 좋구나

– 백석, 〈선우사〉

• 대상들과 '쓸쓸한 저녁'을 같이 맞이한 화자는 그들과 '무슨 이야기라도 다 할 것'처럼 친밀감을 느끼고 있다. 이러한 화자의 친밀감은 '흰밥도 가재미도 나도'라는 병렬적 배치에서 '우리들'이라고 표현을 바꾼 데에서도 잘 드러난다.

▲ 대상에 대한 화자의 친밀감은 제목에서도 드러난다. '선우사(膳友辭)'는 '반찬 친구에 대한 글'이라는 뜻으로, 대상에 대한 화자의 친밀감을 짐작할 수 있다.

Q. 이 글에서 화자가 심리적으로 친밀감을 느끼는 대상은 '흰밥'과 '가재미'이다. （ 　○　 / 　✕　 ）

개념어 check 정답 | 041-1 ✕　041-2 고울까　042 소　043 ○

일체감 ─體感(하나 일, 몸 체, 느낄 감) │ 대상과 어우러져 하나가 되는 마음

화자가 대상과 자신이 하나가 된 상태라고 느낄 때 나타나는 정서를 말한다. 시에서 화자가 일체감을 느끼는 대상은 사물, 사람, 자연물 등 다양하다.

연계 개념어 물아일체, 합일 │ 시에서 '물아일체'란 자연과 조화를 이루어 하나가 되어 살고자 하는 마음이나 태도를 뜻한다. 시에서 화자나 대상이 자연물과 하나가 되는 일체감을 느낄 때 '물아일체'나 '자연과 합일'의 경지에 이르렀다고 표현한다.

조국을 언제 떠났노, / 파초의 꿈은 가련하다. //
잎이 긴 타원형이며 키가 큰 여러해살이풀
남국을 향한 불타는 향수,

너의 넋은 수녀보다도 더욱 외롭구나. //

소낙비를 그리는 너는 정열의 여인,

나는 샘물을 길어 네 발등에 붓는다. //

이제 밤이 차다, / 나는 또 너를 내 머리맡에 있게 하마. //

나는 즐겨 너를 위해 종이 되리니,

너의 그 드리운 치맛자락으로 우리의 겨울을 가리우자.

― 김동명, 〈파초〉

● 화자는 시의 중심 대상을 '파초'로 삼고 있는데, 2연부터는 파초를 '너'라고 의인화하여 부른다. 그리고 마지막 연에 이르러서는 화자 자신과 파초를 묶어 '우리'라고 표현하는데, 이는 화자가 파초에 대해서 일체감을 느끼고 있음을 의미한다.

Q. 이 글에서 화자가 일체감을 느끼는 대상을 찾아 두 글자로 쓰세요. ___________

★★★
045

거리감 距離感(떨어질 거, 떠날 리, 느낄 감) │ 대상과 심리적/물리적 거리가 멀다고 느끼는 마음

화자가 대상과 심리적이나 물리적으로 거리가 멀다고 느낄 때 나타나는 정서를 말한다. 심리적 거리감은 화자가 대상과 가깝지 않거나 친하지 않다고 느끼는 감정을 말하고, 물리적 거리감은 화자와 대상이 공간적으로 거리를 두고 멀리 떨어져 있는 상태에서 느끼는 감정을 말한다. 물론 심리적, 물리적으로 모두 거리가 멀다고 느낄 수도 있다.

너무도 여러 겹의 마음을 가진

그 복숭아나무 곁으로

나는 왠지 가까이 가고 싶지 않았습니다

흰꽃과 분홍꽃을 나란히 피우고 서 있는 그 나무는 아마

사람이 앉지 못할 그늘을 가졌을 거라고

멀리로 멀리로만 지나쳤을 뿐입니다

― 나희덕, 〈그 복숭아나무 곁으로〉

● 대상인 '복숭아나무'에게 다가가고 싶어 하지 않는 화자의 모습이 드러난다. 복숭아나무에 대한 화자의 이러한 심리적 거리감이 ▲에서도 드러나 있다.

Q. 이 글의 화자는 '복숭아나무'가 사람이 앉지 못할 그늘을 가졌을 거라고 생각해 '복숭아나무'에게 심리적으로 거리를 두고 있다. (○ / ×)

경외감 敬畏感(공경할 경, 두려워할 외, 느낄 감) | 공경하면서 두려워하는 마음

화자가 대상을 공경하거나 존경하는 마음이 깊어 감탄하면서 두려워하는 느낌까지 들 때 나타나는 정서를 말한다.

➕ 존경하는 마음이 깊어 경외감을 느끼는 경우, 화자는 경외감을 느끼는 대상에 대해 예찬적 태도를 드러내기도 한다.

비로봉 샹샹두의 올라 보니 긔 뉘신고
   맨 꼭대기   본 이가 그 누구인가
동산 태산이 어느 것이 높던고
  중국에 있는 두 산의 이름
노나라 좁은 줄도 우리는 모르거든,

넓거나 넓은 천하를 어찌하여 적닷 말인고

어와 저 경지를 어이하면 알 것인고

오르지 못하거니 내려감이 고이할가
        괴이할까?, 이상하랴?

• 이 작품은 작가가 강원도 관찰사로 임명된 후에 금강산과 관동 지방을 유람한 내용을 담은 기행 가사이다. 화자는 금강산의 비로봉을 조망하며, '동산, 태산'에 올라서 '천하'를 작다고 말한 공자에 대해 '어와 저 경지를 어이하면 알 것인고'라며 경외감을 드러내고 있다.

– 정철, 〈관동별곡〉

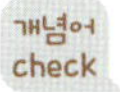

Q. 이 글에서 화자는 '비로봉'에 올랐던 공자의 정신적 경지에 경외감을 느끼고 있다. (○ / ×)

💡 **헷갈리지 마!** 경외감 vs 경이감

경외감과 경이감은 글자가 비슷해서 의미가 유사한 개념어라고 생각하기 쉬워. 하지만 이 두 개념어는 서로 다른 뜻을 지니고 있으니까 주의해야 해.

앞에서 배운 경외감의 뜻을 떠올려 보자. **'경외감'은 대상을 공경하면서 두려워하는 감정이야.** 대상에 대한 깊은 존경심이 있어야 해. 반면 **'경이감'은 대상에 대해 놀라거나 신기해하는 느낌을 말해.** 경이감에서 '경(驚)'은 '놀랄 경', '이(異)'는 '다를 이'야. 존경심과는 관련이 없지.

경외감은 절대자에 대해 경탄할 때, 자연의 웅장함이나 예술 작품을 보고 깊은 감탄을 느꼈을 때, 인물의 업적을 보고 위대함을 느꼈을 때 나타나. 그리고 경이감은 자연 현상이나 특이한 일을 보고 놀라거나 신비로움을 느꼈을 때 나타나지. 어때? 이제 이 둘을 구분할 수 있겠지?

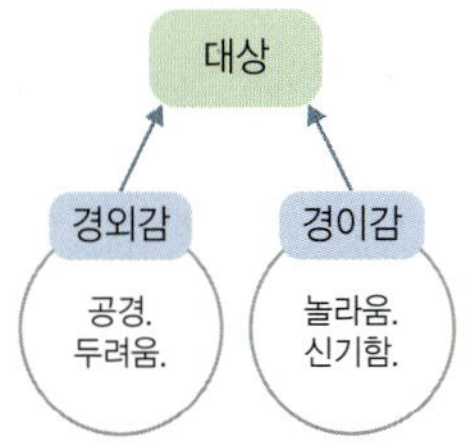

047 만족감 滿足感(찰 만, 발 족, 느낄 감) | 모자람이 없다고 생각해 흡족한 마음

화자가 자신의 삶, 자신의 처지나 상황 등에서 흡족함을 느낄 때 나타나는 정서를 말한다.

➕ 화자나 대상이 주어진 상황에 대해 흡족함을 느낀다는 점에서 '만족감'은 '충족감'과 뜻이 유사한 개념어이고, 무언가 모자라다고 느끼는 '결핍감'과는 뜻이 대조적인 개념어이다.

산수간 바위 아래 띠집을 짓노라 하니
　　　　　　움막, 초가집
그 모른 남들은 웃는다 한다마는

어리고 햐암의 뜻에는 내 분(分)인가 하노라　〈제1수〉
어리석고　시골에서 지내 온갖 사리에 어두운 사람

　　　　　　　　　　　　　　　　　　　　 – 윤선도, 〈만흥〉

● 작가가 혼탁한 정치에서 벗어나 자연에서 생활하며 지은 연시조이다. 잘 모르는 남들은 웃을지 몰라도, 자연에서 소박하게 분수를 지키며 사는 자신의 삶에 대한 화자의 만족감이 '내 분인가 하노라'에 잘 드러나 있다.

Q. 이 글에서 '햐암'은 자연에서 만족감을 느끼며 사는 화자를 비웃는 '남들'을 의미한다. （ ○ / ✕ ）

048 무력감 無力感(없을 무, 힘 력, 느낄 감) | 스스로의 힘으로 해결할 수 없어 허탈한 마음

화자가 자신이 처한 상황에서 어떠한 행동을 하여도 아무 소용이 없다고 생각하여 허탈해하며 맥이 빠진 듯한 느낌이 들 때 나타나는 정서를 말한다.

직업소개에는 실업자들이 일터와 같이 출근하였다.
직업소개소 – 구직자에게는 일자리를, 고용주에게는 구직자를 소개해 주는 곳
아무 일도 안 하면 일할 때보다는 야위어진다. (중략) //

고향이여! 황혼의 저자에서 나는 아리따운 너의 기억

을 찾아 나의 마음을 전서구와 같이 날려 보낸다. 정든
　　　　　　편지를 보내는 데 쓸 수 있게 훈련된 비둘기
고샅. 썩은 울타리. 늙은 아베의 하—얀 상투에는 몇 나
시골 마을의 좁은 골목길 또는 골목 사이
절의 때 묻은 회상이 맺혀 있는가. 우거진 송림 속으로

곱게 보이는 고향이여! 병든 학이었다. 너는 날마다 야

위어 가는…… //

어디를 가도 사람보다 일 잘하는 기계는 나날이 늘어나 가고, 나는 병든 사나이. 야윈 손

을 들어 오랫동안 타태와, 무기력을 극진히 어루만졌다. 어두워지는 황혼 속에서, 아무도 보
　　　　　　열심히 하려는 마음이 없고 게으름.
는 이 없는, 보이지 않는 황혼 속에서 나는 힘없는 분노와 절망을 묻어 버린다.

　　　　　　　　　　　　　　　　　　　　 – 오장환, 〈황혼〉

● 실업자인 화자는 고향('너'로 의인화함.)을 회상하며 위안을 받고 싶지만 퇴락하고 황폐해진('날마다 야위어 가는') 고향의 모습을 보고 '병든 학'이라고 표현하고 있다.

▲ 화자는 기계화가 가속되는 현실에서 자신을 '병든 사나이'로 여기며 무기력한 삶을 살아가고 있다.

■ 결국 화자는 '어두워지는 황혼 속에서', 자신이 처한 상황(일제 강점기의 실업 문제)에서는 어떤 행동을 해도 소용없음을 깨닫고 허탈해하고 있다.

Q. 이 글의 '나는 힘없는 분노와 절망을 묻어버린다.'에서 현실에 대한 화자의 무력감이 드러난다.

　　　　　　　　　　　　　　　　　　　　 （ ○ / ✕ ）

무상감 無常感(없을 무, 항상 상, 느낄 감) │ 모든 것이 덧없다고 느끼는 마음

화자가 자신의 삶이나 인생, 세상의 일들에 대해 모든 것이 쓸모없어 헛되고 허전하다고 느낄 때 나타나는 정서이다.

➕ '무상감'은 현대시와 고전 시가에서 고루 출제되었다. 특히 고전 시가의 경우 작품의 주제 자체가 '인생무상(人生無常 −인생이 덧없음.)'인 경우도 많기 때문에, 문제에서 '무상감'에 대해 묻게 되는 것이다. 또한 '일장춘몽(−場春夢)', '남 가일몽(南柯−夢)'이 시어로 직접 쓰인 경우 '무상감'과 연결 지을 수 있다.

昨過永明寺　어제 영명사를 지나다가
작 과 영 명 사

暫登浮碧樓　잠시 부벽루에 올랐네
잠 등 부 벽 루　고구려의 수도였던 평양에 있는 누각

城空月一片　텅 빈 성엔 조각달 떠 있고
성 공 월 일 편

石老雲千秋　천년의 구름 아래 바위는 늙었네
석 로 운 천 추

麟馬去不返　기린마는 떠나간 뒤 돌아오지 않으니
인 마 거 불 반　동명왕이 타고 하늘로 올라갔다고 전해지는 상상의 말

天孫何處遊　천손은 지금 어느 곳에서 노니는가
천 손 하 처 유　고구려의 시조인 동명왕을 가리킴.

長嘯倚風磴　돌다리에 기대어 길게 휘파람 부노라
장 소 의 풍 등

山青江自流　산은 오늘도 푸르고 강은 절로 흐르네
산 청 강 자 류

– 이색, 〈부벽루〉

• 고려 말 문신이었던 작가가 고구려의 옛 도읍인 부벽루를 지나며 지은 이 한시에 는 인간 역사의 무상함이 드러나 있다. ▲는 비어 있다는 점에서 인간 역사의 유한함을 의미하고, 이와 달리 자연인 ■는 그 모습이 변함이 없다는 점에서 영원함을 의미한다. 이처럼 인간 역사의 유한함과 자연의 영원함을 대조하여, 인 간의 삶에 대한 화자의 무상감을 드러내 고 있다.

Q. 이 글에서 화자가 인간사에서 느낀 무상감을 드러내는 데 활용한, 인간사와 대비되는 자연물을 찾아 쓰세요.

개념어 check 정답 │ **047** ✕　**048** ◯　**049** 산, 강

● **다음 빈칸을 채워 문장을 완성하세요.**

01 시적 상황에서 드러나는 화자의 감정이나 기분을 (   )라고 하는데, 이는 시적 상황에 따라 다양하게 나타난다.

02 화자가 대상을 심리적으로 친하다고 느끼는 정서를 (   )이라고 하고, 심리적이나 물리적으로 멀다고 느끼는 정서를 거리감이라고 한다.

03 화자가 스스로의 힘으로 해결할 수 없음을 깨닫고 허탈해하는 정서를 (   )이라고 한다.

● **다음 시를 읽고 적절한 설명이 되도록 괄호 안에서 알맞은 말을 고르세요.**

> 천만리(千萬里) 머나먼 길에 고운 님 여의옵고
> 내 마음 둘 데 없어 냇가에 앉았으니
> 저 물도 내 안 같아서 울어 밤길 가는구나
>
> — 왕방연의 시조

04 이 글에서 '(천만리, 밤길)'은/는 화자와 대상 사이의 거리가 멀다는 것을 의미한다.

> 서까래 기나 짧으나 기둥이 기우나 트나
> 수간모옥(數間茅屋)을 작은 줄 웃지 마라
> 어즈버 만산(滿山) 나월(蘿月)이 다 내 것인가 하노라
>
> — 신흠의 시조

05 이 글에는 작은 초가집인 수간모옥에서 생활하지만 자연을 다 자기 것인 듯 여기며 사는 화자의 (경외감, 만족감)이 드러나 있다.

> 외로이 흘러간 한 송이 구름 / 이 밤을 어디메서 쉬리라던고. //
> 성긴 빗방울 / 파초 잎에 후두기는 저녁 어스름 //
> 창 열고 푸른 산과 / 마주 앉아라. //
> 들어도 싫지 않은 물소리기에 / 날마다 바라도 그리운 산아 //
> 온 아침 나의 꿈을 스쳐 간 구름 / 이 밤을 어디메서 쉬리라던고.
>
> — 조지훈, 〈파초우〉

06 이 글에는 현실에 지친 화자가 자연물인 '(구름, 푸른 산)'과 교감하며 살고자 하는 소망이 드러나 있다.

● **다음 시를 읽고 설명이 맞으면 ○표, 틀리면 ×표를 하세요.**

> 산두에 한운(閑雲) 일고 수중에 백구(白鷗) 난다
> 무심코 다정한 것 이 두 것이로다
> 일생에 시름을 잊고 너를 좇아 놀리라   〈제4수〉
>
> – 이현보, 〈어부단가〉

07 이 글의 화자는 '한운(구름)'과 '백구(갈매기)'에게 동화되어 일체감을 느끼고자 한다.

(○ / ×)

> 흔들리는 나뭇가지에 꽃 한 번 피우려고 / 눈은 얼마나 많은 도전을 멈추지 않았으랴 //
> 싸그락 싸그락 두드려 보았겠지 / 난분분 난분분 춤추었겠지
> 미끄러지고 미끄러지길 수백 번, //
> 바람 한 자락 불면 획 날아갈 사랑을 위하여 / 햇솜 같은 마음을 다 퍼부어 준 다음에야
> 마침내 피워 낸 저 황홀 보아라
>
> – 고재종, 〈첫사랑〉

08 이 글에서 화자는 도전 끝에 피운 눈꽃의 모습을 바라보며 무상감을 드러내고 있다.

(○ / ×)

● **다음 시를 읽고 빈칸을 채워 문장을 완성하세요.**

> 이것은 소리 없는 아우성 / 저 푸른 해원(海原)을 향하여 흔드는 / 영원한 노스탤지어의 손수건 / 순정은 물결같이 바람에 나부끼고 / 오로지 맑고 곧은 이념의 푯대 끝에 / 애수는 백로처럼 날개를 펴다.
>
> – 유치환, 〈깃발〉

09 이 글의 제목으로 보아 화자는 이상 세계를 동경하고 이에 도달하고자 하는 염원을 '(   )'에 빗대어 표현하고 있다.

> 한 손에 막대 잡고 또 한 손에 가시 쥐고
> 늙는 길 가시로 막고 오는 백발 막대로 치려터니
> 백발이 제 먼저 알고 지름길로 오더라
>
> – 우탁의 시조

10 이 글의 화자는 흐르는 세월 앞에서 피할 수 없는 늙음에 대해 (   )을 느끼고 있다.

정답 | 01 정서 02 친밀감 03 무력감 04 천만리 05 만족감 06 푸른 산 07 ○ 08 × 09 깃발 10 무상감

4 이미지(심상)

시를 읽으면 어떤 장면이 독자의 머릿속이나 마음속에 떠오른다. '파도 소리'와 '갈매기 울음 소리'라는 시구만으로도 바다를 떠올릴 수 있다. 이처럼 **시를 읽을 때 떠오르는 구체적인 모습, 상태, 느낌 등을 '이미지' 또는 '심상'**이라고 한다.

이미지는 시인의 생각이나 감정과 같은 **추상적인 의미를 구체적으로 전달**할 수 있게 하는 중요한 장치이다. 이미지는 시적 상황이나 화자의 정서를 구체적이고 감각적으로 환기하여 의미를 보다 생생하게 전달하고, 대상의 인상을 선명하게 해 주는 역할을 한다.

❶-1
푸른 하늘에 닿을 듯이
세월에 불타고 우뚝 남아 서서 ❷
차라리 봄도 꽃 피진 말아라

낡은 거미집 휘두르고
끝없는 꿈길에 혼자 설레는
마음은 아예 뉘우침 아니라

❶-2
검은 그림자 쓸쓸하면
마침내 호수 속 깊이 거꾸러져 ❸
차마 바람도 흔들진 못해라

– 이육사, 〈교목〉

❶ '푸른 하늘'과 '검은 그림자'는 색채어를 활용해 대상을 표현한 것이다. 이러한 표현에서는 **시각적 이미지**가 환기된다.

❷ '우뚝', '서서(서다)'를 통해 **상승 이미지**가 환기된다. 화자는 일제 강점기의 현실에 맞서 싸우고자 한다. 화자의 이러한 의지를 상승 이미지를 통해 나타내고 있다.

❸ '호수'에 '깊이 거꾸러'진다는 데서 **하강 이미지**가 환기된다. 죽음도 불사하겠다는 화자의 의지적 태도를 여기서는 하강 이미지를 통해 나타내고 있다.

〈보기〉

- 이러한 방법들은 서로 혼재되기도 하면서 구체적이고 생생한 **이미지**와 분위기를 환기한다. – 22 수능
- 그는 상실감과 소외감 등의 정서에 **회화적 이미지**를 결합하여 현대 문명에 대한 태도를 보여 주었다. – 15 6모

〈선택지〉

- (가)에서 저녁이 오는 시간을 그와 연관된 사물인 '호롱불'이 켜진다는 것으로 나타냄으로써, 산골 마을의 저녁 풍경을 **시각적 이미지**로 보여 주는군. – 22 수능
- '철길'에서 '화물차의 검은 지붕'으로 묘사의 초점을 이동하여 **정적인 이미지**를 강화하고 있다. – 21 수능
- (가)는 **시각적 이미지**를 통해 자연의 위대함을, (나)는 **청각적 이미지**를 통해 자연에 대한 두려움을 표현하고 있다. – 21 6모
- ㉣은 **역동적인 이미지**를 활용하여 바람이 부는 강변의 풍경을 감각적으로 표현하고 있다. – 20 9모
- '날개', '하늘', '지붕과 굴뚝' 등은 시인이 밝고 화려한 색감을 지닌 그림 속 마을의 모습을 **공감각적 이미지**의 풍경으로 변용한 것이군. – 19 수능
- **상승과 하강의 이미지**를 대비하여 목전에 닥친 위기감을 강조하고 있다. – 19 수능
- **상승적 이미지**를 활용하여 사물의 변화 과정을 표현하고 있다. – 18 9모
- 말줄임표를 사용하여 시적 대상의 **정적인 상태**와 **동적인 상태**가 충돌하는 상황을 표현하고 있다. – 18 6모
- ㉣: **미각**을 돋우는 소재들을 통해 화자의 흥취가 드러난다. – 16 9모
- (나)의 〈제2수〉에는 **생성의 이미지**가, (다)에는 **소멸의 이미지**가 나타나 있다. – 16 6모

개념어 한눈에 보기 알고 있는 개념어는 ○, 모르는 개념어는 ✕ 표시해 보세요!

08

감각의 종류와 관련된 개념어

사람이 눈, 코, 귀, 혀, 살갗의 감각 기관을 통하여 바깥의 어떤 자극을 알아차리는 것을 감각이라 한다. 시로 표현하고자 하는 생각이나 감정은 추상적인 것이 많으므로, 독자가 살아오면서 느낀 감각을 바탕으로 시를 이해할 수 있도록 하기 위해 감각적 이미지를 활용하는 것이다. 감각적 이미지를 활용하면 전달하고자 하는 의미를 구체적이고 생동감 있게 표현할 수 있다.

★★★

유사 개념어 | 감각적 심상, 감각적 표현

050 감각적 이미지 感覺(느낄 감, 깨달을 각) | 인간의 오감과 관련된 이미지

시에서 어떤 시어나 시구가 시각, 청각, 촉각, 후각, 미각의 오감(五感)과 관련된 이미지를 불러일으켜 추상적인 대상을 구체적으로 형상화하여 전달할 때 느껴지는 이미지를 말한다.

➕ '감각적 이미지'는 '시각적 이미지', '청각적 이미지', '촉각적 이미지', '후각적 이미지', '미각적 이미지'를 모두 아우르는 개념어이다.

꽃가루와 같이 부드러운 고양이의 털에
　　　　　　　촉각적 이미지
고운 봄의 향기가 어리우도다.
　　　후각적 이미지

금방울과 같이 호동그란 고양이의 눈에
　　　　　　　시각적 이미지
미친 봄의 불길이 흐르도다.
　　　시각적 이미지

고요히 다물은 고양이의 입술에
청각적, 시각적 이미지
포근한 봄의 졸음이 떠돌아라.
촉각적 이미지

날카롭게 쭉 뻗은 고양이의 수염에
　　　시각적 이미지
푸른 봄의 생기가 뛰놀아라.
시각적 이미지

– 이장희, 〈봄은 고양이로다〉

• 이 시는 고양이의 신체 부위를 통해 봄의 특징을 감각적으로 형상화하고 있는데, 시각적, 청각적, 촉각적, 후각적 이미지를 활용하고 있다. 즉, 이 시는 다양한 감각적 이미지를 사용하여 봄을 표현하고 있다고 할 수 있다.

Q. 이 글의 4연에서는 고양이의 모습에서 연상되는 후각적 이미지를 활용해 봄의 생명력을 감각적으로 표현하고 있다. (○ / ×)

051 시각적 이미지 視(볼 시) | 눈을 통해 느낄 수 있는 이미지

모양이나 색깔, 움직임, 밝음과 어두움의 정도 등 눈으로 볼 수 있는 이미지를 말한다. 시각적 이미지는 대부분의 작품에 쓰인다고 할 수 있을 정도로 활용도가 높은 이미지이다.

➕ 눈의 감각을 통해 이미지를 느낄 수 있다는 점에서 '시각적 이미지'는 한 폭의 그림을 보는 듯한 느낌을 주는 '회화적 이미지'와도 관련이 깊다.

겨울나무와

바람

　머리채 긴 바람들은 투명한 빨래처럼

　진종일 가지 끝에 걸려

나무도 바람도

혼자가 아닌 게 된다. //

혼자는 아니다

누구도 혼자는 아니다

나도 아니다

실상 하늘 아래 외톨이로 서 보는 날도

하늘만은 함께 있어 주지 않던가.

－ 김남조, 〈설일〉

• '바람'이라는 눈에 보이지 않는 대상을 시각적 이미지로 형상화하여, 겨울나무와 바람이 함께 존재하고 있다고 표현하고 있다. 이를 통해 화자는 어느 누구도 혼자가 아니라는 인식을 드러내고 있다.

Q. 이 글에서 화자가 시각적 이미지로 형상화한 무형의 대상을 찾아 쓰세요. ＿＿＿＿＿＿＿＿

052 청각적 이미지 聽(들을 청) | 귀를 통해 느낄 수 있는 이미지

자연에서 나는 소리나 말소리 등 귀로 들을 수 있는 소리와 관련된 이미지를 말한다.

가난하다고 해서 두려움이 없겠는가

　두 점을 치는 소리
　예전에 야간 통행금지가 있었을 때, 새벽 두 시를 알리는 소리
　방범대원의 호각 소리, 메밀묵 사려 소리에

　눈을 뜨면 멀리 육중한 기계 굴러가는 소리.

• '～ 소리'라는 표현을 통해 귀로 듣는 듯한 청각적 이미지를 불러일으키고 있다. 이러한 청각적 이미지를 통해 억압적인 현실과 고된 생활에 대한 두려움을 드러내고 있다.

－ 신경림, 〈가난한 사랑 노래〉

Q. 이 글에서 화자는 청각적 이미지를 통해 고달픈 삶과 현실에 대한 두려움을 표현하고 있다.

(○ / ×)

개념어 check 정답 | 050 X　051 바람　052 ○

053 촉각적 이미지 觸(닿을 촉) | 피부를 통해 느낄 수 있는 이미지

부드럽다, 딱딱하다, 차갑다, 뜨겁다, 거칠다, 매끄럽다 등 피부로 느끼는 감각과 관련된 이미지를 말한다.

외로이 늙으신 할머니가

애처로이 잦아드는 어린 목숨을 지키고 계시었다.

이윽고 눈 속을

아버지가 약을 가지고 돌아오시었다.

아 아버지가 눈을 헤치고 따 오신

그 붉은 산수유 열매―

나는 한 마리 어린 짐승,

젊은 아버지의 서느런 옷자락에 / 열로 상기한 볼을 말없이 부비는 것이었다.

― 김종길, 〈성탄제〉

● '서느런'을 통해 차가운 이미지를 불러일으키고 있다. 아픈 '나'를 위해 추운 겨울 눈 속을 헤치고 약을 구해 온 아버지의 사랑을 촉각적 이미지를 활용하여 표현한 것이다.

Q. 이 글은 촉각적 이미지를 활용하여 자식에 대한 아버지의 사랑을 표현하고 있다. (○ / ×)

054 후각적 이미지 嗅(냄새 맡을 후) | 코를 통해 느낄 수 있는 이미지

자연물이나 음식, 특정 공간, 계절 등에서 나는 냄새나 향기 등 사람이 코로 느끼는 감각과 관련된 이미지를 말한다.

설월(雪月)에 매화를 보려 잔을 잡고 창을 여니

섞인 꽃 여읜 속에 잦은 것이 향기로다

어즈버 호접(胡蝶)이 이 향기 알면 애 끊일까 하노라 〈제6수〉
호랑나비, 제비나비 따위를 통틀어 이르는 말

● 작가가 유배를 갔을 때 지은 연시조이다. 임금(호접)에 대한 화자의 변함없는 충절을 표현하는 데 '향기'라는 후각적 이미지를 활용하고 있다.

― 이신의, 〈단가육장〉

Q. 이 글에서 임금에 대한 화자의 충성심을 상징하며, 후각적 이미지를 느끼게 하는 시어를 찾아 쓰세요.

055 미각적 이미지 味(맛 미) | 혀를 통해 느낄 수 있는 이미지

쓴맛, 단맛, 짠맛, 신맛, 매운맛 등 혀로 느끼는 감각과 관련된 이미지를 말한다.

> 고향에 고향에 돌아와도 / 그리던 고향은 아니러뇨. //
>
> 산꿩이 알을 품고 / 뻐꾸기 제철에 울건만, //
>
> 마음은 제 고향 지니지 않고 / 머언 항구로 떠도는 구름. //
>
> (중략)
>
> 어린 시절에 불던 풀피리 소리 아니 나고
>
> 메마른 입술에 쓰디쓰다. //
>
> 고향에 고향에 돌아와도 / 그리던 하늘만이 높푸르구나.
>
>   – 정지용, 〈고향〉

● 화자는 더 이상 고향의 정서를 느낄 수 없는 씁쓸함을 미각적 이미지를 통해 표현하고 있다.

Q. 이 글의 화자는 고향에 돌아온 기쁨을 미각적 이미지를 활용하여 드러내고 있다. (○ / ×)

---

056 공감각적 이미지 共(함께 공) | 어떤 감각을 다른 종류의 감각으로 전이하여 표현한 이미지

시각, 청각, 촉각, 후각, 미각 중에서 하나의 감각이 다른 종류의 감각을 불러일으킬 때 일어나는 이미지를 말한다. 공감각적 이미지는 '청각의 시각화', '시각의 촉각화' 등으로 그 양상이 나타난다.

➕ 시험에서 '공감각적 이미지'라는 개념어를 직접 사용하는 대신 이 말의 뜻을 풀어서 '촉각을 시각으로 전이시키다'와 같이 제시하는 경우도 있다.

연계 개념어 **복합 감각 이미지** | '복합 감각 이미지'는 '공감각적 이미지'와는 달리 감각의 전이가 일어나지 않고 감각이 나열되어 표현된다. '푸른 하늘과 지저귀는 새소리'는 시각적 이미지(푸른 하늘)와 청각적 이미지(지저귀는 새소리)가 나열되었다는 점에서 복합 감각 이미지의 예로 볼 수 있다.

> 여승(女僧)은 합장하고 절을 했다
>
> 가지취의 내음새가 났다
>
> 쓸쓸한 낯이 옛날같이 늙었다
>
> 나는 불경(佛經)처럼 서러워졌다 //
>
> 평안도의 어느 산 깊은 금점판
>   금광의 일터
> 나는 파리한 여인에게서 옥수수를 샀다.
> 몸이 마르고 낯빛이 핏기가 없는
> 여인은 나 어린 딸아이를 따리며 가을밤같이 차게 울었다
>   나이 어린
>   – 백석, 〈여승〉

● 금점판을 돌며 옥수수 행상을 했던 여인의 힘든 삶의 일면을 공감각적 이미지로 형상화하고 있다.

Q. 이 글에서 드러난 공감각적 심상의 양상을 쓰세요. ______________________

● 다음 빈칸을 채워 문장을 완성하세요.

01 시를 읽을 때 떠오르는 모습, 느낌 등을 (　　　　　　)라고 하는데, 추상적인 의미를 구체적으로 드러내 생동감 있게 전해 준다.

02 시에서 음성이나 음향 등을 통해 대상의 모습이나 상태 등을 떠올리게 하는 이미지를 (　　　　　) 이미지라고 한다.

03 시에서 (　　　　　) 이미지는 하나의 감각이 다른 영역의 감각으로 전이되는 것을 말하고, 복합 감각 이미지는 두 가지 이상의 감각을 나열해 놓은 것을 말한다.

● 다음 시를 읽고 적절한 설명이 되도록 괄호 안에서 알맞은 말을 고르세요.

> 흙이 풀리는 내음새
> 강바람은 / 산짐승의 우는 소릴 불러
> 다 녹지 않은 얼음장 울멍울멍 떠내려간다.
>
> — 오장환, 〈고향 앞에서〉

04 이 글의 '다 녹지 않은 얼음장 울멍울멍 떠내려간다'에는 (시각적, 미각적) 이미지가 드러나 있다.

> 추강에 밤이 드니 물결이 차노매라
> 낚시 드리치니 고기 아니 무노매라
> 무심(無心)한 달빛만 싣고 빈 배 저어 오노라
>
> — 월산대군의 시조

05 이 글의 '(물결이 차노매라, 빈 배 저어 오노라)'에는 촉각적 이미지가 드러나 있다.

● 다음 시를 읽고 설명이 맞으면 ○표, 틀리면 ×표를 하세요.

> 난 연두가 좋아 초록이 아닌 연두
> 우물물에 설렁설렁 씻어 아삭 씹는 / 풋풋한 오이 냄새가 나는 것 같기도 하고
> 옷깃에 쓱쓱 닦아 아사삭 깨물어 먹는 / 시큼한 풋사과 냄새가 나는 것 같기도 한 연두
> 풋자두와 풋살구의 시큼시큼 풋풋한 연두, / 난 연두가 좋아 아직은 풋내가 나는 연두
>
> — 박성우, 〈아직은 연두〉

06 이 글의 화자는 다양한 감각적 이미지를 통해 '연두'를 좋아하는 마음을 표현하고 있다.

(○ / ×)

> 하얗게 밑둥 드러내는 무밭머리에 서서 / 생각하노니 / 옛날에 옛날에는 무꼬리 발에 채였었나니 아작아작 먹었었나니 //
> 달싹한 맛 //
> 산모롱을 굽이도는 기적 소리에 떠나간 사람 얼굴도 스쳐가나니 설핏 비껴가나니 풀무 불빛에 싸여 달덩이처럼 // 오늘은 / 이마 조아리며 빌고 싶은 고향   – 박용래, 〈밭머리에 서서〉

07 이 글의 화자는 고향에 대한 추억을 후각적 이미지를 통해 불러일으키고 있다.

(○ / ×)

> 득음은 못하고, 그저 시골장이나 떠돌던 / 소리꾼이 있었다, 신명 한 가락에 / 막걸리 한 사발이면 그만이던 흰 두루마기의 그 사내 / 꿈속에서도 폭포 물줄기로 내리치는 / 한 대목 절창을 찾아 떠돌더니 / 오늘은, 왁새 울음 되어 우항산 솔밭을 다 적시고 / 우포늪 둔치, 그 눈부신 봄빛 위에 자운영 꽃불 질러 놓는다   – 배한봉, 〈우포늪 왁새〉

08 이 글의 '폭포 물줄기로 내리치는 / 한 대목 절창'에는 공감각적 이미지가 드러나 있다.

(○ / ×)

● **다음 시를 읽고 빈칸을 채워 문장을 완성하세요.**

> 귓도리 저 귓도리 어여쁘다 저 귓도리
> 어인 귓도리 지는 달 새는 밤의 긴 소리 쟈른 소리 절절이 슬픈 소리 제 혼자 우러 녜어 사창 여윈 잠을 살뜰히도 깨우는구나
> 두어라 제 비록 미물이나 무인동방에 내 뜻 알 이는 너뿐인가 하노라   – 작자 미상의 사설시조

09 이 글에서는 슬프게 우는 '(   )' 소리를 청각적 이미지로 표현해 독수공방하며 임을 그리워하고 있는 화자의 외로운 심리를 드러내고 있다.

> 창창한 만리장공 여름 구름이 흩어지고
> 천연한 이 강산에 찬 기운이 새로워라
> 심사도 창연(悵然)한데 물색도 유감하다   – 작자 미상, 〈추풍감별곡〉

10 이 글은 '찬 기운'의 촉각적 이미지를 활용하여 (   )에서 (   )로 계절이 변화됨을 드러내고 있다.

정답 | **01** 이미지 **02** 청각적 **03** 공감각적 **04** 시각적 **05** 물결이 차노매라 **06** ○ **07** × **08** ○ **09** 귓도리 **10** 여름, 가을

그 외 이미지와 관련된 개념어

시인이 전달하고자 하는 의미를 구체적이고 생동감 있게 표현하는 데 있어서 감각적 이미지 외에 다양한 이미지가 활용될 수 있다. 특히 생성과 소멸, 상승과 하강처럼 대조적인 이미지가 자주 활용된다. 그리고 회화적 이미지도 많이 활용되는데, 시를 읽으면 어떤 장면이 머릿속에 떠오르게 되는 것처럼, 시에서는 언어를 통해 마치 그림을 그리듯 표현하므로 회화적 이미지 또한 자주 활용되는 것이다.

057 생성 이미지 vs 소멸 이미지 生成(날 생, 이룰 성) vs 消滅(꺼질 소, 멸망할 멸)

생성 이미지는 전에 없었던 것이 새로 생겨나는 듯한 느낌을 불러일으키는 이미지이고, 소멸 이미지는 이미 있던 것이 없어지는 느낌을 불러일으키는 이미지이다.

우리가 물이 되어 만난다면
가문 어느 집에선들 좋아하지 않으랴.
우리가 키 큰 나무와 함께 서서
우르르 우르르 비 오는 소리로 흐른다면.

(중략)

그러나 지금 우리는
불로 만나려 한다.
벌써 숯이 된 뼈 하나가
세상에 불타는 것들을 쓰다듬고 있나니

만 리 밖에서 기다리는 그대여
저 불 지난 뒤에
흐르는 물로 만나자.
푸시시 푸시시 불 꺼지는 소리로 말하면서
올 때는 인적 그친
넓고 깨끗한 하늘로 오라.

— 강은교, 〈우리가 물이 되어〉

- 화자는 메마른 현대 사회의 모습을 '가문 어느 집'으로 표현하고 있는데, 이 가뭄의 상황을 해소하고 싶은 마음을 '물'의 이미지를 통해 드러내고 있다. 여기서 '물'은 '생성, 생명'의 이미지이다.

▲ 그런데 현재는 '불'로 인해 이미 소멸된 '숯이 된 뼈 하나가' 다른 '불타는 것들을' 연민하고('쓰다듬고 있나니') 있을 뿐인 상황이다. 여기서 '불'은 '소멸, 파괴'의 이미지이다.

■ 그래서 화자는 세상을 태우려는 '불'이 지나가면, '그대'와 '넓고 깨끗한 하늘(이상적 세계)'에서 '물'로 만나고자 소망한다. 즉, 이 시는 생성의 이미지인 '물'과 소멸의 이미지인 '불'의 대립적 구도를 통해 서로 조화롭게 화합하는 세계에 대한 갈망을 표현한 것이다.

Q-1. 이 글에서 '생성과 생명'을 상징하는 시어를 찾아 쓰세요. ___________________

Q-2. 이 글에서 '소멸과 파괴'를 상징하는 시어를 찾아 쓰세요. ___________________

058 상승 이미지 vs 하강 이미지 上昇(위 상, 오를 승) vs 下降(아래 하, 내릴 강)

상승 이미지는 낮은 곳에서 높은 곳으로 올라가는 느낌을 주는 이미지이고, 하강 이미지는 높은 곳에서 낮은 곳으로 내려가는 느낌을 주는 이미지이다.

➕ 방향성으로도 상승 이미지와 하강 이미지를 생각해 볼 수 있다. 시어나 구절을 통해 방향을 나타낼 때, 아래에서 위로 향하면 상승 이미지에 해당하고, 위에서 아래로 향하면 하강 이미지에 해당한다.

그래 살아 봐야지
너도 나도 공이 되어
떨어져도 튀는 공이 되어

살아 봐야지
쓰러지는 법이 없는 둥근
공처럼, 탄력의 나라의
왕자처럼

가볍게 떠올라야지
곧 움직일 준비 되어 있는 꼴
둥근 공이 되어

옳지 최선의 꼴
지금의 네 모습처럼
떨어져도 튀어 오르는 공
쓰러지는 법이 없는 공이 되어.

– 정현종, 〈떨어져도 튀는 공처럼〉

● 화자는 삶의 의지를 다져야 할 만한 힘든 상황에 놓여 있다고 짐작할 수 있다.

▲ '떨어져도'와 '쓰러지는'은 위에서 아래로 내려가는 느낌을 주므로 하강 이미지가 드러나고, '튀는'과 '떠올라야지'는 아래에서 위로 올라가는 느낌을 주므로 상승 이미지가 드러난다.

■ 화자는 하강 이미지와 상승 이미지를 가진 대상의 속성을 통해 힘겨운 상황에 놓이더라도 다시 일어서자는 의지를 보이고 있다.

Q. 이 글의 화자가 닮고 싶어 하는 대상으로, 상승과 하강의 속성을 모두 지니는 시어를 찾아 쓰세요.

동적 이미지 vs 정적 이미지 動的(움직일 동, 과녁 적) vs 靜的(고요할 정, 과녁 적)

동적 이미지는 대상의 모습에서 움직임이 느껴지는 이미지이고, 정적 이미지는 움직임이 없는 정지된 상태에서 느껴지는 이미지이다.

➕ 동적 이미지는 대상이 움직이는 모습을 표현하는 데 많이 사용되고, 정적 이미지는 고요하고 적막한 분위기를 조성하는 데 많이 사용된다.

연계 개념어 **역동적 이미지** | '역동적 이미지'는 대상이 활기차게 움직일 때 느껴지는 이미지를 말하는데, '동적 이미지'보다 더 힘차고 활기찬 느낌이 들게 한다.

머언 산 청운사
낡은 기와집.

산은 자하산
봄눈 녹으면,

느릅나무
속잎 피어 가는 열두 굽이를

청노루
맑은 눈에

도는
구름.

– 박목월, 〈청노루〉

● 1~2연의 '청운사', '기와집', '자하산'은 고정되어 있어 움직이지 않으므로 정적 이미지를 형성한다.

▲ 3연은 1~2연과 달리 길이가 긴 시행이 등장한다. 느릅나무의 새잎이 돋는 모습을 표현한 '속잎 피어 가는 열두 굽이를'은 그 의미와 늘어난 시행의 길이를 통해 동적 이미지를 형성한다. 또한 이 구절은 4연과 이어지면서 '청노루'가 새잎이 돋아나는 산을 뛰어노는 듯한 이미지를 연상하게 한다.

Q-1. 이 글에서 '청운사', '기와집'은 정적 이미지를 느끼게 한다. (O / X)

Q-2. 이 글에서 새로 돋아나는 것으로, 동적 이미지를 형성하는 시어를 찾아 쓰세요. ________________

060 회화적 이미지 繪畵(그림 회, 그림 화) | 한 폭의 그림을 보는 듯한 이미지

한 폭의 그림을 보는 듯한 느낌을 주는 이미지를 말한다. 고향이나 자연, 도시의 풍경 등이 묘사될 때 회화적 이미지가 주로 나타난다.

➕ 회화적 이미지는 다양한 감각적 이미지 중에서 '시각적 이미지'를 활용해 그림을 그리듯이 표현할 때 느껴진다.

차단—한 등불이 하나 비인 하늘에 걸려 있다.
내 호올로 어딜 가라는 슬픈 신호냐.

긴—여름해 황망히 나래를 접고
늘어선 고층(高層) 창백한 묘석같이 황혼에 젖어
찬란한 야경 무성한 잡초인 양 헝클어진 채
사념 벙어리 되어 입을 다물다.
근심하고 염려하는 따위의 여러 가지 생각

피부의 바깥에 스미는 어둠
낯설은 거리의 아우성 소리
까닭도 없이 눈물겹고나

공허한 군중의 행렬에 섞이어
내 어디서 그리 무거운 비애를 지니고 왔기에
길—게 늘인 그림자 이다지 어두워

내 어디로 어떻게 가라는 슬픈 신호기
차단—한 등불이 하나 비인 하늘에 걸리어 있다.

– 김광균, 〈와사등〉

- 김광균은 일제 강점기 현실에서 느낀 고뇌와 쓸쓸함을 도시와 현대 문명의 회화적 이미지를 활용하여 드러낸 모더니즘 작가로 알려져 있다. '차단한(차가운)', '비인(빈)' 이미지를 활용하여 삶의 방향을 상실한 화자를 드러내고 있다.

▲ '고층' 건물은 '창백한 묘석'으로, 도시의 '야경'은 '무성한 잡초'로 표현하여, 삭막하고 무질서한 도시의 밤 풍경을 회화적 이미지로 그려 내고 있다.

■ '비애'라는 추상적인 대상을 무게가 있어 몸에 지닐 수 있는 것처럼 표현하였는데, 이 '비애' 때문에 와사등 불빛에 비친 '그림자'도 길고 몹시 어둡다고 말하고 있다. 즉, 회화적 이미지를 통해 '비애'를 형상화하고 있다.

Q. 이 글에서 무질서하게 빛을 발하는 도시 야경을 회화적으로 드러내기 위해 빗대어 표현한 대상을 찾아 쓰세요.

____

개념어 check 정답 | 059-1 ◯ 059-2 속잎 060 (무성한) 잡초

● 다음 빈칸을 채워 문장을 완성하세요.

01 시에서 없었던 대상이 새로 생겨날 때 (　　　　　) 이미지가 느껴지고, 있었던 것이 없어질 때 (　　　　　) 이미지가 느껴진다.

02 시에서 아래에서 위로 올라가는 방향성이 느껴지는 이미지를 (　　　　　) 이미지라고 한다.

03 시에서 움직임이 느껴지는 이미지를 (　　　　　) 이미지라고 한다.

● 다음 시를 읽고 적절한 설명이 되도록 괄호 안에서 알맞은 말을 고르세요.

> 겨울나무들을 보라 / 추위의 면도날로 제 몸을 다듬는다
> 잎은 떨어져 먼 날의 섭리에 불려 가고
> 줄기는 이렇듯이 / 충전 부싯돌임을 보라
> — 김남조, 〈생명〉

04 이 글에서 고통을 통해 성숙해 가는 겨울나무들의 '잎'은 (소멸, 생성) 이미지에, '줄기'는 (소멸, 생성) 이미지에 해당한다.

> 곤륜산 제일봉에 만장송이 되어 있어 / 바람비 뿌린 소리 임의 귀에 들리기나
> 윤회 만겁하여 금강산 학이 되어 / 일만이천 봉에 마음껏 솟아올라
> — 조위, 〈만분가〉

05 이 글의 '바람비 뿌린'에서는 (상승, 하강) 이미지를, '마음껏 솟아올라'에서는 (상승, 하강) 이미지를 느낄 수 있다.

> 흙이란 흙은 도로와 건물로 모조리 딱딱하게 덮인 줄 알았는데
> 이렇게 많은 초록이 갑자기 일어날 줄은 몰랐다
> 아무렇게나 버려지고 잘리고 갇힌 것들이
> 자투리땅에서 이렇게 크게 세상을 덮을 줄은 몰랐다
> 콘크리트 갈라진 틈에서도 솟아나고 있는 / 저 저돌적인 고요
> 단단하고 건조한 것들에게 옮겨 붙고 있는 / 저 촉촉한 불길
> — 김기택, 〈초록이 세상을 덮는다〉

06 이 글에서 건조하고 딱딱한 도시를 촉촉하게 덮는 '(흙, 초록)'의 모습은 역동적 이미지를 형성하고 있다.

● **다음 시를 읽고 설명이 맞으면 ○표, 틀리면 ×표를 하세요.**

> 북한산이 / 다시 그 높이를 회복하려면 / 다음 겨울까지는 기다려야만 한다. //
> 밤사이 눈이 내린, / 그것도 백운대나 인수봉 같은
> 높은 봉우리만이 옅은 화장을 하듯 / 가볍게 눈을 쓰고 //
> 왼 산은 차가운 수묵으로 젖어 있는,
> 어느 겨울날 이른 아침까지는 기다려야만 한다.
>
> — 김종길, 〈고고〉

07 이 글에서 북한산이 다음 겨울을 기다리는 모습은 역동적 이미지를 형성하고 있다.

(○ / ×)

> 늦여름의 하늘빛이 메밀꽃 위에 빛나고 / 메밀꽃 사이사이로 할머니는 가끔 / 나와 바람의
> 장난을 살피시었습니다. // (중략) // 할머니는 저승으로 가 버리시고 / 나도 벌써 몇 년인가
> / 그 일은 까맣게 잊어버린 후 // 오늘 저녁 멍석을 펴고 / 마당에 누우니 // 온 하늘 가득 /
> 별로 피어 있는 어릴 적 메밀꽃
>
> — 이성선, 〈고향의 천정 1〉

08 이 글에서 화자가 '마당에 누'워 '별'을 바라보며 돌아가신 할머니를 떠올리고 있는 모습은
상승 이미지를 형성하고 있다. (○ / ×)

● **다음 시를 읽고 빈칸을 채워 문장을 완성하세요.**

> 백두산 내린 물이 향로봉 감돌아 / 천 리를 비껴 흘러 대(臺) 앞으로 지나가니
> 굽이굽이 늙은 용이 꼬리 치며 바다로 흐르는 듯
> 형승도 끝이 없다, 풍경인들 아니 보랴
>
> — 백광홍, 〈관서별곡〉

09 이 글에서는 백두산에서 흘러내린 물의 움직임을 '(   )'에 빗대어 동적 이미지
로 표현하고 있다.

> 노주인(老主人)의 장벽(腸壁)에 / 무시로 인동 삼긴 물이 내린다. //
> 자작나무 덩그럭 불이 / 도로 피어 붉고, //
> 구석에 그늘 지어 / 무가 순 돋아 파릇하고, //
> 흙냄새 훈훈히 김도 서리다가 / 바깥 풍설 소리에 잠착하다. //
> 산중에 책력도 없이 / 삼동(三冬)이 하이얗다.
>
> — 정지용, 〈인동차〉

10 이 글에서는 추운 겨울에 노주인이 인동차를 마시는 모습을 한 폭의 그림처럼 표현하여
(   ) 이미지를 형성하고 있다.

정답 | **01** 생성, 소멸 **02** 상승 **03** 동적 **04** 소멸, 생성 **05** 하강, 상승 **06** 초록 **07** × **08** ○ **09** (늙은) 용 **10** 회화적

5 시상 전개 방식

과거　　　현재

　'**시상**'은 **시를 짓기 위한 착상**을 의미하는데, **시에 나타난 정서나 시인의 생각**을 가리킬 때도 시상이라는 말을 쓴다. 예를 들어, 이별 후 슬픔을 느끼고 시를 짓게 되었다면 그 시의 시상은 이별의 슬픔이라 할 수 있고, 어떤 시에서 고향에 대한 그리움이 전체적으로 드러난다면 이 시의 시상은 고향에 대한 그리움이라 할 수 있다.

　한 편의 시에는 작품 전체를 엮어 나가는 특정한 방식이 있다. 시인은 시상을 효과적으로 표현하기 위해 시어, 시구, 시행, 연 등을 **일정한 질서와 규칙에 따라 배열하는데 이를 '시상 전개 방식**'이라고 한다.

죽는 날까지 하늘을 우러러
한 점 부끄럼이 없기를
잎새에 이는 바람에도
나는 괴로워했다.　❶
별을 노래하는 마음으로
모든 죽어 가는 것을 사랑해야지
그리고 나한테 주어진 길을
걸어가야겠다.　❷

오늘 밤에도 별이 바람에 스치운다.　❸

– 윤동주, 〈서시〉

❶ '~했다'를 통해 1연의 1~4행이 **과거**의 일을 이야기하고 있음을 알 수 있다.

❷ '~해야지', '~겠다'를 통해 1연의 5~8행은 **미래**의 일을 이야기하고 있음을 알 수 있다.

❸ '~ㄴ다'를 통해 2연은 **현재**의 일을 이야기하고 있음을 알 수 있다. 즉, 이 시는 '과거–미래–현재'의 역순행적 시간 설정을 통해 효과적으로 **시상**을 **전개**하고 있다.

〈보기〉

- '밖'과 '안'을 대비하여 내적 성찰의 중요성을 이끌어 내는 길의 상징적 의미를 진술함으로써, 길에 대해 사람들이 깨달음을 얻어 가는 과정을 보여 준다. − 23 9모
- 계절의 흐름에 따라 낭만적인 봄에서 비극적인 겨울로 시상을 전개하여 악화되어 가는 일제 강점기의 현실을 묘사했다. − 22 수능
- 각 수 종장의 마지막 어절에는 동일한 시어를 배치하여 전체적 통일성을 확보해야겠군. − 16 수능

〈선택지〉

- (가)는 (나)와 달리, 공간의 이동에 따라 포착된 사물을 통해 화자의 태도를 드러내고 있다. − 25 6모
- ㉠: 아주 짧은 순간에 해가 지는 모습을 나타낸 말로, 시간의 변화를 함축하고 있다. − 24 9모
- [B]는 근경에서 원경으로 시선을 이동하여 인간과 자연의 차이점을 강조하고 있다. − 24 6모
- 〈제4수〉의 초장의 동적인 분위기는 중장의 정적인 분위기로 전환된다. − 23 6모
- 특정 계절의 풍속을 화자의 시선 이동에 따라 묘사하고 있다. − 22 수능
- (나)는 '그러나'라는 시상 전환 표지를 활용하여 '노래'만으로는 화자가 바라는 '시' 창작이 어렵다는 점을 부각하고 있다. − 22 9모
- '개심대'에서는 선경 후정의 방식으로 화자가 바라본 풍경과 그에 대한 감흥이 서술되고 있다. − 21 6모
- ㉤은 청청한 날의 정경에 대한 화자의 반응을 제시하여 시적 상황에 대한 정서를 집약적으로 드러내고 있다. − 20 9모
- 수미상관의 기법을 활용하여 구조적 안정감을 얻고 있다. − 20 6모
- 계절의 변화를 통해 과거와 대비되는 현재의 상황을 드러내고 있다. − 20 6모

개념어 한눈에 보기 알고 있는 개념어는 ○, 모르는 개념어는 ✕ 표시해 보세요!

시상의 흐름 및 구조와 관련된 개념어

시인은 시의 전반에서 통일성이 느껴지도록 시상을 전개하기도 하고, 특정 시상에 독자가 집중하도록 시상을 집약하기도 한다. 또, 선경 후정이나 수미상관처럼 시에서 약속된 구조를 활용하여 시상을 전개하기도 한다. 어떤 방식이든 시인이 시의 주제를 효과적으로 전달하기 위해 택한 것임을 염두에 두고 시상 전개 방식을 파악해야 한다.

★★★ 061 시상의 집약 集約(모을 집, 맺을 약) | 시상이 한곳에 모여 강렬한 인상을 남기는 전개 방식

시상이 이어지다가 어느 한 지점에 화자의 정서나 생각이 집중적으로 모이는 전개 방식을 말한다. 시에서 시상이 한곳에 집약되면 시인이 말하고자 하는 바가 분명히 드러나게 되어 강렬한 인상을 남길 수 있다.

➕ 시에서 시상의 집약은 주로 특정 시어나 시구를 통해 나타나므로 화자의 정서나 생각을 요약하여 압축적으로 드러낸 시어나 시구가 있다면 시상이 집약되어 있다고 할 수 있다.

뒷동산 청솔잎을 빗질해 주던 바람이
무어라 무어라 하는 솔나무의 속삭임을 듣고
푸른 햇살 요동치는 강변으로 달려갔다 하자.
달려가선, 거기 미루나무에게 전하니
알았다 알았다는 듯 나무는 잎새를 흔들어
강물 위에 짤랑짤랑 구슬알을 쏟아 냈다 하자.
그 의중 알아챈 바람이 이젠 그 누구보단
앞들 보리밭에서 물결치듯 김을 매다
이마의 구슬땀 씻어 올리는 여인에게 전하니,
여인이야 이윽고 아픈 허리를 곧게 펴곤
눈앞 가득 일어서는 마을의 정자나무를 향해
고개를 끄덕끄덕, 무언가 일별을 보냈다 하자.
한 번 흘끗 봄.

아무려면 어떤가, 산과 강과 들과 마을이
한 초록으로 짙어 가는 오월도 청청한 날에,
소쩍새는 또 바람결에 제 한 목청 다 싣는 날에.

– 고재종, 〈초록 바람의 전언〉

• 화자는 1연에서 바람이 산에서 강으로, 강에서 들로, 들에서 마을로 이동하는 정경을 그리고 있다. 이를 통해 초록으로 짙어 가는 자연 속에서, 인간이 자연과 조화를 이루며 살아가는 모습을 표현하고 있다. 그리고 2연을 시작하면서 ▲ '아무려면 어떤가'라는 표현과 쉼표를 통해, 1연에서 이야기한 청청한 날의 정경에 대한 화자의 만족감을 드러내며 시적 상황에 대한 화자의 정서를 집약적으로 표현하고 있다.

Q. 이 글에서 시상이 집약적으로 드러난 부분이 몇 연의 몇 행인지 찾아 쓰세요. ________________

062 시상의 전환 轉換(구를 전, 바꿀 환) | 시상이 갑자기 변화되는 전개 방식

시상이 이어지다가 시적 상황이 변해 시의 분위기가 달라지거나 화자의 태도나 정서가 급격하게 바뀌는 전개 방식을 말한다. 시상의 집약과 마찬가지로, 시상이 급작스럽게 변하는 시상의 전환 역시 시인이 말하고자 하는 바가 분명히 드러나게 되어 강렬한 인상을 남기는 효과가 있다.

네가 오기로 한 그 자리에
내가 미리 가 너를 기다리는 동안
다가오는 모든 발자국은
내 가슴에 쿵쿵거린다
바스락거리는 나뭇잎 하나도 다 내게 온다
기다려 본 적이 있는 사람은 안다
세상에서 기다리는 일처럼 가슴 애리는 일 있을까
네가 오기로 한 그 자리, 내가 미리 와 있는 이곳에서
문을 열고 들어오는 모든 사람이
너였다가
너였다가, 너일 것이었다가
다시 문이 닫힌다
사랑하는 이여
오지 않는 너를 기다리며
마침내 나는 너에게 간다
아주 먼 데서 나는 너에게 가고
아주 오랜 세월을 다하여 너는 지금 오고 있다
아주 먼 데서 지금도 천천히 오고 있는 너를
너를 기다리는 동안 나도 가고 있다
남들이 열고 들어오는 문을 통해
내 가슴에 쿵쿵거리는 모든 발자국 따라
너를 기다리는 동안 나는 너에게 가고 있다.

– 황지우, 〈너를 기다리는 동안〉

- 화자는 '너'를 기다리고 있는 상황이다.

▲ 화자는 문을 열고 들어오는 사람들을 보며 '너'일 것이라는 기대감을 가져 보지만 '너'는 오지 않는다.

■ 수동적으로 '너'를 기다리던 화자는 능동적이고 적극적으로 태도를 전환하여 '너'에게 가겠다고 말한다. 즉, 화자의 태도 변화가 드러나며 시상이 전환되고 있다.

Q. 이 글에서 시상이 전환되어 화자의 태도가 변하기 시작한 시행을 찾아 첫 어절을 쓰세요. ________________

시상의 통일 | 화자의 정서나 태도가 시의 주제를 중심으로 모아지는 전개 방식

시는 조금씩 다른 내용을 다룬 여러 개의 연이나 부분으로 구성되어 있지만, 시에는 시인의 생각이 하나의 주제를 바탕으로 드러나기 때문에 시상이 통일되어 있다고 할 수 있다. 시상의 통일은 동일하거나 유사한 시어/시구의 반복이나 후렴구의 반복 등을 통해서도 이루어진다.

강호(江湖)에 ▲봄이 드니 미친 흥(興)이 절로 난다

탁료 계변(濁醪溪邊)에 금린어(錦鱗魚)가 안주로다
막걸리 마시며 노는 냇가
이 몸이 한가하옴도 역군은(亦君恩)이샷다 〈제1수〉

강호에 여름이 드니 초당(草堂)에 일이 업다
짚으로 지붕을 이은 집
유신(有信)한 강파(江波)는 보내나니 바람이로다

이 몸이 서늘하옴도 역군은이샷다 〈제2수〉

– 맹사성, 〈강호사시가〉

• 이 작품은 우리나라 최초의 연시조로 알려져 있다. 총 4수로 이루어져 있는데, 각 수의 초장이 '강호에'로 시작하여 통일감을 준다.

▲ 각 수가 각각 봄, 여름, 가을, 겨울, 사계절을 하나씩 다루고 있어 시상 전개에 통일감을 부여하고 있다.

■ 각 수의 종장의 마지막이 '역군은이샷다'로 끝나며 통일감을 준다. ●, ▲, ■의 통일감 있는 전개를 통해 자연에 대한 예찬과 임금을 향한 유교적 충의를 효과적으로 표현하고 있다.

Q. 이 글의 각 수의 중장에서는 자연 속에 살면서 임금의 은혜를 잊지 않은 화자의 정서가 통일성 있게 표출되고 있다. (○ / ×)

선경 후정 先景後情(먼저 선, 경치 경, 뒤 후, 뜻 정) | 앞에는 풍경을, 뒤에는 화자의 정서를 배치하는 전개 방식

시의 앞부분에서 주변의 경치에 대해 묘사하고, 뒷부분에서 그에 대한 화자의 감정이나 생각을 드러내는 전개 방식을 말한다. 선경 후정의 방식을 사용하면 화자의 정서를 드러내는 데 효과적이다.

➕ 현대시에서도 선경 후정의 방식이 활용되지만, 고전 시가 중 한시와 시조에서 선경 후정의 시상 전개 방식이 특히 많이 활용되었다.

한식(寒食) 비 온 밤에 봄빛이 다 퍼졌다

무정(無情)한 화류(花柳)도 때를 알아 피었거든
꽃과 버들
▲엇더타 우리의 님은 가고 아니 오는고 〈제17수〉

– 신흠, 〈방옹시여〉

• 화자는 비가 내린 한식날 밤에, 봄에 맞춰 꽃이 피고 버드나무가 흐드러진 풍경을 바라보며 이를 묘사한 후, ▲에서 때맞춰 핀 꽃과 달리 임은 오지 않는 상황에 대한 한탄의 정서를 드러내고 있다. 즉, 선경 후정의 방식을 활용하여 화자의 내면을 효과적으로 드러내고 있다.

Q. 이 글에서는 정경을 먼저 묘사한 후, 그에 대한 화자의 정서를 드러내고 있다. (○ / ×)

065 수미상관 首尾相關(머리 수, 꼬리 미, 서로 상, 관계할 관) | 처음과 끝을 같거나 비슷하게 구성하는 전개 방식

시의 처음과 끝에 동일하거나 유사한 시구를 배치하는 전개 방식을 말한다. 시에서 수미상관의 방식을 활용하면 형태와 시상의 균형감을 얻을 수 있으며, 주제를 강조하는 효과를 거둘 수 있다.

➕ 수미상관은 현대시에서 자주 나타나는 시상 전개 방식 중의 하나이다.

나 두 야 간다

나의 이 젊은 나이를

눈물로야 보낼 거냐

나 두 야 가련다

아늑한 이 항구인들 손쉽게야 버릴 거냐

안개같이 물 어린 눈에도 비치나니

골짜기마다 발에 익은 묏부리 모양

주름살도 눈에 익은 아― 사랑하던 사람들

버리고 가는 이도 못 잊는 마음

쫓겨 가는 마음인들 무어 다를 거냐

돌아다보는 구름에는 바람이 희살 짓는다
  희롱하여 훼방을 놓음.
앞 대일 언덕인들 마련이나 있을 거냐

나 두 야 가련다

나의 이 젊은 나이를

눈물로야 보낼 거냐

나 두 야 간다

– 박용철, 〈떠나가는 배〉

이 시는 일제 강점하에서 조국을 떠나는 젊은이의 심정을 그리고 있다. 내일에 대한 기약이 없는 현실에서 화자는 자신도 '간다'라고 말은 하고 있지만, 고향과 사람들에 대한 미련과(2연), 명확한 목표 없는 불안 속에서 떠나야 하는 심정을(3연) 드러내고 있다. 그럼에도 불구하고 떠나야만 하는 현실에서 화자는 강한 의지를 다지는데, 1연과 4연을 거의 동일한 내용으로 구성한 수미상관의 구조를 통해 화자의 결연한 의지를 효과적으로 드러내고 있다. '나 두 야'라고 한 글자씩 띄어 쓴 것은 화자의 심정을 강조한 것이라 할 수 있다.

Q. 이 글은 '나 두 야 가련다'를 '나 두 야 간다'로 변주한 수미상관 구성을 활용하여 화자의 의지를 강조하고 있다.

(○ / ×)

개념어 check 정답 | 063 ✕ 064 ○ 065 ○

● **다음 빈칸을 채워 문장을 완성하세요.**

01 시에서 시어, 시구, 연 등을 일정한 규칙에 따라 배열하는 것을 (　　　　　) 전개 방식 이라고 한다.

02 앞에서 전개되던 시상이 뒤에서 급격하게 바뀌어 전개될 때, 시상이 (　　　　　)되었다 고 한다.

03 시의 처음과 (　　　　　)에 동일하거나 유사한 시구를 배치하는 전개 방식을 수미상관 이라고 한다.

● **다음 시를 읽고 적절한 설명이 되도록 괄호 안에서 알맞은 말을 고르세요.**

> 평생에 일이 업서 산수 간에 노니다가 / 강호에 님자 되니 세상 일 다 니제라
> 엇더타 강산풍월이 긔 벗인가 하노라
> – 낭원군의 시조

04 이 글의 화자는 왕족 신분으로 인해 정치 참여가 금지된 상황을 체념하고 있는데, (초장, 중장, 종장)에서 이러한 체념의 정서가 집약되어 드러나고 있다.

> 바람도 없는 공중에 수직의 파문을 내이며 고요히 떨어지는 오동잎은 누구의 발자취입니까
> 지리한 장마 끝에 서풍에 몰려가는 무서운 검은 구름의 터진 틈으로 언뜻언뜻 보이는 푸른 하늘은 누구의 얼굴입니까
> 꽃도 없는 깊은 나무에 푸른 이끼를 거쳐서 옛 탑 위의 고요한 하늘을 스치는 알 수 없는 향기는 누구의 입김입니까
> – 한용운, 〈알 수 없어요〉

05 이 글은 자연 현상을 통해 절대적 존재를 드러내고 있는데, 의문형 문장의 반복은 시상을 (전환, 통일)하는 데 기여하고 있다.

> 쓸쓸하게 황량한 밭 곁에 / 탐스러운 꽃이 여린 가지 누르고 있네
> 향기는 매우(梅雨) 지나 희미해지고 / 그림자는 맥풍(麥風) 맞아 기우뚱하네
> 수레나 말 탄 사람 그 뉘가 보아 줄까 / 벌이나 나비들만 엿볼 따름이네
> 태어난 곳 비천하니 스스로 부끄럽고 / 사람들이 내버려 두니 그저 한스럽네　– 최치원, 〈촉규화〉

06 이 글은 (선경 후정, 수미상관) 방식을 활용하여 자신을 알아주지 않는 세상에 대한 화 자의 한탄의 정서를 효과적으로 전달하고 있다.

● **다음 시를 읽고 설명이 맞으면 ○표, 틀리면 ×표를 하세요.**

> 열무 삼십 단을 이고 / 시장에 간 우리 엄마 / 안 오시네, 해는 시든 지 오래 / 나는 찬밥처럼 방에 담겨 / 아무리 천천히 숙제를 해도 / 엄마 안 오시네, 배추잎 같은 발소리 타박타박 / 안 들리네, 어둡고 무서워 / 금 간 창틈으로 고요히 빗소리 / 빈 방에 혼자 엎드려 훌쩍거리던 //
> 아주 먼 옛날 / 지금도 내 눈시울을 뜨겁게 하는 / 그 시절, 내 유년의 윗목   – 기형도, 〈엄마 걱정〉

07 이 글은 2연의 마지막 행에서 시상을 집약하여 화자의 유년 시절의 아픔을 드러내고 있다.

(○ / ×)

> 푸르른 바다와 거리거리를 / 설움 많은 이민 열차의 흐린 창으로 / 그저 서러이 내다보던 골짝 골짝을 / 갈 때와 마찬가지로 / 헐벗은 채 돌아오는 이 사람들과 / 마찬가지로 헐벗은 나요 / 나라에 기쁜 일 많아 / 울지를 못하는 함경도 사내   – 이용악, 〈하나씩의 별〉

08 이 글은 '사람들'에 대한 화자의 태도가 변하며 시상이 전환되고 있다.   (○ / ×)

● **다음 시를 읽고 빈칸을 채워 문장을 완성하세요.**

> 껍데기는 가라. / 4월도 알맹이만 남고 / 껍데기는 가라. //
> 껍데기는 가라.
> 동학년 곰나루의, 그 아우성만 살고 / 껍데기는 가라.   – 신동엽, 〈껍데기는 가라〉

09 이 글은 '(   )'를 반복하여 시상 전개에 통일성을 부여하며 리듬감을 형성하고 있다.

> 어느 날 당신과 내가 / 날과 씨로 만나서 / 하나의 꿈을 엮을 수만 있다면 / 우리들의 꿈이 만나 / 한 폭의 비단이 된다면 / 나는 기다리리, 추운 길목에서 / 오랜 침묵과 외로움 끝에 / 한 슬픔이 다른 슬픔에게 손을 주고 / 한 그리움이 다른 그리움의 / 그윽한 눈을 들여다볼 때 / 어느 겨울인들 / 우리들의 사랑을 춥게 하리 / 외롭고 긴 기다림 끝에 / 어느 날 당신과 내가 만나 / 하나의 꿈을 엮을 수만 있다면   – 정희성, 〈한 그리움이 다른 그리움에게〉

10 이 글은 (   )의 시상 전개 방식을 활용하여 '당신'과의 재회에 대한 소망과 기다림의 의지를 드러내고 있다.

정답 | 01 시상 02 전환 03 끝 04 종장 05 통일 06 선경 후정 07 ○ 08 × 09 껍데기는 가라 10 수미상관

11

변동을 활용한 전개와 관련된 개념어

계절과 시간은 흐름이 있고, 공간과 시선은 이동이 가능하다. 이는 변화를 표현하는 데 효과적으로 활용될 수 있기 때문에 시상을 전개하는 데에 자주 사용된다. 따라서 계절, 시간, 공간, 시선을 드러내는 시어가 있다면, 이에 주목하여 시상 전개 방식을 파악해 볼 수 있다.

★★★

유사 개념어 | 계절의 흐름

066 계절의 변화 | 계절의 흐름을 활용하여 시상을 전개하는 방식

'봄 – 여름 – 가을 – 겨울'과 같이 계절의 변화를 활용하여 시상을 전개해 나가는 방법을 말한다.

연계 개념어 **계절감, 계절적 배경** | 계절감은 계절의 변화에 따라 일어나는 느낌을 말한다. 시에서는 봄, 여름, 가을, 겨울의 사계절 명칭을 직접 제시하거나, 계절을 느끼게 해 주는 소재나 표현을 통해 계절감이나 계절적 배경을 드러내며 시상을 전개하는 방식이 자주 활용된다.

크낙산 골짜기가 온통

연록색으로 부풀어 올랐을 때
〔봄〕

그러니까 신록이 우거졌을 때
〔여름〕

그곳을 지나가면서 나는 / 미처 몰랐었다 //

뒷절로 가는 길이 온통

주황색 단풍으로 물들고 나뭇잎들
〔가을〕

무더기로 바람에 떨어지던 때

그러니까 낙엽이 지던 때도

그곳을 거닐면서 나는 / 느끼지 못했었다 //

이렇게 한 해가 다 가고

눈발이 드문드문 흩날리던 날
〔겨울〕

앙상한 대추나무 가지 끝에 매달려 있던

나뭇잎 하나 / 문득 혼자서 떨어졌다. //

저마다 한 개씩 돋아나 / 여럿이 모여서 한여름 살고

▲ 마침내 저마다 한 개씩 떨어져

그 많은 나뭇잎들 / 사라지는 것을 보여 주면서

– 김광규, 〈나뭇잎 하나〉

● 이 시는 존재의 본질에 대한 깨달음을 드러내는 데 계절의 변화를 효과적으로 활용하고 있다. 화자는 봄과 여름의 나뭇잎을 보고도, 가을의 화려한 단풍이나 바람에 무더기로 떨어지는 나뭇잎을 보고도 아무것도 깨닫지 못한다. 그러나 겨울이 되어 가지 끝에 매달려 있던 '나뭇잎 하나'가 떨어지는 것을 보고, 그제서야 모든 존재는 태어날 때도 소멸할 때도 혼자인 고독한 존재라는 사실을 깨닫는다. 화자는 마지막 연 ▲에서 이와 같은 깨달음을 드러내고 있다.

Q. 이 글에서는 '연록색, 신록, 주황색 단풍, 눈발' 등을 통해 계절의 변화가 드러나고 있다. (○ / ✕)

067 시간의 변화 | 시간의 흐름을 활용하여 시상을 전개하는 방식

　'아침 – 점심 – 저녁 – 밤', '과거 – 현재 – 미래', '어린 시절의 회상 – 어른이 된 현재'와 같이 시간이 흐르는 순서에 따라 시상을 전개하거나 '현재 – 과거'처럼 시간의 흐름을 뒤바꾸어 시상을 전개해 나가는 방법을 말한다. 시간의 변화를 활용하면 대상이 변하는 모습을 효과적으로 드러낼 수 있다.

➕ 시간의 변화를 활용한 시상 전개 방식은 시간을 나타내는 표지와 함께 쓰이는 경우도 있으므로, 시를 감상할 때 시간의 흐름을 나타내는 시어나 시구가 있는지 파악하고 시에서 시간의 변화가 지니는 효과를 주제와 관련지어 이해하도록 하자.

죽장의 김삿갓은 죽고
참빗으로 이 잡던 시절도 가고
대바구니 전성 시절에

새벽 서리 밟으며 어머니는 바구니 한 줄 이고 장에 가시고 고구마로 점심 때운 뒤 기다리는 오후, 너무 심심해 아홉 살 내가 두 살 터울 동생 손잡고 신작로를 따라 마중 갔었다. 이십 리가 짱짱한 길, 버스는 하루에 두어 번 다녔지만 꼬박꼬박 걸어오셨으므로 가다 보면 도중에 만나겠지 생각하며 낯선 아줌마에게 길도 물어 가면서 하염없이…… 그런데 이 고개만 넘으면 읍이라는 곳에서 해가 덜렁 졌다. 배는 고프고 으스스 무서워져 한참 망설이다가 되짚어 돌아오는 길은 한없이 멀고 캄캄 어둠에 동생은 울고 기진맥진 한밤중에야 호롱 들고 찾아 나선 어머니를 만났다. — 어머니는 그날따라 버스로 오시고

아, 요즘도 장날이면
허리 굽은 어머니
플라스틱에 밀려 시세도 없는 대바구니 옆에 쭈그려 앉아
멀거니 팔리기를 기다리는
담양장.

– 최두석, 〈담양장〉

● 대바구니를 사용하던 시절은 1950～1960년대로 이 시의 시대적 배경을 알 수 있다.

▲ '새벽(어머니가 장에 가심.) – 오후(어머니를 마중 나감.) – 해가 덜렁 졌다(망설이다가 집으로 향함.) – 한밤중(집으로 돌아오는 길에 어머니를 겨우 만남.)'의 시어에서 하루 동안의 시간 변화에 따라 2연이 전개되고 있음을 알 수 있다.

● 3연의 '요즘'이라는 시어를 통해 과거(2연)에서 현재로 시간이 변화되었음을 알 수 있다. 과거에서 현재로 이어지는 어머니의 고단한 삶에 대한 화자의 연민이 드러나고 있다.

Q. 이 글의 화자는 현재와 달리, 과거에는 고단하게 살았던 어머니의 삶에 대한 연민을 드러내고 있다.

(○ / ×)

068 공간의 이동 | 공간의 변화에 따라 시상을 전개하는 방식

시에서 화자가 움직여서 시적 공간을 이동하면서 시상을 전개하는 방식을 말한다. 공간의 이동에 따라 화자의 정서가 심화되거나 태도가 달라지기도 한다.

푸른 담쟁이 헤치고 독락당(獨樂堂)을 지어 내니

그윽한 경치는 견줄 데 전혀 없네

수많은 긴 대나무 시내 따라 둘러 있고

만 권의 서책은 네 벽에 쌓였으니

왼쪽엔 안증(顔曾), 오른쪽엔 유하(游夏)가 앉은 듯
　　　공자의 제자 '안회'와 '증삼'　　공자의 제자 '자유'와 '자하'
서책을 벗 삼으며 시 읊기를 일삼아

한가로운 가운데 깨우친 것을 혼자 즐겨 하시도다

독락(獨樂), 이 이름 뜻에 맞는 줄 그 누가 알리

사마온공 독락원(獨樂園)이 아무리 좋다 한들
　　　북송의 재상이었던 사마광의 처소
그 속의 참 즐거움이 이 독락에 견줄쏘냐

진경(眞境)을 다 못 찾아 양진암(養眞庵)에 돌아들어
　　　　　　　　　이언적이 후학을 양성하던 곳
바람 쐬며 바라보니 내 뜻도 뚜렷하다

퇴계 이황 자필(自筆)이 참인 줄 알겠노라

관어대(觀魚臺) 내려오니 펼친 듯한 반석(盤石)에 자취가 보이는 듯

손수 심은 장송(長松)은 옛 빛을 띠었으니

변함없는 경치가 그 더욱 반갑구나

상쾌하고 맑은 기운 지란실(芝蘭室)에 든 듯하네
　　　　　　　　향기로운 지초와 난초가 길러지는 방
몇몇 옛 자취 보며 문득 생각하니

층암절벽(層岩絕壁)은 바위 병풍 절로 되어

용면(龍眠)의 솜씨로 그린 듯이 벌여 있고
송나라 명화가인 이공린
깊고 맑은 못에 천광 운영(天光雲影)이 어리어 잠겼으니
　　　　　　　　하늘빛과 구름 그림자
광풍제월(光風霽月)이 부는 듯 비치는 듯
비가 갠 뒤의 맑게 부는 바람과 밝은 달
연비어약(鳶飛魚躍)을 말 없는 벗으로 삼아
솔개는 날아서 하늘에 이르고 물고기는 연못에서 뜀.
독서에 골몰하여 성현(聖賢)의 일 도모하시도다

－ 박인로, 〈독락당〉

이 작품은 박인로가 자옥산의 '독락당'의 곳곳을 둘러보고, 독락당 주변의 자연의 아름다움과 회재 이언적의 높은 경지에 대한 감탄을 노래한 가사이다. 독락당 주변의 '양진암', '관어대', '층암절벽' 등의 아름다운 경관과 거기서 촉발된 화자의 감흥과 생각을 드러내고 있다.

Q. 이 글에서 화자가 '사마온공 독락원'과 견주며 감탄의 정서를 드러낸 공간을 찾아 쓰세요.

화자가 공간을 이동하지 않고 한 장소에 머물면서 대상을 향한 시선만 이동하며 시상을 전개하는 방식을 말한다. 시에서 화자의 시선은 '아래 ⇄ 위', '먼 곳(원경) ⇄ 가까운 곳(근경)', '왼쪽 ⇄ 오른쪽', '화자의 내면 ⇄ 외부 세계' 등으로 이동한다.

➕ 작품에 따라서는 화자의 공간의 이동과 시선의 이동이 함께 드러나기도 한다.

얇은 사(紗) 하이얀 고깔은

고이 접어서 나빌레라. //

파르라니 깎은 머리

박사(薄紗) 고깔에 감추오고 //

두 볼에 흐르는 빛이

정작으로 고와서 서러워라. //

빈 대(臺)에 황촉불이 말없이 녹는 밤에

오동잎 잎새마다 달이 지는데 //

소매는 길어서 하늘은 넓고

돌아설 듯 날아가며 사뿐히 접어 올린 외씨버선이여. //

까만 눈동자 살포시 들어

먼 하늘 한 개 별빛에 모두오고 //

복사꽃 고운 뺨에 아롱질 듯 두 방울이야

세사에 시달려도 번뇌는 별빛이라. //

휘어져 감기우고 다시 접어 뻗는 손이

깊은 마음속 거룩한 합장인 양하고 //

이 밤사 귀또리도 지새는 삼경(三更)인데
밤 11시~새벽 1시
얇은 사(紗) 하이얀 고깔은 고이 접어서 나빌레라.

— 조지훈, 〈승무〉

● 이 시는 승무(우리나라의 민속춤)를 추기 전의 여승의 모습과, 여승의 아름다운 춤사위, 그 춤사위에서 느껴지는 번뇌, 그 번뇌를 종교적으로 승화하는 모습을 형상화하고 있다. 이때 화자의 시선이 여승의 '고깔 – 머리 – 두 볼 – 소매 – 외씨버선 – 눈동자 – 뺨 – 손'으로 이동하며, 여승이 춤을 추는 모습을 표현하고 있다.

Q. 이 글은 여승이 춤을 추는 모습을 화자의 시선 이동에 따라 묘사하고 있다. (○ / ✕)

● 다음 빈칸을 채워 문장을 완성하세요.

01 시에서는 '봄 → 여름'처럼 (   )의 변화에 따라 시상을 전개하기도 한다.

02 시에서는 '과거 → 현재'처럼 (   )이 흐르는 순서에 따라 시상을 전개하거나
'현재 → 과거'처럼 (   )의 흐름을 뒤바꾸어 시상을 전개하기도 한다.

03 시에서는 화자가 움직여 (   )을 이동하며 시상을 전개하기도 하고, 화자가 움직
이지 않고 시선을 이동하며 시상을 전개하기도 한다.

● 다음 시를 읽고 적절한 설명이 되도록 괄호 안에서 알맞은 말을 고르세요.

> 지금은 매미 떼가 하늘을 찌르는 시절 / 그 소리 걷히고 맑은 가을이 / 어린 풀숲 위에 내
> 려와 뒤척이기도 하고 / 계단을 타고 이 땅 밑까지 내려오는 날 / 발길에 눌려 우는 내 울음
> 도 / 누군가의 가슴에 실려 가는 노래일 수 있을까
>
> — 나희덕, 〈귀뚜라미〉

04 이 글은 (계절, 공간)의 변화를 시상 전개에 활용해 타인에게 감동을 줄 수 있는 삶에 대
한 소망을 드러내고 있다.

> 새벽빛 나오자 백설(百舌)이 소리한다 / 일어나라 아희들아 밭 보러 가자꾸나 / 밤사이 이
> 슬 기운에 얼마나 길었는가 하노라   〈제6수〉
> 보리밥 지어 담고 명아주 국을 끓여 / 배곯는 농부들을 제때 먹여라 / 아희야 한 그릇 다오
> 친히 맛보아 보내리라   〈제7수〉
> 서산에 해 지고 풀 끝에 이슬 맺힌다 / 호미를 둘러메고 달 지고 가자꾸나 / 이 중의 즐거
> 운 뜻을 일러 무엇하리오   〈제8수〉
>
> — 이휘일, 〈전가팔곡〉

05 이 글의 〈제6수〉~〈제8수〉는 하루의 시간 변화에 따라 시상을 전개하고 있는데, 그중
'(   )'는 저녁에 하루 일을 마친 노동의 즐거움을 노래하고 있다.

> 징이 울린다 막이 내렸다 / 오동나무에 전등이 매어 달린 가설무대 / 구경꾼이 돌아가고
> 난 텅 빈 운동장 / 우리는 분이 얼룩진 얼굴로 / 학교 앞 소줏집에 몰려 술을 마신다 / 답답
> 하고 고달프게 사는 것이 원통하다 / 꽹과리를 앞장세워 장거리로 나서면 / 따라붙어 악을
> 쓰는 건 쪼무래기들뿐
>
> — 신경림, 〈농무〉

06 이 글은 '농촌 현실에 대한 한(恨)'이라는 시상을 (공간, 시선)의 이동에 따라 전개하고
있다.

● **다음 시를 읽고 설명이 맞으면 ○표, 틀리면 ×표를 하세요.**

> 아주 오랜 세월이 흐른 뒤에 / 힘없는 책갈피는 이 종이를 떨어뜨리리 / 그때 내 마음은 너무나 많은 공장을 세웠으니 / 어리석게도 그토록 기록할 것이 많았구나 / 구름 밑을 천천히 쏘다니는 개처럼 / 지칠 줄 모르고 공중에서 머뭇거렸구나
>
> — 기형도, 〈질투는 나의 힘〉

07 이 글은 '아주 오랜 세월이 흐른 뒤'의 미래의 상황을 가정하여, 미래에서 과거의 모습을 회상하는 방식으로 시상을 전개하고 있다. (○ / ×)

> 임이 오마 하거늘 저녁밥을 일찍 지어 먹고
> 중문(中門) 나서 대문(大門) 나가 지방 위에 올라가 앉아 손을 이마에 대고 오는가 가는가 건넌 산 바라보니 거머희뜩 서 있거늘 저것이 임이로구나. 버선을 벗어 품에 품고 신 벗어 손에 쥐고 곰비임비 임비곰비 천방지방 지방천방 진 데 마른 데를 가리지 말고 워렁퉁탕 건너가서 정(情)엣말 하려 하고 곁눈으로 흘깃 보니 작년 칠월 사흗날 껍질 벗긴 주추리 삼대가 살뜰히도 날 속였구나
> 모쳐라 밤이기에 망정이지 행여나 낮이런들 남 웃길 뻔하였어라
>
> — 작자 미상의 사설시조

08 이 글에서는 임을 기다리는 화자의 정서가 공간의 이동에 따라 기대감에서 실망감으로 변하고 있다. (○ / ×)

● **다음 시를 읽고 빈칸을 채워 문장을 완성하세요.**

> 삼오이팔 겨우 지나 천연여질 절로 이니 / 이 얼골 이 태도로 백년기약하였더니
> 연광(年光)이 훌훌하고 조물이 시기하여 / 봄바람 가을 물이 베오리에 북 지나듯
> 설빈화안 어디 두고 면목가증 되었구나 / 내 얼골 내 보거니 어느 임이 날 사랑하겠느냐
>
> — 허난설헌, 〈규원가〉

09 이 글에서는 '(   )', '가을 물'을 통해 봄과 가을이라는 계절감을 드러내며, 세월의 흐름에 따라 화자의 모습이 변했음을 표현하고 있다.

> 산은 / 구강산 / 보랏빛 석산 // 산도화 / 두어 송이 / 송이 버는데 //
> 봄눈 녹아 흐르는 / 옥 같은 / 물에 //
> 사슴은 / 암사슴 / 발을 씻는다.
>
> — 박목월, 〈산도화〉

10 이 글은 (   )에서 (   )으로 화자의 시선이 이동하고 있다.

정답 | 01 계절 02 시간, 시간 03 공간 04 계절 05 〈제8수〉 06 공간 07 ○ 08 ○ 09 봄바람 10 원경, 근경

12 대비를 활용한 전개와 관련된 개념어

대비란 둘 이상의 대상을 맞대어 비교하여 차이를 밝히는 것이다. 예를 들어, '4단원 이미지(심상)'에서 다룬 '생성 이미지'와 '소멸 이미지'가 하나의 작품에서 서로 대비되고 있다면, 그 작품은 대비를 활용하여 시상을 전개하고 있다고 말할 수 있다. 그런데 대비를 활용하여 시상을 전개할 때, '밖과 안'처럼 대상들이 항상 상반된 의미를 갖는 것은 아니다. '빨간색과 파란색', '개인과 공동체'처럼 선명한 차이를 떠올리게 하는 대상을 활용한 경우도 대비를 활용한 전개라 할 수 있다.

070 이미지의 대비 | 대비되는 둘 이상의 이미지를 맞대어 비교하며 전개하는 방식

둘 이상의 대상들이 지닌 이미지를 서로 비교하거나 그 차이를 밝히며 시상을 전개하는 방식을 말한다. 이미지의 대비는 '색채 대비', '밝음-어두움', '차가움-따뜻함', '얕음-깊음' 등의 양상으로 나타난다. 이미지를 대비하여 시상을 전개하면 대상 간의 차이점을 분명하게 드러내어 의미를 더욱 선명하게 드러내고 강조할 수 있다.

바람이 어디로부터 불어와
어디로 불려 가는 것일까, //
바람이 부는데
내 괴로움에는 이유가 없다. //
내 괴로움에는 이유가 없을까, //
단 한 여자를 사랑한 일도 없다.
시대를 슬퍼한 일도 없다.

바람이 자꾸 부는데
내 발이 반석 위에 섰다.

강물이 자꾸 흐르는데
내 발이 언덕 위에 섰다.

- 윤동주, 〈바람이 불어〉

화자는 불어와서 어디론가 불려 가는 '바람'을 맞으며 괴로움을 느끼고 있는 자기 자신을 인식하는데, '없다'를 반복적으로 활용하여 자신의 삶에 대한 반성적 자세를 드러내고 있다. 그리고 바람과 달리 정체되어 있는 자신의 상황에 대한 번민을 ▲, ■의 대립적 이미지를 통해 표현하고 있다. ▲의 '바람'과 '강물'은 계속해서 움직이는 대상으로, '부는데'와 '흐르는데'를 통해 대상의 유동성을 드러내고 있다. 반면 ■의 '내 발', 즉 화자는 움직이지 않고 정지되어 있다. 고정되어 있는 '반석'과 '언덕' 위에 '섰다'는 것을 통해 화자의 부동성을 드러내고 있다. 이를 통해 화자는 삶에 소극적인 자신에 대한 성찰을 드러내고 있는 것이다.

 **Q.** 이 글에서 정적 이미지인 '섰다'와 대비되며, 동적 이미지를 가진 시어를 두 개 찾아 쓰세요. ___________

인간과 자연의 대비 | 인간과 자연을 맞대어 비교하며 전개하는 방식

인간의 삶/세계를 자연의 속성과 비교하여 시상을 전개하는 방식을 말한다. 인간과 자연의 대비를 통해 화자가 처한 현실이나 상황, 화자의 정서를 부각하는 효과를 얻을 수 있다.

➕ 인간과 자연이 항상 대립적인 관계로 설정되는 것은 아니다. '자연과의 합일에 대한 지향' 또한 현대시와 고전 시가에서 자주 등장하는 주제이다.

연계 개념어 **인공물, 자연물** | 인공물은 인간의 힘으로 만들어진 대상이고, 자연물은 자연에서 저절로 생겨난 대상이다. 예를 들어 인공물은 빌딩, 자동차 등이고, 자연물은 달, 바람, 강, 새 등이다.

이 중에 시름없으니 어부(漁父)의 생애로다

일엽편주를 만경파(萬頃波)에 띄워 두고
　　　　　　　한없이 넓은 바다
▲인세(人世)를 다 잊었거니 날 가는 줄을 아는가　〈제1수〉

굽어보면 천심 녹수 돌아보니 만첩청산
　　　천 길이나 되는 깊은 푸른 물　　겹겹이 둘러싸인 푸른 산
▲십장 홍진(十丈紅塵)이 얼마나 가렸는가
열 길이나 되는 붉은 먼지 - '홍진'은 '속세=인세'를 의미함.
강호에 월백(月白)하거든 더욱 무심(無心)하여라　〈제2수〉

　　　　　　　　　　　　　　　　　　　　　　　– 이현보, 〈어부단가〉

● 화자는 인간 세상의 시름과 걱정을 잊고 자연 속에서 느끼는 흥취에 대한 만족감을 드러내고 있다. ●는 충만감을 주는 공간으로 자연을 의미하고 ▲는 화자가 꺼리는, 잊고자 하는 공간으로 인간이 사는 속세를 의미한다.

Q. 이 글은 자연과 인간 세상을 대비해 이별한 임에 대한 화자의 원망의 정서를 부각하고 있다.

(○ / ×)

과거와 현재의 대비 | 과거의 상황과 현재의 상황을 맞대어 비교하며 전개하는 방식

과거의 모습과 현재의 모습을 비교하거나 대조하여 시상을 전개하는 방식을 말한다.

종다리 뜨는 아침 언덕 우에 구름을 쫓아 달리던

너와 나는 그날 꿈 많은 소년이었다.

▲제비 같은 이야기는 바다 건너로만 날리었고

가벼운 날개 밑에 머—ㄹ리 수평선이 층계처럼 낮더라. //

(중략)

●오늘 얼음처럼 싸늘한 노을이 뜨는 바다의 언덕을 오르는

▲두 놈의 봉해진 입술에는 바다 건너 이야기가 없고. //

곰팡이처럼 얼룩진 수염이 코밑에 미운 너와 나는

또다시 가슴이 둥근 소년일 수 없고나.

　　　　　　　　　　　　　　　　　　　　　　　– 김기림, 〈추억〉

● 이 시는 과거와 현재의 상황을 대비해 꿈이 많던 어린 시절에 대한 그리움과 현재의 모습에 대한 안타까움을 드러내고 있다. '그날'은 서술어의 '-었-'을 통해 과거임을 알 수 있고, '오늘'은 현재를 의미함을 알 수 있다.

▲ 과거인 '그날'에는 '이야기'가 있었지만, 현재인 '오늘'에는 입이 봉해져 '이야기'가 없다는 데에서, '이야기'라는 소재를 활용하여 과거와 현재를 대비하고 있음을 알 수 있다.

Q. 이 글에서 과거의 모습으로 돌아갈 수 없는 화자의 단절감이 드러난 시행을 찾아 첫 어절을 쓰세요. ______

개념어 check 정답 | **070** 부는데, 흐르는데　**071** ✕　**072** 또다시

● 다음 빈칸을 채워 문장을 완성하세요.

01 시에서 둘 이상의 대상을 비교하여 차이를 밝히는 것을 (　　　　)라고 한다.

02 시에서 두 대상의 속성을 대비해 대상 간의 (　　　　)을 드러내며 시상을 전개하는 경우 이미지의 대비가 드러났다고 본다.

03 시에서 자연과 인간을 대비하여 표현하는 경우 (　　　　)과 인간의 세계를 비교하여 드러내는 방식으로 시상이 전개되는 경우가 많다.

● 다음 시를 읽고 적절한 설명이 되도록 괄호 안에서 알맞은 말을 고르세요.

> 새는 울어 / 뜻을 만들지 않고, / 지어서 교태로 / 사랑을 가식하지 않는다. //
> — 포수는 한 덩이 납으로 / 그 순수를 겨냥하지만, / 매양 쏘는 것은 / 피에 젖은 한 마리 상한 새에 지나지 않는다.
>
> — 박남수, 〈새 1〉

04 이 글에서 '(새, 납)'은/는 순수의 이미지를, '포수'는 폭력의 이미지를 나타내고 있다.

> 십 년 종사 후에 고향으로 돌아오니
> 산천 의구하되 인사(人事)는 달라졌구나
> 아마도 세간의 존멸을 못내 슬퍼하노라　〈제1수〉
>
> — 신교, 〈귀산음〉

05 이 글의 중장에는 변하지 않은 (자연, 인간사)와/과 변해 버린 (자연, 인간사)의 대비가 드러나 있다.

● 다음 시를 읽고 설명이 맞으면 ○표, 틀리면 ×표를 하세요.

> 고향집 앞 느티나무가 / 터무니없이 작아 보이기 시작한 때가 있다 / 그때까지는 보이거나 들리던 것들이 / 문득 보이지도 들리지도 않는다는 것을 알면서 / 나는 잠시 의아해하기는 했으나 / 내가 다 커서거니 여기면서 / 이게 다 세상 사는 이치라고 생각했다 //
> 오랜 세월이 지나 고향엘 갔더니 / 고향집 앞 느티나무가 옛날처럼 커져 있다 / 내가 늙고 병들었구나 이내 깨달았지만 / 내 눈이 이미 어두워지고 귀가 멀어진 것을 / 나는 서러워하지 않았다 //
> 다시 느티나무가 커진 눈에 / 세상이 너무 아름다웠다 / 눈이 어두워지고 귀가 멀어져 / 오히려 세상의 모든 것이 더 아름다웠다
>
> — 신경림, 〈다시 느티나무가〉

06 이 글은 과거와 현재의 대비를 통해 인생의 시기에 따라 세상에 대한 인식과 태도가 달라질 수 있음을 이야기하고 있다.　(　○　/　×　)

> 까마귀 검다 하고 백로(白鷺)야 웃지 마라
> 겉이 검은들 속조차 검을소냐
> 아마도 겉 희고 속 검을손 너뿐인가 하노라
>
> — 이직의 시조

07 이 글은 '까마귀(검은색)'와 '백로(흰색)'의 색채 대비를 통해 겉과 속이 다른 대상을 비판하고 있다. (○ / ×)

> 강가에 누워서 강물 보는 뜻은
> 세월이 빠르니 백세(百歲)인들 길겠느뇨
> 십 년 전 진세(塵世) 일념이 얼음 녹듯 한다 〈제19수〉
>
> — 권호문, 〈한거십팔곡〉

08 이 글의 화자는 과거의 삶과 현재의 삶의 대비를 통해 '진세(어수선한 세상)'의 삶이 더 나았음을 표현하고 있다. (○ / ×)

● **다음 시를 읽고 빈칸을 채워 문장을 완성하세요.**

> 나는 전날 친구들과 깡소주를 마신 대가로 / 냉수 한 대접으로 조갈증을 풀면서 / 자장면을 앞에 놓고 / 이상한 중국집 젊은 부부를 보았다 / 바쁜 점심시간 맞춰 잠자 주는 아기를 고마워하며 / 젊은 부부는 밀가루, 그 연약한 반죽으로 / 튼튼한 미래를 꿈꾸듯 명랑하게 전화를 받고 / 서둘러 배달을 나아갔다 / 나는 그 모습이 눈물처럼 아름다워 / 물배가 부른데도 자장면을 남기기 미안하여 / 마지막 면발까지 다 먹고 나니 / 더부룩하게 배가 불렀다, 살아간다는 게 //
> 그날 나는 분명 슬픔도 배불렀다
>
> — 함민복, 〈그날 나는 슬픔도 배불렀다〉

09 이 글에서는 '연약한 반죽'과 '(   )'의 이미지 대비를 통해 희망을 잃지 않고 열심히 살아가는 '중국집 젊은 부부'의 삶을 부각하고 있다.

> 산수유나무가 노란 꽃을 터트리고 있다 / 산수유나무는 그늘도 노랗다 / 마음의 그늘이 옥말려든다고 불평하는 사람들은 보아라 / 나무는 그늘을 그냥 드리우는 게 아니다 / 그늘 또한 나무의 한 해 농사 / 산수유나무가 그늘 농사를 짓고 있다 / 꽃은 하늘에 피우지만 그늘은 땅에서 넓어진다 / 산수유나무가 농부처럼 농사를 짓고 있다 / 끌어모으면 벌써 노란 좁쌀 다섯 되 무게의 그늘이다
>
> — 문태준, 〈산수유나무의 농사〉

10 이 글은 그늘을 만들어 다른 생명에게 휴식을 주는 '산수유나무'와 마음의 그늘이 옥말려든다고(안으로 오그라든다고) 불평하는 '(   )'을 대비하고 있다.

정답 ㅣ 01 대비 **02** 차이점 **03** 자연의 속성 **04** 새 **05** 자연, 인간사 **06** ○ **07** ○ **08** × **09** 튼튼한 미래 **10** 사람들

6 표현 방식

감정 이입

　시인은 자연 현상, 사회 현상, 자신의 삶, 주변인의 삶 등에서 시상을 얻어 이를 시로 써 낸다. 음악가가 소리를 통해 사상과 감정을 구체적으로 보여 주듯이, 시인은 **언어를 통해 시상을 구체적으로 표출**한다. 이 모든 것을 '**표현**'이라고 한다. 시에 사용된 표현 방식을 파악하면 시인이 말하고자 하는 내용을 더 구체적으로 알 수 있다. 시의 '**표현 방식**'은 **시인의 개성을 드러내는 수단**인 만큼 그 종류도 매우 다양하다.

　표현 방식과 관련된 개념어를 공부할 때는 각 표현 방식의 정의뿐만 아니라 시에서 각 표현 방식을 썼을 때 어떤 효과가 있는지를 함께 알아 두어야 한다. 일반적으로 시험에서 선택지가 '**표현 방식＋그에 따른 효과**'의 형식으로 출제되기 때문이다.

어둠은 ❶-1 새를 낳고, ❶-2 돌을
❶-3 낳고, ❷-1 꽃을 낳는다.
❷-2 아침이면,
어둠은 온갖 물상(物象)을 돌려주지만
스스로는 땅 위에 굴복한다.

－ 박남수, 〈아침 이미지 1〉

❶ '어둠'이 '낳는' 대상인 '새', '돌', '꽃'을 **열거**의 방식으로 표현하고 있다.

❷ 의미상 '돌을'과 '낳고'는 이어지는 말이지만, 시인은 의도적으로 '낳고'를 다음 행에 적었다. 이러한 행간 걸침 방식은 시구를 **변주**하여 의도적으로 시의 흐름을 끊는 것으로, 전달하고자 하는 바를 강조하는 효과가 있다.

⟨보기⟩

- '문'은 새로운 역사를 생성할 가능성을 실현하게 되고, 인간의 역사는 '깃발'로 상징되는 이상을 향해 다시 나아갈 수 있게 된다. − 24 수능
- 노인의 모습은 외딴집 창호지 문살에 비친 달무리의 이미지로 형상화되고 있다. − 24 9모
- (가)에서 화자는 금강산으로 가는 길에서 만난 자연의 모습을 자신의 내면에 투영하여 형상화하고 있다. − 23 9모

⟨선택지⟩

- 대상을 의인화하여 화자와 자연의 유대감을 나타내고 있다. − 25 9모
- (가)는 (나)와 달리, 대구적 표현을 활용하여 인물에 대한 태도의 변화를 드러내고 있다. − 25 6모
- (나)는 (가)와 달리, 반어적 표현을 활용하여 인물에 대한 기대감을 높이고 있다. − 25 6모
- (가)는 동일한 색채어를, (나)는 유사한 문장 구조를 반복적으로 제시하며 시상을 전개한다. − 24 수능
- (가)는 영탄적 표현을 통해 인물에 대한 그리움을 드러내고 있다. − 24 9모
- (나)는 음성 상징어를 통해 인물의 역동성을 드러내고 있다. − 24 9모
- [D]는 점층적인 표현으로 앞으로 해야 할 일의 중요성을 환기하고 있다. − 24 6모
- (가)와 (나)는 모두 동일한 시구의 반복과 변주를 통해 시적 분위기를 고조하고 있다. − 23 6모

개념어 한눈에 보기   알고 있는 개념어는 ○, 모르는 개념어는 ✕ 표시해 보세요!

표현 방식

비유법과 관련된 개념어

| 비유 ☐ | 은유 ☐ | 중의 ☐ |
| 직유 ☐ | 의인 ☐ | 음성 상징어 ☐ |

강조법·변화법과 관련된 개념어

과장 ☐	반복 ☐	도치 ☐	역설 ☐
대조 ☐	열거 ☐	설의 ☐	대구 ☐
영탄 ☐	점층 ☐	반어 ☐	

그 외 표현 방식과 관련된 개념어

색채어 ☐	형상화 ☐	변주 ☐	감정 이입 ☐
함축 ☐	묘사 ☐	상징 ☐	투영 ☐
환기 ☐	병치 ☐	매개체 ☐	명사로 끝맺은 시행 ☐

운율과 관련된 개념어

| 리듬감 ☐ | 음보율 & 음수율 ☐ | 산문시 ☐ |
| 내재율 vs 외형률 ☐ | 후렴구 ☐ | |

비유법과 관련된 개념어

문학에서 효과적으로 표현하기 위해 문장과 언어를 꾸미는 방법을 수사법이라 하는데, 그중 비유법은 나타내고자 하는 것(원관념)을 다른 것(보조 관념)에 빗대어 표현하는 것을 말한다. 비유법은 직유법, 은유법, 의인법, 중의법 등을 포괄하는 개념이다. 시험에서 '○○법'이라 출제되기도 하고, 뒤에 '−법'이 붙지 않고 출제되기도 하며, '○○적 표현'이라고 나오기도 한다. 이러한 표기 방식 간에 의미 차이는 거의 없으므로, 시에 비유가 쓰였는지 아닌지를 파악할 수 있는 것이 중요하다.

★★★ 073 비유 比喩(견줄 비, 비유할 유) | 어떠한 대상을 다른 대상에 빗대어 표현하는 것

표현하고자 하는 대상(원관념)을 이와 유사하거나 동일한 속성을 가진 다른 대상(보조 관념)에 빗대어 나타내는 표현 방식이다. 비유를 통해 추상적인 관념을 구체적으로 나타낼 수 있고, 일상적인 현상을 독창적이고 참신하게 표현할 수 있다.

➕ 은유법과 직유법, 의인법 등은 비유법에 포함되는 하위 개념이다. 실제 시험에서는 직유, 은유 등의 개별 방식으로 표현된 구절이 '비유적 표현'이라 언급되는 경우가 많다.

머리가 마늘쪽같이 생긴 고향의 소녀와

한여름을 알몸으로 사는 고향의 소년과

같이 낮이 설어도 사랑스러운 들길이 있다

그 길에 아지랑이가 피듯 태양이 타듯

제비가 날듯 길을 따라 물이 흐르듯 그렇게

그렇게

천연(天然)히

울타리 밖에도 화초를 심는 마을이 있다

오래오래 잔광(殘光)이 부신 마을이 있다

밤이면 더 많이 별이 뜨는 마을이 있다.

— 박용래, 〈울타리 밖〉

● 이 시에서 화자는 자연과 인간이 조화를 이룬 고향의 모습을 애정 어린 시선으로 그리며 평화롭고 순수한 삶을 살고자 하는 자신의 바람을 표출하고 있다. '소녀'의 땋은 머리 모양은 '마늘쪽'에, '소년'의 순수함은 '알몸'에 비유하여 표현하고 있고, '들길'에 펼쳐진 자연의 모습은 '아지랑이'가 피는 모습, '태양'이 타는 모습, '제비'가 나는 모습, '물'이 흐르는 모습에 비유하여 표현하고 있다.

 **Q.** 이 글에서 '알몸'은 '소년'의 순수함을 비유적으로 나타낸 시어이다. (○ / ✕)

직유 直喩(곧을 직, 비유할 유) │ 어떠한 대상을 다른 대상에 직접 빗대어 표현하는 것

표현하고자 하는 대상(원관념)을 이와 유사성을 가진 다른 대상(보조 관념)에 직접 빗대어 'A는 B와 같다.'의 형식으로 나타내는 표현 방식이다. '듯이, 처럼, 같이' 등의 연결어를 사용하므로 비교적 쉽게 파악할 수 있다. 직유를 사용하면 대상을 보다 직접적이고 구체적으로 표현할 수 있다.

선뜻! 뜨인 눈에 하나 차는 영창

●달이 이제 밀물처럼 밀려오다.

미욱한 잠과 베개를 벗어나
어리석고 미련한
부르는 이 없이 불려 나가다.

한밤에 홀로 보는▲나의 마당은

호수같이 둥굿이 차고 넘치노나.

● 유리창을 통해 달빛이 들어오는 모습을 '밀물'이 밀려오는 모습에 빗대어 표현하였다. '밀물처럼'이라는 표현에서 직유법이 사용된 것을 알 수 있다.

▲ 마당에서 감상하는 밤의 정취를 호수에 물이 가득 차서 넘치는 모습에 빗대어 표현하였다. 이때 원관념을 빗대어 표현한 보조 관념에 연결어 '같이'를 사용하여 표현하였으므로 직유법이 쓰였음을 알 수 있다.

– 정지용, 〈달〉

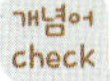

Q. 이 글에서 '달 : 밀물'의 관계와 같은 관계를 맺고 있는 시어의 쌍을 찾아 쓰세요. ______________

은유 隱喩(숨을 은, 비유할 유) │ 어떠한 대상을 다른 대상에 은근히 빗대어 표현하는 것

표현하고자 하는 대상(원관념)을 다른 대상(보조 관념)에 은근히 빗대어 'A는 B이다.'의 형식으로 나타내는 표현 방식이다. '듯이, 처럼, 같이' 등의 연결어 없이 두 대상 간의 유사점을 토대로 간접적으로 빗대어 표현하기 때문에 시어의 의미가 함축적이거나 암시적인 특성을 갖는다.

●낙엽은 폴—란드 망명 정부의 지폐

포화(砲火)에 이즈러진

도룬 시(市)의 가을 하늘을 생각케 한다

● 원관념인 '낙엽'과 보조 관념인 '지폐' 사이에는 쓸모없음, 무가치함이라는 유사점이 있다. 이 시에서는 '낙엽 = 폴란드 망명 정부의 지폐'로 비유하는 은유의 방식이 사용되었다.

– 김광균, 〈추일서정〉

Q. 이 글에서는 직유적 표현을 사용하여 시어의 의미를 구체화하고 있다. (○ / ×)

076 의인 擬人 (비길 의, 사람 인) | 사람이 아닌 대상을 인격이나 감정을 가진 사람처럼 표현하는 것

사물이나 자연물, 추상적 관념 등 사람이 아닌 대상을 사람이 행동하는 것처럼 나타내는 표현 방식이다. 이러한 표현 방식을 사용하면 독자가 의인화된 대상에 대해 생동감과 친근감을 느낄 수 있다. 특히 무생물에 인간적 생명력을 부여하거나, 자연물에 인간의 의지를 부여하는 방식으로 자주 활용된다.

연계 개념어 활유 | 무생물을 살아 있는 생명체처럼 나타내는 표현 방식이다. 무생물에 생물의 특징을 부여하여 표현하는 것으로, 사람이 아닌 대상을 사람처럼 표현하는 의인법 또한 활유법에 속한다고 볼 수 있다.

너는 사모할 줄을 모르나,

플라타너스,

너는 네게 있는 것으로 그늘을 늘인다.

먼 길에 올 제,

홀로 되어 외로울 제,

플라타너스,

너는 그 길을 나와 같이 걸었다.

– 김현승, 〈플라타너스〉

- 화자는 사람이 아닌 나무인 '플라타너스'를 '너'라고 친근하게 부르고 있다. 이것은 플라타너스에 인격을 불어넣은 표현으로 이 시에서 플라타너스는 화자의 동반자적인 존재이다.

Q. 이 글에서 '플라타너스'를 '너'라고 표현한 것은 나무를 의인화하여 표현한 것이다. (○ / ×)

077 중의 重義 (거듭 중, 뜻 의) | 하나의 대상이 둘 이상의 의미를 나타내도록 표현하는 것

하나의 대상이 두 가지 이상의 의미로 해석될 수 있게 빗대어 나타내는 표현 방식이다. 두 가지 이상의 의미를 지니는 대상은 하나의 시어가 될 수도 있고 문장의 구조상 하나의 구절이 될 수도 있다. 중의적 표현이 사용된 작품은 그 의미를 어떻게 파악하는지에 따라 다양하게 해석될 수 있다.

➕ 시인은 하나의 대상을 중의적으로 표현하기 위해 동음이의어를 사용하거나 문장의 구조를 변형하기도 한다.

청산리 벽계수야 수이 감을 자랑 마라

쉽게

일도창해하면 돌아오기 어려우니

한 번 넓은 바다에 다다르면

명월이 만공산하니 쉬어 간들 어떠하리

빈산에 가득 차니

– 황진이의 시조

- '벽계수'는 푸른 시냇물과 시적 대상의 이름이라는 두 가지 의미로 해석할 수 있는 중의적 표현이다.

▲ '명월'은 한자어를 풀이하면 밝은 달이라는 뜻을 갖는데, 황진이의 기명이기도 하므로 중의적 의미로 사용된 표현이라 할 수 있다.

Q. 이 글에서는 중의적 의미를 담고 있는 시어를 활용하여 중심 대상과 화자를 표현하고 있다. (○ / ×)

078 음성 상징어 | 의성어나 의태어를 사용하여 사물의 소리나 모양을 흉내 낸 시어

소리를 흉내 낸 말인 의성어나 모양이나 움직임을 흉내 낸 말인 의태어를 사용하여 표현된 시어를 음성 상징어라고 한다. 음성 상징어는 시에 자주 쓰이는 표현 중 하나이다. 이를 활용해 운율을 형성하거나 특정 분위기를 조성할 수 있고, 대상의 모양이나 상태를 감각적으로 나타낼 수 있다.

연계 개념어 생동감 | 생동감은 생기 있게 살아 움직이는 느낌을 말하는데, 시에서 음성 상징어를 사용하면 대상에 대한 묘사가 보다 감각적이고 구체적으로 표현되기 때문에 대상을 생동감 있게 표현할 수 있다.

평상이 있는 국숫집에 갔다

붐비는 국숫집은 삼거리 슈퍼 같다

평상에 마주 앉은 사람들

세월 넘어온 친정 오빠를 서로 만난 것 같다

국수가 찬물에 헹궈져 건져 올려지는 동안

• 쯧쯧쯧쯧 쯧쯧쯧쯧,

손이 손을 잡는 말

눈이 눈을 쓸어 주는 말

병실에서 온 사람도 있다

식당 일을 손 놓고 온 사람도 있다

사람들은 평상에만 마주 앉아도

마주 앉은 사람보다 먼저 더 서럽다

세상에 이런 짧은 말이 있어서

세상에 이런 깊은 말이 있어서

국수가 찬물에 헹궈져 건져 올려지는 동안

• 쯧쯧쯧쯧 쯧쯧쯧쯧,

큰 푸조나무 아래 우리는

모처럼 평상에 마주 앉아서

– 문태준, 〈평상이 있는 국숫집〉

• 이 작품은 친근하고 따뜻하며 푸근한 느낌을 주는 시어들을 사용하여 정겨운 분위기를 자아내고 있다. 특히 '쯧쯧쯧쯧'이라는 시어는 두 가지 의미를 형성하며 주제를 드러내는 데 활용되고 있는데, 국수를 찬물에 헹굴 때 나는 소리와 상대방에 대한 이해와 위로를 담고 있는 말소리를 음성 상징어로 표현한 것으로 볼 수 있다. 이 소리를 통해 평상에 마주 앉은 '사람들'이 '우리'가 되며, 서로 위로와 교감을 나누는 모습을 그리고 있다.

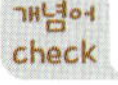

Q. 이 글에서 음성 상징어를 사용하여 대상을 생동감 있게 표현한 시행을 찾아 쓰세요. ________________

● 다음 빈칸을 채워 문장을 완성하세요.

01 (   )는 표현하고자 하는 대상을 다른 대상에 빗대어 나타내는 표현 방식으로 직유, 은유, 의인 등이 이에 포함된다.

02 사물이나 자연물, 추상적 관념 등 사람이 아닌 대상을 사람이 행동하는 것처럼 나타내는 표현 방식을 (   )법이라고 한다.

03 (   )는 'A는 B이다.'의 형식으로 표현하고자 하는 대상을 다른 대상에 은근히 빗대어 나타내는 표현 방식이다.

● 다음 시를 읽고 적절한 설명이 되도록 괄호 안에서 알맞은 말을 고르세요.

> 넓은 벌 동쪽 끝으로
> 옛이야기 지줄대는 실개천이 휘돌아 나가고
> 얼룩백이 황소가
> 해설피 금빛 게으른 울음을 우는 곳.
>
> – 정지용, 〈향수〉

04 이 글에서 '옛이야기 지줄대는'이라는 구절은 '(넓은 벌, 실개천)'을 의인화하여 표현한 것이다.

> 세월이 흐르는 물과 같으니 백발이 저절로 난다
> 뽑고 또 뽑아 젊어지고자 하는 뜻은
> 북당에 어머니께서 살아 계시니 그것을 두려워하기 때문이다
>
> – 김진태의 시조

05 이 글에서 '세월이 흐르는 물과 같으니'라고 표현한 것은 (은유적, 직유적) 표현을 사용한 것이다.

> 태산이 높다 하되 하늘 아래 산이로다
> 오르고 또 오르면 못 오를 리 없건마는
> 사람이 제 아니 오르고 산만 높다 하더라
>
> – 양사언의 시조

06 이 글에서는 꿈과 이상을 '(태산, 하늘)'에 비유하여 노력과 실천의 중요성을 강조하고 있다.

● 다음 시를 읽고 설명이 맞으면 ○표, 틀리면 ×표를 하세요.

> 동짓달 기나긴 밤을 한 허리를 베어 내어
> 춘풍(春風) 이불 아래 서리서리 넣었다가
> 정든 임 오신 날 밤이어든 굽이굽이 펴리라
>
> — 황진이의 시조

07 이 글에서 '서리서리'와 '굽이굽이'는 우리말의 묘미를 잘 살려 표현한 음성 상징어이다.

(○ / ×)

> 초마 끝에 곱게 감춘 운혜(雲鞋) 당혜(唐鞋) / 발자취 소리도 없이 대청을 건너 살며시 문을 열고 / 그대는 어느 나라의 고전(古典)을 말하는 한 마리 호접(蝴蝶) / 호접인 양 사풋이 춤을 추라 아미(蛾眉)를 숙이고…… / 나는 이 밤에 옛날에 살아 눈 감고 거문곳줄 골라 보리니 / 가는 버들인 양 가락에 맞추어 흰 손을 흔들어지이다
>
> — 조지훈, 〈고풍 의상〉

08 이 글에서는 거문고를 연주하는 '그대'의 손을 '버들'에 빗대어 은유적으로 표현하고 있다.

(○ / ×)

● 다음 시를 읽고 빈칸을 채워 문장을 완성하세요.

> 어머님, / 제 예닐곱 살 적 겨울은
> 목조 적산 가옥 이층 다다미방의 / 벌거숭이 유리창 깨질 듯 울어 대던 외풍 탓으로
> 한없이 추웠지요, 밤마다 나는 벌벌 떨면서 / 아버지 가랭이 사이로 시린 발을 밀어 넣고
> 그 가슴팍에 벌레처럼 파고들어 얼굴을 묻은 채 / 겨우 잠이 들곤 했었지요.
>
> — 이수익, 〈결빙의 아버지〉

09 이 글에서 '(   )'이라는 표현은 화자가 추위에 온몸을 심하게 떠는 모습을 흉내 낸 것으로, 음성 상징어에 해당한다.

> 길 잃고 굶주리는 산짐승들 있을 듯 / 눈 더미의 무게로 소나무 가지들이 부러질 듯
> 다투어 몰려오는 힘찬 눈보라의 군단, / 때죽나무와 때 끓이는 외딴집 굴뚝에
> 해일처럼 굽이치는 백색의 산과 골짜기에
> 눈보라가 내리는 / 백색의 계엄령.
>
> — 최승호, 〈대설주의보〉

10 이 글이 권력 집단이 강압 통치를 했던 시대를 배경으로 하고 있다는 점을 고려할 때, '내리는'은 '눈'이 온다는 의미와 '계엄령'과 같은 명령이 선포되었다는 두 가지 의미로 해석되므로, 이 글에는 (   )이 활용되었다고 볼 수 있다.

정답 | **01** 비유 **02** 의인 **03** 은유 **04** 실개천 **05** 직유적 **06** 태산 **07** ○ **08** × **09** 벌벌 **10** 중의법

14 강조법·변화법과 관련된 개념어

강조법은 어떤 부분을 특별히 두드러지게 나타내어 강조하는 수사법이고, 변화법은 표현이 단조로워지지 않도록 어구나 서술에 변화를 주는 수사법이다. 두 수사법 모두 독자에게 강하고 선명한 인상을 남기고 전달하고자 하는 의미를 강조하기 위한 표현 방식이다.

079 과장 誇張(자랑할 과, 베풀 장) | 대상을 실제보다 크게 부풀리거나 축소하여 표현하는 것

표현 대상을 의도적으로 실제보다 크거나 많게, 또는 작거나 적게 나타내는 표현 방식이다. 대상을 과장하여 표현하면 전달하려는 의미를 강조할 수 있다. 특정 상황이나 화자의 감정도 과장의 대상이 될 수 있으며, 과장하여 표현할 때 은유나 직유 같은 비유법이 활용되기도 한다.

어이 못 오던다 무슨 일로 못 오던다

너 오는 길 위에 무쇠로 성(城)을 쌓고 성 안에 담

쌓고 담 안에란 집을 짓고 집 안에란 뒤주 놓고 뒤

주 안에 궤를 놓고 궤 안에 너를 결박하여 놓고 쌍배목 외걸쇠에 용거북 자물쇠로 수기수

기 잠갔더냐 네 어이 그리 아니 오던다

한 달이 서른 날이여니 날 보러 올 하루 없으랴

– 작자 미상의 사설시조

• 아무리 기다려도 오지 않는 임에 대한 화자의 답답하고 원망스러운 마음을 '무쇠 성, 담, 집, 뒤주, 궤, 자물쇠' 등의 장애물을 통해 과장해서 표현하고 있다.

Q. 이 글의 '길, 무쇠 성, 뒤주, 궤, 자물쇠' 중에서 의미하는 바가 다른 하나를 찾아 쓰세요. ___________

080 대조 對照(대할 대, 비칠 조) | 두 가지 대상을 맞대어 상반되는 점을 두드러지게 표현하는 것

대상 또는 주제를 강조하거나 뚜렷하고 선명한 이미지를 표현하기 위해 서로 대립되는 두 개의 시어나 시구를 맞대어 나타내는 표현 방식이다. 대조되는 두 개의 대상은 서로 반대되는 속성을 가지고 있어서 그 차이점이 확연하게 눈에 띄거나 두드러지는 특징을 갖는다.

연계 개념어 대비 | 두 대상의 차이를 비교하여 표현하는 것으로 대조와 유사하지만 보다 넓은 의미라 할 수 있다. 대조는 두 대상이 서로 반대되는 속성을 가지고 있어야 하지만, 대비는 두 대상 간의 차이점만 있으면 된다.

▲짚방석 내지 마라 ■낙엽엔들 못 앉으랴

▲솔불 켜지 마라 어제 진 ■달 돋아온다

아희야, 박주산채(薄酒山菜)일망정 없다 말고 내어라
맛이 변변하지 못한 술과 나물

– 한호의 시조

• ▲는 인위적인 것을, ■는 자연적인 것을 상징한다. ▲와 ■를 대조하여 화자의 자연 지향적이고 안빈낙도하는 태도를 강조하고 있다.

Q. 이 글에서 '박주산채'는 '낙엽, 달'과 대조되는 대상이다. (○ / ×)

영탄 詠歎(읊을 영, 탄식할 탄) | 고조된 감정을 감탄사 등으로 표출하여 강조하는 것

기쁨, 슬픔, 감동 등 화자의 고조된 감정을 감탄사 또는 감탄의 뜻을 드러내는 종결 어미 등을 사용하여 강조하여 나타내는 표현 방식이다. 흔히 '아, 오, 오호' 등의 감탄사나 '−구나, −ㄴ가' 등의 어미를 사용하여 감정을 강하게 표출함으로써, 독자에게 강한 인상을 남기고 호소력을 높일 수 있다.

어리고 성근 가지 너를 믿지 않았더니

눈 기약(期約) 능(能)히 지켜 두세 송이 피었구나

촛불 잡고 가까이 사랑할 때 암향부동(暗香浮動)하더라
그윽한 향기가 은근히 떠돎.

〈제2수〉

– 안민영, 〈매화사〉

• 이 작품은 매화를 의인화하여 고결한 성품을 지닌 존재로 묘사하여 예찬한 총 8수의 연시조이다. 감탄형 어미인 '−구나'를 사용하여 매화의 성품을 예찬하고 있다.

Q. 이 글에서 영탄적 표현이 쓰인 부분은 중장이다. (○ / ×)

반복 反復(돌이킬 반, 돌아올 복) | 동일한 시어나 시구 등을 되풀이하는 것

동일한 시어나 시구, 문장 구조 등을 되풀이하는 표현 방식이다. 반복을 통해 운율감을 형성하여 흥을 돋우고 표현을 아름답게 할 수 있다. 또한 핵심이 되는 시어나 구절을 반복하여 의미를 강조하고 주제 의식을 심화할 수 있다.

➕ 선택지에서 유사한 문장 구조의 반복, 동일한 시구의 반복 등 개념어 '반복'이 빈번하게 출제된다.

연계 개념어 **운율감** | 시에서의 운율감은 리듬감과 유사한 개념으로 흔히 동일한 시어나 시구, 문장 구조가 반복되거나 음절 수가 규칙성을 가질 때 나타난다.

울 엄매의 장사 끝에 남은 고기 몇 마리의

빛 발(發)하는 눈깔들이 속절없이

은전(銀錢)만큼 손 안 닿는 한(恨)이던가

울 엄매야 울 엄매,

별 밭은 또 그리 멀리

우리 오누이의 머리 맞댄 골방 안 되어

손 시리게 떨던가 손 시리게 떨던가,

– 박재삼, 〈추억에서〉

• '울 엄매'라는 동일한 시어를 반복함으로써 어머니의 삶에서 느껴지는 애상감을 부각하고 있다. '울 엄매'는 '우는 엄마'와 '우리 엄마'의 중의적 표현으로 볼 수도 있다.

▲ 반복적 표현을 통해 손을 떨 정도로 추운 골방 안에서의 가난한 삶을 감각적 이미지로 부각하고 있다.

Q. 이 글에서 촉각적 이미지를 드러내며, 반복적으로 쓰인 시어를 찾아 쓰세요. ___________

083 열거 列擧(벌일 열, 들 거) | 유사한 시어나 구절을 여러 개 늘어놓는 것

유사한 속성의 시어나 구절을 연결하여 늘어놓는 표현 방식으로 동일한 시어나 어구를 되풀이하는 반복법과는 차이가 있다. 유사한 속성의 시어나 구절을 여러 개 열거함으로써 시적 상황 또는 주제를 강조할 수 있다.

사랑을 잃고 나는 쓰네 //

잘 있거라, 짧았던 밤들아

창밖을 떠돌던 겨울 안개들아

아무것도 모르던 촛불들아, 잘 있거라

공포를 기다리던 흰 종이들아

망설임을 대신하던 눈물들아

잘 있거라, 더 이상 내 것이 아닌 열망들아

– 기형도, 〈빈집〉

• 화자의 사랑과 관련이 있는 상징적인 소재들을 열거하여 이별이라는 시적 상황을 나타내고 화자의 정서를 부각하고 있다.

Q. 이 글에서 이별한 상황을 부각하고 화자의 슬픔을 강조하기 위해 열거된 소재는 모두 5개이다.

(O / X)

084 점층 漸層(차차 점, 층 층) | 어구나 문장의 의미를 단계적으로 확대하여 표현하는 것

표현하고자 하는 의미를 점점 강하게 하거나, 크게 하거나, 높게 하여 나타내는 표현 방식이다. 이렇게 점진적이고 단계적으로 의미를 확장하면 독자의 감정이 자연스럽게 고조되고, 표현하고자 하는 대상이나 상황에 대한 몰입도를 높여서 강조의 효과를 얻을 수 있다.

➕ '점층'과 반대 방향으로 의미를 점점 약하게 하거나, 작게 하거나, 낮게 하여 나타내는 표현 방식은 '점강'이라고 한다. 점층과 달리, 점강은 시험에서 거의 출제되지 않는 개념어이므로 시에서 점강적으로 표현하기도 한다는 정도만 알아 두자.

님은 갔습니다. 아아, 사랑하는 나의 님은 갔습니다.

푸른 산빛을 깨치고 단풍나무 숲을 향하여 난 작은 길을 걸어서, 차마 떨치고 갔습니다.

황금의 꽃같이 굳고 빛나던 옛 맹서(盟誓)는 차디찬 티끌이 되어서 한숨의 미풍(微風)에 날아갔습니다.

날카로운 첫 키스의 추억은 나의 운명의 지침을 돌려놓고, 뒷걸음쳐서 사라졌습니다.

– 한용운, 〈님의 침묵〉

• 임이 떠나간 상황을 '갔습니다'라는 표현을 반복하여 나타내고 있는데, 이때 문장의 길이를 점점 길게 하고 내용도 추가하면서 점층적으로 표현하고 있다. 이를 통해 임과 이별한 화자의 절망감이 독자에게 고조되어 전달되도록 한 것이다.

Q. 이 글에서는 '님'에 대한 외양 묘사를 점층적으로 표현하여 이별의 상황을 강조하고 있다. (O / X)

도치 倒置(거꾸로 도, 둘 치) | 문장의 어순을 바꾸어 표현하는 것

문장의 어순이나 단어의 배열을 의도적으로 바꾸어 변화를 주는 표현 방식이다. 문장의 어순을 도치하면 나타내고자 하는 바를 강조하는 효과가 있고, 시상을 집중시키거나 시적 여운을 주는 효과도 있다.

> 들가에 떨어져 나가 앉은 멧기슭의
>
> 넓은 바다의 물가 뒤에,
>
> 나는 지으리, 나의 집을,
>
> 다시금 큰길을 앞에다 두고.
>
> – 김소월, 〈나의 집〉

• 의도적으로 문장의 어순을 도치하여 표현함으로써 집을 짓고자 하는 화자의 소망을 강조하여 드러내고 있다.

Q. 이 글의 '나는 지으리, 나의 집을'을 어순에 맞게 고쳐 써 보세요. ___________

설의 設疑(베풀 설, 의심할 의) | 답이 분명한 내용을 질문의 형태로 표현하는 것

명백한 사실이나 답변을 요구하지 않는 내용을 의문문의 형식으로 나타내는 표현 방식이다. 평서문의 내용을 의문문의 형식으로 바꾸어 표현함으로써 나타내고자 하는 의미를 강조하거나 독자의 감정을 고조시키는 효과를 얻는다.

➕ 시험에서 설의적 표현을 '의문형 어미를 활용, 의문의 형식, 물음의 형식' 등으로 서술하여 출제하기도 한다.

> 이곡(二曲)은 어드매고 화암(花巖)에 춘만(春晚)커다
>   '봄이 가득하다'는 의미
> 벽파에 꽃을 띄워 야외로 보내노라
> 푸른 물결   여기서는 '속세'를 의미함.
> 사람이 승지(勝地)를 모르니 알게 한들 엇더리   〈제3수〉
>   경치가 좋은 곳
>
> – 이이, 〈고산구곡가〉

• 작가가 고산의 구곡에 들어가 은거하며 지은 연시조이다. 사람들을 일깨우려는 화자의 생각을 설의적 표현으로 제시하고 있다.

Q. 이 글의 초장과 중장에서는 설의적 표현이, 종장에서는 명령적 표현이 사용되었다. (○ / ×)

개념어 check 정답 | 083 × 084 × 085 나는 나의 집을 지으리 086 ×

반어 反語(돌이킬 반, 말씀 어) | 실제로 나타내고자 하는 것과 반대로 표현하는 것

말하고자 하는 내용을 일부러 그 뜻과 반대로 나타내는 표현 방식이다. 반어적 표현을 사용하면 실제의 상황을 비꼬거나 비판하는 듯한 인상을 주어 독자에게 강한 여운과 감정을 전달할 수 있고, 나타내고자 하는 의미를 강조할 수 있다.

연계 개념어 | **시적 긴장감** | 시적 긴장감이란 특정 요소나 표현이 독자를 작품에 집중하게 만드는 힘이라 할 수 있다. 반어와 같은 표현 방식은 일반적인 진술과는 다른 표현이므로 시적 긴장감을 유발한다고 할 수 있다. 이 밖에 역설이나 도치, 대조 등을 통해 의미를 강조한 표현, 함축적인 시어의 사용, 감정을 절제하여 드러낸 표현, 의도적인 생략 등도 시적 긴장감을 유발하는 방법이다.

한 줄의 시(詩)는커녕

단 한 권의 소설도 읽은 바 없이

그는 한평생을 행복하게 살며 / 많은 돈을 벌었고

높은 자리에 올라 / 이처럼 <u>훌륭한</u> 비석을 남겼다

그리고 어느 유명한 문인이 / 그를 기리는 묘비명

을 여기에 썼다 / 비록 이 세상이 잿더미가 된다 해도 / 불의 뜨거움 꿋꿋이 견디며

이 묘비는 살아남아 / <u>귀중한 사료(史料)</u>가 될 것이니

역사는 도대체 무엇을 기록하며 / 시인은 어디에 무덤을 남길 것이냐

– 김광규, 〈묘비명〉

● 세속적이고 물질적인 가치만을 추구하던 '그'의 비석을 비아냥거리듯 반어적으로 '훌륭'하다고 표현한 것이다.

▲ 물질적 가치의 상징과 같은 '그'의 묘비가 후대에 끼칠 영향력을 우려하며 묘비에 대한 비판적인 시선을 반어적으로 표현하며 주제를 강조한 것이다.

Q. 이 글에서 화자는 물질적 가치가 정신적 가치를 압도하는 것을 반어적 표현을 활용하여 비판하고 있다.

(O / X)

역설 逆說(거스를 역, 말씀 설) | 표면적으로는 모순되지만 그 속에 참된 의미를 담아 표현하는 것

표면적으로는 논리에 맞지 않아 말이 되지 않지만, 그 속에 진정한 의미가 숨어 있도록 나타내는 표현 방식이다. 주로 상반된 의미를 가진 말이나 진실과 상충되는 상황을 통해 표현되는데, 이러한 외적 모순을 넘어 독자가 내적 진실을 깨닫는 과정을 통해 그 의미가 강조되는 효과를 얻는다.

모란이 지고 말면 그뿐 내 한 해는 다 가고 말아

삼백예순 날 하냥 섭섭해 우옵네다
　　　　　늘, 항상
모란이 피기까지는

나는 아직 기둘리고 있을 테요 <u>찬란한 슬픔의 봄을</u>

– 김영랑, 〈모란이 피기까지는〉

● 이 시에서 화자가 말하는 '봄'은 모란이 피는 희망의 계절이자 모란이 지는 상실의 계절이다. 따라서 봄은 행복의 계절이자 슬픔의 계절이라는 이중적인 성격을 갖는다. '찬란한 슬픔의 봄'이라는 역설적 표현은 화자의 이러한 심정을 강조하여 나타낸 것이다.

Q. 이 글에서 화자는 '봄'의 생명력에서 느낀 거리감을 역설적 표현으로 나타내고 있다. (O / X)

089 대구 對句(대할 대, 구절 구) | 유사한 구조나 형식을 가진 두 구절을 대칭으로 짝지어 표현하는 것

내용적으로 상관이 있는 두 구절의 구조나 형식을 유사하게 하여, 두 구절이 서로 대응되어 짝을 이루게 나타내는 표현 방식이다. 두 구절이 대구를 이루면 그 의미나 시의 주제를 강조하는 효과가 있고, 운율과 구조적 안정감을 형성하는 효과도 있다.

어리석은 분수에 무슨 재주가 있을까마는

임 향한 총명이야 사광(師曠)인들 미칠쏘냐
음률을 이해하고 기억하는 것에 뛰어났던 진나라의 악사
총명도 병이 되어 날이 갈수록 짙어 가니

먹던 밥 덜 먹히고 자던 잠 덜 자인다

- 이 작품은 임금을 향한 변함없는 충정을 임과 이별한 상황을 통해 표현한 가사이다. 임에 대한 그리움으로 인한 고통을 대구법을 활용하여 효과적으로 나타내고 있다.

– 박인로, 〈상사곡〉

Q. 이 글에서 '먹던 밥'과 대구를 이루는 표현을 찾아 쓰세요. ___________________

💡 헷갈리지 마! 반어 vs 역설

표현 방식 중에서 혼동하기 쉬운 것이 바로 '반어'와 '역설'이야. '반어'는 말 그대로 반대로 표현하는 것이야. 예를 들면 좋은 것을 싫다고 하고, 예쁜 것을 밉다고 하고, 긴 것을 짧다고 하는 식으로 청개구리처럼 표현하는 거지. 속마음과 다르게, 또는 처한 상황과 다르게 정반대로 표현함으로써 현재의 심정이나 상황을 더욱 부각하는 효과가 생기는 거야.

'역설'은 반어와는 달라. 표면적으로는 논리에 맞지 않는 듯하지만 그 속에 진실한 의미가 담겨 있거든. 역설적 표현의 대표적인 예시로 '소리 없는 아우성'을 꼽

는데, 시끄러운 아우성을 소리가 없다고 표현한 것이 표면적으로는 말이 안 되는 것처럼 보이지. 하지만 시의 맥락을 통해 침묵 속에서도 끊임없이 내적 몸부림을 치고 있는 모습을 표현한 것임을 이해하면 숨겨진 참된 의미를 알 수 있고, 그만큼 울림도 크게 다가오는 거야.

정리해 보면, '반어'는 표현 자체는 이치에 맞지만 그 속뜻은 반대인 것이고, '역설'은 표현 자체가 이치에 맞지 않지만 그 속에 참된 의미를 담고 있는 거야.

개념어 check 정답 | 087 ○ 088 ✕ 089 자던 잠

● **다음 빈칸을 채워 문장을 완성하세요.**

01 의미를 단계적으로 확장하여 감정을 고조시키는 표현 방식을 ( )이라고 한다.

02 문장의 어순이나 단어의 배열을 의도적으로 바꾸어 변화를 주는 표현 방식을 ( ) 라고 한다.

03 동일한 시어나 시구, 문장의 구조 등을 ( )해서 표현하면 운율감이 형성되며 의미를 강조할 수 있다.

● **다음 시를 읽고 적절한 설명이 되도록 괄호 안에서 알맞은 말을 고르세요.**

> 농암(聾巖)에 올라 보니 노안(老眼)이 오히려 밝구나
> 인사(人事)가 변(變)한들 산천(山川)이야 변하겠는가
> 암전(巖前)에 모수(某水) 모구(某丘)가 어제 본 듯하구나
>
> – 이현보의 시조

04 이 글에서는 (대조, 과장)의 방식으로 인간과 자연을 비교하고 있다.

> 너에게로 가지 않으려고 미친 듯 걸었던
> 그 무수한 길도
> 실은 네게로 향한 것이었다
>
> – 나희덕, 〈푸른 밤〉

05 이 글에서는 '너'에게서 벗어나려 해도 벗어날 수 없는 상황을 (반어, 역설)적 표현을 통해 나타내고 있다.

> 손금에는 맑은 강물이 흐르고, 맑은 강물이 흐르고, 강물 속에는 사랑처럼 슬픈 얼굴 —
> 아름다운 순이의 얼굴이 어린다. 소년은 황홀히 눈을 감아 본다. 그래도 맑은 강물은 흘러
> 사랑처럼 슬픈 얼굴 — 아름다운 순이의 얼굴은 어린다.
>
> – 윤동주, 〈소년〉

06 이 글에서는 동일한 시구의 반복을 통해 '순이'를 향한 '소년'의 (원망, 그리움)을 강조하고 있다.

● **다음 시를 읽고 설명이 맞으면 ○표, 틀리면 ×표를 하세요.**

> 나무도 바위돌도 없는 산에 매에 쫓긴 까투리 맘과
> 대천(大川) 바다 한가운데 일천 석 실은 배에 노도 잃고 닻도 잃고 용총도 끊고 돛대도 꺾고 키도 빠지고 바람 불어 물결치고 안개 뒤섞여 잦아진 날에 갈 길은 천리만리 남았는데 사면이 검어 어둑 천지(天地) 적막(寂寞) 까치놀 떴는데 수적(水賊) 만난 도사공(都沙工)의 맘과
> 엊그제 님 여읜 내 맘이야 어디가 같다 하리오
>   – 작자 미상의 사설시조

07 이 글에서 화자는 '님'과 이별한 심정을 부각하기 위해 '도사공'이 처한 열악한 상황을 과장과 열거의 방식으로 표현하고 있는데, 이를 통해 그러한 '도사공'의 마음보다 화자 자신의 마음이 더 힘들다고 강조하고 있다. (○ / ×)

> 늙은이는 부모 같고 어른은 형 같으니
> 같은데 불공(不恭)하면 어디가 다를고
> 나이가 많으시거든 절하고야 마로리이다 〈제6수〉
>   – 주세붕, 〈오륜가〉

08 이 글에서는 설의적 표현을 사용하여 노인과 어른을 공경할 것을 강조하고 있다.

                 (○ / ×)

● **다음 시를 읽고 빈칸을 채워 문장을 완성하세요.**

> 내 빈천을 보내려 한들 이 빈천 뉘게 가며
> 남의 부귀 오라고 한들 저 부귀 내게 오랴
> 보내지도 청하지도 말오 내 분대로 하리라 〈제20수〉
>   – 김득연, 〈산중잡곡〉

09 이 글에서는 유사한 구절을 나란히 배치한 (   ) 형식을 통해 운율감을 형성하고, 현재의 삶에 대한 만족감을 드러내고 있다.

> 산산이 부서진 이름이여! / 허공중에 헤어진 이름이여!
> 불러도 주인 없는 이름이여! / 부르다가 내가 죽을 이름이여! //
> 심중에 남아 있는 말 한마디는 / 끝끝내 마저 하지 못하였구나.
> 사랑하던 그 사람이여! / 사랑하던 그 사람이여!
>   – 김소월, 〈초혼〉

10 이 글에서는 고조된 감정을 영탄법을 활용하여 표현함으로써, 죽은 임에 대한 그리움을 (   )하고 있다.

정답 | **01** 점층 **02** 도치 **03** 반복 **04** 대조 **05** 역설 **06** 그리움 **07** ○ **08** ○ **09** 대구 **10** 강조

15 그 외 표현 방식과 관련된 개념어

앞서 살펴본 수사법과 관련된 개념어 외에, 시의 표현 방식과 관련된 다양한 개념어가 시험에 출제된다. 시인이 언어를 통해 시상을 구체적으로 표출한 모든 것을 표현이라고 볼 수 있는 만큼 표현 방식과 관련된 개념어도 많다.

090 색채어 | 색이 드러나는 시어

색깔이나 빛깔이 드러나는 시어를 말한다. 색채어를 통해 시각적 이미지를 극대화하고 시의 분위기와 화자의 정서를 감각적으로 형상화할 수 있다. 또한 특정 색이 갖는 상징적 의미를 활용하여 대상을 비유적으로 나타낼 수도 있다.

➕ 색채어는 시각적 이미지를 나타내는 대표적인 표현으로, 청각, 촉각, 후각, 미각의 다른 감각적 이미지와 함께 쓰여 공감각적 이미지를 이루는 경우도 많다.

연계 개념어 **색채의 대비, 색채의 선명한 대조** | 작품에 색채어가 쓰이면 '색채의 대비', '색채의 선명한 대조'와 같은 말이 선택지에 출제될 수 있다. 색채어는 단독으로 쓰이기도 하지만, 대비·대조되는 두 가지 색채어를 함께 쓰면 대상 간의 차이를 더 극명하고 감각적으로 나타낼 수 있다.

얼음 금 가고 바람 새로 따르거니

<u>흰</u> 옷고름 절로 향기로워라.

옹숭거리고 살아난 양이
춥거나 두려워 몸을 움츠려 작게 하고
아아 꿈 같기에 설어라.

미나리 <u>파릇한</u> 새순 돋고

옴짓 아니 기던 고기 입이 오물거리는,

꽃 피기 전 철 아닌 눈에

핫옷 벗고 도로 춥고 싶어라.
겨울 솜옷

– 정지용, 〈춘설〉

• '흰'이라는 색채어를 통해 깨끗한 느낌의 시각적 이미지를 환기하고 있다. 한편 '흰 옷고름 절로 향기로워라'에서 '향기로워라'는 후각적 이미지이므로, 이 행은 공감각적 이미지(시각의 후각화)가 사용되었다고 볼 수 있다.

▲ '파릇한'이라는 색채어를 통해 '새순'의 싱그러운 모습을 표현하고 있다.

Q. 이 글에서 계절적인 배경이 봄임을 짐작하게 하는 색채어를 찾아 쓰세요. __________

★★★ 091 함축 含蓄(머금을 함, 모을 축) | 시어에 문맥적 의미가 숨어 있는 것

시어가 나타내는 바가 사전적 의미뿐만 아니라 문맥이나 상황에 따라 다르게 해석되거나 여러 가지 의미를 내포하고 있는 것을 말한다. 이는 시가 비유적이고 상징적인 표현으로 이루어지기 때문이다.

연계 개념어 압축 | 시에서는 시인의 정서와 사상을 산문에서처럼 길고 자세하게 풀어서 표현하기보다, 짧고 간결하게 응축하여 표현한다. 이때 여러 가지 의미나 상황을 짧은 시어나 시구로 줄여서 표현하는 것을 압축이라고 한다.

어릴 때는 나비를 쫓듯

아름다움에 취해 땅끝을 찾아갔지

그건 아마도 끝이 아니었을지 몰라

그러나 살면서 몇 번은 땅끝에 서게도 되지

파도가 끊임없이 땅을 먹어 들어오는 막바지에서

이렇게 뒷걸음질 치면서 말야

- 앞의 '땅끝'은 지리적으로 전라도 '해남'을 가리킬 수도 있고 화자가 지향하는 이상적이고 아름다운 공간을 나타낼 수도 있다. 한편 뒤의 '땅끝'은 사전적 의미의 '땅끝'이라기보다는 살면서 겪는 인생의 절망과 절박한 삶의 공간을 함축하는 시어이다. 이처럼 '땅끝'이라는 동일한 시어가 문맥에 따라 각기 다른 의미로 쓰이는 함축성을 갖고 있다.

– 나희덕, 〈땅끝〉

Q. 이 글에서 '파도'는 '나비'와 대비되면서 '시련과 고통'을 함축하고 있는 시어이다. (○ / ×)

★★★ 092 환기 喚起(부를 환, 일어날 기) | 어떠한 정서나 느낌을 불러일으키는 것

시를 통해 어떠한 정서나 느낌을 불러일으키는 것을 말한다. 그리고 시의 분위기나 생생한 이미지를 불러일으키는 것 또한 환기라고 한다. 즉, 시를 읽으면서 자연스럽게 머릿속에 떠오르는 생각이나 감정이 곧 시를 통해 환기된 것이다.

청등을 돌라 놓고 녹기금(綠綺琴) 빗겨 안아
　　　　　　　　푸른 거문고
벽련화(碧蓮花) 한 곡조를 시름 좇아 섯거 타니

소상야우(瀟湘夜雨)의 댓소리 섯도는 듯

화표천년(華表千年)의 별학이 우니는 듯

옥수(玉手)의 타는 수단 옛 소리 있다마는
　아름다운 손
부용장(芙蓉帳) 적막하니 뉘 귀에 들리소니
연꽃을 그리거나 수놓은 휘장 – 화자의 거처를 의미함.
간장이 구곡되어 굽이굽이 끊쳤어라
구곡간장(九曲肝腸) – 애끓는 심정

- 이 작품은 다양한 비유를 통해 임을 원망하면서도 그리워하는 슬픔과 한의 정서를 표현한 가사이다. 아름다운 손으로 거문고를 타며 한 곡조를 뽑고 있지만 '부용장'이 '적막하니' 들어 줄 이가 없다는 데에서 고독하고 외로운 정서가 환기되고 있다.

– 허난설헌, 〈규원가〉

Q. 이 글에서 '부용장 적막하니'와 '간장이 구곡되어'는 상반된 분위기를 환기한다. (○ / ×)

093 형상화 | 추상적이거나 불분명한 대상을 구체적이고 명확하게 나타내는 것

추상적이고 관념적인 대상을 표현할 때 어떠한 매개물을 사용하여 구체적이고 명확한 형상으로 나타내는 것을 말한다. 시에서의 형상화는 관습적인 방법으로 이루어지기도 하고, 시인의 독창적인 상상력을 통해 이루어지기도 한다.

구겨진 하늘은 묵은 얘기책을 편 듯

돌담 울이 고성같이 둘러싼 산기슭

박쥐 나래 밑에 황혼이 묻혀 오면

초가 집집마다 호롱불이 켜지고

고향을 그린 묵화(墨畫) 한 폭 좀이 쳐. //

띄엄 띄엄 보이는 그림 조각은

앞밭에 보리밭에 말매나물 캐러 간

가시내는 가시내와 종달새 소리에 반해 //

빈 바구니 차고 오긴 너무도 부끄러워 / 술레짠 두 뺨 위에 모매꽃이 피었고. – 이육사, 〈초가〉

● 이 시는 작가가 떠나온 고향을 떠올리며 쓴 작품으로 알려져 있다. 봄날 보리밭의 정경(나물 캐러 간 가시내, 종달새 소리)을 제시하며 화자가 떠올리는 고향의 낭만적인 모습을 형상화하고 있다.

개념어 check

Q. 이 글에서 고향의 모습을 형상화한 표현 중 청각적 이미지에 해당하는 시구를 찾아 쓰세요. ___________

094 묘사 描寫(그릴 묘, 베낄 사) | 그림을 그리듯이 생생하게 표현하는 것

그림을 그리는 것처럼 언어로 풀어서 자세하게 표현하는 것을 말한다. 시에서의 묘사는 대상의 모습이나 이미지, 화자의 심정이나 시의 분위기 등 다양한 것을 드러내는 데 사용되며, 주로 비유나 감각적인 표현을 통해 이루어진다. 대상에 대한 생생한 묘사는 작품에 대한 독자의 공감과 몰입도를 높일 수 있고 독자에게 생동감을 줄 수 있다.

산가(山家) 풍수설에 동구 못이 좋다 할새
동네 어귀

십 년을 경영하여 한 땅을 얻으니

형세는 좁고 굵은 암석은 많고 많다

옛 길을 새로 내고 작은 연못 파서

활수를 끌어 들여 가는 것을 머물게 하니
흐르는 물

맑은 거울 티 없어 산 그림자 잠겨 있다

– 김득연, 〈지수정가〉

● 이 작품은 지수정을 짓고 자연에 묻혀 사는 삶에 대한 만족감을 표현한 가사이다. ▲를 '맑은 거울'에 비유하고, ▲에 산의 그림자가 비친 모습을 '산 그림자'가 '잠겨 있다'고 하였는데, 이는 묘사의 방식으로 ▲의 경관을 표현한 것이다.

개념어 check

Q. 이 글에서 '맑은 거울 티 없어 산 그림자 잠겨 있다'는 '동구 못'에 대해 묘사한 것이다. (○ / ×)

병치 倂置(나란히할 병, 둘 치) | 두 가지 이상의 대상이나 표현을 나란히 두는 것

두 가지 이상의 것을 한곳에 나란히 두는 것을 '병치'라고 하는데, 시에서의 병치는 두 가지 이상의 대상을 나란히 제시하거나 하나의 대상에 대해 두 가지 이상의 이미지나 정서 등을 제시하는 것을 말한다.

➕ 병치의 대상들은 서로 다른 의미를 나타내어 대비를 이룰 수도 있고, 서로 유사한 의미를 나타내어 전달하고자 하는 바를 강조하는 효과를 줄 수도 있다.

이 흰 바람벽에

내 가난한 늙은 어머니가 있다

내 가난한 늙은 어머니가

이렇게 시퍼러둥둥하니 추운 날인데 차디찬 물에 손은 담그고 무이며 배추를 씻고 있다

또 내 사랑하는 사람이 있다

내 사랑하는 어여쁜 사람이 / 어늬 먼 앞대 조용한 개포가의 나즈막한 집에서

그의 지아비와 마조 앉어 대구국을 끓여 놓고 저녁을 먹는다

— 백석, 〈흰 바람벽이 있어〉

● 이 시에서 '흰 바람벽'은 스크린과 같은 기능을 한다. 화자는 '흰 바람벽'을 보며 여러 대상을 떠올리고 있는데, '흰 바람벽에' '~ 있다'라고 대상들을 병치하여 제시하며 쓸쓸한 정서를 드러내고 있다.

Q. 이 글에서 '내 가난한 늙은 어머니'와 병치를 이루는 대상을 찾아 쓰세요. ___________________

유사 개념어 | 변용

변주 變奏(변할 변, 아뢸 주) | 효과적으로 표현하기 위해 시어나 시구에 여러 가지 변화를 주는 것

표현의 효과를 높이기 위해 운율과 같은 규칙성을 깨고, 의도적으로 여러 가지 변화를 주어 나타내는 것을 말한다. 강조하고 싶은 부분을 일부러 길게 늘여서 표현하거나, 의미상 이어지는 내용을 여러 행에 걸쳐 표현하거나, 의미를 점층적으로 확장하거나, 어법에 어긋난 표현을 사용하는 등 다양한 방법을 통해 나타난다.

연계 개념어 **시적 허용, 의도적으로 변형한 시어** | 시어에 여러 가지 변화를 주어 의도적으로 규범에 어긋나게 표현하는 것을 '시적 허용'이라 하는데, 시험에서는 이를 '의도적으로 변형한 시어'라고 출제하기도 한다.

한여름 채전(菜田)으로 가 보아라

나비가 심방 오고 풍뎅이가 찾아오고 잠자리가 왔
  방문하여 찾아봄.
다 가고 바람결에 스쳐 가고 그늘이 지나가고 비가 내

리고 햇볕이 다시 나고 …… 이같이 많은 손님들의 극진한 축복과 은혜 속에

이 지극히 범속한 것들의 지극히 충족한 빛나는 생명의 양상을 한여름 채전으로 와서 보

아라

— 유치환, 〈채전〉

● 첫 행에서는 '한여름 ~ 가 보아라'로 제시된 것이, 마지막 행에서는 '한여름 ~ 와서 보아라'로 변주되고 있다. 이를 통해 채전에서 경험할 수 있는 일들이 소중한 것임을 드러내고 있다.

Q. 이 글에서는 '가다'와 '오다'의 의미를 활용하여 시구를 변주하고 있다. (○ / ×)

개념어 check 정답 | 093 종달새 소리 094 × 095 내 사랑하는 사람 096 ○

상징 象徵(코끼리 상, 부를 징) | 구체적 대상이 추상적 의미를 암시하거나 함축하는 것

구체적 대상을 통해 추상적인 관념이나 사상을 함축적으로 나타내거나, 사전적 의미와 다른 뜻을 암시하게 표현하는 것을 상징이라고 한다.

➕ '평화의 상징 비둘기'처럼 역사적·문화적 배경을 바탕으로 널리 통용되는 상징도 있지만, 시험에서는 그 시 속에서 특정 시어만이 갖는 상징적 의미를 묻는 경우가 더 많으므로 문맥을 통해 시어의 상징적 의미를 파악해야 한다.

가야 할 때가 언제인가를 / 분명히 알고 가는 이의

뒷모습은 얼마나 아름다운가. //

봄 한철 / 격정을 인내한 /

나의 사랑은 지고 있다. //

분분한 낙화……

결별이 이룩하는 축복에 싸여 / 지금은 가야 할 때, //

무성한 녹음과 그리고 / 머지않아 열매 맺는

가을을 향하여 // ▲나의 청춘은 꽃답게 죽는다.

— 이형기, 〈낙화〉

• '낙화'는 '떨어진 꽃, 또는 꽃이 떨어짐.'을 의미하는 말인데, 이 시에서는 인간사의 이별을 꽃이 떨어지는 것에 비유하고 있다. 이를 통해 이 시는 시련에 부딪히며 변화하고, 나아가서는 새로운 자아상을 확립하는 청춘의 자아 성장 과정을 상징적으로 표현하고 있다. ▲는 '가을'에 맺을 '열매'를 향하여, 즉 성숙을 위해 '청춘'이 '죽는다'는 것으로 청춘의 자아 성장 과정 중 하나를 상징적으로 표현한 것이라 할 수 있다.

Q. 이 글에서 '봄'은 '나의 사랑'이 끝나는 계절이자 시련을 상징하는 계절이다. （ ○ / ✕ ）

★★☆

유사 개념어 | 매개물

매개체 | 화자의 생각이나 정서 등을 표현하는 데 쓰이는 모든 것

시에서 추상적 관념이나 화자의 정서, 특정 경험 등 시인이 전달하고자 하는 바를 효과적으로 표현하는 데 쓰이는 모든 것을 매개체라고 한다.

➕ 시에서 매개체는 사물, 동식물, 사람, 자연물, 자연 현상 등으로 다양하게 나타난다.

새벽 시내버스는 / 차창에 웬 찬란한 치장을 하고 달린다

엄동 혹한일수록 / 선연히 피는 성에꽃

어제 이 버스를 탔던

▲처녀 총각 아이 어른 / 미용사 외판원 파출부 실업자의

입김과 숨결이 / 간밤에 은밀히 만나 피워 낸

번뜩이는 기막힌 아름다움 / (중략) /

어느 누구의 막막한 한숨이던가

어떤 더운 가슴이 토해 낸 정열의 숨결이던가

— 최두석, 〈성에꽃〉

• 화자는 새벽의 시내버스에서 차창의 '성에꽃'을 발견하고는, 어젯밤에 ▲가 이 버스를 타서 '막막한 한숨', '정열의 숨결'로 '성에꽃'을 만든 것이리라 생각한다. 여기서 ▲는 평범한 서민들을 나열한 것이라 할 수 있다. 즉, 화자는 '성에꽃'을 매개체로 하여 ▲의 삶을 떠올리고 있는 것이다.

Q. 이 글에서 화자에게 평범한 서민들의 삶을 떠올리게 하는 매개체를 찾아 쓰세요. ___________

099 감정 이입 | 화자와 같은 감정을 대상도 느끼고 있는 것처럼 표현하는 것

화자가 감정을 드러낼 때 특정 대상에 자신의 감정을 불어넣어 그 대상이 화자와 같은 감정을 느끼고 있는 것처럼 표현하는 것을 말한다. 감정 이입의 대상은 자연물이나 사물 등 다양하게 설정될 수 있으며 화자 자신과 동일시되기도 한다.

연계 개념어 **객관적 상관물** | 시는 사상과 감정을 직접적으로 서술하는 대신 구체적 사물을 통해 간접적으로 나타내는 경우가 많다. 이때 사용된 구체적 사물을 객관적 상관물이라고 한다. 객관적 상관물은 크게 화자를 대신하는 '대리물', 화자와는 대조적인 상황에서 화자의 정서를 심화하는 '자극물', 화자가 자신의 감정을 투영한 '감정 이입물'의 형태로 나타난다. 즉, '감정 이입'의 대상이 곧 '객관적 상관물'이다.

추성(楸城) 진호루 밖에 울어 예는 저 시내야
작가가 유배되었던 함경북도 경원
무엇 하려고 주야에 흐르는가

임 향한 내 뜻을 좇아 그칠 줄을 모르는가 〈제3수〉

– 윤선도, 〈견회요〉

• 이 작품은 작가가 유배지에서 자신의 결백을 주장하며, 임금과 부모에 대한 그리움을 노래한 연시조이다. '시내'는 임금을 향한 변치 않는 충절의 마음을 감정 이입한 대상으로, 밤낮으로 그칠 줄 모르고 흐르는 시내의 모습에 임금을 향한 화자 자신의 뜻을 이입한 것이다.

Q. 이 글에서 감정 이입의 방식을 활용해 나타낸 화자의 주된 정서는 그리움이다. (○ / ×)

100 투영 投影(던질 투, 그림자 영) | 상황, 모습, 감정 등을 다른 대상에 반영하여 나타내는 것

상황, 모습, 감정 등이 다른 대상에 스며든 것처럼 나타내는 것을 말한다. 시에서 투영은 대체로 '화자 → 대상'으로 나타나는데(예 화자의 정서를 자연물에 투영), 때로는 '대상 → 화자'로 나타나기도 한다(예 자연의 모습을 화자 자신의 내면에 투영).

➕ '감정 이입'은 '투영'의 방법 중 하나이다.

내 죽으면 한 개 바위가 되리라.

아예 애련(愛憐)에 물들지 않고

희로(喜怒)에 움직이지 않고

비와 바람에 깎이는 대로

억 년(億年) 비정(非情)의 함묵(緘默)에
입을 다문다는 뜻으로, 말하지 아니함을 이르는 말.
안으로 안으로만 채찍질하여 / 드디어 생명도 망각하고

흐르는 구름 / 머언 원뢰(遠雷)
멀리서 울리는 우레
꿈꾸어도 노래하지 않고 / 두 쪽으로 깨뜨려져도

소리하지 않는 바위가 되리라.

– 유치환, 〈바위〉

• 화자는 자신이 지향하는 모습을 '바위'에 투영하고 있다. 외적 자극('비', '바람')이나 내적 감정('애련', '희로')에 흔들리지 않고 현실 초극적인 삶을 살고자 하는 단호한 의지를 '바위'에 투영하여 나타낸 것이다.

Q. 이 글에서 화자가 자신의 의지를 투영한 자연물을 찾아 쓰세요. ___________________

명사로 끝맺은 시행 │ 종결 어미가 아닌 명사로 시행을 마무리하는 것

평서형, 의문형 등의 종결 어미가 아닌 명사로 끝맺은 시행은 문장이 아직 끝나지 않은 듯한 느낌을 주면서 시적 여운을 남긴다. 또한 명사로 시행을 끝맺으면, 해당 명사가 나타내는 의미를 강조할 수 있고, 그 명사에 시상을 집약시키는 효과를 얻을 수도 있다. 특히 시의 마지막 시행을 명사로 끝맺은 경우 이러한 효과가 극대화된다.

연계 개념어 **시적 여운** │ 시를 읽고 난 후 독자의 마음에 남는 정취나 느낌을 시적 여운이라 한다. 시적 여운은 시 전반을 통해 형성된다고 할 수 있지만, 시상을 마무리하는 방식을 통해 발생되는 경우가 많다. 명사로 시상을 끝맺어 문장이 종결되지 않은 듯한 느낌을 줌으로써 독자가 스스로 상상할 수 있는 시간과 여지를 주어 시적 여운을 남기는 것이 대표적 예이다. 그 외에 말줄임표를 활용하는 경우나, 시상이 집약된 시어로 시를 끝맺는 방식으로도 시적 여운을 남길 수 있다.

강나루 건너서

밀밭 길을

구름에 달 가듯이

가는 나그네.

길은 외줄기

남도(南道)▲삼백 리

술 익는 마을마다

타는▲저녁놀

구름에 달 가듯이

가는▲나그네.

– 박목월, 〈나그네〉

● 1~2연은 의미상 하나의 문장이라 할 수 있다. 우리말 어순에 맞게 써 보면, '나그네가 강나루 건너서 밀밭 길을 구름에 달 가듯이 간다.'이다. '나그네'는 한곳에 머무르지 못하고 계속 떠돌아다니는 존재인데, 그러한 존재가 유유자적하게 움직이는 모습을 두 연에 걸쳐 표현하면서 명사로 시행을 끝맺고 있다. 이를 통해 '나그네'의 유유자적한 모습을 부각하고 시적 여운을 남기고 있다.

▲ 3~5연에서도 명사로 끝맺은 시행들을 활용하여, '나그네'의 달관적 태도를 효과적으로 드러내는 한편, 시상을 집약하는 효과도 얻고 있다.

Q. 이 글이 간결한 인상을 주면서도 시적 여운을 남기는 이유는 '삼백 리', '저녁놀', '나그네'와 같이 명사로 시행을 끝맺고 있기 때문이다. （　○　/　✕　）

개념어 check 정답 │ 101 ○

● **다음 빈칸을 채워 문장을 완성하세요.**

01 구체적 대상을 통해 추상적 관념이나 사상을 함축적으로 나타내거나, 사전적 의미와 다른 뜻을 암시하게 표현하는 것을 (　　　　　)이라고 한다.

02 어떠한 대상을 마치 그림을 그리는 것처럼 생생하게 표현하는 것을 (　　　　　)라고 한다.

03 시에서 하나의 표현이 문맥이나 상황에 따라 다르게 해석되거나 여러 가지 의미를 내포하고 있는 것을 (　　　　　)이라고 한다.

● **다음 시를 읽고 적절한 설명이 되도록 괄호 안에서 알맞은 말을 고르세요.**

> 눈이 오는가 북쪽엔 / 함박눈 쏟아져 내리는가 //
> 험한 벼랑을 굽이굽이 돌아간 / 백무선 철길 위에
> 느릿느릿 밤새어 달리는 / 화물차의 검은 지붕에 //
> 연달린 산과 산 사이 / 너를 남기고 온
> 작은 마을에도 복된 눈 내리는가
>
> — 이용악, 〈그리움〉

04 이 글에서 '눈'은 화자에게 '너를 남기고 온 / 작은 마을'을 떠올리게 하는 (매개체, 감정 이입의 대상)이다.

● **다음 시를 읽고 빈칸을 채워 문장을 완성하세요.**

> 들길은 마을에 들자 붉어지고
> 마을 골목은 들로 내려서자 푸르러졌다
>
> — 김영랑, 〈오월〉

05 이 글에서는 대비되는 (　　　　　)를 통해 마을의 정경을 감각적으로 표현하고 있다.

> 너 들어 보았니 / 다 청산하고 떠나 버리는 마을에
> 잔치는 아직 끝나지 않았다고 / 그래도 지킬 것은 지켜야 한다고
> 소리 죽여 흐느끼던 소리 / 가지 팽팽히 후리던 소리
>
> — 고재종, 〈면면함에 대하여〉

06 이 글에서는 (　　　　　)로 끝맺은 시행을 반복하여 시적 여운을 주고 있다.

정답 | 01 상징　02 묘사　03 함축　04 매개체　05 색채어　06 명사

16 운율과 관련된 개념어

시 문학을 운문 문학이라 칭하기도 하는데, 운문 문학이란 운율이 있는 문장으로 이루어진 문학이라는 뜻이다. 즉, 시란 운율이 있는 문장으로 쓰인 것이므로, 시에 있어 운율은 기본적 요소라 할 수 있다. 따라서 운율과 관련된 개념어 역시 시험 출제 요소에 해당한다.

유사 개념어 | 운율감

102 리듬감 | 시에서 느껴지는 음악적인 아름다움

시에서 특정한 시어나 시구 등이 주기성을 가지고 반복되면서 형성되는 음악적 느낌을 말한다. 음악의 박자처럼 시에서도 다양한 언어적 변화와 반복과 변주를 통해 규칙성을 드러낼 때 리듬감이 나타난다. 시는 행과 연이 구분되어 있고, 비유적 언어를 생략과 압축을 통해 표현하기 때문에 산문과 구별되는 리듬감을 갖는 것이다.

➕ 시험에서는 어떤 표현 방식을 통해 '리듬감'이 형성되고 있는지 묻는 경우가 많다. 동일한 혹은 유사한 구절의 반복/병치, 대구의 활용은 리듬감을 형성하는 대표적인 표현 방식이라 할 수 있다. 특히 어떤 요소이든 반복되었다면 리듬감이 형성된다고 볼 수 있다.

돌담에 속삭이는 햇발같이

풀 아래 웃음 짓는 샘물같이

내 마음 고요히 고운 봄 길 위에

오늘 하루 하늘을 우러르고 싶다.

새악시 볼에 떠오는 부끄럼같이

시(時)의 가슴에 살포시 젖는 물결같이

보드레한 에메랄드 얇게 흐르는

실비단 하늘을 바라보고 싶다.

- 김영랑, 〈돌담에 속삭이는 햇발〉

- '돌담에 ∨ 속삭이는 ∨ 햇발같이'처럼 각 행의 끊어 읽는 의미 단위가 3마디씩으로 반복되면서 리듬감을 형성하고 있다.

▲ '~같이'의 유사한 구조의 문장이 각 연의 1~2행에서 반복되면서 리듬감을 형성하고 있다.

- 각 연의 마지막을 '~ 싶다'로 마무리하여 역시 반복을 통해 리듬감을 형성하고 있다. '하늘을 우러르고 싶다'가 '하늘을 바라보고 싶다'로 변주된 것 역시 리듬감을 형성하는 요인이라 할 수 있다.

Q. 이 글의 1연의 2행을, 리듬감을 형성하는 의미 단위로 끊어 읽기 표시를 해 보세요. ＿＿＿＿＿＿＿＿

내재율 vs 외형률 內在律(안 내, 있을 재, 법 율) vs 外形律(바깥 외, 형상 형, 법 률)

내재율은 시에서 운율적 특성이 겉으로 뚜렷하게 드러나지 않고 은근하게 느껴지는 자유로운 리듬을 가진 운율의 형태를 말한다. 대부분의 자유시와 산문시의 운율이 이에 해당한다. 반면 외형률은 운율적 규칙성이 겉으로 뚜렷하게 나타나는 운율의 형태를 말한다. 외형률을 세분화하면 음위율, 음보율, 음수율로 나눌 수 있다.

➕ '외형률'은 '외재율'이라고도 부른다.

연계 개념어 **정형률, 정형적 운율** | 일정한 형식으로 된 운율을 '정형률'이라 한다. '외형률'과 유사한 의미라 볼 수 있다. 시험에서 '정형적 운율'이라 출제되기도 한다.

계절이 지나가는 하늘에는

가을로 가득 차 있습니다.

• 차분한 어조와 리듬으로 진행되던 시의 중간에 산문시 형태를 삽입하여 운율에 변화를 주고 있다. 독자는 시행이 줄글로 이어지는 부분에서 호흡이 빨라지면서 내재율을 느끼게 된다.

나는 아무 걱정도 없이 / 가을 속의 별들을 다 헤일 듯합니다. // (중략)

어머님, 나는 별 하나에 아름다운 말 한마디씩 불러 봅니다. 소학교 때 책상을 같이했던 아이들의 이름과, 패(佩), 경(鏡), 옥(玉), 이런 이국 소녀들의 이름과, 벌써 아기 어머니된 계집애들의 이름과, 가난한 이웃 사람들의 이름과, 비둘기, 강아지, 토끼, 노새, 노루, '프랑시스 잼', '라이너 마리아 릴케', 이런 시인의 이름을 불러봅니다.

이네들은 너무나 멀리 있습니다.

별이 아스라이 멀 듯이,

– 윤동주, 〈별 헤는 밤〉

Q-1. 이 글에서 운율에 변화를 주며 마치 산문처럼 쓰인 연의 첫 단어를 찾아 쓰세요. ___________________

꽃이 지기로소니

바람을 탓하랴. //

주렴 밖에 성긴 별이

구슬 따위를 꿰어 만든 발

하나둘 스러지고, //

귀촉도 울음 뒤에

머언 산이 다가서다.

• 이 시는 자유시이지만 하나의 연이 '꽃이 V 지기로소니 V 바람을 V 탓하랴.'와 같이 4마디씩 끊어 읽게 구성되어 있다. 독자는 이러한 시를 리듬감 있게 끊어 읽으며 외형률을 느끼게 된다.

– 조지훈, 〈낙화〉

Q-2. 이 글의 2연은 '주렴 밖에 V 성긴 별이 V 하나둘 V 스러지고,'로 끊어 읽게 구성되어 있다.

(○ / ×)

개념어 check 정답 | 102 풀 아래 V 웃음 짓는 V 샘물같이 103-1 어머님 103-2 ○

음보율 & 음수율   音步律(소리 음, 걸음 보, 법 율) & 音數律(소리 음, 셀 수, 법 율)

음보율은 끊어 읽는 의미 단위인 음보가 일정한 수로 반복되면서 생기는 운율을 말한다.(예) 3음보, 4음보) 음수율은 일정한 글자 수가 반복되면서 생기는 운율을 말한다.(예) 3·4조, 7·5조)

➕ 음보의 '보'가 '步 걸음 보'임을, 음수의 '수'가 '數 셀 수'임을 기억해 두면, 두 개념어를 헷갈리지 않을 수 있을 것이다. 음수율보다는 음보율의 출제 비율이 높은 편이며, 하나의 시에서 음보율과 음수율 등이 모두 나타날 수 있다. 서로 배척되는 개념이 아니다.

연계 개념어   **민요조** | 시의 운율 중에서 민요풍의 가락을 나타내는 말이다. 음보율은 3음보와 4음보, 음수율은 3·4조와 7·5조를 민요조라고 한다.

     음위율 | 비슷한 음을 가진 시어가 같은 위치에 규칙적으로 배치되면서 생기는 운율을 말한다. 그 위치가 앞이면 두운, 중간이면 요운, 끝이면 각운이라고 한다.

나 보기가 역겨워

가실 때에는

말없이 고이 보내 드리우리다.

영변에 약산

진달래꽃

아름 따다 가실 길에 뿌리우리다.

가시는 걸음 걸음

놓인 그 꽃을

사뿐히 즈려 밟고 가시옵소서.

나 보기가 역겨워

가실 때에는

죽어도 아니 눈물 흘리우리다.

         − 김소월, 〈진달래꽃〉

● 이 시는 3음보의 음보율과 7·5조의 음수율이 나타난다.

먼저 음보율을 살펴보면, 1연의 1~2행을 '나 보기가 ∨ 역겨워 ∨ 가실 때에는'과 같이 3음보로 끊어 읽게 되고, 3행을 '말없이 ∨ 고이 보내 ∨ 드리우리다.'와 같이 3음보로 끊어 읽게 된다. 2~4연 역시 3음보를 지켜, 각 연의 1~2행을 묶어서, 그리고 3행은 단독으로 3음보를 이루고 있다.

다음으로 음수율을 확인해 보면, 1연의 1~2행을 '나보기가역겨워+가실때에는'과 같이 7글자+5글자로 묶어 볼 수 있다. 3행 역시 '말없이고이보내+드리우리다'와 같이 7글자+5글자로 묶어 볼 수 있다. 3~4연 역시 같은 방식으로 7·5조를 이루고 있다.

Q. 이 글의 3연의 3행을 3음보로 끊어 읽을 수 있게 표시해 보세요. ________________________

후렴구 | 각 연의 마지막에 반복되며 운율을 형성하는 구절

각 연의 마지막 부분에 특별한 의미 없이 반복되는 구절을 말한다. 후렴구는 작품의 구조적 안정감과 통일감을 높이고 리듬감을 형성하며 새로운 연의 시작에 앞서 주의를 환기하는 기능을 한다.

➕ 주로 고전 시가 중 고려 가요와 경기체가, 악장과 민요에서 후렴구가 나타난다.

연계 개념어 여음(구) | 여음이란 '남는 소리'라는 의미인데, 일정한 간격을 두고 반복되어 나타나는 시구를 말한다. 리듬감을 형성하고 흥취를 북돋우는 효과가 있다. 후렴구와 마찬가지로 특별한 의미는 없다.

가시리 가시리잇고 ▲나난

버리고 가시리잇고 ▲나난

• 위 증즐가 대평성대

날러는 어찌 살라 하고

버리고 가시리잇고 나난

• 위 증즐가 대평성대

– 작자 미상, 〈가시리〉

• 고려 가요의 대표작으로 이별의 정한을 노래하는 소극적이고 순종적인 여인상이 드러난다. '위 증즐가 대평성대'는 후렴구로, 운율을 형성하고 형태적인 안정감을 주며 연을 나누고 의미를 전환하는 기능을 한다.

▲ 각 연에서 반복되는 '나난'은 단순히 노랫가락을 맞추기 위한 것으로 의미 없는 여음에 해당한다.

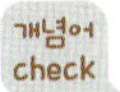

Q. 이 글에서 '위 증즐가 대평성대'라는 후렴구는 의미상 중요한 역할을 한다. (○ / ✕)

유사 개념어 | 산문적 진술

산문시 | 행의 구분이 없고 형식이 자유로운 줄글 형태의 시

행이 구분되지 않는 줄글 형태의 시를 말한다. 운율이 겉으로 드러나지 않고 자유로운 형식을 지닌다. 하지만 산문시는 주술의 호응이나 조사의 사용 등이 일반적인 줄글과는 차이가 있으며 비유나 상징적인 표현이 드러난다. 또한 유사한 문장 구조나 시구 등을 반복하여 내재적 운율을 형성하고 의미를 강조한다.

연계 개념어 이야기시 | 화자와 세계의 갈등을 담은 사건이나 사연 등의 이야기를 시적 구조를 기반으로 삼아 표현함으로써 일반적인 서정시의 특성에서 벗어난 형태의 시를 말한다.

귀향이라는 말을 매우 어설퍼하며 마당에 들어서니 다리를 저는 오리 한 마리 유난히 허둥대며 두엄자리로 도망간다. 나의 부모인 농부 내외와 그들의 딸이 사는 슬레이트 흙담집, 겨울 해어름의 집 안엔 아무도 없고 방바닥은 선뜩한 냉돌이다. 여덟 자 방구석엔 고구마 뒤주가 여전하며 벽에 메주가 매달려 서로 박치기한다.   – 최두석, 〈낡은 집〉

• 이 시는 행의 구분이 없는 산문시이다. 화자가 고향집과 가족에 대해 감정을 배제한 채 담담한 어조로 풀어내면서 현재 시제를 사용하여 생동감을 부여한 것이 특징적이다.

Q. 이 글을 산문시로 분류하는 형태적 특징은 행의 구분이 없는 줄글로 표현되었다는 점이다. (○ / ✕)

개념어 check 정답 | **104** 사뿐히 ∨ 즈려 밟고 ∨ 가시옵소서. **105** ✕ **106** ○

● 다음 빈칸을 채워 문장을 완성하세요.

01 행의 구분이 없이 줄글로 이어진 자유로운 형식의 시를 (   )라고 한다.

02 시에서 특정한 시어나 시구 등이 주기성과 규칙성을 가지고 (   )될 때 느껴지는 것을 리듬감이라고 한다.

03 시에서 운율이 규칙적이고 표면으로 잘 드러나는 것을 외형률이라고 하고, 표면으로 잘 드러나지 않는 것을 (   )이라고 한다.

● 다음 시를 읽고 적절한 설명이 되도록 괄호 안에서 알맞은 말을 고르세요.

> 흥망이 유수하니 만월대도 추초로다
> 오백년 왕업이 목적에 부쳐시니
> 석양에 지나는 객(客)이 눈물계워 하노라
>
> – 원천석의 시조

04 이 글은 (내재율 , 외형률)을 갖는 시조이다.

> 정든 임이 오시는데 인사를 못 해
> 행주치마 입에 물고 입만 방긋
> 아리아리랑 쓰리쓰리랑 아라리가 났네 / 아리랑 고개로 넘어간다 //
> 울 너머 총각의 각피리 소리
> 물 긷는 처녀의 한숨 소리
> 아리아리랑 쓰리쓰리랑 아라리가 났네 / 아리랑 고개로 넘어간다
>
> – 작자 미상, 〈밀양 아리랑〉

05 이 글은 (3음보, 4음보)를 바탕으로 각 연의 1~2행에는 의미 있는 내용이, 3~4행에는 후렴구가 위치하고 있다.

> 그립다 / 말을 할까 / 하니 그리워 //
> 그냥 갈까 / 그래도 / 다시 더 한 번…… //
> 저 산에도 까마귀, 들에 까마귀, / 서산에는 해 진다고 / 지저귑니다.
>
> – 김소월, 〈가는 길〉

06 이 글은 (3 · 4조, 7 · 5조), 3음보의 민요조를 통해 운율감을 형성하고 있다.

● 다음 시를 읽고 설명이 맞으면 ○표, 틀리면 ×표를 하세요.

> 석양이 비꼈으니 그만하고 돌아가자 / 돛 내려라 돛 내려라
> 버들이며 물가의 꽃은 굽이굽이 새롭구나 / 지국총 지국총 어사와
> 삼공(三公)을 부러워하랴 만사를 생각하랴 〈춘(春) 6〉
> – 윤선도, 〈어부사시사〉

07 이 글에서 '지국총 지국총 어사와'라는 후렴구에는 주제가 집약되어 있다.

(○ / ×)

> 산은 날더러 들꽃이 되라 하고 / 강은 날더러 잔돌이 되라 하네.
> 산 서리 차거든 풀 속에 얼굴 묻고 / 물여울 모질거든 바위 뒤에 붙으라네. / (중략) /
> 하늘은 날더러 바람이 되라 하고 / 산은 날더러 잔돌이 되라 하네. – 신경림, 〈목계 장터〉

08 이 글은 '~ 하고', '~ 하네' 등을 반복하고 4음보를 이루며 리듬감을 형성하고 있다.

(○ / ×)

● 다음 시를 읽고 빈칸을 채워 문장을 완성하세요.

> 이별이라네 이별이라네 이 도령 춘향이가 이별이로다
> 춘향이가 도련님 앞에 바짝 달려들어 눈물짓고 하는 말이
> 도련님 들으시오 나를 두고 못 가리다
> 나를 두고 가겠으면 홍로화(紅爐火) 모진 불에 / 다 사르겠으면 사르고 가시오
> 날 살려 두고는 못 가시리라 – 작자 미상, 〈춘향 이별가〉

09 이 글에서는 유사한 어구의 반복을 통해 ( )감을 형성하고 있다.

> 산비탈엔 들국화가 환—하고 누이동생의 무덤 옆엔 밤나무 하나가 오뚝 서서 바람이 올 때마다 아득—한 공중을 향하여 여윈 가지를 내어 저었다. 갈 길을 못 찾는 영혼 같애 절로 눈이 감긴다. 무덤 옆엔 작은 시내가 은실을 긋고 등 뒤에 서걱이는 떡갈나무 수풀 앞에 차단—한 비석이 하나 노을에 젖어 있었다. 흰나비처럼 여윈 모습 아울러 어느 무형(無形)한 공중에 그 체온이 꺼져 버린 후 밤낮으로 찾아 주는 건 비인 묘지의 물소리와 바람 소리뿐. 동생의 가슴 우엔 비가 나리고 눈이 쌓이고 적막한 황혼이면 별들은 이마 우에서 무엇을 속 삭였는지. 한 줌 흙을 헤치고 나즉—히 부르면 함박꽃처럼 눈뜰 것만 같애 서러운 생각이 옷소매에 스몄다. – 김광균, 〈수철리〉

10 이 글은 ( )의 구분이 없이 줄글로 이어 쓴 산문시이다.

정답 | 01 산문시 02 반복 03 내재율 04 외형률 05 3음보 06 7·5조 07 × 08 ○ 09 리듬/운율 10 행

7 고전 시가 개념어

고전 시가는 개화기 이전에 지어진 **우리의 시와 노래를 통칭하는 말**이다. 그래서 '현대시'처럼 '고전시'라 하지 않고 '고전 시가(詩歌)'라고 한다. 현대의 우리는 시와 노랫말을 서로 다른 영역으로 인식하지만, 우리의 선조들은 노래와 시를 하나의 영역으로 보았다고 할 수 있다. 즉, 고전 시가는 노래로 불린다는 것이 전제되어 있다고 할 수 있다. 따라서 현대시에 비해 정형률이 나타나 있어서 반복적인 리듬감이 느껴진다는 특징이 있다.

그런데 고전 시가에는 옛날의 시대 상황과 옛사람의 정서/사상이 담겨 있는 데다가 한자 표현이나 지금은 쓰이지 않는 고어가 많이 등장하기 때문에 접근하기 어려워하는 경우가 많다. 하지만 더 이상 새로운 작품이 창작되지 않고, **한정된 주제와 관습적 표현**이 많기 때문에, 개념어 학습을 통해 진입 장벽을 넘어선다면 고전 시가를 한결 쉽게 이해할 수 있을 것이다.

---

❷-1
강호(江湖) 큰 꿈을 생각한 지도 오래더니
❶
먹고사는 것이 누가 되어 아아 잊었구나

저 물가를 바라보니 푸른 대나무가 많기도 많구나

교양 있는 선비들아 낚싯대 하나 빌려다오
❷-2
갈대꽃 깊은 곳에 명월청풍(明月淸風) 벗이 되어
　　　　　　　　　밝은 달과 맑고 시원한 바람
임자 없는 풍월강산(風月江山)에 절로절로 늙으리라
　　　　　　고전 시가에서 '자연'을 의미함.
무심한 백구야 오라 하며 말라 하랴

다툴 이 없는 것은 다만 이것뿐인가 여기노라

— 박인로, 〈누항사〉

❶ 〈누항사〉는 문신이었던 작가가 임진왜란을 겪은 후 지은 **가사**이다. 전후의 궁핍함과 그 속에서도 이상적 삶을 추구하는 모습이 잘 드러나 있다.

❷ 고전 시가에는 자연과 더불어 그 속에서 살고자 하는 화자의 **자연 친화적** 태도가 자주 나타난다. 〈누항사〉 역시 세속의 고난을 잊고자 하는 화자의 자연 친화적 태도가 드러난 작품이다.

〈보기〉

- 정치적 공격을 받은 문인들이 벼슬에서 파직, 유배되거나 산림에 은거하는 등 정계에서 소외된 상태에 놓이는 경우가 잦았다. – 25 9모
- 권호문의 〈한거십팔곡〉은 지향하는 삶을 실천하는 태도의 변화 과정을 형상화한 연시조로, 〈제1수〉부터 〈제19수〉까지의 내용이 긴밀히 연결되어 있다. – 24 6모
- 시조, 가사, 수필에서 작가는 대개 1인칭으로 나타나므로 작가 정보를 활용하면 작품을 더 풍부하게 해석할 수 있다. ~ (나)는 작가가 임금에게 충언하는 시를 쓴 죄로 옥에 갇혔을 때 지은 가사라는 점 ~ – 23 6모
- 〈서경별곡〉의 제2연에서 여음구를 제외한 부분은 당시 유행하던 민요의 모티프를 수용한 것으로, 〈정석가〉에도 동일한 모티프가 나타난다. 고려 시대의 문인 이제현도 당시에 유행하던 민요를 다음과 같이 한시로 옮긴 적이 있다. – 19 6모
- 임병양란 이후의 사대부들 사이에서는 긴 사연을 담을 수 있는 연시조 양식을 활용해 전란 후 현실의 문제를 다루려는 경향이 나타났다. – 18 수능

〈선택지〉

- 세상을 등진 인물의 삶을 '기산'의 '고블'에 비유한 것에는, 험한 세사와의 단절과 은거 지향에 대한 긍정적 인식이 인물의 선택에 대한 평가를 통해 드러난다. – 24 9모
- [A]의 〈제2수〉 초장은 〈제1수〉 종장의 시상을 이어받아 자연 친화적인 모습을 드러내고 있다. – 23 수능
- (나)의 '아녀자'가 작가라면, 이 작품은 '은침'과 '오색실'로 '임의 터진 옷'을 깁는 상황을 설정하여 임금에 대한 곧은 충심을 표현한 것이겠군. – 23 6모
- ⓐ는 '내'가 '강호'에서의 은거를 긍정하지만 정치 현실에 미련이 있음을, ⓑ는 '공백공'이 정치 현실에 몸담고 있지만 '강호'에 은거하려는 지향을 나타낸다. – 20 수능

개념어 한눈에 보기 · 알고 있는 개념어는 ○, 모르는 개념어는 ✕ 표시해 보세요!

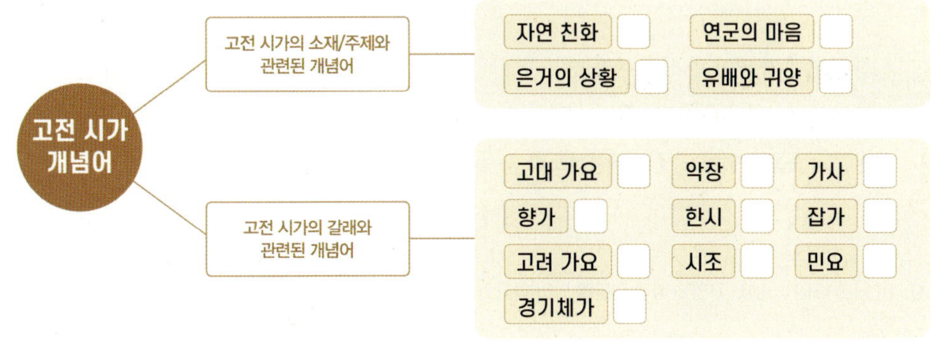

17

고전 시가의 소재/주제와 관련된 개념어

고전 시가는 현대시와 달리 주제가 한정적이고, 주제에 따라 자주 쓰인 표현이 있다. 따라서 고전 시가의 소재/주제와 관련된 개념어를 공부해 둔다면, 처음 보는 고전 시가 작품이라도 빠르게 주제를 파악할 수 있고, 시의 내용을 파악하는 데도 도움이 될 것이다.

★★★ 107 자연 친화 | 자연과 어우러져 사는 것을 즐기며 그러한 삶에 만족하는 것

자연의 아름다움과 신비로움을 예찬하고, 자연과 조화를 이루며, 자연 속에서 소박하게 살아가는 삶을 지향하는 것을 말한다. 고전 시가에서 자연은 인간 삶의 희노애락을 모두 포용하는 근원적이고 초월적인 공간으로, '속세'나 '홍진' 등으로 표현되는 현실 세계와 대립되는 세계이다. 자연 친화가 주제로 드러나는 고전 시가에서는 자연물의 속성을 의인화하여 표현하거나, 자연에 파묻혀 유유자적하게 살아가는 화자의 모습이 드러나는 경우가 많다.

➕ 고전 시가에서 자연물과 관련된 시어는 주로 긍정적 의미로 표현된다. 다음의 시어들을 기억해 두자.

- **강호**: 자연 그 자체를 상징하는 대표적 시어이다.
- **명월, 청풍**: '명월'은 밝은 달, '청풍'은 맑은 바람을 뜻하는 말로 둘 다 자연을 대표하는 시어로 쓰인다.
- **백구**: 흰 갈매기를 가리키는 말로, 욕심 없는 자연물을 대표하는 시어로 화자가 자연과의 일체감을 표현할 때 자주 쓰인다.
- **띠집, 초옥, 초가, 초당, 수간모옥**: 소박한 초가집을 의미한다.

연계 개념어 **안빈낙도, 안분지족** | '안빈낙도'는 '가난한 생활을 하면서도 편안한 마음으로 도를 즐겨 지킴.'이라는 의미이고, '안분지족'은 '편안한 마음으로 제 분수를 지키며 만족할 줄을 앎.'이라는 의미이다. 자연 속에서 소박하게 살아가는 자연 친화적 태도가 드러나는 경우 안빈낙도와 안분지족의 태도 또한 드러나는 경우가 많다.

보리밥과 풋나물을 알맞게 먹은 후에

바위 끝 물가에서 실컷 노니노라

그 밖에 남은 일이야 부러워할 줄이 있겠느냐 〈제2수〉

잔 들고 혼자 앉아 먼 산을 바라보니

그리워하던 님이 온들 반가움이 이만할까

말씀도 웃음도 없어도 못내 좋아하노라 〈제3수〉

— 윤선도, 〈만흥〉

● 이 작품은 자연에 묻혀 안분지족하며 사는 자연 친화의 주제가 드러나는 대표적인 고전 시가이다. '보리밥과 풋나물'은 자연 속의 소박한 식사를 의미하고, '먼 산'은 화자가 즐기고자 하는 이상적인 자연을 상징하는 시어이다.

▲ '그 밖에 남은 일'은 부귀영화와 같은 세속적 가치를 의미하고, '그리워하던 님'은 화자가 떠나온 속세를 상징하는 것으로 '자연'과 대조적 성격을 띤다.

Q. 이 글의 〈제2수〉에서 자연 친화적 태도를 가진 화자가 탐하지 않는 대상을 찾아 여섯 글자로 쓰세요.

세상을 등지고 홀로 지내는 상황을 말하는데, 대체로 세상을 등진 채 자연 속에 묻혀 지내는 모습으로 드러난다. 고전 시가에서는 속세의 삶에 염증과 회한을 느낀 화자가 이상적 공간을 상징하는 자연으로 회귀하여 살아가고자 하는 모습이 자주 등장한다. 또는 고령이 되어 벼슬에서 물러나 여유를 즐기거나, 정계에서 억울한 일을 겪고 쫓겨나 자연에서 숨어 지내는 경우도 많이 등장한다.

➕ 고전 시가에서 은거의 상황과 관련하여 자주 등장하는 시어들을 기억해 두자.

- **소부, 허유**: 중국 요나라 때 임금이 허유에게 왕위를 물려주겠다고 하자, 허유가 이 말을 들은 자신의 귀가 더러워졌다며 강물에 귀를 씻고 기산(箕山)에 들어가서 숨어 지냈고, 소부는 허유가 귀를 씻은 강물이 더러워졌다면서 소에게 그 물을 먹이지 않았다는 고사가 전해진다. 이 고사를 바탕으로, 소부와 허유는 은일지사를 뜻하는 말로 쓰이게 되었다. 소부와 허유가 시어로 직접 등장하기도 하고, 이들의 이야기를 시가 속에서 활용하기도 한다. 주로 화자가 본받고자 하는 이상향을 상징하는 인물로 표현된다.
- **시비(柴扉)**: 나뭇가지를 엮어 만든 사립짝문을 뜻하는 말이다. 소박한 초가집의 문을 나타내는 말로, 이 문이 닫혀 있다고 표현하거나 이 문을 열지 말라고 표현한다. 이는 세상을 등지고 속세와 교류를 끊었음을 나타낸다.
- **사립(蓑笠/簑笠)**: '도롱이(비옷)'와 '삿갓'을 아울러 이르는 말이다. 은거하며 자연에 묻혀 지내는 화자의 모습을 표현할 때 쓰인다. 이 시어는 자연 친화를 나타낼 때도 활용된다.

산촌(山村)에 눈이 오니 돌길이 묻혔어라

시비(柴扉)를 열지 마라 날 찾을 이 누가 있으랴

밤중만 일편명월(一片明月)이 내 벗인가 하노라

〈제1수〉

서까래 기나 짧으나 기둥이 기우나 트나

▲ 수간모옥(數間茅屋) 작은 것을 비웃지 마라

어즈버 만산나월(滿山蘿月)이 다 내 것인가 하노라
감탄사 　산에 가득 자란 담쟁이덩굴에 비친 달

〈제8수〉

– 신흠, 〈방옹시여〉

- 작가가 계축옥사(1613년)에 연루되어 정계에서 밀려나 은거하던 시기에 지은 30수의 시조를 묶어 〈방옹시여〉라고 한다. '방옹(放翁)'은 작가가 은거하며 지낼 때 쓴 호이며, '시여(詩餘)'는 시조를 뜻한다. 눈이 내려 세상과 연결해 주는 돌길이 묻혔다는 데에서 세상과의 단절이 드러나고, 자신을 찾는 이가 없을 테니 문을 열지 말라는 데에서 은거의 상황이 잘 드러난다.

▲ 있는 그대로의 자연을 즐기고 이에 만족하는 안분지족의 모습이 드러난다. 화자는 은거의 상황에서 서까래 길이나 기둥의 형태 같은 물질적인 것은 중요하지 않다고 하며, 집이 작은 것도 부끄러워하지 않고 있다.

Q. 이 글에서 세상과 화자를 단절해 주는 자연물을 〈제1수〉에서 찾아 쓰세요. ___________________

109 연군의 마음 戀君(그리워할 연, 임금 군) | 임금에 대한 변치 않는 마음

임금을 향한 변하지 않는 충정(충성스럽고 절개가 굳음)의 마음을 그리움의 정서에 담은 것을 말한다. 어떠한 상황에서도 임금을 향한 곧은 충심은 변하지 않는 것으로 그려진다. 정쟁에서 억울한 누명을 쓰고 유배를 갔거나 낙향한 상황에서 신하가 정계에 복귀하기를 염원하면서 임금에 대한 그리움을 표현한 경우가 많아 '연군'이라 칭하는 것이다. 이런 내용을 담은 고전 시가를 '충신연군지사(忠臣戀君之瘡)'라고 부르기도 한다.

➕ 연군의 마음을 표현한 고전 시가에서는 사랑하는 임과 헤어진 여인을 화자로 설정하는 경우가 많다. 이때 간신과 같은 불순한 세력을 '구름'과 같은 자연물에 빗대어 표현하는 경우도 있다.

연계 개념어 | **우국지정** | 우국지정은 '나랏일을 근심하는 마음.'이라는 뜻으로, 나라의 안녕을 위해서는 그 어떤 희생도 감수하는 충신의 면모를 나타내는 표현이다.

저기 가는 저 각시 본 듯도 하구나
  을녀 – 중심 화자
• 천상 백옥경(白玉京)을 어찌하여 이별하고
  옥황상제가 지내는 궁궐 – 임금이 계신 곳을 의미함.
해 다 져 저문 날에 누굴 보러 가시는고

어와 너로구나 이 내 사설 들어 보오
  갑녀   을녀
      (중략)

오르며 내리며 헤매며 오락가락하니

어느덧 힘이 다해 ▲풋잠을 잠깐 드니

정성이 지극하여 꿈에 임을 보니

옥 같던 얼굴이 반이 넘게 늙었어라

마음에 먹은 말씀 실컷 사뢰자 하니

눈물이 이어져 나니 말씀인들 어이 하며

정을 못다 풀고 목조차 메어 오니

방정맞은 닭 울음에 잠을 어찌 깨었던고

어와 허사로다 이 임이 어디 간고

바로 일어나 앉아 창을 열고 바라보니

불쌍한 그림자 날 좇을 뿐이로다

차라리 사라져 낙월(落月)이나 되어서

임 계신 창 안에 번듯이 비추리라

•각시님 달이야커녕 궂은 비나 되소서

— 정철, 〈속미인곡〉

• 이 작품은 작가가 관직에서 물러나 고향에서 지내면서 〈사미인곡〉의 속편으로 지은 가사로 알려져 있다. 갑녀와 을녀가 대화하는 형식을 취하고 있는 것이 특징적이다. 서사의 ●는 갑녀의 말인데, 이를 듣고 을녀가 자신의 이야기를 들려주는 형식이다. 결사의 ● 역시 갑녀의 말로, 을녀를 위로하기 위해 한 말이다.

▲ 사랑하는 임과 헤어진 화자(을녀)는 풋잠이 들어서 꿈에서나마 임을 만난다. 하지만 눈물이 나고 목이 메어 임에게 말도 제대로 못했는데 닭 울음소리에 잠이 깬다.

■ 화자는 꿈에서라도 실컷 임과 대화하고 싶었지만 그조차 마음대로 할 수 없는 상황에서, 차라리 죽어 달이라도 되어 임 계신 곳을 비추고 싶다고 말한다. 즉, 화자는 현실적 제약을 죽음으로라도 뛰어넘겠다며 임과 재회하고 싶은 간절한 마음을 표현하고 있다. 고전 시가에서는 이와 같은 방식으로 임금을 향한 충정의 마음을 드러내었다.

Q. 이 글에서 화자의 연군의 마음을 표상하는 시어를 찾아 쓰세요. ___________________

사전적으로 '유배'는 '오형(五刑) 가운데 죄인을 귀양 보내던 일.'을 의미하고, '귀양'은 '죄인을 먼 시골이나 섬으로 보내어 일정한 기간 동안 제한된 곳에서만 살게 하던 형벌.'을 의미한다. 문맥적으로는 유배와 귀양을 거의 유사한 의미로 이해해도 무방한데, 작품 자체에서 유배나 귀양이라는 말이 직접 쓰이기보다는 문제의 〈보기〉에서 작품의 배경에 대해서 설명할 때 언급된다. 유배와 귀양이 작품 창작의 배경이 되는 경우, 작품 속에서 화자는 자신의 무고함을 호소하고, 정적에 대해서는 비판적인 견해를 표출하면서 한편으로는 임금을 향한 변함없는 사랑과 충성을 드러내는 경우가 많다. 또한 유배지로 향하는 여정의 풍경과 감상을 담은 작품들도 있다.

➕ 고전 시가에서 유배, 귀양 상황과 관련하여 자주 등장하는 시어들을 기억해 두자.

- **운산(雲山):** 구름이 낀 먼 산을 뜻하는데, 사랑하는 사람과의 물리적·심리적 거리를 나타내는 장애물의 의미를 갖는다. 유배지에서 연군에 대한 마음을 나타낼 때 자주 등장하는 표현이다.
- **약수(弱水):** 신선이 살았다는 중국 서쪽의 전설 속의 강을 뜻하는데, 길이가 삼천 리나 되고 기러기의 털도 가라앉을 정도로 부력이 매우 약하여 건널 수 없는 강이다. 약수는 흔히 화자와 임 사이에 놓인 장애물을 나타내며, '약수 삼천 리', '삼천 리 약수'와 같이 쓰이기도 한다.

이 몸이 녹아져도 옥황상제 처분이요

이 몸이 죽어져도 옥황상제 처분이라

녹아지고 죽어서 혼백(魂魄)조차 흩어지고

공산(空山) 촉루(髑髏)같이 임자 없이 굴러다니다가
　　　　　　　해골
곤륜산(崑崙山) 제일봉의 만장송(萬丈松)이 되어 있어
중국 전설에 나오는 높은 산
바람비 뿌린 소리 임의 귀에 들리게 하거나

윤회(輪廻) 만겁(萬劫)하여 금강산(金剛山) 학(鶴)이 되어
　　　　여러 번 되풀이하여
일만 이천봉에 마음껏 솟아올라

가을 달 밝은 밤에 두어 소리 슬피 울어

임의 귀에 들리게 하는 것도 옥황상제 처분이로다

— 조위, 〈만분가〉

- 이 작품은 작가가 무오사화(1498년)에서 간신히 화를 피하고 전남 순천에서 유배 생활을 할 때 지은 것으로 유배 가사의 효시로 꼽히는 작품이다. 작가는 자신이 유배 온 상황에 대해 임금을 원망하는 것이 아니라 체념하는 태도를 취하며 임금에 대한 충성심을 드러내고 있다.

▲ 임금을 향한 자신의 변함없는 충절을 자연물을 매개로 하여 표현하고 있다.

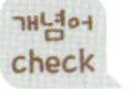

Q. 이 글의 화자는 자신의 억울함을 토로하고 임금을 원망하는 태도를 취하고 있다. （ ○ / ✕ ）

💡 **헷갈리지 마!　고전 시가의 소재와 주제**

하나의 작품 속에서 '자연 친화'적 태도나 '은거의 상황', '연군의 마음'이나 '유배와 귀양'의 상황이 복합적으로 드러나기도 해. 유배를 간 화자가 은거하며 지내야 하는 상황 속에서 자연을 벗 삼아 지내며 한편으로는 임금을 향한 그리움을 표현할 수 있는 것이지. 따라서 각각의 개념어를 이해하고, 이를 바탕으로 작품 전반에 걸쳐 드러나는 화자의 상황 및 태도와 정서를 파악해 보도록 하자.

개념어 check 정답 | **109** 낙월　**110** ✕

18

고전 시가의 갈래와 관련된 개념어

고대 부족 국가 시대부터 옛사람들은 시가를 짓고 향유하였다. 시가는 우리 고유의 문자가 없던 때부터 구전을 통해 전승되었고, 한자 유입 후에는 향찰식 표기 등을 활용하여 기록을 통해 전승되기도 하였고, 한글 창제 후에는 우리말로 쓴 작품들도 많이 창작되었다. 삼국 시대, 통일 신라, 고려, 조선에 이르기까지 계속해서 시가는 창작되었으며 시대와 문화의 변화와 함께 다양한 갈래로 꽃피었다. 고전 시가의 세부 갈래에 대한 이해를 통해 고전 시가에 가깝게 다가가 보자.

111 고대 가요 | 고대부터 삼국 시대 초기까지 만들어져 불리던 노래의 총칭

고대 부족 국가 시대부터 삼국 시대 초기까지 향가 성립 이전에 불리던 노래를 통틀어 말한다. 구비 문학의 형태로 전승된 것을 후대에 4언 4구 형태의 한역시로 기록한 것이 대부분이고, 한글 창제 후 기록된 것도 있어 창작 당시의 정확한 형식이나 율격은 알 수 없다. 고대 가요는 집단적이고 주술적인 성격의 노동요로 시작하여 개인의 감정을 다루는 서정시로까지 이어졌다. 현전하는 대표적인 작품으로는 〈공무도하가〉, 〈구지가〉, 〈황조가〉 등이 있다.

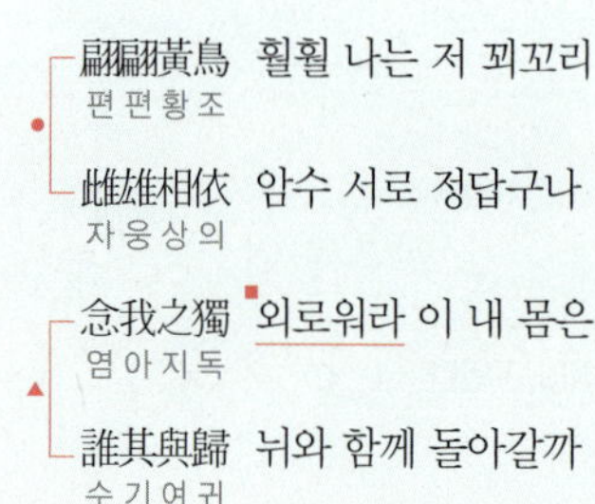

– 유리왕, 〈황조가〉

- 이 작품은 현전하는 가장 오래된 서정 시가로 4언 4구 형태의 한문 번역시이다. 선경 후정의 형식으로 ●(1~2행)의 다정한 꾀꼬리의 모습과 ▲(3~4행)의 쓸쓸한 화자의 모습이 대조되며 애상적인 정서를 부각한다.

- 화자의 감정을 그대로 표출하고 있다. 이를 통해 고대 가요가 집단적이고 주술적인 노동요나 의식요에서 개인의 서정을 노래하는 서정시로 변화하고 있는 면모를 엿볼 수 있다.

Q. 이 글에서 화자의 쓸쓸한 처지를 부각하는 매개체를 찾아 쓰세요. ___________

삼국 시대 말부터 고려 초까지 지어진 한국 문학 최초의 정형 시가이자 서정시를 말한다. 한자의 음과 뜻을 빌려서 표기하는 향찰로 기록되었고 통일 신라 때 가장 성행하였다. 서민 계층, 지식층, 승려 계층 등 다양한 사회 계층에서 향유되었고, 그 형식에 따라 4구체, 8구체, 10구체로 나뉜다. 개인의 서정이나 추모, 주술적 내용이나 종교적 신앙 등 다양한 주제로 창작되었으며 총 25수가 현전한다.

✚ 형식적 측면에서 향가가 시조에 영향을 준 것으로 본다. 향가 중 가장 정제된 형식으로 꼽히는 10구체의 경우 대개 '4구+4구+2구'의 형태로 시상이 전개되는데, 그중 낙구에 감탄사와 함께 주제가 집약되어 나타난다. 이것이 후대 평시조의 종장 앞부분에 나타나는 감탄사에 영향을 미친 것으로 본다. 향가의 낙구와 시조의 종장의 감탄사는 앞에 나온 내용을 정서적으로 고양하거나 환기하며 전체 내용을 완결하는 효과가 있다.

生死路隱 생 사 로 은	생사 길은	● 이 작품은 10구체 향가의 대표작으로 죽은 누이를 추모하며 슬픔의 정서를 종교적으로 승화하여 극복하고 있다. 세련된 표현 기교와 탁월한 서정성이 돋보이는 것이 특징이다. 죽은 누이를 '떨어질 잎'에 비유하여 표현하고 같은 부모에서 태어난 것을 '한 가지에' 난 것으로 비유하여 표현하고 있다.
此矣有阿米次伊遣 차 의유 아 미 차 이 견	예 있으매 머뭇거리고, 이승	
吾隱去內如辭叱都 오 은 거 내 여 사 질 도	나는 간다는 말도 죽은 누이	
毛如云遣去內尼叱古 모 여 운 견 거 내 니 질 고	못다 이르고 어찌 갑니까.	▲ 누이의 죽음 앞에서 인생의 무상감과 허무함을 느끼는 화자의 정서가 잘 드러나 있다.
於內秋察早隱風未 어 내 추 찰 조 은 풍 미	어느 가을 이른 바람에 누이의 요절 암시	
此矣彼矣浮良落尸葉如 차 의 피 의 부 양 낙 시 엽 여	이에 저에 떨어질 잎처럼	■ 낙구 첫머리에 감탄사가 오는 것은 10구체 향가의 정형성을 보여 주는 특징이다.
一等隱枝良出古 일 등 은 지 양 출 고	▲ 한 가지에 나고	
去奴隱處毛冬乎丁 거 노 은 처 모 동 호 정	가는 곳 모르온저.	
阿也彌陀刹良逢乎吾 아 야 미 타 찰 양 봉 호 오	■ 아아, 미타찰에서 만날 나 극락세계	
道修良待是古如 도 수 양 대 시 고 여	도 닦아 기다리겠노라. 구도의 자세	– 월명사, 〈제망매가〉 (양주동 해독)

Q. 이 글에서 화자의 정서가 집약적으로 드러난 곳은 9~10구이다. (○ / ×)

고려 때 주로 평민 계층에서 불리던 노래를 의미한다. 최초로 연의 구분이 등장한 분연체 문학이다. 내용과 상관없이 경쾌한 운율감을 가진 후렴구가 각 연의 마지막 부분에서 반복되면서 연의 구분이 이루어진다. 서민들의 꾸밈없는 감정이 진솔하게 표출되어 풍부한 서정성이 돋보이고, 우리말 표현과 율격에서 느껴지는 아름다움이 탁월하다. 구전되던 것을 한글 창제 이후 채록하여 궁중 속악 악보책에 기록하면서 다듬어진 작품들도 있다.

덕(德)으란 곰비예 받잡고 복(福)으란 림비예 받잡고
덕(德)이여 복(福)이라 호늘 나ᅀᆞ라 오소이다
아으 동동(動動)다리   〈서사〉

정월(正月)ㅅ 나릿므른 아으 어져 녹져 ᄒᆞ논디
누릿 가온디 나곤 몸하 ᄒᆞ올로 녈셔
아으 동동(動動)다리   〈정월령〉

이월(二月)ㅅ 보로매 아으 노피 현 등(燈)ㅅ블 다호라
만인(萬人) 비취실 즈ᅀᅵ샷다
아으 동동(動動)다리   〈2월령〉

– 작자 미상, 〈동동〉

• 이 작품은 임을 향한 송축과 연모를 노래한 고려 가요로 북소리를 흉내 낸 '동동'이라는 의성어를 넣은 후렴구가 각 연에서 반복됨으로써 경쾌한 음악적 흥취를 돋우고 있다.

▲ 국문학 최초의 월령체 형식을 가진 노래로 알려져 있는데, 서사 1연과 본사 12연이 합쳐져 총 13연으로 구성되어 있다. 다달의 자연 변화나 세시 풍속과 관련된 소재를 상사(相思)의 매개로 삼아 임과 이별한 화자의 처지와 정서를 부각하여 표현하고 있다.

■ 화자의 고독함과 외로움을 고조시키는 객관적 상관물이다.

[현대어 풀이]
덕은 뒤에(뒷 잔에, 신령님께) 바치옵고, 복은 앞에(앞 잔에, 임금님께) 바치오니,
덕이며 복이라 하는 것을 드리러 오시오.

정월 시냇물은 아아, 얼었다 녹았다 하는데,
세상에 태어나서 이 몸이여, 홀로 살아가는구나.

2월 보름에 아아. 높이 켠 등불 같구나.
만인을 비추실 모습이시도다.

개념어 check

Q-1. 이 글에서 정월령의 '나릿믈'과 대조되는 시어를 찾아 쓰세요. ________________________

Q-2. 이 글에서 반복을 통해 리듬감을 형성하고 있는 구절을 찾아 쓰세요. ________________________

경기체가 | 고려부터 조선 초까지 귀족층 사이에서 성행한 분절 형식의 한문 문학

고려부터 조선 초에 걸쳐 귀족층 사이에서 향유된 문학으로 주로 한문으로 표기되었다. 후렴구로 '~ 경(景) 긔 엇더ᄒ니잇고' 혹은 '경기하여(景幾何如)'라는 구절이 반복되어 경기체가라는 이름이 붙었다. 한 연이 두 토막으로 나뉘는데, 앞부분을 전강(전대절)이라 하고 뒷부분을 후강(후소절)이라 한다. 후렴구는 전강과 후강의 끝에 등장하여, 한 연에 총 두 번 등장한다. 귀족 계급의 자부심을 드러내며 학식을 과시하는 내용이 주를 이룬다.

당한셔(唐漢書) 장로ᄌ(莊老子) 한류문집(韓柳文集)
니두집(李杜集) 난ᄃᆡ집(蘭臺集) 빅락텬집(白樂天集)
모시샹셔(毛詩尚書) 주역춘츄(周易春秋) 주ᄃᆡ례긔(周戴禮記)

(중략)

위 력남(歷覽)ㅅ 경(景) 긔 엇더ᄒ니잇고 〈제2장〉
감탄사

— 한림 제유, 〈한림별곡〉

• 이 작품은 최초의 경기체가로 한자어를 활용하여 3·3·4조, 3음보로 구성되어 있다. 널리 알려진 서적명을 나열하여 학식을 과시하고 있다.

▲ 경기체가의 특징적인 후렴구가 반복되는 부분으로 작가가 자기를 과시하는 면모가 드러난다.

[현대어 풀이]
당서와 한서, 장자와 노자, 한유와 유종원의 문집들. / 이백과 두보의 시집, 난대집, 백거이의 문집.
시경과 서경, 주역과 춘추, 대대례와 소대례 / (중략) / 아, 두루 읽는 광경. 그 어떠합니까?

Q. 이 글과 같은 경기체가는 고려 가요의 영향을 받아 서민적인 성격을 띤다. (○ / X)

악장 | 조선 전기에 궁중의 공식 행사에 쓰이던 시가

조선 초 제전이나 연례와 같은 공식 행사에 쓰였던 송축가를 말한다. 조선 건국의 정당성을 강조하고 새로운 왕조를 찬양하며, 임금의 만수무강과 왕손의 번창을 축원하고, 후대 임금에 대한 권계를 내용으로 한다.

천세(千世) 전에 미리 정하신 한강 북녘에 누인개국
(累仁開國)하시어 복년(卜年)이 가없으시니
하늘이 주신 왕조의 운수
성신(聖神)이 이으셔도 경천근민(敬天勤民)하셔야
훌륭한 임금의 자손   하늘을 공경하고 백성을 위하여 부지런히 일함.
더욱 굳으시리이다
임금하 아소서 낙수(洛水)에 사냥 가 있어 조상만 믿겠습니까 〈제125장〉
중국 하나라의 태강왕이 정사를 돌보지 않고 사냥을 갔다가 폐위당한 일을 가리킴.

— 정인지 외, 〈용비어천가〉

• 이 작품은 새 왕조에 대한 송축, 왕에 대한 권계 등 왕명에 따라 신하들이 창작하여 궁중 의례에서 연행된 대표적인 악장이다.

Q. 이 글에서 화자는 고사를 인용하여 후대의 왕들에게 경천근민할 것을 권계하고 있다. (○ / X)

개념어 check 정답 | 113-1 몸 113-2 아으 동동(動動)다리 114 X 115 ○

한시 | 한문으로 쓰인 정형시

한문으로 쓰인 정형시를 총칭하는 것으로, 형식이 비교적 자유롭고 구체적 서술이나 서사적 내용이 담긴 '고체시(고시)'와 엄격한 규칙을 중시하며 제한된 분량 안에서 시상을 전개하는 '근체시'로 나뉜다. 부조리한 현실에 대한 비판과 풍자, 개인의 감정 등 다양한 내용을 다루며, 한문을 주로 사용하던 식자층의 가치관과 문학 세계가 잘 드러난다.

➕ 한 구를 이루는 글자 수에 따라 5언, 7언 등으로 나뉘고, 구의 수와 전개 구조에 따라 절구, 율시, 고시 등으로 나뉜다.

연계 개념어 **언해** | 한문으로 지어진 시를 언문(훈민정음)으로 번역한 것을 말한다. 한문학을 소개하고 대중화하여 우리 문학의 영역을 넓히는 데 영향을 주었다.

桂浪春水足鰻鱺 계량 봄 바다에 뱀장어도 많을시고
계 량 춘 수 족 만 려

樵取弓船漾碧漪 푸른 물결 헤치며 활선이 떠나간다
탱 취 궁 선 양 벽 의

高鳥風高齊出港 높새바람 드높을 때 일제히 출항해서
고 조 풍 고 제 출 항

馬兒風緊足歸時 마파람 급히 불 때 가득 싣고 돌아오네
마 이 풍 긴 족 귀 시

– 정약용, 〈탐진어가 1〉

• 이 작품은 7언 절구의 한시로, 작가가 강진에서 유배 생활을 할 때 쓴 것이다. 어민들이 고기를 잡는 모습과 만선에 대한 기대로 들뜬 활기찬 분위기를 형상화하고 있다.

▲ '활선', '높새바람', '마파람' 등 향토적 어휘를 조선식 한자로 표현한 데에서 정약용의 주체적인 정신이 잘 드러난다.

Q. 이 글에서는 전체적으로 애상감과 비애감이 느껴진다. (○ / ×)

시조 | 고려 때부터 다양한 계층에서 향유된 우리나라 고유의 정형시

고려 때 등장한 우리나라 고유의 정형시로, 3장(초장, 중장, 종장) 6구 45자 내외의 형식을 가지며 4음보로 이루어져 있다. 그중 종장의 첫 음보는 3음절로 고정되는 규칙을 가지고 있다. 양반부터 평민에 이르기까지 다양한 계층에서 향유되었으며 그 내용과 주제 또한 다양하다.

➕ '가사'와 더불어 시험에 자주 출제되는 고전 시가 갈래이다.

연계 개념어 **사설시조, 연시조** | '사설시조'는 평시조의 규칙에서 탈피하여 각 장의 길이가 길어진 시조이고, '연시조'는 평시조 한 수를 한 연으로 하여 두 개 이상의 평시조가 하나의 제목으로 엮여 있는 시조이다.

이화우(梨花雨) 흩뿌릴 제 울며 잡고 이별한 임
비처럼 떨어지는 배꽃 - 봄

추풍낙엽(秋風落葉)에 저도 나를 생각하는가
가을바람에 떨어지는 나뭇잎 - 가을

천 리(千里)에 외로운 꿈만 오락가락 하는구나

– 계랑의 시조

• 이 작품은 임을 향한 그리움을 노래한 평시조로 '이화우'와 '추풍낙엽'은 계절적 배경과 함께 하강의 이미지를 나타내어 이별 상황에 대한 화자의 정서를 심화하고 있다.

▲ 시조의 주제를 집약하고 있는 시어로 임을 향한 화자의 그리움을 표현한 것이다.

Q. 이 글에서 화자와 임과의 정서적 거리를 나타내는 표현이자, 시조의 종장의 첫 음보는 3음절로 고정된다는 규칙을 따른 표현을 찾아 쓰세요. ______________

운문과 산문의 중간 형태를 가진 조선의 대표적인 시가 문학을 말한다. 향유 계층은 사대부에서부터 시작되어 평민과 부녀자로 확대되었다. 3·4조 또는 4·4조의 음수율과 4음보 연속체의 형식은 운문적인 성격을 띠지만, 길이가 매우 길고 내용도 다양하여 산문적인 성격을 동시에 가진다고 할 수 있다. 주로 '서사 – 본사 – 결사'의 3단 구성으로 이루어진다.

➕ '시조'와 더불어 시험에 자주 출제되는 고전 시가 갈래이다.

원통골 좁은 길로 사자봉을 찾아가니

그 앞의 넓은 바위 화룡소 되었어라

천년 노룡(老龍)이 구비구비 서려 있어
① 화룡소의 굽이치는 물 ② 화자
주야의 흘러 내어 창해(滄海)에 이었으니

풍운을 언제 얻어 삼일우(三日雨)를 내리려는가
선정을 베풀 수 있는 때   농사에 충분한 비 - 임금의 선정을 비유
음애에 시든 풀을 다 살려 내어라
그늘진 벼랑
마하연 묘길상 안문재 넘어 내려가

외나무 썩은 다리 불정대 올라가니

천심(千尋) 절벽을 공중에 세워 두고

은하수 한 구비를 촌촌이 베어 내어
원관념: 폭포   잘라 내어
실같이 펼쳐 있어 베같이 걸었으니
가까이서 본 폭포   멀리서 본 폭포
도경(圖經) 열두 구비 내 보기엔 여럿이라

이적선 이제 있어 다시 의논하게 되면
당나라의 시인 이백
여산이 여기보다 낫단 말 못 하려니
당나라 시인 이백(이적선)의 시구에 나오는 중국의 명산

• 이 작품은 작가가 강원도 관찰사로 임명되어 금강산과 관동 팔경을 유람하며 절경에 대한 감상을 주로 담은 기행 가사이다. 우국지정과 연군지정, 애민 의식 등이 곳곳에 드러나며, 3·4조 4음보로 우리말의 아름다움을 잘 살린 가사 문학의 대표작으로 꼽힌다. '서사 – 본사 – 결사'의 내용은 다음과 같다.

• 서사: 관찰사 부임과 관내 순시
• 본사 1: 금강산 유람
• 본사 2: 관동 팔경 유람
• 결사: 동해의 달맞이와 풍류

발췌 부분은 '본사 1'의 끝부분이다.

▲ 십이 폭포의 웅장하고 아름다운 모습을 은하수에 비유하면서, 근경에서 본 폭포는 '실'에 원경에서 본 폭포는 '베'에 비유하여 묘사하고 있다. 운문의 리듬감을 살리면서 자연을 생생하게 표현하였는데, 이러한 표현력이 작품 전반에서 드러나기 때문에 높이 평가받고 있다.

– 정철, 〈관동별곡〉

Q. 이 글에서 화자는 관찰사로서의 직무를 망각한 채 자연의 경치를 만끽하고 있다. (○ / ✕)

조선 후기부터 20세기 말까지 평민들이 지어 부른 시가의 갈래이다. 다양한 형식과 문학적 갈래가 복합적으로 드러나므로 그 성격이 한 가지로 정의되기 어렵고, 시가의 전개 양상으로 볼 때 과도기적 형태를 보인다. 솔직하고 소박한 언어를 통해 서민의 정서를 담아내며 남녀 간의 사랑에서부터 노동의 고달픔과 자연의 아름다움, 인생무상에 이르기까지 다양한 주제를 다루고 있다.

층암 절벽상(層岩絕壁上)의 폭포수(瀑布水)는 콸콸,

수정렴(水晶簾) 드리운 듯,

이 골 물이 주루루룩, 저 골 물이 쌀쌀, 열에 열 골

물이 한데 합수(合水)하여

천방져지방져 소쿠라지고 펑퍼져, 넌출지고 방울져,
흩어지고

저 건너 병풍석(屏風石)으로 으르렁 콸콸 흐르는 물결이 은옥(銀玉)같이 흩어지니,

소부 허유(巢父許由) 문답하던 기산 영수(箕山潁水)가 예 아니냐.
은일지사를 대표하는 중국 요나라 때의 인물들

주곡제금(奏穀啼禽)은 천고절(千古節)이요,
두견새　　　　　천고의 절개, 옛날과 같음.

적다정조(積多鼎鳥)는 일년풍(一年豊)이라.
소쩍새　　　　　풍년

일출 낙조(日出落照)가 눈앞에 벌여나 경개 무궁(景概無窮) 좋을씨고.
해 뜨는 광경과 해 지는 광경

– 작자 미상, 〈유산가〉

• 이 작품은 봄을 맞이한 자연의 아름다운 경치를 예찬한 잡가이다. 의성어와 의태어를 사용한 생동감 넘치는 표현과 한글과 한자어를 함께 사용한 표기가 특색 있다.

▲ 주제가 집약되어 있는 부분이다. '경개 무궁'은 '한없이 아름다운 자연의 경치'라는 의미이다.

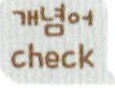

Q. 이 글은 다양한 음성 상징어를 사용하여 대상을 생동감 있게 표현하고 있다. （ ○ / × ）

민중의 소박한 생활, 감정, 세계관 등이 반영되어 구비 전승된 노래를 말한다. 초기에는 집단 노동을 할 때 일의 효율을 높이고 노동의 고달픔을 잊게 하기 위한 노동요로서 시작되었는데, 민중의 건강한 삶의 모습을 솔직하고 소박한 언어로 담다 보니 널리 불리게 되었다. 특정 작가가 의도적으로 만든 것이 아니라 여러 사람에 의해 생활 속에서 자연스럽게 생겨난 노래라고 할 수 있다. 3음보 또는 4음보의 연속체이며 대부분 후렴구를 가지고 있다.

잠아 잠아 짙은 잠아 이내 눈에 쌓인 잠아

염치 불구 이내 잠아 검치 두덕 이내 잠아
　　　　　　　　욕심 언덕

어제 간밤 오던 잠이 오늘 아침 다시 오네

잠아 잠아 무삼 잠고 가라 가라 멀리 가라

세상 사람 무수한데 구태 너는 간 데 없어

원치 않는 이내 눈에 이렇듯이 자심(滋甚)하뇨
　　　　　　　　　　　　　　더욱 심함.

주야에 한가하여 월명동창 혼자 앉아

삼사경 깊은 밤을 허도(虛度)이 보내면서

잠 못 들어 한하는데 그런 사람 있건마는

무상불청(無常不請) 원망 소래 온 때마다 들난고니
　청하지 않은

석반을 거두치고 황혼이 대듯 마듯
　저녁밥

낮에 못한 남은 일을 밤에 할랴 마음먹고

언하당(言下當) 황혼이라 섬섬옥수 바삐 들어
　그런 생각을 하자마자 바로

등잔 앞에 고개 숙여 실 한 바람 불어 내어

드문드문 질긋 바늘 두엇 뜸 뜨듯마듯

난데없는 이내 잠이 소리 없이 달려드네

눈썹 속에 숨었는가 눈알로 솟아 온가

이 눈 저 눈 왕래하며 무삼 요수 피우든고

맑고 맑은 이내 눈이 절로 절로 희미하다

– 작자 미상, 〈잠 노래〉

- 이 작품은 쏟아지는 잠 때문에 해야 할 일을 하기 힘들어서 잠을 원망하는 화자의 마음과 밤낮으로 일해야 하는 여인의 고달픈 삶의 모습이 표현된 민요이다. '잠'을 청자로 삼고 의인화하여 해학적으로 표현하였으며, 4음보를 바탕으로 4·4조의 음수율이 드러난다.

▲ 일을 해야만 하는 자신을 방해하는 잠에 대한 화자의 원망의 정서가 드러나 있다.

Q. 이 글에서 화자가 청자인 '잠'에게 명령적 어조로 말하고 있는 시행을 찾아 쓰세요. ___________

문학 작품 감상론

– <보기>를 바탕으로 작품 읽기

● 시험에서 문학 작품 감상의 길잡이가 되는 <보기>는 어떻게 출제되는 것일까?

문학 시험에서 낯선 작품을 만난다면 흔히들 <보기>를 먼저 읽고 작품을 읽으라고 합니다. <보기>를 작품 해석하는 데 길잡이로 삼으라는 것이지요. 그렇다면 <보기>가 대체 무엇이기에 길잡이가 되는 걸까요? <보기>에는 작품을 어떤 관점에서 바라보아야 하는지, 즉 작품을 감상하는 관점이 제시되어 있습니다. 이 관점을 이론적으로는 크게 '내재적 감상'과 '외재적 감상'으로 나누어 볼 수 있는데, '외재적 감상'은 다시 '표현론적 관점', '반영론적 관점', '효용론적 관점'으로 나누어 볼 수 있습니다. 또 이를 모두 종합한 '종합적 감상'도 있습니다.

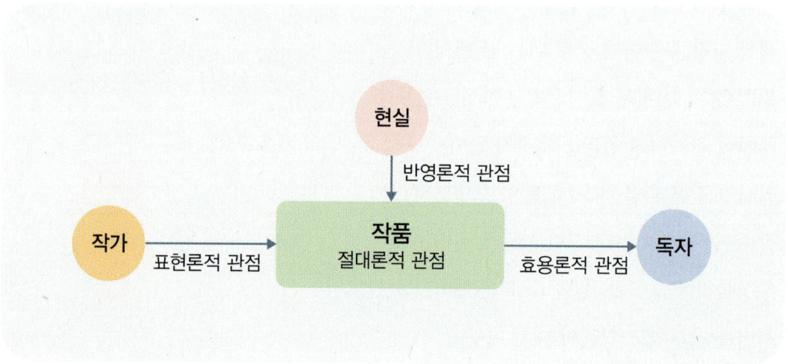

내재적 감상　　內在(안 내, 있을 재)

✕ 절대론적 관점

문학 작품을 감상할 때, 내용, 형식, 표현 등 작품 그 자체에 집중하여 감상하는 관점을 말한다. 시에서는 표현상의 특징, 화자의 정서나 태도 등에 주목하여 작품을 감상하고, 소설에서는 서술상 특징, 인물의 성격, 갈등의 구성 방식 등에 주목하여 작품을 감상한다.

> **보기**
>
> 생명 현상을 제재로 삼은 시는 대체로, 생명체들의 풍요로움을 감각적으로 형상화하거나, 생명 파괴의 현실을 극복하는 모습을 형상화한다. (가)는 만물의 조화로운 성장과 충만한 생명력에 자족하는 태도를, (나)는 인간의 욕망에 의한 상처와 고통으로 황폐화된 현실을 강인한 생명력이 피어나는 공간으로 변화시키는 모습을 드러낸다.

▶ 작품의 제재에 주목하여, 작품에서 전달하고자 하는 바를 어떻게 표현하였는지 절대론적 관점에서 감상하도록 하고 있다.

✖ 표현론적 관점 表現(겉 표, 나타날 현)

문학 작품을 감상할 때, 작가의 사상, 경험, 감정 등에 주목하여 감상하는 관점을 말한다. 작품에는 작가의 생각이 반영될 수밖에 없으므로, 작가의 의도를 고려하여야 작품을 제대로 감상할 수 있다고 보는 것이다.

> **보기**
>
> 〈무영탑〉은 작가 현진건의 예술관, 민족주의적 태도, 현실 인식 등을 드러낸 작품이다. 이 작품은 석가탑 조성에 얽힌 인물들의 이야기를 펼쳐 내면서 숭고한 예술적 성취의 과정을 잘 보여 준다.

▶ 작품에 표현된 작가의 관점, 태도, 인식에 주목하여 표현론적 관점에서 감상하도록 하고 있다.

✖ 반영론적 관점 反映(돌이킬 반, 비출 영)

문학 작품을 감상할 때, 작품이 배경으로 삼고 있는 실제 현실과 작품 속 현실의 관련성에 주목하여 감상하는 관점을 말한다. 작품에는 실제 현실이 반영될 수밖에 없으므로, 실제 현실을 고려하여야 작품을 제대로 감상할 수 있다고 보는 것이다.

> **보기**
>
> 임병양란 이후의 사대부들 사이에서는 긴 사연을 담을 수 있는 연시조 양식을 활용해 전란 후 현실의 문제를 다루려는 경향이 나타났다. 병자호란 직후 지어진 〈비가〉에도, 잡혀간 세자를 그리는 마음, 임금을 향한 충정, 전란 후 상황에 대한 견해 등 여러 내용이 복합되어 있다.

▶ 전란 후라는 작품이 창작된 배경에 주목하여 작품이 전달하고자 한 바가 무엇인지 반영론적 관점에서 감상하도록 하고 있다.

✖ 효용론적 관점 效用(본받을 효, 쓸 용)

문학 작품을 감상할 때, 작품이 독자에게 어떤 의미, 느낌, 교훈 등을 주는지에 주목하여 감상하는 관점을 말한다. 작품을 향유하는 독자의 존재를 중요한 요소로 보고, 작품의 효용성을 고려하여야 작품을 제대로 감상할 수 있다고 보는 것이다.

> **보기**
>
> 사설시조에서의 해학성은 독자가 화자와 거리를 두되 관용의 시선을 보내는 데서 발생한다. 화자의 착각, 실수, 급한 행동과 그로 인한 낭패가 웃음을 유발하지만 독자는 그런 행동을 할 수밖에 없는 화자의 행동 이면에 있는 절실함, 진지함, 진솔함, 애틋함, 간절함을 느끼면서 화자와 공감하는 마음을 갖게 되는 것이다.

▶ 작품의 갈래적 특성을 작품과 독자의 관계에 주목하여 효용론적 관점에서 이해하도록 하고 있다.

종합적 감상 綜合(모을 종, 합할 합)

앞서 살펴본 '내재적 감상'과 '외재적 감상'을 모두 종합하여, 다각도에서 작품을 감상하는 관점을 말한다. 작품을 좀 더 폭넓게 이해하는 관점이라 할 수 있으며, 시험에서도 종합적 감상의 관점에서 <보기>가 출제되기도 한다.

현대시 접근법

● 현대시, 6가지 요소와 3단계로 접근하기!

국어 영역에서 현대시 문항은 대부분 오른쪽에 정리한 범위 내에서 출제됩니다. 바로 시의 **내용 요소 3가지, 형식 요소 3가지**가 출제 범위라 할 수 있습니다. 〈문학 개념어 몽땅〉도 이 6가지 요소를 바탕으로 개념어를 세분화하여 구성한 것입니다. 6가지 요소와 함께 다음의 **3단계**를 기억하면, 처음 보는 현대시도 어렵지 않게 접근할 수 있습니다.

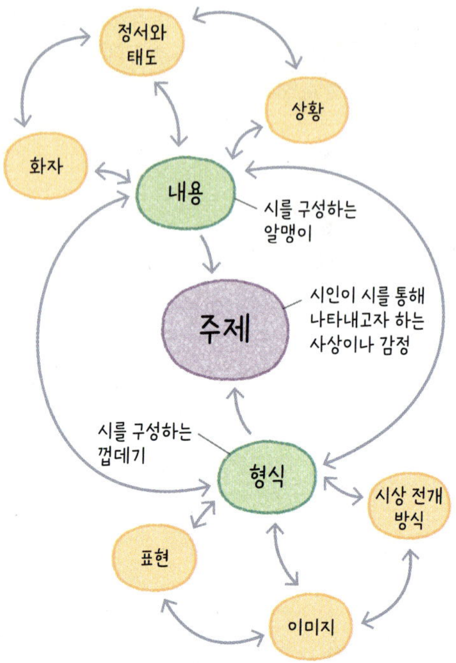

---

step 1 제일 먼저 **시의 제목** 확인하기

문제를 풀 때, 시의 제목을 가장 먼저 확인해야 합니다. 왜냐하면 시의 제목은 그 자체로 시의 중심 대상이나 소재인 경우가 많기 때문입니다. 제목을 통해 어떤 내용에 관한 시인지를 머릿속에서 떠올려 보며 작품을 읽어 나가도록 합시다.

---

step 2 **내용 요소** 3가지 파악하기

화자	▶ 시 속에서 화자의 위치 찾기 → 표면 혹은 이면 ▶ 어조에서 드러나는 성격, 성별 등 화자의 특징 파악하기
상황	▶ 화자가 처한 현실 파악하기 → 부정적 혹은 긍정적 ▶ 화자의 상황과 연관된 대상, 시적 분위기 파악하기
정서와 태도	▶ 화자의 어조를 통해 화자의 감정 파악하기 ▶ 시적 상황이나 대상에 대한 화자의 자세 파악하기

이미지	▶ 이미지의 종류 파악하기 → 중심 대상/소재를 꾸미는 말 등을 통해 살피기 ▶ 이미지의 효과 분석하기 → 화자의 정서와 태도를 통해 이미지에 따른 효과 살피기
시상 전개 방식	▶ 중심 대상/소재를 찾고, 각 행/연의 중심 내용 파악하기 ▶ 중심 내용 간의 연결 관계 이해하기
표현	▶ 비유, 영탄 등 <문학 개념어 몽땅>에서 공부한 개념어를 떠올리며 파악하기

다음 작품에 위에서 정리한 3단계 방법을 적용해 봅시다.

어제도 하로밤 / 나그네 집에 / 가마귀 가왁가왁 울며 새웠소.
　　　　　　　　　　　　　　　　　　청각적 이미지

오늘은 / 또 몇 십 리 / 어디로 갈까.

산으로 올라갈까 / 들로 갈까 / 오라는 곳이 없어 나는 못 가오.
　　　　　　　　　　　　　　　　　화자

말 마소, 내 집도 / 정주 곽산 / 차 가고 배 가는 곳이라오.

여보소, 공중에 / 저 기러기 / 공중엔 길 있어서 잘 가는가?
　　　　　　　화자와 대조되는 대상

여보소, 공중에 / 저 기러기 / 열십자 복판에 내가 섰소.

갈래갈래 갈린 길 / 길이라도 / 내게 바이 갈 길은 하나 없소.　　　　　－ 김소월, 〈길〉

step 1 먼저 제목 〈길〉을 보면, 이 시가 길에 대해 이야기할 것임을 짐작할 수 있습니다. 길은 걸을 수 있는 공간이기도 하고, 현재 있는 곳에서 어딘가로 이동할 때 거쳐 가는 곳이기도 합니다. 이렇게 제목을 먼저 보면 길에 대한 내용임을 떠올리며 시에 접근할 수 있습니다.

step 2 1~3연을 보면, 화자는 '나'이며, 갈 곳이 없어 방황하는 부정적 상황에서, 울며 밤을 보내는 등 불안감을 보이고 있습니다.

step 3 각 연이 3행으로 규칙적으로 배열되어 있고, 3음보를 이루며 통일감을 줍니다. 1연에서 '가마귀'에 감정을 이입하며 청각적 이미지를 환기하고 있고, 5~6연에서는 화자의 처지와 대조되는 '기러기'를 통해 갈 길이 없는 화자의 상황을 부각하고 있습니다.

현대시에 쉽게 접근하는 방법, 정리해 볼까요?

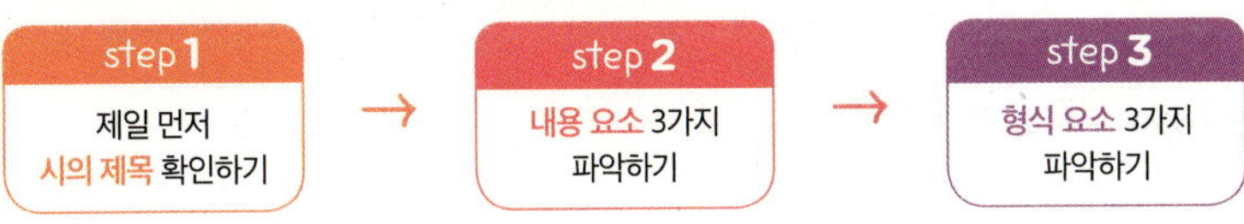

고전 시가 접근법

🔴 고전 시가, 3단계로 접근하기!

국어 영역 중 특히 고전 시가를 어려워하는 학생들이 많습니다. 개중에는 '고전 시가는 어렵다.'라는 선입견 때문에 학습 시도조차 꺼리는 학생도 있을 것이고, '어디서부터 공부를 시작해야 할지 모르겠다.'라며 차일피일 시작을 미루는 학생도 있을 것입니다. 고전 시가 학습에 대한 이러한 선입견이나 망설임은 무엇 때문일까요?

- 고전 원문을 보면 첫 글자부터 읽기가 어렵더라구요.
- 작품을 다 외워야 한다는데, 정말인가요?
- 왜 고전 시가를 공부해야 하는지 이유를 모르겠어요.

위 내용은 온라인 수험생 커뮤니티에서 고전 시가 학습의 어려움을 호소하는 학생들의 글에 반복적으로 등장하는 내용입니다. 맞습니다. 지금과는 다른 표기 방법, 읽어도 무슨 뜻인지 알 수 없는 옛날 말들 혹은 어떻게 읽어야 하는지조차 모르겠는 고어들, 지금은 사용하지 않게 된 단어나 표현 때문에 작품을 해석하는 것은 고사하고 읽기조차 어려운 게 고전 시가입니다. 게다가 생활 양식이 아주 달랐던 시대에 쓰인 작품들이다 보니 화자가 놓인 상황을 짐작해 보며 화자를 이해하는 것부터 쉽지 않습니다. 하지만 시험에 반드시 출제되는 갈래인 만큼 피해 갈 수는 없습니다. 그래서 〈문학 개념어 몽땅〉에서 고전 시가에 한결 쉽게 접근할 수 있는 구체적인 방법을 알려 드리겠습니다.

step 1 일단 소리 나는 대로 읽어 보기

어려워 보이는 고어라 하더라도 소리 나는 대로 읽어 보면, 머릿속에 떠오르는 현대의 우리말이 있습니다. 현대에 이르러 표기법이 달라졌지만 소리는 크게 달라지지 않은 말들이 있기 때문입니다. 물론 현대에는 더 이상 쓰지 않는 말들도 있지만, 우선 현대의 글을 읽는다고 생각하고 읽어 보면 작품의 대략적인 내용이나 분위기를 짐작할 수 있습니다.

	고전 시가 예문	현대어 풀이
표기	늘그니는 부모 곧고 얼우는 형 フ트니	늙은이는 부모 같고 어른은 형 같으니
발음	[늘그니는 부모 갇꼬 어루는 형 가트니]	[늘그니는 부모 갇꼬 어르는 형 가트니]

- '늙은이'가 옛날에는 '늘그니', '어른'이 옛날에는 '얼운'이었음을 몰랐다고 해도 소리 내서 읽어 보면 단어가 같거나 거의 비슷해서 의미를 대략적으로 알 수 있습니다. 여기에 작품의 앞뒤 구절까지 더해지면, 맥락을 파악하며 읽을 것이므로 내용에 좀 더 쉽게 다가갈 수 있을 것입니다.

그리고 현대에 쓰이지 않는 고어의 읽는 방법을 익혀 둔다면, 고전 시가를 소리 내서 읽을 때 한결 쉽겠지요? 아래의 내용은 미리 익혀 두세요.

글자	ㆍ(아래아)	ㅿ(반치음)	ㅺ, ㅼ
소리	첫 음절 'ㅏ', 둘째 음절 'ㅡ'	ㅅ과 ㅈ의 중간음	ㅅ 뒤에 있는 자음을 된소리로

step 2 자주 나오는 표현은 미리 익혀 두기

고전 시가를 제대로 학습하려면 옛말, 즉 고어의 이해가 우선되어야 합니다. 고전 시가에 자주 나오는 표현들을 익혀 두면 낯선 작품도 쉽게 접근할 수 있습니다.

이 몸이 한가하옴도 역군은이샷다.
(역군은: 임금님의 은혜)

- '역군은'이 임금님의 은혜를 뜻하는 말임을 공부해 둔다면, 임금님의 은혜에 감사하는 연군지정을 주제로 하는 작품임을 알 수 있고, 이를 바탕으로 작품의 내용에 좀 더 쉽게 접근할 수 있습니다.

step 3 주제에 맞춰 어휘를 일반화하기

앞서 설명한 해석에 필요한 도구들을 익히고 나면 그 이후는 간단해집니다. 왜냐하면 고전 시가는 주제가 한정적이고, 몇몇 어휘는 상징하는 의미가 정해져 있기 때문입니다. (《문학 개념어 몽땅》의 '1부 7단원-고전 시가 개념어'를 통해 관련 내용을 공부하실 수 있습니다.) 낯선 고전 시가를 만난다면, 익숙한 고전 시가의 주제 중 하나일 것이라 가정하고 접근해 보는 훈련으로 고전 시가에 대한 두려움을 극복할 수 있습니다. 나아가 각각의 주제에서 빈번하게 나오는 어휘들을 일반화하여 작품을 해석하면 확실히 고전 시가가 쉬워질 것입니다.

고전 시가 예문	일반화하기
산슈 간(山水間) 바회 아래 뛰집을 짓노라 ᄒᆞ니 그 모론 놈들은 욷ᄂᆞᆫ다 ᄒᆞᆫ다마ᄂᆞᆫ 어리고 햐암의 뜻의ᄂᆞᆫ 내 분(分)인가 ᄒᆞ노라	자연에 집을 지으니 모르는 남들은 웃지만 내 분수에는 맞다

- 전체적으로 '자연이 좋다'는 내용을 다루고 있기 때문에, '산', '수', '바위' 각각의 자연물의 의미를 해석할 필요 없이 '자연'으로 일반화하면 시를 간략하게 해석할 수 있습니다. 이처럼 주제에 맞게 특정 어휘를 일반화하여 해석하면 고전 시가에 쉽고 빠르게 접근할 수 있습니다.

고전 시가에 쉽게 접근하는 방법, 정리해 볼까요?

step 1 일단 소리 나는 대로 읽어 보기 → **step 2** 자주 나오는 표현은 미리 익혀 두기 → **step 3** 주제에 맞춰 어휘를 일반화하기

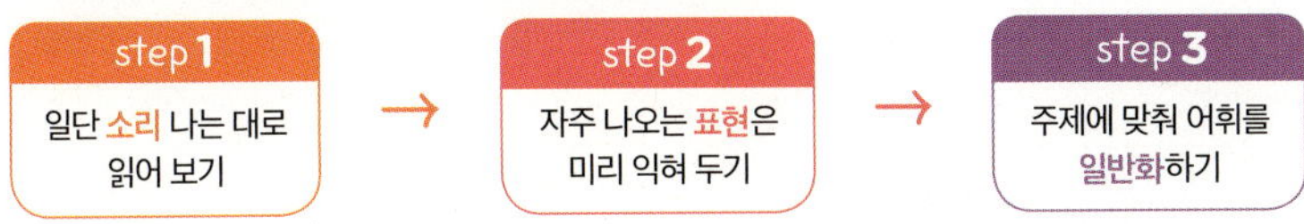

2부

소설 문학

1 서술자와 시점

'서술자'는 소설의 내용을 독자에게 이야기해 주기 위해 작가가 만든 전달자로, 작가가 말하고자 하는 내용을 독자에게 전달하며 이야기를 이끌어 나가는 역할을 한다. 즉 소설의 서술자는 시에서의 '화자'와 비슷한 역할을 한다고 볼 수 있다.

미술에서 소묘를 할 때 동일한 석고상도 정면에서 보았는지, 옆에서 보았는지에 따라 그림이 달라지는 것처럼, 소설도 마찬가지이다. 어떤 사건을 이야기할 때 누가 어느 위치에서 보느냐에 따라 전달되는 내용과 느낌이 달라진다. 이러한 차이는 서술자의 시점이 다르기 때문에 생긴다. 이때 '시점'이란 작품에서 이야기를 전달하는 서술자의 위치를 가리키는 말로, 서술자는 이야기 밖에 위치할 수도 있고 이야기 안에 위치할 수도 있다.

---

❶ 두 옹고집이 송사 가는 제, 읍내를 들어가니 짚옹고집 거동 보소. 주저 없이 제가 앞에 가며 읍의 촌가인 하나와 만나 보면 깜짝 반겨 두 손을 잡고, "나는 가변을 송사하러 가는지라. 자네와
_{집안의 재앙이나 사고}
나와 아무 연분에 서로 알아 죽마고우로 지냈으니 나를 몰라볼쏘냐." (중략) 이처럼 하니 ❷《참옹고집이 짚옹고집을 본즉 낱낱이 내 소견대로 내가 할 말을 제가 먼저 하니 기가 질려 뒤에 오며, 실성한 사람같이, 아는 사람도 오히려 짚옹고집같이도 모르는지라.》

– 작자 미상, 〈옹고집전〉

❶ **서술자**는 이야기의 밖에서 '두 옹고집'이 송사 가는 것을 바라보며, 독자들에게 '짚옹고집'의 거동을 보라고 하며 사건을 전달하고 있다.

❷ 서술자는 인물의 속마음을 모두 아는 전지적 작가 **시점**에서 '내 소견대로 내가 할 말을 제가 먼저 하니'라고 하며, '참옹고집'의 답답한 심정을 드러내고 있다.

〈보기〉

- 서술자는 자신의 시선만으로 서술하기도 하고 인물의 시선으로 초점화하여 서술하기도 한다. 그런데 이 작품에서는 두 서술 방식이 겹쳐 나타나는 경우가 있다. － 24 수능
- 독자는 서술자가 제공하는 제한된 정보에 의존할 수밖에 없으므로, 서술적 상황과 작품이 전하려는 의미가 서로 달라져 작품을 더욱 집중해서 읽게 된다. － 24 9모
- 서술자는 그 '이야기'를 서술자의 시선뿐 아니라 여러 인물들의 시선으로 초점화하여 서술함으로써 독자와 작중 인물 간의 거리를 조절한다. － 23 6모

〈선택지〉

- 서술자가 특정 인물의 시선을 통해 인물의 특징을 관찰하여 알려 주고 있다. － 25 9모
- ⓒ: 서술의 주체를 알 수 있는 표지가 분명하게 제시되어 서술자와 지각의 주체가 뚜렷이 구분된다. － 25 6모
- ⓒ: 서술자 시선의 서술과 인물의 시선으로 초점화한 서술이 겹쳐 나타난 것은, 상황을 잘못 인지한 채 상대의 생각을 추측하는 인물에게 서술자가 거리를 두고 있음을 드러낸 것이겠군. － 24 수능
- ㉠: 문제적 상황의 원인을 파악하여 이에 대응하고, 인물의 태도 변화를 설명할 수 있는 정보를 제시한다는 점에서 독자가 서술자를 신뢰하도록 유도하고 있군. － 24 9모
- 서술자가 중심인물의 시선에 의존하여 사건의 양상을 제한적으로 나타낸다. － 24 6모
- 장면에 따라 서술자를 달리하여 사건의 의미를 입체적으로 조명하고 있다. － 23 9모
- 이야기 내부 인물이 자신의 내면을 진술하고 있다. － 22 9모
- 이야기 외부의 서술자가 인물의 체험을 바탕으로 사건의 배경을 실감나게 서술하고 있다. － 22 6모
- 서술자가 관찰자의 입장에서 사건을 전달함으로써 객관성을 높이고 있다. － 18 9모

개념어 한눈에 보기 알고 있는 개념어는 ○, 모르는 개념어는 ✕ 표시해 보세요!

서술자 ── 서술자와 관련된 개념어 ──

서술자 ☐	신빙성 없는 서술자 ☐
이야기 내부의 서술자 ☐	서술자의 개입 ☐
이야기 외부의 서술자 ☐	편집자적 논평 ☐

시점 ── 시점과 관련된 개념어 ──

1인칭 주인공 시점 ☐	시점에 따른 거리 ☐
1인칭 관찰자 시점 ☐	특정 인물의 시각에서 서술 ☐
전지적 작가 시점 ☐	서술자의 변화 ☐
작가 관찰자 시점 ☐	

서술자와 관련된 개념어

소설에서 독자에게 이야기를 전달하는 사람을 서술자라고 한다. 서술자가 이야기를 전달하는 방식은 여러 가지로 나타나는데, 서술자는 이야기 내부에 위치한 인물이 되기도 하고, 이야기 외부에 위치하여 독자에게 이야기를 전달하기도 한다.

서술자가 미성숙한 어린아이 등으로 등장하여 독자가 이야기를 바라보는 시각에 특수한 영향을 주거나, 이야기 외부에 있던 서술자가 이야기 내부의 사건에 개입하여 자신의 생각이나 판단을 직접 드러내는 경우도 있다.

001 서술자 | 소설에서 작가를 대신해 이야기를 전달하는 인물

소설에서 독자에게 이야기를 들려주는 인물을 서술자라고 한다. 서술자는 작가와는 별개의 존재로, 작품에 등장하는 인물일 수도 있고 그렇지 않을 수도 있다. 서술자는 소설 속의 사건이나 등장인물의 행동과 심리 등을 전달하기 때문에, 서술자가 사건이나 등장인물에 대해 어떤 태도와 관점을 보이는지가 작품의 주제나 분위기에 영향을 미친다.

> 뭐가 잘못된 것일까. 나는 가슴이 답답해서 절로 한숨을 쉬었다. 그러나 후회는 아니었다. 훈이를 키우는 일을 지금부터 다시 시작할 수 있다면 이러이러하게 키우리라는 새로운 방도를 전연 알고 있지 못하니, 후회라기보다는 혼란이었다.
> 도무지, 완전히
> — 박완서, 〈카메라와 워커〉

- 이 소설은 작품 속에 등장하는 인물인 '나'를 통해 훈이에 대한 이야기를 전달하고 있다. 서술자인 '나'는 자신의 심리 상태를 직접 서술하고 있다.

 **Q-1.** 이 글은 서술자가 작품 안에 '나'로 등장하고 있다. （　○　／　×　）

> 더욱 놀라고 신통해서 자세히 보니, 금빛이 방 안에 가득하고, 방울이 움직일 때마다 향취가 가득히 퍼져 코를 찔렀다. 이에 해룡은 생각했다.
> 향기로운 냄새
> '이것은 반드시 무슨 까닭이 있어서 일어난 일일 테니, 좀 더 두고 지켜봐야겠다.'
> 해룡은 마음속으로 기뻐하며 자리에 누웠다.
> — 작자 미상, 〈금방울전〉

- 이 소설은 작품에 서술자가 드러나 있지 않으며, 서술자는 해룡의 행동뿐만 아니라 해룡의 생각과 심리까지 직접 전달하고 있다.

 **Q-2.** 이 글은 서술자가 주인공으로 등장하여 자신의 체험을 직접 서술하고 있다. （　○　／　×　）

002 이야기 내부의 서술자 | 서술자가 소설 속의 등장인물인 경우

소설 속에 등장하여 이야기를 전달하는 서술자를 말한다. 이때 서술자는 '나'라는 인물로 나타나기 때문에 1인칭 서술자라고도 한다.

➕ 서술자가 이야기 내부에 위치할 경우 서술자인 '나'가 자신의 이야기를 하거나, '나'가 목격한 이야기를 들려주는 형식이 된다.

> 아버지마저 삼돌이 삼촌이나 우출이 아저씨나 저 배도수 씨처럼 우리 형제를 버리고 장터 마당에서 사라진다면, 그렇게 되어 죽어 버리거나 감옥소에 갇히거나 산사람이 되어 버린다면, 정말 우리 형제는 이제 누구를 의지하고 살아야 할는지, 그 생각만이 크나큰 두려움으로 나를 슬픔 속에 내동댕이쳤다.
>
> — 김원일, 〈노을〉

- 이 소설은 주인공인 '나'에 의해 이야기가 전달되고 있는데, 서술자가 자신의 체험을 진술하며 그와 관련된 자신의 내면을 세밀하게 드러내고 있다.

Q. 이 글은 이야기 내부의 인물이 자신의 내면을 서술하고 있다. (○ / ✕)

003 이야기 외부의 서술자 | 서술자가 소설 속의 등장인물이 아닌 경우

소설 속에 존재하지 않는 제삼자로, 소설 밖에서 이야기를 전달하는 서술자를 말한다. 서술자가 소설 밖에 위치할 경우 서술자는 이야기 속 세계를 바라보는 관찰자처럼 등장인물의 행동과 사건을 객관적으로 서술하거나, 이야기 속 세계의 모든 것을 아는 것처럼 등장인물의 행동이나 심리뿐만 아니라 사건의 전말까지 서술한다.

> 윤건은 그때 그가 무엇하는 사람인지를 알아챘다. 심히 불쾌스러웠다. 윤건은 그 형사에게 행선지가 불분명한 점으로 유다른 조사를 받았다. 갑판 위에서 손가방을 열어젖히고 책
> 여느 것과는 아주 다른
> 갈피마다 열어 보인 뒤에 선실로 들어간즉 윤건을 위해서 남겨 놓은 자리는 없었다. 아무 데나 남의 발치가리에 쑤시고 누웠다.
>
> — 이태준, 〈고향〉

- 이 소설의 서술자는 이야기 외부에서 중심인물인 윤건이 겪은 사건과 그의 행동 및 내면 심리를 모두 서술하고 있다.

Q. 이 글에서 이야기 외부의 서술자가 인물의 심리를 서술한 부분을 찾아 쓰세요. ________________

개념어 check 정답 | **001-1** ○ **001-2** ✕ **002** ○ **003** 불쾌스러웠다

004 신빙성 없는 서술자 | 미성숙하거나 무지하여 신뢰하기 어려운 서술자

독자가 서술자의 진술을 믿을 수 없을 만한 이유가 있는 서술자를 말한다. 서술자가 나이가 어려 미성숙하거나 무지할 경우 상황을 제대로 이해하지 못하므로, 독자는 서술자가 전달하는 이야기가 틀릴 수 있다는 점을 염두에 두면서 서술자와 다른 각도에서 상황을 해석하려고 노력하게 된다.

연계 개념어 **미성숙한 어린아이 서술자** | 서술자가 어린아이일 경우 어른들의 상황을 자신의 시선으로 이해하여 잘못 전달할 수도 있지만, 서술자의 어리고 순수한 시선으로 상황을 바라보고 전달하는 효과가 나타난다. 대표적인 예로 〈사랑손님과 어머니〉에서 서술자인 옥희를 들 수 있다.

> "느 집엔 이거 없지?" / 하고 생색 있는 큰소리를 하고는 제가 준 것을 남이 알면 큰일 날 테니 여기서 얼른 먹어 버리란다. 그리고 또 하는 소리가,
>
> "너 봄 감자가 맛있단다." / "난 감자 안 먹는다. 니나 먹어라."
>
> 나는 고개도 돌리려 하지 않고 일하던 손으로 그 감자를 도로 어깨 너머로 쑥 밀어 버렸다.
>
> — 김유정, 〈동백꽃〉

- 이 소설에서 미성숙한 서술자인 '나'는 순박하고 눈치가 없어서 점순이가 자신을 좋아해서 감자를 준 것을 모르고 생색을 낸다고 생각한다. 눈치 없고 어리숙한 서술자가 상황에 엉뚱하게 대응함으로써 해학적 재미를 자아내고 있다.

Q. 이 글에서 '나'는 감자를 주는 것이 점순의 애정 표현이라는 것을 눈치채지 못한다. (○ / ×)

005 서술자의 개입 | 작품 밖의 서술자가 작품 속에 끼어들어 자신의 생각을 직접 드러내는 것

작품 밖의 서술자가 자신의 목소리를 직접 드러내는 서술 방법으로, 서술자가 개입하는 방식은 다양하다. 서술자는 인물의 행위나 상황에 대해 판단하거나 감정을 표출하기도 하고, 독자에게 말을 거는 등 서사의 흐름을 끊기도 한다.

➕ '~보소'와 같이 독자에게 말을 건네거나, '~는가', '~하랴'처럼 서술자의 감정을 드러내는 영탄적 표현이 나타난다면 서술자의 개입일 수 있다.

> 추월의 거동 보소. 춘풍의 재물을 빼앗고 괄세하여 내친다. 슬픈 거동 가련하다. 만나 보면, / "내 눈에 보기 싫다."
>
> — 작자 미상, 〈이춘풍전〉

- 작품 밖의 서술자가 작품 속에 끼어들어 독자에게 추월의 거동을 보라며, '거동 보소'라고 자신의 목소리로 말을 걸고 있으므로 서술자의 개입이 나타난다.

- ▲ 서술자는 춘풍의 거동이 슬프고 가련하다며 자신의 감정을 드러내고 있으므로 서술자의 개입이 나타난다. 이는 인물의 처지에 대해 평가하는 것이므로 편집자적 논평으로 볼 수 있다.

Q. 이 글에서는 서술자가 등장인물의 처지에 대해 자신의 감정을 직접 표출하고 있다. (○ / ×)

006 편집자적 논평 編輯(엮을 편, 모을 집) ㅣ 작품 밖의 서술자가 자신의 가치 판단을 직접 드러내는 것

작품 밖의 서술자가 진행 중인 사건이나 인물에 대해 자신의 견해를 밝히고 평가하는 것을 말한다. 고전 소설에서 빈번하게 나타나는 서술자의 개입 중 대표적인 양상이다.

> 이때 주봉이 그 옥저와 거문고를 보고 즉시 천자께 바치니, 천자께서 보시고 어루만지며 물으셨다.
>
> "이것이 무엇이냐? 세상에는 없는 것이로구나."
>
> 하시고, 조정 백관들을 불러 알아보도록 하시니 아무리 알고자 한들 옥경의 선관이 가졌던 보배라 어찌 알겠는가. (중략)
>
> 하늘 위에 옥황상제가 산다고 하는 가상적인 서울
>
> 이를 본 해선이 묻기를
>
> "이 옥저와 거문고를 네가 한번 불어 보겠는가?"
>
> 하며 옥저와 거문고를 주니 주봉이 받아서 옥저는 입에 물고, 거문고는 손으로 타니 그 소리의 맑고 아름다움이 해선보다 더하더라.
>
> – 작자 미상, 〈주봉전〉

● 주봉은 옥경의 선관이 버리게 된 옥저와 거문고를 천자에게 바치고 있는데, 작품 밖의 서술자가 옥저와 거문고가 보배임을 밝히고 있다.

▲ 주봉이 헤어진 아들 해선과 만나게 되는 상황이다. 작품 밖의 서술자가 주봉이 옥저와 거문고를 연주하는 상황을 서술하며, 그 소리의 맑고 아름다움에 대해 직접적인 평가를 제시하고 있다.

개념어 check

Q. 이 글에서는 서술자가 직접 개입하여 서술자의 객관적인 판단을 제시하고 있다. (○ / ×)

💡 헷갈리지 마! 서술자의 개입 vs 편집자적 논평

'서술자의 개입'은 서술자가 작품에 직접 끼어들어서 자신의 생각을 드러내는 것을 말해. 소설 밖에 있는 서술자가 자신의 감정을 드러내거나 인물의 성격을 직접 제시하거나 독자에게 말을 거는 등의 다양한 방식으로 작품에 개입하여 자신의 의견을 표출하는 거야.

이와 같이 서술자가 개입하는 여러 방식 중에서 서술자가 소설 속 상황이나 인물의 언행 등에 대해 주관적으로 평가하는 것을 '편집자적 논평'이라고 해. 그러니까 '서술자의 개입'에 '편집자적 논평'이 포함되는 거지. 그래서 시험에서 선택지 ①번에 '서술자의 개입', 선택지 ②번에 '편집자적 논평'을 따로 구분해서 묻지는 않아. 지문에 서술자의 주관적인 의견이 드러났는지 아닌지만 알 수 있으면 문제를 해결할 수 있게 출제되고 있어.

● **다음 빈칸을 채워 문장을 완성하세요.**

01 소설에서 독자에게 이야기를 전달하는 사람을 (   )라고 하며, 실제 작가와 동일하지 않다.

02 서술자가 등장인물인 경우를 이야기 (   )의 서술자, 등장인물이 아닌 경우를 이야기 (   )의 서술자라고 한다.

● **다음 소설을 읽고 적절한 설명이 되도록 괄호 안에서 알맞은 말을 고르세요.**

> 상욱은 자기도 모르게 차츰 목소리가 흥분되어 가고 있었다.
> "그런데 내가 오늘 30년 뒤에 또 그 사람의 약속을 되풀이하고 있었다는 거구려."
> 원장은 이제 좀 맥이 빠진 표정이었다. 하지만 그는 원래 여유가 만만한 사내였다. 그는 바야흐로 열이 오르기 시작한 상욱을 방해하려 하진 않았다.
> — 이청준, 〈당신들의 천국〉

03 이 글은 이야기 (내부, 외부)의 서술자에 의해 서술되고 있다.

> 나는 나를 둘러싼 세계가 너무도 낯설게 느껴졌다. 내가 짐작하고 또 생각하는 세계하고 실제 세계 사이에는 이렇듯 머나먼 거리가 놓여 있었던 것이다. 그 거리감은 사실 이 세계는 나와는 상관없이 돌아간다는 깨달음, 그러므로 나는 결코 주변으로 둘러싸인 중심이 아니라는 아슴프레한 깨달음에 속한 것이었다.
> — 김소진, 〈눈사람 속의 검은 항아리〉

04 이 글은 이야기 내부의 서술자인 ('그', '나')가 자신의 심리를 드러내고 있다.

> 도대체 무슨 일일까. 호기심을 이기지 못한 나는 가게 옆구리의 샛문을 통해 안을 들여다보았다. 그새 사내의 발길에 차여 버린 도망자가 바닥에 엎어져 있었고 김 반장이 만약을 위해 사내 주변의 맥주 박스를 방 안으로 져 나르면서 뭐라고 소리치고 있었다.
> "김 형, 김 형…… 도와주세요."
> 쓰러진 남자의 입에서 이런 말이 가느다랗게 흘러나온 것은 그 순간이었다.
> — 양귀자, 〈원미동 시인〉

05 이 글에서 이야기 내부의 서술자는 (관찰자, 주인공)의 입장에서 등장인물의 행동을 서술하고 있다.

● **다음 소설을 읽고 빈칸을 채워 문장을 완성하세요.**

> 　모든 쥐들이 일시에 간청하며 서대주는 오소리의 손을 잡고 장자 쥐는 너구리를 붙들고 들어가기를 청하니, 너구리는 본래 음흉한 짐승이라 심중에 생각하되,
> 　'만일 들어가는 경우에는 죄인 다루는 데 거북할 테니 정신을 차려야 한다. 그리고 기왕에 뇌물을 받으려면 톡톡히 실속을 차려야 한다.'
> — 작자 미상, 〈서동지전〉

06 이 글에서는 서술자가 작품에 개입하여 인물에 대한 (　　　　　　)를 드러내고 있다.

> 　상이 옳게 여겨 친국을 배설하고 강문추와 군사를 엄형으로 물으시니 위엄이 뇌성과 같았다. 어찌 감히 속이리오? 매를 한 대 때리기도 전에 군사가 자초지종을 낱낱이 고백하니 강문추가 또한 하릴없어 죄를 자복(自服)하였다.
> — 작자 미상, 〈김원전〉

07 이 글에서 '어찌 감히 속이리오?'는 서술자가 (　　　　　　)하여 자신의 생각을 드러낸 것이다.

● **다음 소설을 읽고 설명이 맞으면 ○표, 틀리면 ×표를 하세요.**

> 　사실 우리 아저씨 양반은 대학교까지 졸업하고도 인제는 기껏 해 먹을 거란 막벌이 노동밖에 없는데, 보통학교 사 년 겨우 다니고서도 시방 앞길이 환히 트인 내게다 대면 고즈카이만도 못하지요. (중략)
> 　"아저씨는 아직두 세상 물정을 모르시요. 나이는 나보담 많구 대학교 공부까지 했어도 일찌감치 고생살이를 한 나만큼 세상 물정은 모릅니다. 시방이 어느 세상인데 그러시우?"
> — 채만식, 〈치숙〉

08 이 글에서 서술자인 '나'는 '아저씨'를 비판하는 주체인 동시에 신빙성이 없다는 점에서 작가의 풍자 대상으로 볼 수 있다.　（　○　/　×　）

> 　"얼씨구나 좋을시고 어사 낭군 좋을시고. 남원 읍내 가을이 들어 떨어지게 되었더니, 객사에 봄이 들어 이화 춘풍(李花春風) 날 살린다. 꿈이냐 생시냐? 꿈을 깰까 염려로다."
> 　한참 이리 즐길 적에 춘향 어미 들어와서 가엾이 즐겨 하는 말을 어찌 다 설화(說話)하랴. 춘향의 높은 절개 광채 있게 되었으니 어찌 아니 좋을쏜가.
> — 작자 미상, 〈춘향전〉

09 이 글에는 편집자적 논평이 나타나 있지 않다.　（　○　/　×　）

정답 | **01** 서술자 **02** 내부, 외부 **03** 외부 **04** '나' **05** 관찰자 **06** 평가 **07** 개입 **08** ○ **09** ×

시점은 작품 속에서 서술자가 이야기를 전달하는 방식이나 관점으로, 서술자가 사건을 바라보는 위치에 따라 달라진다. 즉 시점은 서술자가 작품 안에 존재하는지, 작품 밖에 존재하는지에 따라 1인칭 시점과 3인칭 시점으로 나누어진다. 1인칭 시점은 작품 안의 '나'라는 인물이 자신과 주변에 대해 서술하는 방식이고, 3인칭 시점은 작품 밖의 서술자가 작품 안의 인물과 그 주변에 대해 서술하는 방식이다.

시점에 따라서 독자가 인물에 대해 가깝거나 멀게 느끼는 정도인 거리감이 달라지며, 서술자는 특정한 인물의 시각에서 서술하여 그 인물의 관점으로 사건을 전달하기도 한다.

007 1인칭 주인공 시점 | 주인공 '나'가 자신의 이야기를 하는 시점

소설의 주인공인 '나'가 서술자로 자신의 이야기를 직접 전달하는 방식이다. 주인공의 내면세계를 효과적으로 드러내어 독자가 '나'의 내면을 자세하게 이해할 수 있다. 서술자가 독자에게 신뢰감과 친근감을 줄 수 있지만, 독자가 다른 인물의 생각이나 감정 등은 정확히 파악하기 어렵다.

《긴 주말 끝의 월요일. 나는 해가 기울어지기도 전에 방문을 나섰다. 그렇다고 아무 때나 인쇄소에 얼굴을 들이밀 처지가 못 되었던 만큼 인쇄소까지의 긴 길을 걸었다. 이번에는 한 장의 버스표를 아끼기 위해서가 아니었다. 낮에 인쇄소에서 일하는 사람들과의 마주침을 피하라는 안과 정의 원칙은 철저한 것이었고, 나는 정확히 알 수는 없어도 그것이 어떤 결과를 가져올는지를 상상하는 것은 어렵지 않았다.

평소처럼 골목을 돌아 뒷문에 이르는 길을 택하지 않은 것을 행운이라 이름 붙일 수 있을까. 당연히 셔터가 내려져 있어야 할 인쇄소의 입구가 먼발치에서 눈에 띄자마자 나는 단번에 모든 일이 틀어져 버린 것을 감지할 수 있었다. 올려진 셔터, 환하게 켜진 불빛, 활짝 열려져 있는 유리문. 문의 유리의 하반부가 깨어진 것이 바로 눈앞에 있는 것처럼 확연하게 드러난 듯도 했다. 그 속에는 분명 누군가가 부산하게 움직이는 것 같았고 문밖에는 양복을 입은 두 명의 남자가 담배를 피우며 등을 돌리고 서 있는 것이 보였다. 나의 가슴은 터질 것처럼 뛰고 있었다.》

– 최윤, 〈회색 눈사람〉

● 이 소설은 주인공 '나'가 과거 경험을 회상하며 1인칭 주인공 시점으로 서술되는 작품이다. 주인공인 '나'는 인쇄소를 찾아가다가 겪었던 일과 그때의 감정들을 구체적으로 서술하고 있다.

Q. 이 글은 이야기 밖의 서술자가 주인공의 내면 심리를 서술하고 있다. (O / X)

008 1인칭 관찰자 시점 | 등장인물인 '나'가 다른 중심인물에 대해 이야기하는 시점

등장인물인 '나'가 자신이 아닌 주인공의 이야기를 전달하는 방식으로, '나'라는 인물이 바라보는 중심인물에 이야기의 초점을 두고 사건이 전개된다.

> 대구에서 서울로 올라오는 차 중에서 생긴 일이다. 《나는 나와 마주 앉은 그를 매우 흥미 있게 바라보고 또 바라보았다. 두루마기 격으로 기모노를 둘렀고, 그 안에서 옥양목 저고리가 내어 보이며, 아랫도리엔 중국식 바지를 입었다. (중략) 그때 나는 그의 얼굴이 웃기보다 찡그리기에 가장 적당한 얼굴임을 발견하였다. 군데군데 찢어진 경성드뭇한 눈썹이 올올이 일어서며 아래로 축 처지는 서슬에 양미간에는 여러 가닥 주름이 잡히고 광대뼈 위로 뺨 살이 실룩실룩 보이자 두 볼은 쪽 빨아든다.》
>
> – 현진건, 〈고향〉

- 이 소설에서 '나'는 기차에서 만난 '그'의 모습을 관찰자의 입장에서 서술하고 있다. '나'가 묘사하는 '그'의 모습은, 조선을 떠나 중국과 일본을 유랑하며 살았던 일제 강점기 조선인들의 비참한 삶을 보여 주고 있다.

Q. 이 글은 인물이 관찰자의 입장에서 다른 인물의 모습을 객관적으로 묘사하고 있다. (○ / ×)

---

009 전지적 작가 시점 | 작품 밖의 서술자가 인물의 내면 심리나 행동을 모두 알고 이야기하는 시점

작품 밖의 서술자가 사건의 내막, 인물 간의 관계, 인물의 속마음 등을 모두 알고 이야기를 전달하는 방식이다. 작가의 의도를 가장 분명하게 전달할 수 있으나 독자의 상상력을 제한한다.

> 영영을 그리는 마음은 예전보다 두 배나 더 간절하였다. 그러나 청조가 오지 않으니 소식을 전하기 어렵고, 흰기러기는 오래도록 끊기어 편지를 전할 길도 없었다. (중략) 마침 김생의 친구 중에 이정자라고 하는 이가 문병을 왔다. 정자는 김생이 갑자기 병이 난 것을 이상해했다. 병들고 지친 김생은 그의 손을 잡고 모든 이야기를 털어놓았다. 정자는 모든 이야기를 듣고 놀라며 말했다. / "자네의 병은 곧 나을 걸세. 회산군 부인은 내겐 고모가 되는 분이라네. 그 분은 의리가 있고 인정이 많으시네. (중략) 내 자네를 위하여 애써 보겠네."
>
> 김생은 뜻밖의 말을 듣고 너무 기뻐서 병든 몸인데도 일어나 정자의 손이 으스러져라 꽉 잡을 정도였다.
>
> – 작자 미상, 〈영영전〉

- 사랑하는 연인인 영영과 이별하여 그녀를 그리워하는 김생의 마음과, 영영과 만날 수 있도록 도와주겠다는 친구의 말을 듣고 기뻐하는 김생의 심리를 작품 밖의 서술자가 서술하고 있다.

Q. 이 글에서 서술자는 작중 상황과 인물의 내면을 전지적 작가 시점에서 서술하고 있다. (○ / ×)

개념어 check 정답 | 007 × 008 × 009 ○

010 작가 관찰자 시점 | 서술자가 작품 밖 관찰자의 입장에서 이야기하는 시점

작품 밖의 서술자가 사건을 관찰하고 눈에 보이는 객관적인 상황만 전달하는 방식이다. 상황에 대해 어떤 개입이나 부연 설명을 하지 않는다. 따라서 독자의 상상력이 개입할 여지가 많다.

> 《"이리 와, 이것 좀 파게." / 그는 어쓴 위풍을 보이며 이렇게 분부하였다. 그리고 저는 일
>
> 양보하거나 수그리지 않고 맞선
>
> 어나 손을 털며 뒤로 물러선다.
>
> 광물이 섞이지 않은 작은 잡돌
>
> 수재는 군말 없이 고분하였다. 시키는 대로 땅에 무릎을 꿇고 벽채로 군버력을 긁어낸 다
>
> 광산에서 광석을 긁어모으거나
> 파내는 데 쓰는 연장
>
> 음 다시 파기 시작한다.
>
> 영식이는 치다 나머지 버력을 짊어진다. 커단 걸때를 뒤툭거리며 사다리로 기어오른다.》
>
> 사람의 몸집이나 체격
>
> – 김유정, 〈금 따는 콩밭〉

- 작품 밖의 서술자가 등장인물인 수재와 영식의 말과 행동만을 관찰하여 제시하고 있으며, 인물의 생각이나 심리는 서술하고 있지 않다.

Q. 이 글에서 작품 밖의 서술자가 객관적 시점에서 서술하고 있는 인물을 모두 쓰세요. ________________

011 시점에 따른 거리 | 서술자, 인물, 독자 사이의 관계에서 나타나는 심리적 간격

소설에서 서술자와 인물, 독자 사이에 형성되는 심리적 친밀감과 몰입감의 정도를 뜻한다. 1인칭 주인공 시점과 전지적 작가 시점에서 '서술자-인물', '서술자-독자'의 거리는 가깝고, '독자-인물'의 거리는 멀다. 한편 1인칭 관찰자 시점과 작가 관찰자 시점에서 '서술자-인물', '서술자-독자'의 거리는 멀고, '독자-인물'의 거리는 가깝다.

> 차시 양경이 정공의 딸이 죽은 줄 알았더니 천만 의외에 그 딸이 태자비가 됨을 보고 심
>
> 중에 분함을 품고 생각하되,
>
> '요망한 정녀가 죽었다고 하고 나를 속였으니 어찌 분하지 아니하리오. 태자비라는 위세
>
> 로 당당히 우리 가문을 해할 것이니, 내 먼저 계교를 도모하리라.'
>
> 하고, 즉시 양귀비 궁에 들어가 남매가 비밀스럽게 상의하여 계교를 꾸미더라.
>
> – 작자 미상, 〈정비전〉

- 이 장면은 인물의 생각을 나타낸 것으로, 이를 통해 서술자가 인물의 내면까지 서술하는 전지적 작가 시점임을 알 수 있다. 이와 같이 서술자가 인물에 대해 모두 알고 독자에게 자세히 서술하는 경우 서술자와 인물의 거리, 서술자와 독자의 거리는 가깝다. 반면 독자와 인물의 거리는 멀다.

Q. 이 글처럼 소설 밖의 서술자가 인물의 심리를 모두 알고 서술하면 서술자와 독자의 거리는 멀어진다.

(O / X)

서술자와 독자의 거리 & 독자와 인물의 거리 & 서술자와 인물의 거리

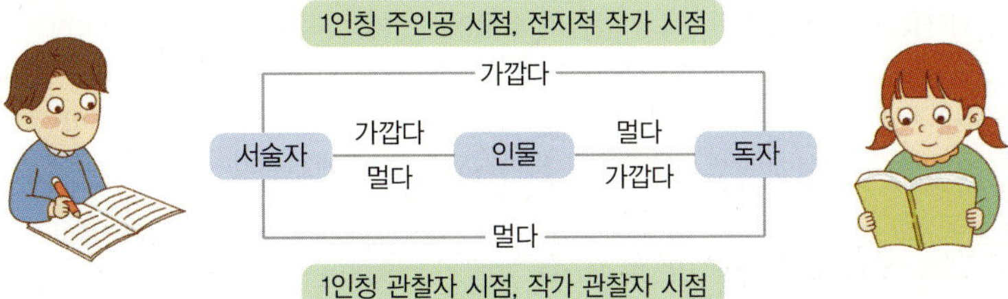

1. 서술자와 독자의 거리

독자의 입장에서 보면 서술자가 소설 속 인물이나 사건에 대해 친절하게 이야기해 줄 때 서술자를 가깝게 느끼겠지? 그러니까 서술자가 인물의 심리나 사건의 전모에 대해 서술하는 1인칭 주인공 시점과 전지적 작가 시점은 서술자와 독자의 거리가 가까워. 반면 1인칭 관찰자 시점과 작가 관찰자 시점은 서술자가 인물에 대해 관찰자 입장에서 보이는 것만 서술하기 때문에 독자 입장에서는 서술자를 불친절하다고 느끼게 되고 서술자를 멀게 느끼게 되는 거야.

2. 독자와 인물의 거리

독자와 인물의 거리는 '독자와 서술자의 거리'와 반대로 생각하면 돼. 1인칭 주인공 시점과 전지적 작가 시점은 서술자가 인물에 대해 다 이야기해 주므로 독자는 서술자를 가깝게 느낀다고 했잖아. 그런데 서술자가 다 말해 주게 되면 독자는 인물의 심리를 파악하기 위해 노력할 필요가 없어지니까 인물과의 거리가 먼 거야. 반면 1인칭 관찰자 시점과 작가 관찰자 시점은 서술자가 인물의 심리를 직접 서술하지 않기 때문에 독자는 자신의 상상력을 동원해서 인물을 파악해야 하니까 인물과의 거리가 가까워지지. 즉, 독자와 인물의 거리는 독자가 인물을 파악하기 위해 얼마나 능동적으로 노력해야 하는지에 따라 달라진다고 할 수 있어. 정보가 모두 주어지기 때문에 별다른 노력이 필요 없다면 거리가 먼 것이고, 정보를 알기 위해서 적극적인 노력이 필요하다면 거리가 가까운 것이야.

3. 서술자와 인물의 거리

서술자와 인물의 거리는 서술자가 인물의 심리를 알면 가깝고, 모르면 멀다고 생각하면 돼. 그러니까 1인칭 주인공 시점과 전지적 작가 시점은 서술자와 인물의 거리가 가까운데, 특히 1인칭 주인공 시점은 서술자가 주인공 자신이니까 거리가 가장 가까운 거야. 반면 1인칭 관찰자 시점과 작가 관찰자 시점은 인물을 관찰해서 서술하니까 인물의 내면 심리까지는 알 수 없으니 서술자와 인물의 거리가 멀겠지?

012 특정 인물의 시각에서 서술 | 작품 밖의 서술자가 특정 인물의 생각에 초점을 두어 서술하는 방식

작품 밖의 서술자가 작품 안의 특정 인물의 시각에서 인물의 심리와 상황을 서술하는 방식이다. 이때 사건은 특정 인물의 관점으로 전달되는데 이러한 특정 인물을 '초점 화자'라고 한다. 서술자가 초점을 맞추고 있는 초점 화자에 대해서는 외면뿐 아니라 내면까지 서술되지만, 다른 인물에 대해서는 초점 화자의 관점에서 관찰하거나 평가하는 내용만 서술된다.

연계 개념어 **장면의 초점화** | 소설 속에서 어떤 장면을 보고 그에 대해 말해 주는 특정 인물의 상황이나 심리에 주목하여 그것을 집중적으로 서술하는 방식을 말한다. 초점화되는 장면은 특정 인물의 시각을 통해 나타나므로, 독자는 그 인물이 제시하는 시각을 수용하게 된다.

"에 이 사람. 내가 무역 회사 과장 나부랭이나 하고 있을 성싶은가."

광순이는 기형이를 가볍게 나무라며 짐짓 정색을 해 보였다.

"그래서 나는 자네를 생각했지. 어느 모로 보나 자네라면 적임일 것 같아. 아무렴 지금 출판사보다는 낫지 않을까. 그런데……."

어떤 임무나 일에 알맞음.

"그런데?"

"좀 뭣한 소리지만 아무래도 밑천이 좀 들어야 할 것 같아. 저쪽에서는 사람만 든든하면 그만이라고 하지만 세상일이 어디 그런가. 성의를 보여야지."

《요컨대 돈을 써서 한자리 하지 않겠느냐는 뜻인 듯했다. 기형이는 이 친구가 이처럼 무너질 수가 있을까 싶어 그의 면상을 찬찬히 뜯어보았다. 실제로 그런 자리가 있는지도 의문이거니와, 있다손 치더라도 감히 광순이 입에서 그런 소리가 나올 수 있을까. 너무 빤히 보이는 얕은수에 저도 모르게 웃음이 나왔다. 기껏 생각한다는 게 이 정도인가 싶어 오히려 섭섭했다. 허세라도 좋고 아이들 문자대로 똥폼도 좋았다. 왜 더 좀 그럴듯하게 사술을 쓰지 못할까 안타까울 지경이었다. 지금까지 기형이 생각해 온 광순이는 더 좀 오기 덩어리라야 했다. 무시하고, 재고, 웬만한 건 깔아뭉개야 했던 것이다.》

남을 속이는 수단

– 최일남, 〈노란 봉투〉

● 이 소설은 전지적 작가 시점으로, 작품 밖의 서술자는 작품 안의 기형의 시각을 통해 광순이라는 인물의 행태를 중점적으로 부각하고 있다. 즉 서술자는 문학청년이었던 광순이 속물로 변해 가는 모습을 기형의 시각을 통해 전달함으로써 인간적 가치를 상실한 현대인의 모습을 드러내고 있다.

Q. 이 글은 작품 밖의 서술자가 특정 인물의 입장에서 이야기를 전달하고 있다. (○ / ✕)

013 서술자의 변화 | 하나의 이야기 안에서 서술자가 바뀌는 것

소설에서는 작가가 말하고자 하는 바를 효과적으로 전달하기 위해 하나의 이야기 안에서 서술자가 바뀌기도 하는데, 1인칭 서술자가 3인칭 서술자로, 전지적 서술자가 관찰자적 서술자로, 혹은 그 반대로도 바뀔 수 있다. 이때 서술자가 이야기 속의 인물이나 사건을 바라보는 시각, 즉 시점이 바뀌기 때문에 시점의 변화라고도 한다.

➕ 작품 속에서 각 장면에 따라 1인칭 서술자가 다른 인물로 바뀌며 여러 명의 서술자가 나타나는 경우도 있다. 이때는 1인칭 서술자가 자신이 바라보는 시점에서 사건을 서술하여 사건의 진행 양상을 다각적으로 보여 주는 효과가 나타난다.

> 그맘쯤에 웬 난데없는 비렁뱅이 가객(歌客) 하나이 구부러진 등에 거문고 엇비슷이 메고
> 시조를 잘 짓거나 창을 잘하는 사람
> 진창에 맨발을 축축 담그면서, 제가 아직 어찌 될 줄 모르고서 저자의 가운뎃길로 하염없이
> 내려왔던 것이었다. (중략)
>
> 나는 그의 얼굴을 본 순간 어쩐지 가슴이 답답해지면서 회가 동했을 때처럼 속이 뒤틀리
> 회충과의 기생충
> 고 구역질이 날 지경이었다. 가객은 이 세상에서는 어디서든 찾아볼 수 없을 정도로 추한
> 구미가 당기거나 무엇을 하고 싶은 마음이 생겼을
> 얼굴을 가지고 있었다. 사람들 사이에서 웅성거리는 소리가 일어났는데, 가객이 노래를 부르
> 기 시작하자 그 더러운 얼굴은 더욱 흉하게 일그러져 가락의 신묘한 아름다움은 그 추한
> 얼굴에 씌워 사그라지고 말았다.
>
> [중략 줄거리] 가객 '수추'는 저자를 떠나 강을 건너간 뒤, 시냇가에서 음률을 완성했던 과거를 떠올린다.
>
> 그는 도저히 믿어지지 않았다. 수추는 물을 마구 헤쳐 놓고는 다시 들여다보았지만, 음
> 률을 완성한 자의 얼굴이 아니었다. 그는 그 얼굴을 미워하였다. 따라서 시냇물도 미워하였
> 다. 미워할수록 그의 얼굴은 추악하게 떠올랐다. 수추는 그럴수록 노래를 끝없이 부르지 않
> 고는 살아갈 수 없는 자가 되어 버렸던 것이다.
> — 황석영, 〈가객〉

● 이야기 내부의 서술자 '나'가 1인칭 관찰자의 입장에서 인물(수추)의 모습이 추하다고 서술하고 있다.

▲ 이야기 외부의 3인칭 서술자가 인물(수추)의 내면 심리까지 직접 서술하고 있다. 따라서 이 소설은 1인칭 관찰자 시점에서 전지적 작가 시점으로 시점이 이동하여 서술자가 변화했음을 알 수 있다.

Q. 이 글에서 서술자가 사건을 이야기 내부에서 전달하다가 이야기 외부에서 전달하기 시작하는 부분을 두 글자로 쓰세요. ___________

개념어 check 정답 | 012 ○ 013 그는

● **다음 빈칸을 채워 문장을 완성하세요.**

01 (   )이란 소설에서 이야기를 전달하는 서술자의 위치를 가리키는 말인데, 서술자가 이야기 안에 등장하는지, 이야기 밖에 등장하는지에 따라 나뉜다.

02 서술자가 객관적으로 대상을 관찰한 내용을 서술하고 있으면 관찰자 시점, 인물들의 내면까지 상세히 서술하고 있으면 (   ) 작가 시점이다.

03 작품 밖의 서술자가 작품 안의 특정 인물의 시각에서 사건을 서술할 때, 사건을 바라보는 특정 인물을 (   )라고 한다.

● **다음 소설을 읽고 적절한 설명이 되도록 괄호 안에서 알맞은 말을 고르세요.**

> 심청이 그날부터 곰곰이 생각하니, 눈 어두운 백발 부친 영영 이별하고 죽을 일과 사람이 세상에 나서 십오 세에 죽을 일이 정신이 아득하고 일에도 뜻이 없어 식음을 전폐하고 근심으로 지내더니 다시금 생각하되,
> '엎질러진 물이요, 쏘아 놓은 화살이다.'
> — 작자 미상, 〈심청전〉

04 이 글에서 서술자는 인물의 심리를 모두 알고 서술하고 있으므로 서술자와 인물의 거리는 (멀다, 가깝다).

> 큰 키의 사내가 성큼성큼 다가갔다. 오버 안주머니에 손을 넣어 무엇인가 움켜쥔 그런 자세였다. / 억구가 짐짓 몸을 추스르며 자기에게로 다가서는 큰 키의 사내 거동을 바라보고만 있었다.
> — 전상국, 〈동행〉

05 이 글은 서술자가 인물에 대해 비교적 (객관적, 주관적)으로 전달하고 있다.

> 버얼써 눈밖에 벗어날 며느리였다. 그러나 시어미로서 제법 잘잘못을 탓한다든가 하는 것은 지금의 화산댁이 심정으로서는 어림도 없었다. 우선 며느리의 인삿절을 받아야 할 것만 생각해도 앉은자리가 바늘방석 같았다.
> — 오영수, 〈화산댁이〉

06 이 글의 서술자는 (자신, 특정 인물)의 시각에서 이야기를 서술하고 있다.

● **다음 소설을 읽고 설명이 맞으면 ○표, 틀리면 ×표를 하세요.**

> 경업이 의주 감영으로 돌아와 승전한 일을 조정에 보고하니, 임금이 보고 크게 기뻐했다. 경업은 머지않아 호국이 다시 침범하지 않을까 근심했는데, 조정의 신하들은 전혀 그런 염려를 하지 않았다. / 이때 호국 왕은 경업에게 패한 뒤로 분한 기분을 참지 못하더니, 다시 장수들을 모아 조선을 침공할 준비를 했다.
>
> — 작자 미상, 〈임경업전〉

07 이 글의 서술자는 사건에 대한 객관적인 서술을 통해 독자의 판단을 유도하고 있다.

(○ / ×)

> 나는 사건이 끝난 한참 후에야 기범이 어째서 거사의 중임을 자청했는가를 깨달았다. 그는 사전에 이미 거사가 실패할 것을 예견했고, 만일 성공할 기미를 보였다면 처음부터 거사를 실패시킬 목적이었다.
>
> — 홍성원, 〈무사와 악사〉

08 이 글의 서술자는 관찰한 상황에 대한 주관적 판단을 제시하고 있다. (○ / ×)

● **다음 소설을 읽고 빈칸을 채워 문장을 완성하세요.**

> 정일이는 더욱 불쾌하여졌다. 잠이 부족한 신경 탓도 있겠지만 자기의 눈을 기탄없이 바라보는 용팔이의 얼굴에 발라 놓은 듯한 그 웃음이 말할 수 없이 미웠다. 이 소인 놈! 하는 의분 같은 심열이 떠오르며, 언제 내가 이런 음모를 하자고 너와 공모를 하였던가? 하고 그의 뺨을 갈기고 싶은 충동을 느끼었다.
>
> — 최명익, 〈무성격자〉

09 이 글의 서술자는 특정 인물의 (   )을 통해 사건의 양상을 제한적으로 나타내고 있다.

> 만수는 떨고 있었다. 그러면서도 고개를 끄덕거렸다. 나뭇가지처럼 엉성하고 비쩍 마른 몸에 믿고 의지할 구석이라고는 조금도 없었다. 다 같이 부축을 하고 왔건만 여자인 나는 그저 우는 일밖에 없는 것같이 여겨졌다. (중략) 형은 툭하면 꿈에 나타났다. 형은 군복을 입고 혼자 베트콩 일개 연대를 무찌르고 무공 훈장을 탔다. 고시에 패스해서 판사가 되었고 나를 한심한 놈이라고 판결했다.
>
> — 성석제, 〈투명 인간〉

10 이 글은 여러 명의 서술자가 (   )되면서 사건을 서술하고 있다.

정답 | **01** 시점 **02** 전지적 **03** 초점 화자 **04** 가깝다 **05** 객관적 **06** 특정 인물 **07** × **08** ○ **09** 시각 **10** 교체

2 인물

'인물'은 소설 속에서 사건을 일으키고 이끌어 나가는, 사건과 행동의 주체를 말한다. 인물은 작가가 만든 이야기의 틀 속에서 다른 인물과 다양한 관계를 맺으며 이야기를 이끌어 나간다. 또 작품 속 인물은 반드시 사람만을 의미하지는 않는다. 동물이나 사물이 주인공으로 등장하는 경우 그 동물이나 사물이 작품 속 인물이 된다.

작품 속에서 인물의 성격은 인물의 언어, 태도, 습관, 욕망 등을 모두 포함하며, **인물의 말하기 방식을 통해 성격적인 특성이 드러나기도 한다.** 따라서 소설 속의 인물이 어떤 성격을 가지고 있는지, 인물 간의 관계는 어떻게 맺어져 있는지 파악하는 것이 작가가 표현하려는 주제를 파악하는 첫걸음이다.

❶ 점순이는 뭐 그리 썩 이쁜 계집애는 못 된다. 그렇다구 또 개떡이냐 하면 그런 것도 아니고, 꼭 내 아내가 돼야 할 만치 그저 툽툽하게 생긴 얼굴이다. (중략)

생김새가 멋이 없고 투박하게

내가 다 먹고 물러섰을 때 그릇을 와서 챙기는데 그런데 난 깜짝 놀라지 않았느냐. 고개를 푹 숙이고 밥함지에 그릇을 포개면서 날더러 들으라는지 혹은 제 소린지,

❷ "밤낮 일만 하다 말 텐가!" 하고 혼자서 좋알거린다. 고대 잘 내외(內外)하다가 이게 무슨 소린가, 하고 난 정신이 얼떨떨했다.

남녀가 예의상 서로 마주 대하기를 피하다가

– 김유정, 〈봄·봄〉

❶ 이 소설의 **중심인물**은 '점순이'와 '나'이다. '나'는 '점순이'의 심리를 잘 알고 있다고 생각하지만 눈치가 없는 어수룩한 인물이다.

❷ '점순이'는 자신과의 혼례를 적극적으로 추진하지 않는 '나'에게 자신의 생각을 직접 말하지 않고 **우회적으로 말하는 방식**을 통해 불만을 드러내고 있다.

〈보기〉

- 이 작품은 허구적 권력 표지를 통해 타인의 승인을 얻음으로써 자신감을 갖게 된 **인물**이, 승인을 거부하는 타인 앞에서는 소시민적 면모를 드러내는 상황을 그려 낸다. ─ 22 수능
- 1930년대 리얼리즘 장편 소설에는 변화하는 사회적 환경 속에서 사회적 지위가 상승한 **인물**형이 등장한다. ─ 21 9모

〈선택지〉

- [A]에서 **인물**은 상대의 행위가 옳지 않다고 판단하여, 반복적으로 추궁하며 상대가 잘못했음을 분명히 한다. ─ 24 수능
- **중심인물**이 알지 못하는 사건을 제시해 긴장감을 조성하고 있다. ─ 22 수능
- [A]는 **중심인물**의 말을 제시하여, [B]는 **주변 인물**의 말을 제시하여 사건들의 인과 관계를 드러내고 있다. ─ 21 수능
- 파경노가 노모를 핑계 삼아 말미를 얻는 장면은 최치원이 원하는 바를 얻기 위해 **기지를 발휘하는** 인물임을 보여 주는군. ─ 21 수능
- '경부선이 개통'할 '무렵'의 시대 변화에 적응하여 '근본'에서 벗어날 기회를 얻었던 **인물**의 모습은, 근대 문물이 유입되는 사회적 환경 속에서 변모해 갈 수 있었던 **인물**형을 보여 주는군. ─ 21 9모
- '춘향'은 **고사를 활용하여** 자신의 상황이 역사적 사건과 관련되어 있음을 말하고 있다. ─ 18 9모
- (나)의 여주인공은 자신의 죽음이 서로에게 이로운 일이라며, [A]의 여주인공은 자신의 죽음이 저승의 법을 어긴 대가라며 남주인공을 **설득한다**. ─ 17 9모

개념어 한눈에 보기 알고 있는 개념어는 ○, 모르는 개념어는 ✕ 표시해 보세요!

인물

- 인물의 유형과 관련된 개념어
  - 인물의 성격
    - 평면적 인물 ☐　전형적 인물 ☐
    - 입체적 인물 ☐　개성적 인물 ☐
  - 인물의 중요도
    - 중심인물 ☐
    - 주변 인물 ☐
- 인물의 말하기 방식과 관련된 개념어
  - 설득적 말하기 ☐　권위에 기대어 말하기 ☐
  - 단정적 말하기 ☐　고사를 활용하여 말하기 ☐
  - 우회적 말하기 ☐　상황을 가정하여 말하기 ☐
  - 감정에 호소하여 말하기 ☐　기지를 발휘하여 말하기 ☐

03 인물의 유형과 관련된 개념어

인물은 성격이 변화하는지 여부에 따라 평면적 인물과 입체적 인물로, 인물의 성격이 보편성을 가지는지 여부에 따라 전형적 인물과 개성적 인물로, 인물의 중요도에 따라 중심인물과 주변 인물로 나눌 수 있다.

소설에서 인물의 성격은 인물 간의 관계나 인물이 처한 환경, 사건의 흐름 등에 따라 다양하게 나타날 수 있다. 따라서 인물의 유형을 하나로 특정하기보다는 어떠한 상황에서 인물의 성격 유형이 어떻게 드러나는지를 파악하도록 하자.

---

014 평면적 인물 | 작품 속에서 처음부터 끝까지 성격이 변하지 않는 인물

작품 속 이야기가 전개되면서 사건이 변화하고 환경이 바뀌어도, 성격의 일관성을 유지하는 인물을 말한다. 평면적 인물은 독자에게 쉽게 파악되고 오랫동안 기억된다는 특징이 있다.

➕ 고전 소설의 인물들은 선인은 계속 선인의 성격을 유지하고, 악인은 계속 악인의 성격을 유지하는 경우가 많기 때문에 평면적 인물의 성격을 주로 갖고 있다. 〈춘향전〉의 변학도, 〈흥부전〉의 흥부와 놀부 등을 평면적 인물로 볼 수 있다.

> 윤 직원 영감은 시방 종학이가 사회주의를 한다는 그 한 가지 사실이 옛날의 드세던 부랑당
> 패가 백 길 천 길로 침노하는 그것보다도 더 분하고, 물론 무서웠던 것입니다.
> 성가시게 달라붙어 손해를 끼치거나 해침.
> 떼를 지어 돌아다니며 재물을 마구 빼앗는 사람들의 무리
>
> (중략)
>
> 윤 직원 영감은 팔을 부르걷은 주먹으로 방바닥을 땅 치면서 성난 황소가 영각을 하듯 고
> 함을 지릅니다. 소가 길게 우는 소리
>
> 《"화적패가 있너냐아? 부랑당 같은 수령들이 있더냐? (중략) 거리거리 순사요, 골골마다
> 공명한 정사, 오죽이나 좋은 세상이여…… 남은 수십만 명 동병을 히여서, 우리 조선 놈
> 군사를 일으킴.
> 보호히여 주니, 오죽이나 고마운 세상이여? 으응……? 제 것 지니고 앉아서 편안허게 살
> 태평 세상, 이걸 태평천하라고 하는 것이여, 태평천하!……》
> — 채만식, 〈태평천하〉

• 윤 직원 영감은 일제 강점기의 부당한 현실을 태평세월로 믿는 왜곡된 역사의식을 지닌 인물이며, 작품 속에서 처음부터 끝까지 자신에게 이익이 되는 쪽으로만 생각하고 행동하는 인물로 그려지고 있으므로 평면적 인물이라 할 수 있다.

Q. 이 글에서는 시간의 흐름에 따라 인물의 성격이 변화하고 있다. (◯ / ✕)

015 입체적 인물 | 작품 속의 상황이나 환경에 따라 성격이 변하는 인물

이야기가 전개됨에 따라 성격이 처음과 다르게 변화하거나 새로운 성격이 드러나는 인물을 말한다. 이때 인물의 성격은 긍정적인 방향으로 발전하고 성숙하기도 하고, 외부의 압력이나 시련을 겪으며 부정적인 방향으로 퇴보하기도 한다.

《소년은 주인 영감의 짧은 아랫수염과 뒤로 젖혀진 귓바퀴에, 시골 구장 영감을 생각해 내며, 한껏 긴장한 마음으로 공손히 절을 하였다. 그는 처음 보는 주인 영감 앞에서 몸 가지기가 거북한 것을 느끼지 않을 수 없었다. 아버지도 그의 앞에서는 보잘것없는 인물인 듯싶은 것이 또 마음에 부끄럽고 불안하였다.》

(중략)

《"그냥 있긴, 그래, 그 빌어먹을 놈의 영감 지랄허는 꼴 보려구? 흥, 어제두 시굴루 편질 해서 아버지를 불러오려는군. 그래, 내, 그랬지. 밤낮 아버지는 왜 오라구 그러느냐구. 나가라기 전에 내가 아주 나가 버릴 테니 어서 그동안 밀린 월급이나 계산해 달라구―. 그랬더니만 이놈의 늙은이가 약이 올라서 아주 펄펄 뛰겠지? 내, 참, 어떻게 우습던지."》

– 박태원, 〈천변 풍경〉

● 소년은 주인 영감에게 공손히 절을 하며 부끄러워하는 순박하고 어리숙한 모습을 보이고 있다.

▲ 소년의 말을 통해, 그가 서울 생활을 거치며 자신을 고용한 주인을 '빌어먹을 놈의 영감', '이놈의 늙은이'라고 조롱할 정도로 성격이 무례하고 영악해졌음을 드러내고 있다.

Q. 이 글의 소년은 시골에서 도시로 올라와 성격이 변화하는 입체적 인물이다. (○ / ×)

헷갈리지 마! 평면적, 전형적 인물 VS 입체적, 개성적 인물

고전 소설의 인물들은 평면적, 전형적 인물인 경우가 많아. 〈흥부전〉의 흥부는 처음부터 끝까지 착한 성격이 변하지 않고, 그 당시의 가난한 농민 계층을 대표한다고 본다면 평면적, 전형적 인물이지. 물론 **고전 소설에서 입체적, 개성적 인물이 나타나기도 해.** 〈박씨전〉의 박씨는 흉측한 외모로 소극적인 모습이었다가, 허물을 벗고 아름다운 모습이 되고 나서 당시 조선에 없던 여성 영웅으로 전쟁에서 활약하게 되니까 입체적, 개성적 인물로 볼 수 있어. **그러니까 작품과 인물에 따라 인물의 어떤 측면이 어떤 유형에 속하는지를 유의해서 판단할 수 있어야 해.**

개념어 check 정답 | 014 × 015 ○

016 전형적 인물 | 어떤 특정한 계층이나 집단의 보편적인 성격을 대변하는 인물

특정 시대나 사회의 어떤 집단, 계층, 직업, 세대 등을 대표하는 성격을 지닌 인물로, 전형적 인물은 인물의 개별적 성격을 지니면서 그가 속한 집단의 보편적 성격을 함께 보여 준다.

➕ 〈춘향전〉의 춘향은 열녀, 〈흥부전〉의 놀부는 악인, 〈운수 좋은 날〉의 김 첨지는 1920년대 일제 강점기 하층민을 대표하는 전형적 인물이라고 할 수 있다.

《원수가 백금 투구를 쓰고 흑운포를 입고 7척 천사검을 높이 들고 천리준총마를 타고 적
이대봉   하루에 천리를 달린다는 아주 훌륭한 말
진으로 달려들 때, 남주작과 북현무, 청룡과 백호군에게 호령하여 적진의 후군을 습격하여

무찌르게 하고 자신은 선봉장 골통을 맞아 싸웠다. 싸운 지 반 합이 채 못 되어 원수의 칼이
칼이나 창이 서로 마주치는 횟수를 세는 단위
공중에서 번쩍 빛나더니 골통의 머리가 떨어졌다. 이어 좌충우돌하며 적진을 누비니, 오늘

의 용맹이 전날의 용맹에 비해 배나 더하였다.》

– 작자 미상, 〈이대봉전〉

• 이대봉은 영웅의 전형으로 제시된 인물로, 이 장면은 이대봉이 나라를 구하기 위해 비범한 능력으로 적을 물리치는 용맹함이 잘 부각되어 있다.

Q. 이 글에서는 주인공이 천상계 출신임을 드러냄으로써 영웅의 전형성을 보여 주고 있다. (○ / ×)

---

017 개성적 인물 | 자신만의 분명하고 독특한 성격을 지닌 인물

자신의 고유한 기질과 성품을 통해 그 독자성이 드러나는 인물을 말한다. 인물의 성격이 일반적이지 않고 남과 다른 자신만의 독특한 성격이 나타난다.

➕ 소설 속의 인물이 전형적이기만 하면 판에 박힌 인물이 되기 쉽고, 개성적이기만 하면 현실성이 없는 인물이 될 수 있다. 따라서 인물의 성격은 전형적이면서도 한편으로는 개성적인 양상을 보일 수 있다.

《나는 그러나 그들의 아무와도 놀지 않는다. 놀지 않을 뿐만 아니라 인사도 않는다. 나는
내 아내와 인사하는 외에 누구와도 인사하고 싶지 않았다. (중략) 아내가 외출만 하면 나는
얼른 아랫방으로 와서 그 동쪽으로 난 들창을 열어 놓고, 열어 놓으면 들이비치는 볕살이
햇볕의 따뜻한 기운
아내의 화장대를 비쳐 가지각색 병들이 아롱이 지면서 찬란하게 빛나고 이렇게 빛나는 것을

보는 것은 다시없는 내 오락이다.》

– 이상, 〈날개〉

• '나'는 세상과 단절되어 무기력하게 살아가며 아내의 방에서 무의미한 장난을 하며 시간을 보내는 인물로, 이 소설은 인물의 비일상적인 모습을 통해 현대인의 분열된 자의식과 고독을 표현하고 있다. 이러한 인물을 개성적 인물이라 한다.

Q. 이 글에서는 '나'의 행동을 통해 인물의 개성적 성격을 드러내고 있다. (○ / ×)

018 중심인물 | 작품에서 주된 역할을 하는 인물

이야기 속에서 큰 비중을 차지하고 중심 사건을 이끌어 가며 주인공의 역할을 하는 인물로, 이야기의 중심이 된다.

연계 개념어 **주동 인물, 반동 인물** | 인물을 역할 수행에 따라 나눈 것이다. 주동 인물은 사건을 주도하고 주제의 방향에 따라 움직이는 인물이고, 반동 인물은 주동 인물과 대립하는 인물이다.

> 훗날 문성현이 어른이 되어서 자신의 기억을 더듬어 올라갔을 때, 가장 어린 날의 광경은 막냇동생 승현의 돌날이었으니 그가 여덟 살이 되었을 때였다. (중략)
>
> 사람들의 웃음소리가 와자하게 들려왔다. 성현은 계속하여 울려고 했다. 그런데 갑자기 울 수가 없었다. 여느 때 같으면 그는 누군가가 나타날 때까지 마구 몸부림을 치며 울었을 것이다. 아무도 자신처럼 벋정대며 울지 않는다는 것을 그는 그 순간에 깨달았던 것이다. 자신은 다른 이와 너무나 달랐다.
>
> — 윤영수, 〈착한 사람 문성현〉

• 이 소설은 뇌성 마비를 앓는 주인공 문성현의 삶을 그리고 있는데, 이 장면에서는 문성현이 자신이 남과 다르다는 사실을 깨닫고 있다. 중심인물은 문성현임을 알 수 있다.

Q. 이 글에서 사건을 이끌어 가는 중심인물을 찾아 쓰세요. ___________________

---

019 주변 인물 | 작품에서 보조적 역할을 하는 인물

이야기 속에서 중심인물을 돋보이게 하거나 주인공과 관련된 사건의 진행을 돕는 등 부수적 역할을 하는 인물로, 작품에서 차지하는 비중이 작다.

> 일지는 내심에 상서가 부중을 떠남을 다행히 여겨 은근히 기뻐하나, 겉으로는 가장 결연
> (높은 벼슬아치의 집안)
> 함을 일컫더라. 다음 날에 상서가 모든 곳에 하직하고 즉시 길을 떠나니라. 수일 후에 일지가 차돌이를 불러 상서가 이제 왕명을 받아 사신으로 감을 말하여
>
> "이에 비로소 묘한 기회를 만났으니, 먼저 최씨를 없앨 계교를 생각하라."
>
> 하니 차돌이 말하되, / "먼저 최씨의 필적을 얻어야 가히 대사를 도모할 것이오."
>
> — 작자 미상, 〈정진사전〉

• 이 소설은 남녀의 결연과 처첩 간의 갈등을 다루고 있다. 이 장면은 첩인 일지가 최 부인을 없애기 위해 계략을 꾸미는 장면으로, 차돌은 일지에게 협조하는 주변 인물이다.

Q. 이 글에서는 주변 인물을 통해 중심인물의 부정적 면모를 부각하고 있다. (○ / ×)

● **다음 빈칸을 채워 문장을 완성하세요.**

01 환경이나 상황에 따라 성격이 변화하는 인물을 (　　　　　) 인물이라고 하며, 처음부터 끝까지 성격이 변하지 않고 그대로인 인물을 평면적 인물이라고 한다.

02 (　　　　　) 인물은 어떤 계층이나 집단, 세대의 성격을 대표하는 인물이며, 개성적 인물은 자신만의 독특하고 분명한 성격을 지닌 인물이다.

03 인물은 중요도에 따라 사건을 이끌어 가며 이야기에서 차지하는 비중이 큰 (　　　　　) 인물과, 부수적 역할을 하는 주변 인물로 나눌 수 있다.

● **다음 소설을 읽고 적절한 설명이 되도록 괄호 안에서 알맞은 말을 고르세요.**

> 　변씨 집의 자제와 손들이 허생을 보니 거지였다. 실띠의 술이 빠져 너덜너덜하고, 갖신의 뒷굽이 자빠졌으며, 쭈그러진 갓에 허름한 도포를 걸치고, 코에서 맑은 콧물이 흘렀다.
>
> – 박지원, 〈허생전〉

04 이 글에서는 외양 묘사를 통해 인물의 (전형적, 개성적) 면모를 부각하고 있다.

> 　우리가 볼 때 기표는 구제불능이었다. 그의 환경이 그를 그렇게 만들었다고 보기보다 선천적인 어떤 포악성을 가지고 있는 것처럼 보였다. (중략) 이제 아이들은 아무도 기표를 무서워하지 않았다. 형이라고 호칭하는 아이도 드물었다. 아무나 곁에 가서 말을 걸 수가 있었고 때로는 어깨도 쳤다. / 그것은 기표가 아주 부끄러움을 잘 타는 아이로 변해 버렸기 때문이다.
>
> – 전상국, 〈우상의 눈물〉

05 이 글의 기표는 이야기의 진행에 따라 성격이 (변하는, 변하지 않는) 인물이다.

> 　혈룡의 귀신이 원수를 갚으러 왔다는 위협에 김 감사도 등골이 섬뜩하여 좌우 비장을 노려보며 어떻게 하랴 하고 물으니, 비장이,
> 　"아무래도 참말 같지 않사옵니다. 죽은 원혼이 어찌 사람 모습이 되어 올 수 있습니까? 그때 데리고 갔던 사공을 불러다가 문초하여 보시는 것이 좋을까 합니다." – 작자 미상, 〈옥단춘전〉

06 이 글의 비장은 사건의 진행을 돕는 (중심적, 부수적) 역할을 하는 인물이다.

● 다음 소설을 읽고 설명이 맞으면 ○표, 틀리면 ×표를 하세요.

> 옛날의 순사와 꼭 같이 차리고 하였건만 맹순사는 웬일인지 우선 스스로가 위엄도 없고, 신도 나는 줄을 모르겠고 하였다. 만나거나 지나치는 행인들의 동정이, 전처럼 조심하는 것 같은, 무서워하는 것 같은 기색이 없고, 그저 본숭만숭이었다. 더러는 다뿍 적의와 경멸의 눈초리로 흘겨보기까지 하였다.
> 　　　　　　　　　　　　　　　　　　　　　　　　　　　　　　　　　　　- 채만식, 〈맹순사〉

07 이 글은 맹순사라는 중심인물에 대한 이야기를 전개하고 있다.　(　○　/　×　)

> 아버지는 술이 약한 편이어서 저러다가 어쩌나 하고 걱정이 되었다.
> "아버지, 고만 드세요. 몸에 해로워요." / "으응."
> 대답하면서도 아버지는 술잔을 놓지 않았다. 얼마나 지났을까. 안주를 계속 주워 먹었으므로 어느 정도 시장기를 면한 나는 비로소 아버지를 쳐다보았다. (중략) 기분 좋게 취한 듯한 아버지는 놀라는 나를 보고 히힝 한 번 웃었다. 나는 어쩐지 그런 아버지가 무섭지만은 않았다. (중략) 나도 아버지를 따라 히히힝 웃었다.
> 　　　　　　　　　　　　　　　　　　　　　　　　　　　　　　　　　　　- 최일남, 〈노새 두 마리〉

08 이 글은 중심인물과 주변 인물의 대립을 통해 주제를 형성하고 있다.　(　○　/　×　)

● 다음 소설을 읽고 빈칸을 채워 문장을 완성하세요.

> 놀부 더욱 화를 내어 하는 말이,
> "이놈아, 들어 보아라. 쌀이 많이 있다 한들 너 주자고 섬을 헐며, 벼가 많이 있다 한들 너 주자고 노적 헐며, 돈이 많이 있다 한들 너 주자고 꽷돈 헐며, (중략) 지게미나 주자 한들 새끼 낳은 돼지를 굶기며, 콩 섬이나 주자 한들 큰 농우가 네 필이니 너를 주고 소 굶기랴. 염치없고 체면 없는 놈이로다."
> 　　　　　　　　　　　　　　　　　　　　　　　　　　　　　　　　　　　- 작자 미상, 〈흥부전〉

09 이 글의 놀부는 욕심 많은 악인을 대표하는 (　　　　　) 인물이다.

> 단장은 허 노인을 매번 나무랐다. 허 노인은 얼굴이 파랗게 질려서 대꾸도 못하고 땀만 뻘뻘 흘리다가 단장 앞을 힘없이 물러나오곤 했다. 그러나 그다음 날도 허 노인은 여전히 전처럼 줄을 타는 것이었다. (중략) 운은 비로소 허 노인이 끝내 줄타기 자세를 바꾸지 못하는 내력을 알 것 같았다.
> 　　　　　　　　　　　　　　　　　　　　　　　　　　　　　　　　　　　- 이청준, 〈줄〉

10 이 글에서 인물의 성격 변화 양상으로 보아 허 노인은 (　　　　　) 인물이다.

정답 | **01** 입체적 **02** 전형적 **03** 중심 **04** 개성적 **05** 변하는 **06** 부수적 **07** ○ **08** × **09** 전형적 **10** 평면적

04 인물의 말하기 방식과 관련된 개념어

인물은 갈등 상황에서 자신이 원하는 결과를 이끌어 내거나 상대방을 설득하기 위해 특정한 방법을 동원하여 말을 하게 된다. 인물의 말하기 방식의 의도와 목적을 묻는 문제가 자주 출제되므로, 말하기 방식에 대표적으로 어떤 유형이 있는지를 미리 학습하는 것이 좋다.

★★★ 020 설득적 말하기 | 자신의 주장을 상대가 따르도록 하는 말하기 방식

상대방이 자신의 의견에 납득하고 동의하도록 하기 위한 말하기 방식이다. 인물이 서로 다른 의견을 가지고 있거나 대립하는 상황에서 나타나는 경우가 많다.

> "이승에서 함께 오래 살다가 백 년 후에 같이 세상을 떠날 수는 없겠소?"
>
> 최낭은, /《"낭군의 수명은 아직 남아 있으나 저는 이미 저승의 명부에 이름이 올라 있어 더 이상 머물 수 없습니다. 만일 제가 인간 세상을 그리워해 미련을 가지면 저승의 법에 위반되고, 죄가 제게만이 아니라 낭군님께도 미칠 것입니다. 다만 제 유골이 아무 곳에 흩어져 있으니 은혜를 베풀어 유골을 거두어 비바람 맞지 않게 해 주십시오."》 / 하였다.
>
> 두 사람은 서로 바라보며 눈물을 흘렸다.
>
> — 김시습, 〈이생규장전〉

- 죽었다가 잠시 환신하여 이승으로 돌아왔던 최낭이 이생을 설득하는 장면이다. 최낭은 저승의 법과 이생에게 미칠 부정적 영향을 근거로 들며 이생을 설득하고 있다.

 **Q-1.** 이 글에서 최낭은 자신의 이익을 위해 근거를 들어 상대방을 설득하고 있다. (○ / ×)

> 조백헌 원장은 각 마을 장로 일곱 명을 중앙리 공회당으로 불러 모아 놓고 모처럼 그의 사업 계획을 털어놓았다.
>
> 《"물론 이 일은 지난날 이 섬에 있었던 어떤 다른 역사보다도 더 힘들고 긴 세월이 필요할 겁니다. (중략) 여러분 자신은 아마 이 일을 여러분의 손으로 이룩해 내고 나서도 그 땅에서 얻은 것을 가지고 지금보다 더 배불리 먹게 될 수도 없을는지 모릅니다."》
>
> 원장은 5만분의 1 지도를 벽에 걸어 놓고 그가 계획하고 있는 간척 사업의 개요를 설명한 다음 장로들을 간곡히 설득하기 시작했다.
>
> — 이청준, 〈당신들의 천국〉

- 원장은 자신이 공들여 온 사업을 실현하기 위해 간척 사업에 대한 계획을 털어놓고, 마을 장로들을 진심으로 설득하며 말하고 있다.

 **Q-2.** 이 글에서 원장은 거짓말로 주민들을 설득하고 있다. (○ / ×)

021 단정적 말하기 斷定(끊을 단, 정할 정) | 딱 잘라서 판단하고 결정해 버리는 말하기 방식

자신의 뜻을 단호하게 결정하고 이를 직접적으로 말하는 방식이다. 인물의 강인하고 절도 있는 성격이 드러나는 말하기 방식이다.

> "낭자의 말씀이 그른지라. 이제 낭자의 부모 친척이 없고 천리원정에 최생 소식을 통할 길이 없거늘, 헛되이 신의를 지키고 평생을 그르게 하니 어찌 아깝지 아니하리오. 또한 위 자사는 청춘에 부귀영화 일국에 진동하니 이제 낭자 결혼하여 빛난 가문에 아름다운 부인이 되어 생남생녀하시며 부귀영화 누리다가 백년해로하시고 위로 부모의 제사를 받들고 아래로 평생을 온전케 할 것이니 어찌 즐겁지 아니하리오. (후략)."
>
> 하거늘 낭자 변색대로 왈,
> 얼굴빛이 달라지며 크게 화를 내어
> 《"비록 규중에 있어 배운 것은 없으나 인륜대절은 아나니, 어찌 불측한 말로 감히 욕되게
> 사람으로서 지켜야 할 도리와 절개
> 하느뇨? 그대는 자사의 형세를 자세히 알거니와 나도 사대부 여자로 도리가 있거늘, 비례
> 예의에 어긋남.
> 를 행하라 희롱하니 방자치 않으리오."》
> 무례하고 건방지지
> — 작자 미상, 〈월영낭자전〉

• 이 장면에서는 희성과 정혼한 월영에게 위 자사가 사람을 보내어 혼인하려는 뜻을 전한다. 이에 월영은 사대부 여자의 도리를 언급하며 청혼을 단호하게 거절하고 있다.

Q. 이 글에서 월영은 도리를 근거로 들어 청혼을 완곡하게 거절하고 있다. (○ / ✕)

---

022 우회적 말하기 | 생각을 직접적으로 드러내지 않고 돌려서 표현하는 말하기 방식

'우회'란 멀리 돌아서 간다는 뜻으로, 자신의 생각을 직접적으로 전달하지 않고 다른 방식을 통해 간접적으로 돌려 말하는 방식이다.

> 《"내가 보기에 종루 앞길을 가득 메우고 있는 것들이 있는데, 이것들이 모두 황충이라오.
> 민옹 – 주인공   황충을 지칭함. - 여기서는 '관리'를 의미함.   메뚜기과에 속하는 벌레. 농사에 해를 끼침.
> 길이는 모두 일곱 자가 넘고, 대가리는 새까맣고 눈알은 반짝거리며 아가리는 커서 주먹
> 길이의 단위. 한 자는 약 30.3cm에 해당함.
> 이 들락날락할 정도인데, 웅얼웅얼 소리를 내고 꾸부정한 모습으로 줄줄이 몰려다니지.
> 곡식이란 곡식은 죄다 해치우는 것이 이것들만 한 것이 없더군, 그래서 내가 잡으려고 했
> 백성을 수탈하는 것을 의미함.
> 지만, 그렇게 큰 바가지가 없어 아쉽게도 잡지를 못했다네."》
> — 박지원, 〈민옹전〉

• 이 소설의 주인공인 민옹은 부패하고 무능한 관리들을 '황충'에 비유하여 말함으로써, 당대 관리들의 무능함과 백성을 착취하는 것에 대한 비판을 우회적으로 드러내고 있다.

Q. 이 글에서 민옹이 당대 관리들을 우회적으로 비판하기 위해 비유한 대상을 쓰세요. ________

023 감정에 호소하여 말하기 | 간곡하게 하소연하여 상대를 자극하는 말하기 방식

자신이 원하는 대로 상대방의 마음을 움직이기 위해 상대의 동정, 인정, 연민 등의 감정을 자극하여 말하는 방식이다.

> "한림은 나를 모르시나이까. 첩은 다른 사람이 아니오라 심천동에 가서 죽은 인향의 혼백이로소이다. 가련한 혼백이 의지할 곳도 없고 위로하여 줄 사람도 없사와 슬픔을 이기지 못하였삽더니 천만에 한림의 덕택으로 축문까지 읽어 주시고 원혼을 위로하여 주시니 귀신이라도 어찌 그 은혜를 모르오리까. (중략) 한림은 저를 재생코자 하시거든 하늘께 축수하와 금생 연분을 이루게 하옵소서."
>
> – 작자 미상, 〈김인향전〉
>
> 두 손바닥을 마주 대고 빎.

- 억울하게 죽은 인향의 혼백은 한림의 꿈속으로 찾아가, 자신이 다시 살아나 연분을 이룰 수 있도록 하늘에 빌어 주기를 감정에 호소하며 말하고 있다.

Q. 이 글에서 인향은 상대방의 동정심에 호소하여 도움을 청하는 말하기를 하고 있다. (○ / ×)

024 권위에 기대어 말하기 | 남을 따르게 하는 힘에 의지하는 말하기 방식

상대를 설득하거나 자신의 주장을 관철시켜야 하는 경우, 상대가 수긍할 수 있도록 사회적으로 인정을 받고 영향력을 끼칠 수 있는 힘인 권위에 기대어 말하는 방식이다.

> 이런 일에 능란한 사교는 성난 얼굴에서 곧 미소로 변하고, 부드러운 목소리로 묻기 시작하였다.
>
> 한 교구를 관할하는 교직
>
> "처음부터 묻기루 하자. 무슨 마귀의 장난으로 영어 복음서를 읽구 듣구 했지?"
>
> "마귀의 장난이라뇨? 천만에. 우리말루 읽는 것이 왜 그렇게까지 옳지 못하다는 말입니까?"
>
> "교회에서 금하니까 옳지 못허지."
>
> "교회에서 하는 일은 무어든지 다 옳습니까?"
>
> "암 그렇구말구. 교회는 성 페테로(베드로)에서 시작되고 페테로는 직접 그리스도의 위임을 맡으셨으니까."
>
> – 김성한, 〈바비도〉

- 이 소설은 중세의 영국을 배경으로, 자신들의 권위를 떨어뜨리는 영어 성서를 읽지 못하게 함으로써 민중들을 억압한 교회의 횡포를 그리고 있다. 사교는 영어로 된 성서를 읽는 것이 교회에서 금하는 일이므로 옳지 못하다고 하며, 그리스도의 권위에 기대어 자신의 판단이 정당함을 말하고 있다.

Q. 이 글에서 사교는 상대방의 처지에 공감하며 감정적으로 설득하고 있다. (○ / ×)

025 고사를 활용하여 말하기 故事(옛 고, 일 사) | 옛 유명한 일화나 어구를 인용하는 말하기 방식

어떤 상황을 표현할 때, 그와 비슷한 옛날의 일을 인용하여 말하는 방식이다. 옛날부터 전해 오는 유명한 이야기나 그 이야기를 표현하는 어구를 인용하여 말하면 자신이 말하려는 바를 효과적으로 표현할 수 있다.

> "옛글에 '장부 세상에 나서 입신하여 세상에 이름을 드날려 문호를 빛나게 하며, 조상 향
> 대대로 내려오는 그 집안의 사회적 신분이나 지위
> 불을 빛나게 하라' 하였으니 문필을 배우지 않으면 공명을 어떻게 바라겠습니까? 그래서
> 옛 사람도 낮이면 밭 갈고, 밤이면 글을 읽어, 성공하여 길이길이 기린각에 화상을 그린
> 중국 한나라 무제가 장안의 궁중에 세운 전각
> 족자가 붙어 훗날에 유전하는 것을 장부다운 일로 여겼습니다. 무식한 사람으로 영웅호
> 걸이 되었다는 말은 듣지 못했습니다."
> – 작자 미상, 〈신유복전〉

- 경패가 남편 신유복에게 글공부를 할 것을 강력하게 설득하고 있는데, 경패는 《소학》의 옛글을 인용하여 상대방이 자신의 결정을 따르도록 유도하고 있다.

개념어 check Q. 이 글에서 경패가 자신의 말하기에 근거로 활용한 것을 찾아 한 단어로 쓰세요. ____________________

026 상황을 가정하여 말하기 | 상황을 가정하여 자신의 뜻을 피력하는 말하기 방식

아직 일어나지 않은 일을 일어났다고 가정하거나 상상하여, 그 상황의 결과를 통해 상대를 설득하여 말하는 방식이다.

> "돈만 있으면 그까짓 거 누가 고쓰카이 노릇을 합쇼? 밑천만 있으면 삼산 학교 앞에 가서
> 잔심부름꾼. 사환을 뜻함.
> 버젓이 장사를 할 턴뎁쇼." / 한다.
> "무슨 장사?"
> "아, 방학 될 때까지 차미 장사도 하굽쇼, 가을부턴 군밤 장사, 왜떡 장사, 습자지, 도화지
> 장사 막 합죠. 삼산 학교 학생들이 저를 어떻게 좋아하겝쇼. 저를 선생들보다 낫게 치는
> 뎁쇼." / 한다.
> – 이태준, 〈달밤〉

- 황수건이 자신은 밑천만 있으면 삼산 학교 앞에서 장사를 잘할 수 있을 것이라고, 자신에게 돈이 있는 상황을 가정하여 자신만만하게 말하고 있다.

개념어 check Q. 이 글의 인물은 장사를 하는 상황을 가정하여 허풍스럽게 말하고 있다. (○ / ×)

027 기지를 발휘하여 말하기 機智(틀 기, 지혜 지) | 위기를 벗어나기 위해 재치 있게 말하는 방식

'기지'란 경우에 따라 재치 있게 대응하는 지혜라는 뜻으로, 인물이 지혜와 상황 판단 능력을 발휘하여 위기에서 벗어나거나 문제를 해결하는 말하기 방식이다.

'간을 달라 하던 용왕은 좋은 말로 달랬는데 이 미련하고 배고픈 독수리를 무슨 수로 달래리오.'

토끼는 창황망조한 중에 문득 한 꾀를 내어 말했다.
　　　너무 급하여 어찌할 수가 없음.

"여보 수리 아주머니! 내 말 좀 잠깐 들어 보오. 아주머니 올 줄 알고 몇몇 달 경영해 모은 양식이 쓸데없어 한이니, 오늘 이렇게 늦게나마 만났으니 어서 바삐 갑시다."

"무슨 음식이 있다고 감언이설로 날 속이려 하느냐? 나는 수궁 용왕이 아니거든 내 어찌
　　귀가 솔깃하도록 이로운 조건을 내세워 꾀는 말
너한테 속을쏜가?"
　　　　　　　　　　　　　　　　　　납일에 한 해 동안 지은 농사 형편과 그 밖의 일들을 여러 신에게 고하는 제사

"여보, 수리 아주머니! 토진하는 정담 들어 보시오. (중략) 건넛마을 이 동지가 납제 사냥
　　간과 쓸개를 다 토한다는 뜻으로, 실정을 숨김없이 다 털어놓고 말함을 이르는 말
하느라 나를 심히 놀래기로 그 원수 갚기를 생각하더니, 《금년 정이월에 그 집 맏배 병아
　　　　　　　　　　　　　　　　　　　　　　　　　짐승이 새끼를 낳는 첫째 번
리 사십여 수를 둘만 남기고 다 잡아 왔소. 또 제일 긴한 용궁에 있던 꾀주머니도 내게 있
으니, 아주머니는 듣도 보도 못한 물건이오니 가지기만 하면 조화가 무궁하지만 내게는
다 부당한 물건이오. 아주머니에게는 모두 긴요한 것이니 나와 함께 어서 갑시다. 음식
도적은 매일 잔치를 한대도 다 못 먹을 것이고 꾀주머니는 가만히 앉았어도 평생을 잘 견
디게 해 주니 어찌 아니 좋겠소?》

– 작자 미상, 〈토끼전〉

● 용궁에서 벗어난 토끼가 독수리에게 잡힐지도 모르는 새로운 위기 상황에 처하게 되는 장면이다. 토끼는 위기를 모면하기 위해 기지를 발휘하여 자신에게 독수리를 위해 모은 양식이 있다고 속이고 있다.

▲ 토끼는 자신에게 병아리와 꾀주머니가 있는데, 이것이 독수리에게 긴요한 물건이라고 말하면서 독수리를 부추기고 있다.

Q. 이 글에서 토끼가 위기에서 벗어나기 위해 발휘한 수단은 무엇인지 찾아 한 단어로 쓰세요. ＿＿＿＿＿＿

● **다음 빈칸을 채워 문장을 완성하세요.**

01 자신의 생각을 직접적으로 전달하지 않고 돌려서 표현하는 것을 (　　　　　) 말하기라
고 한다.

02 상대의 감정을 자극하여 마음이 움직이도록 하소연하는 말하기 방식을 (　　　　　)에
호소하여 말하기라고 한다.

● **다음 소설을 읽고 적절한 설명이 되도록 괄호 안에서 알맞은 말을 고르세요.**

> "남자들은 저 편리한 대로 신의니 뭐니 하더군요. 우리가 혼인한 것이 약속이니 지켜야 한
> 다고 합시다. 하지만 어찌 그 약속이 여자 홀로 지켜야 할 것입니까? 당신이 그걸 저버리
> 고 절 돌보지 않으니 제가 약속을 지켜야 할 상대는 어디 있는 겁니까? 차라리 전 팔자를
> 고쳤으면 합니다."
>
> 　　　　　　　　　　　　　　　　　　　　　　　　　　　　　　　　　– 이남희, 〈허생의 처〉

03 이 글의 인물은 팔자를 고쳐 다시 결혼하고 싶다고 (단정적, 우회적)으로 말하고 있다.

> "낭군께선 급히 주효를 성대히 마련하시고 바로 미인이 머문 집으로 가서서 손님을 전별
> 하려는 듯 하십시오. 방 하나를 빌려 잔치를 벌이시고 이놈을 불러 손님을 모셔 오라 하시
> 면, 제가 명을 받들어 나갔다가 한 식경 후에 돌아와 '손님이 오십니다.'라 하지요. (중략)
> 이때 흉금을 털고 말하신다면 일은 거의 다 된 것입지요."
>
> 　　　　　　　　　　　　　　　　　　　　　　　　　　　　　　　　　– 작자 미상, 〈상사동기〉

04 이 글의 인물은 앞날의 일을 (가정, 단정)하여 상대에게 계책을 말하고 있다.

● **다음 소설을 읽고 빈칸을 채워 문장을 완성하세요.**

> "소제는 동해 용왕의 둘째 아들이옵더니, 부왕의 명을 받자와 형장께 당부할 말이 있기로
> 왔삽거니와, '지금 천하가 요란하여 명일 신시에 천자의 위태함을 구할 자는 당금 유실부
> 라.' 하시기로 왔사오니, 부디 때를 잃지 말고 아름다운 이름을 후세에 전하소서."
>
> 　　　　　　　　　　　　　　　　　　　　　　　　　　　　　　　　　– 작자 미상, 〈월왕전〉

05 이 글의 인물은 (　　　　　　)의 명령을 근거로 상대에게 당부하고 있다.

정답 | **01** 우회적 **02** 감정 **03** 단정적 **04** 가정 **05** 권위자(용왕)

3 갈등과 배경

'갈등'은 인물의 내면이나 인물 사이에서 입장과 태도가 엇갈려 일어나는 대립과 충돌을 말한다. 소설 속 갈등은 작가가 전달하려는 주제와 밀접한 관련을 갖고 있다. 따라서 소설을 읽을 때에는 주요 갈등과 그 갈등의 원인, 진행 양상을 파악할 수 있어야 한다. 사건이 전개되면서 갈등의 양상은 해결되거나 심화되는 등 여러 가지로 변화할 수 있다.

'배경'이란 소설 속에서 인물이 행동하고 사건이 일어나는 구체적인 시간과 공간을 말하며 시대적, 사회적 환경까지 포함한다. 배경은 사건의 사실성을 높이는 기능을 하며, 작품의 분위기를 조성하고 인물의 심리를 드러내 주기도 한다.

❶ <u>1945년 8월 15일, 역사적인 날.</u>

이날도 신기료장수 방삼복은 종로의 공원 건너편 응달에 앉아 ❷
헌 신을 꿰매어 고치는 일을 직업으로 하는 사람
서, 구두 징을 박으면서, 해방의 날을 맞이하였다. 그러나 삼복은 감격한 줄도 기쁜 줄도 모르겠었다. 지나가는 행인이, 서로 모르던 사람끼리면서 덤쑥 서로 껴안고 기뻐하고 눈물을 흘리고 하는 것이, 삼복은 속을 모르겠고 차라리 쑥스러 보일 따름이었다. 《몰 ❸
려 닫는 군중이 오히려 성가시고, 만세 소리가 귀가 아파 이맛살이 지푸려질 지경이었다.》

– 채만식, 〈미스터 방〉

❶, ❷ **시대적 배경**은 1945년 8월 15일로 해방 직후이며, **공간적 배경**은 종로의 공원이다.

❸ 신기료장수인 방삼복은 나라가 해방된 기쁜 날에도 독립의 기쁨을 느끼지 못하고 군중들을 성가셔 하고 있으므로, 해방된 사회와 충돌하며 **외적 갈등**을 느끼고 있다고 볼 수 있다.

〈보기〉

- 신분적 한계를 지닌 여성과의 결연 과정에서 애정 성취를 가로막는 사회적 관습으로 인한 **갈등**이 드러난다는 점에서 소설사적 의의가 있다. – 24 6모
- 소망이나 욕구가 충족되지 못해서 **갈등**을 겪는 개인은 심리적으로 불안한 상태에 빠진다. 특히 사회적으로 불안정한 처지에 놓여 있는 개인은 긴장과 **갈등** 상황에 과민하게 반응하며 현실에 적응하는 데에 어려움을 겪는다. – 19 9모

〈선택지〉

- 인물의 행위를 사실적으로 그려 내어 **내적 갈등**을 표면화하고 있다. – 25 9모
- ㉠는 ㉡와 달리, **시간과 공간**에 관여되면서 이야기의 **배경**에 실감을 더하게 된다. – 25 6모
- [A]에서 인물이 상대에게 화를 내자, [B]에서 인물은 당황하며 자신을 방어하지만, [C]에서 **갈등 상황은 지속**된다.
  – 24 수능
- 집주름 영감은 아내와 갑득이 어미의 갈등이 드러나지 않게 하는, 양 서방은 결과적으로 이들의 **갈등을 완화**하는 역할을 한다. – 24 수능
- 중심인물의 반복적인 동작을 강조하여 **내적 갈등**을 표면화한다. – 24 6모
- 감각적인 **배경** 묘사를 통해 인물의 행동이 전개되는 상황의 낭만적 분위기를 부각하고 있다. – 23 수능
- [A]는 공간 이동에 따라 일어나는 사건을 통해, [B]는 공간에 대한 묘사를 통해 인물들의 **외적 갈등**을 심화하고 있다.
  – 21 수능
- [A]는 인물 간의 대화를 삽입하여, [B]는 인물들의 반복되는 행동을 제시하여 **갈등 해소** 과정을 보여 주고 있다. – 21 수능
- [A]는 **시간적 배경**을 통해 장면의 분위기를 드러내고, [B]는 **공간적 배경**의 변화를 통해 인물 간 대립의 원인을 드러낸다. – 20 6모

개념어 한눈에 보기 알고 있는 개념어는 ○, 모르는 개념어는 ✕ 표시해 보세요!

05 갈등과 관련된 개념어

　　인물을 중심으로 한 갈등은 인물 안에서 일어나는 내적 갈등과 인물이 사회적 상황이나 자연적 상황, 자신의 운명 등 외부적인 요인과 대립하면서 일어나는 외적 갈등으로 나눌 수 있다.

　　소설 안에서 어떤 상황이나 사건이 발생했을 때, 인물의 내적 갈등과 외적 갈등이 동시에 일어나기도 한다. 갈등이 진행되는 과정에서 인물의 성격과 대응 태도가 드러나며, 작가는 이를 바탕으로 주제 의식을 전달할 수 있으므로 소설의 갈등을 파악하는 것은 매우 중요하다.

　　또 사건의 진행에 따라 외부 요인과의 갈등이 고조될 때 독자가 느끼는 긴장감은 높아지고, 사건이 해결되어 갈등이 해소되면 긴장감이 풀리면서 독자가 안정감을 느끼게 된다.

유사 개념어 | 심리적 갈등, 내면적 갈등

028 내적 갈등 葛藤(칡 갈, 등나무 등)　인물의 마음속에서 대립되는 심리로 인해 일어나는 갈등

　　한 인물의 내면 속에서 대립되는 심리로 인해 발생하는 갈등이다. 인물이 겪는 고민, 근심, 불안, 방황, 망설임 등이 모두 내적 갈등에 해당한다.

> 　　가게 문을 닫고 주인댁에서 날라 온 저녁밥을 먹고 나면 비로소 수남이 혼자만의 시간이다. 꿀 같은 시간이었다. 책을 펴 놓고 영어 단어를 찾고, 수학 문제를 풀어 보고, 턱을 괴고 소년답게 감미로운 공상에 잠길 수 있는 그런 시간이었다. 그러나 오늘 수남이는 그게 되지를 않았다. 책을 집어던졌다.
>
> 　　《낮에 내가 한 짓은 옳은 짓이었을까? 옳을 것도 없지만 나쁠 것은 또 뭔가? 자가용까지 있는 주제에 나 같은 아이에게 오천 원을 우려내려고 그렇게 간악하게 굴던 신사를 그 정도 골려 준 것이 뭐가 나쁜가? 그런데도 왜 무섭고 떨렸던가. 그때의 내 꼴이 어땠으면, 주인 영감님까지 "네놈 꼴이 꼭 도둑놈 꼴이다."고 하였을까.
>
> 　　그럼 내가 한 짓은 도둑질이었단 말인가. 그럼 나는 도둑질을 하면서 그렇게 기쁨을 느꼈더란 말인가.》
>
> – 박완서, 〈자전거 도둑〉

● 수남이는 자전거를 들고 도망쳐 온 자신의 행동에 대해 '간악하게 굴던 신사를 골려 준 것은 나쁜 일이 아니다.'라는 생각과 '신사 몰래 자전거를 들고 도망쳐 온 것은 도둑질이다.'라는 생각의 대립 때문에 고민하면서 내적 갈등을 드러내고 있다.

개념어 check

Q. 이 글에서는 수남이와 신사 사이의 갈등이 심화되고 있다. （ ○ / × ）

인물과 인물을 둘러싸고 있는 외부적인 요인의 대립으로 인해 발생하는 갈등이다. 여기서 외부적인 요인이란 다른 인물, 사회적 또는 자연적 상황, 혹은 주어진 운명 등을 말한다.

➕ 외적 갈등은 그 요인에 따라 '개인과 개인의 갈등', '개인과 사회의 갈등', '개인과 운명의 갈등'으로 분류할 수 있다.

연계 개념어 **사건** | 소설 속에서 인물의 행동으로 인해 전개되는 이야기를 사건이라고 한다. 인물과 인물 사이에서 사건이 일어나므로 사건의 진행 과정에서 인물 간의 갈등이 발생하기도 한다.

> "낭군과 저는 하늘이 정해 준 인연이 분명하거늘, 제가 어찌 외간 남자와 간통하겠나이까? 아무리 육례를 갖추지 않은 며느리라 할지라도 어찌 제게 이처럼 흉한 말씀으로 꾸
>
> 우리나라에서 전통적으로 내려오는 혼인의 여섯 가지 예법
>
> 짖으시나이까?" (중략)
>
> 그러나 상공은 낭자의 말을 듣기는커녕 더욱 꾸짖기를,
>
> "재상가의 규중에 외간 남자가 출입하는 것만으로도 죽어 마땅한 일이로다. 하물며 네 방에 외간 남자가 출입하는 것을 내 눈으로 직접 보았는데, 어찌 너를 범상하게 다스릴 수 있으리오?"
>
> – 작자 미상, 〈숙영 낭자전〉

● 숙영 낭자는 자신의 행실에 대한 상공의 의심에 결백을 주장하고 있다.

▲ 상공은 며느리인 숙영 낭자가 남자와 몰래 만난다고 오해하여 꾸짖고 있으므로, 두 사람이 서로 다른 입장 때문에 갈등하며 대립하고 있다.

Q. 이 글은 인물 간의 대화를 통해 인물 간의 외적 갈등을 제시하고 있다. （ ○ ／ ✕ ）

💡 헷갈리지 마! 개인과 개인의 갈등 & 개인과 사회의 갈등 & 개인과 운명의 갈등

외부 요인으로 인해 일어나는 외적 갈등은 갈등의 원인이 무엇이냐에 따라 다음과 같이 분류할 수 있어.

먼저 '개인과 개인의 갈등'은 인물 간의 욕구나 이해관계 등의 대립 때문에 일어나는 갈등을 말해. 〈토끼전〉에서 간을 빼앗기지 않으려는 토끼와 빼앗으려는 별주부의 갈등을 생각하면 쉽지.

두 번째로 '개인과 사회의 갈등'은 사회 제도나 사회적 윤리 때문에 일어나는 갈등을 말해. 〈홍길동전〉에서 적서 차별이라는 사회 제도 때문에 길동이 겪는 갈등이 대표적이야.

세 번째로 '개인과 운명의 갈등'이야. 모든 일은 정해진 운명이 있다고 생각하는 사람들이 있고, 어떤 사람들은 그 운명을 극복하려고 노력하지. 김동리의 〈역마〉에서 '역마살'이라는 타고난 운명 때문에 떠돌이 생활을 하게 되는 '성기'의 갈등이 여기에 해당돼.

★★★ 030 갈등의 고조 高潮(높을 고, 조수 조) | 갈등이 점점 높아지고 있는 상태

사건이 전개되면서 서로 대립하는 인물들의 갈등이나 투쟁이 점점 격렬해지는 상태를 말한다. 갈등이 고조되면서 인물들이 더욱 강하게 충돌하면 사건이 점점 위기에 처하게 되므로, 독자는 갈등의 고조 상황에서 긴장감을 느끼게 된다.

연계 개념어 긴장감 고조 | 인물들이 갈등으로 인해 크게 충돌하면서 위태로운 상황이 되면 독자가 느끼는 긴장감은 더욱 높아지며, 앞으로의 사건 전개에 더 흥미를 느끼게 된다.

《"그제 밤에 내일 궐기대회 한다고 사람들 모였을 때 이장 님이 황만근 씨에게 뭐라고 하셨죠. 모임 끝난 뒤에."

이장은 민 씨를 흘기듯 노려보았다.

"왜, 농민보고 농민 궐기대회 꼭 나오라 캤는데, 뭐가 잘못됐나."

민 씨는 자신도 모르게 따지는 어조가 되었다.

"군 전체가 모두 모여도 몇 명 안 되었다면서요. 그런 자리에 황만근 씨가 꼭 가야 합니까. 아니, 황만근 씨만 가야 할 이유라도 있습니까. 따로 황만근 씨한테 부탁을 할 정도로."

"이 사람이 뭐라 카는 기라. 이장이 동민한테 농가부채 탕감촉구 전국농민 총궐기대회가 있다, 꼭 참석해서 우리의 입장을 밝히자 카는데 뭐가 잘못됐다 말이라."

(중략)

"글쎄, 그 자리에 꼭 황만근 씨만 경운기를 끌고 갔어야 했느냐 이말입니다. 그것도 고장 난 경운기를."

"깅운기를 끌고 오라는 기 내 말이라? 투쟁 방침이 그렇다카이. 깅운기도 그렇지, 고장은 무신 고장, 만그이가 그걸 하루이틀 몰았나. 남들이 못 몬다 뿌이지."》

– 성석제, 〈황만근은 이렇게 말했다〉

● 이 소설에서 황만근은 농민 궐기대회에 참가한 후 돌아오지 못하고 있는 상황이다. 황만근이 돌아오지 않는 것을 별일 아닌 것처럼 말하는 이장과 이에 대해 이장을 추궁하는 민 씨의 대립과 갈등이 두 인물의 대화를 통해 점점 고조되고 있다.

Q. 이 글에서는 민 씨와 이장 간의 대화를 통해 갈등이 해결되고 있다. (O / X)

사건 전개 과정에서 발생한 갈등이 해결되지 못하고 인물들이 대립하는 상황이 계속 유지되는 것을 말한다.

> 《"아아니, 그래, 애아범이 미우면 으떻게는 못 해서, 그 더러운 뒷간 속에다 글쎄 가둬야만 헌단 말예요? 그래 노인이 심사를 그렇게 부려야 옳단 말예요?" (중략)
>
> 마음에 맞지 않아 어깃장을 놓고 싶은 마음
>
> "그건, 괜한 소리유, 괜한 소리야. 이 늙은 사람이 미쳐서 남을 뒷간 속에다 가둬? 모르구 그랬지, 모르구 그랬어. 난 꼭 아무두 없는 줄만 알구서, 그래, 모르구 자물쇨 챘지. 온, 알구야 왜 미쳤다구 잠그겠수?" / 발명을 하였으나,
>
> 죄나 잘못이 없음을 말하여 밝힘.
>
> "모르긴 왜 몰라요. 다아 알구서 한 짓이지. 그래 자물쇨 챌 때, 안에서 말하는 소리두 못 들었단 말예요? 듣구두 모른 체했지. 듣구두 그냥 잠가 버린 거야."》 — 박태원, 〈골목 안〉

- 갑득이 어미가 갑순이 할머니에게 뒷간에 아범을 가뒀다고 화를 내자 갑순이 할머니는 당황하며 모르고 한 일이라고 자신을 방어한다. 그러나 갑득이 어미는 이에 아랑곳하지 않고, 말하는 소리를 듣고도 문을 잠가 버린 것이라고 갑순이 할머니를 몰아붙이며 갈등의 상황은 지속된다.

Q. 이 글에서는 인물 간의 대화를 통해 갈등이 지속되고 있는 상황이 나타난다. (○ / ×)

★★★

032 **갈등의 해소** 解消(풀 해, 사라질 소) | 갈등을 일으키던 요인이 해결된 상태

갈등의 양상이 마무리되어 어떤 결말을 맺게 된 상태를 말한다. 갈등하던 인물 중 어느 한쪽이 승리하거나 혹은 비극적인 결말을 맞게 되는 경우 모두 갈등의 해소라고 할 수 있다.

연계 개념어 | **긴장감 해소** | 인물 간의 대립과 갈등이 해결되어 갈등이 해소되고 결말을 맺고 나면, 갈등이 고조되는 과정에서 독자가 느끼던 긴장감이 해소된다.

> 《"달목은 들으라. (중략) 네 무도하여 음흉한 행실로 감히 우리 선군을 구박하고, 천조를 모함하여 남의 인륜을 작희하여 백옥 같은 정절을 자결하게 하니, 그 죄 어떠하며, 또 천
>
> 방해를 놓음.
>
> 위를 찬역하여 현인군자를 참살하며 백성을 도탄에 빠지게 하였으니, 네 죄는 하늘에 사
>
> 임금의 자리를 빼앗으려고 반역함.
>
> 무치는지라. 빨리 목을 베어 천하에 회시하라." / 하니, 달가의 처와 간신 당류 등이 황겁
>
> 예전에, 죄인을 끌고 다니며 뭇사람에게 보이던 일
>
> 하여 감히 한 말도 못하고 우러러보지도 못하더라.》 — 작자 미상, 〈유문성전〉

- 이 작품은 전쟁에서의 활약상을 다룬 군담 소설로, 이 장면에서는 유문성이 전투에서 승리하여 간신인 달목을 사로잡아 목을 베어 처벌함으로써 그동안의 갈등이 해소되고 있다.

Q. 이 글에서는 인물들의 화해를 통해 갈등의 해소 과정을 제시하고 있다. (○ / ×)

개념어 check 정답 | **030** × **031** ○ **032** ×

● **다음 빈칸을 채워 문장을 완성하세요.**

01 (   )은 인물이 자기 자신이나 다른 인물과의 사이에서 생각이나 의견이 맞서서
일어나는 대립과 충돌, 또는 인물과 환경 사이의 모순과 대립을 이르는 말이다.

02 내적 갈등은 인물의 (   )에서 서로 다른 생각이 대립할 때 발생한다.

03 인물과 인물을 둘러싸고 있는 (   )적인 요인의 대립으로 인해 발생하는 갈등을
외적 갈등이라고 한다.

● **다음 소설을 읽고 적절한 설명이 되도록 괄호 안에서 알맞은 말을 고르세요.**

> 눈이 멈추고 며칠이 지났다. 나는 현아가 내 시집을 받고 어떤 반응을 보였을까 궁금해서
> 안달이 났다. 그러나 다른 때와 달리 현아네 집에 가 보기가 망설여졌다. 학교는 이미 겨울
> 방학이어서 친구를 학교에서 볼 일도 없었다.
>
> — 박상률, 〈세상에 단 한 권뿐인 시집〉

04 이 글의 '나'는 현아를 만나야 할지에 대한 (내적, 외적) 갈등을 겪고 있다.

> 아버지의 북이 상징하는 아버지의 허랑방탕한 한평생이, 일단은 세련된 입신(立身)으로
> 평가되는 아들의 내력에 중요한 흠으로 작용한다는 점에서도 그랬다. 하라는 공부는 작파하
> 고, 북을 메고 떠돌아다니며 아내와 자식을 모른 체한 민익태, 한때는 아편쟁이로 세상을 구
> 른 민익태, 그러면서도 북을 놓지 않은 그와 아들의 단절은, 따라서 오래 지속될 수밖에 없
> 었다.
>
> — 최일남, 〈흐르는 북〉

05 이 글은 인물의 행적을 제시하여 개인과 (개인, 사회)의 갈등을 짐작하게 한다.

> 아버지는 발부리에 힘을 쏟아 땅을 밀어 버티고, 홀랑이 밧줄을 움켜쥐고 잡아당기며 발
> 버둥 치고 울부짖었다. 그러나 아무리 힘이 센 아버지였지만 네 사람의 청년들에게는 당해
> 내지 못했다. / 그들은 홀랑이 밧줄을 잡아당기고 작대기로 허리와 어깨를 후려치며 발버둥
> 치는 아버지를 끌고 이슬이 안개가 되어 몽글몽글 퍼지는 까치산으로 들어갔다. (중략) 잡목
> 이 울창한 까치산 후미진 계곡 속으로 끌려간 아버지의 모습은 보이지 않고, 아버지의 슬픔
> 과 분노가 범벅된 아버지의 울부짖음만이 산울림처럼 쩌렁쩌렁 울려왔다.   — 문순태, 〈말하는 돌〉

06 이 글에서 아버지와 청년들 사이의 갈등은 산을 오르며 (고조, 해소)되고 있다.

● **다음 소설을 읽고 설명이 맞으면 ○표, 틀리면 ×표를 하세요.**

> "할머니, 에반 병원 데려가야 할 것 같다고." / 할머니가 버럭 소리를 질렀다.
> "무슨 개를 병원에 데리고 가. 사람도 못 가는 걸. 그러니까 내가 개새끼 도로 갖다 놓으라
> 했어 안 했어? 할머니 화병 나기 전에 얼른 가서 자. 개장수한테 백구 팔아 버리기 전에.
> 얼른!" / "백구 아니야!" / 찬성이 전에 없이 큰소리를 냈다.
> — 김애란, 〈노찬성과 에반〉

07 이 글에서는 대화를 통해 개인과 개인의 갈등 양상이 드러난다. （ ○ / × ）

> 대군이 일찍이 제게 사사로운 마음을 보인 적이 없으나 궁중 사람들은 모두 대군의 마음이
> 제게 있다는 걸 알고 있었습니다. (중략) 저는 봉한 편지를 구멍 사이로 던졌습니다. 진사는
> 편지를 주워 집으로 돌아가서 뜯어보고는 슬픔을 이기지 못해 편지를 차마 손에서 놓지 못
> 했답니다. 그리워하는 정이 지난날보다 곱절이 되어 버틸 수 없을 지경이었고, 답장을 보내
> 고자 하나 전할 방도가 없는지라 홀로 수심에 잠겨 탄식할 뿐이었지요. — 작자 미상, 〈운영전〉

08 이 글에는 인간 본연의 욕망과 궁녀의 사랑을 억압하는 사회 사이의 갈등이 드러나 있다.

（ ○ / × ）

● **다음 소설을 읽고 빈칸을 채워 문장을 완성하세요.**

> '남아 세상에 나 어려서 공맹(孔孟)의 글을 읽고, 자라 요순(堯舜) 같은 임금을 만나, 나면
> 장수 되고 들면 정승 되어, 비단 옷을 입고 옥대를 띠고 옥궐에 조회하고 눈에 고운 빛을
> 보고 귀에 좋은 소리를 듣고 은택이 백성에게 미치고 공명이 후세에 드리움이 또한 대장부
> 의 일이라. 우리 부처의 법문은 한 바리 밥과 한 병 물과 두어 권 경문과 일백여덟 낱 염주
> 뿐이다. 도덕이 비록 높고 아름다우나 적막하기 심하도다.' — 김만중, 〈구운몽〉

09 이 글은 인물의 독백을 통해 '대장부의 일'과 '부처의 법문' 사이의 （   ） 갈등을
드러내고 있다.

> "요담부터 또 그래 봐라, 내 자꾸 못살게 굴 테니." / "그래 그래, 인젠 안 그럴 테야!"
> "닭 죽은 건 염려 마라, 내 안 이를 테니." / 그리고 뭣에 떠다 밀렸는지 나의 어깨를 짚은
> 채 그대로 퍽 쓰러진다. 그 바람에 나의 몸뚱이도 겹쳐서 쓰러지며 한창 피어 퍼드러진 노란
> 동백꽃 속으로 폭 파묻혀 버렸다. — 김유정, 〈동백꽃〉

10 이 글의 （   ）은 인물 사이의 갈등이 해소되었음을 상징하는 소재이다.

정답 | **01** 갈등 **02** 내부(내면) **03** 외부 **04** 내적 **05** 개인 **06** 고조 **07** ○ **08** ○ **09** 내적 **10** 동백꽃

06 배경과 관련된 개념어

소설에서의 배경은 인물이 행동하는 시간과 공간을 말하며, 인물을 둘러싼 사회 현실과 시대적, 역사적 상황을 모두 포함한다. 배경은 인물과 관련된 계절이나 자연 환경을 보여 주면서 분위기를 조성하고 주제를 암시하며, 독자에게 당시의 사회 현실과 상황을 구체적으로 묘사하여 작품의 사실성을 높여 주는 기능을 한다. 또 인물이 처한 시대적, 역사적 배경은 인물이 행동하는 이유가 되기도 하므로 주의 깊게 살펴봐야 한다.

★★★ 033 시간적 배경 | 사건이 전개되는 구체적 시간

낮, 밤, 새벽, 계절과 같이 인물이 행동하고 사건이 발생하는 구체적인 시간을 말한다. 시간적 배경은 인물에게 시간과 관련된 특정한 정서를 유발하기도 하고, 작중 상황에 대한 인물의 심리를 간접적으로 드러내기도 한다.

> 이지러는 졌으나 보름을 가제 지난 달은 부드러운 빛을 흐붓이 흘리고 있다. 대화까지는
> 갓, 이제 막
> 칠십 리의 밤길, 고개를 둘이나 넘고 개울을 하나 건너고 벌판과 산길을 걸어야 된다. 길은
> 지금 긴 산허리에 걸려 있다. 밤중을 지난 무렵인지 죽은 듯이 고요한 속에서 짐승 같은 달
> 의 숨소리가 손에 잡힐 듯이 들리며, 콩 포기와 옥수수 잎새가 한층 달에 푸르게 젖었다. 산
> 허리는 온통 메밀밭이어서 피기 시작한 꽃이 소금을 뿌린 듯이 흐뭇한 달빛에 숨이 막힐 지
> 경이다. 붉은 대궁이 향기같이 애잔하고 나귀들의 걸음도 시원하다.　　　– 이효석, 〈메밀꽃 필 무렵〉
> '대'의 방언. 꽃을 받치는 줄기를 의미함.

- 달의 숨소리가 들릴 듯이 고요한 달밤이라는 시간적 배경은 메밀밭의 아름답고 신비로운 정경과 어우러져 낭만적인 분위기를 형성하고 있다.

Q-1. 이 글에서 시간적 배경을 나타내는 소재를 찾아 쓰세요.　＿＿＿＿＿＿＿＿

> 전라도 남원에 사는 양생은 일찍이 어버이를 여읜 뒤 여태껏 장가를 들지 못하고 만복
> 사(萬福寺) 동쪽 골방에서 홀로 세월을 보내고 있었다. (중략) 그는 달 밝은 밤이면 언제나
> 객회(客懷)를 억누르지 못하여 나무 밑을 거닐곤 했는데, 어느 날 밤 그 꽃다운 정서를 걷잡
> 객지에서 느끼게 되는 울적하고 쓸쓸한 느낌
> 지 못하고 문득 시 두 수(首)를 지어 읊었다.　　　　　– 김시습, 〈만복사저포기〉

- 이 글에서 '밤'은 홀로 지내는 주인공 양생에게 울적하고 쓸쓸한 분위기를 느끼게 하여 시를 쓰게 하는 시간적 배경이다.

Q-2. 이 글의 시간적 배경은 인물에게 울적한 분위기를 조성하고 있다. （ 〇 ／ ✕ ）

 공간적 배경 | 사건이 진행되는 구체적 장소

인물이 행동하거나 사건이 일어나는 장소를 말하며, 국가나 지역, 도시, 시골 등의 구체적인 장소가 이에 해당된다. 인물은 주어진 환경에 따라 행동하게 되기 때문에, 공간적 배경은 인물의 행동에 사실성을 부여하며 주제를 뒷받침하는 역할을 한다.

연계 개념어 **자연적 배경** | 사건이 진행되는 환경의 물리적인 위치나 풍경 등의 공간적 요소와 계절이나 밤낮 등의 시간적 요소를 모두 포함하는 배경을 자연적 배경이라고 한다.

> 일제 때 처음 지어졌다는 그 작은 역사 건물은 두 칸으로 나뉘어져서 각각 사무실과 대합실로 쓰이고 있다. 대개의 간이역이 그렇듯이 대합실 내부엔 눈에 띌 만한 시설물이라곤 거의 없다. 유난히 높은 천장과 하얗게 회칠한 사방 벽 때문에 열 평도 채 못 되는 공간이 턱없이 넓어 보여서 더욱 을씨년스러운 느낌을 준다. 천장까지 올라가 매미마냥 납작하니 붙어 있는 형광등의 불빛이 실내 풍경을 어슴푸레하게 드러내 주고 있다.   – 임철우, 〈사평역〉

- 이 소설은 산업화 과정에서 소외된 사람들의 애환과 그에 대한 연민을 형상화한 작품으로, 주된 공간적 배경인 간이역(사평역)의 대합실 풍경을 묘사하고 있다. 이 작품에서 간이역은 소외된 인물들이 힘겹게 살아가는 공간, 또는 힘겨운 삶 속에서 지난날을 성찰하는 의미를 가지는 공간적 배경이다.

Q. 이 글은 간이역 대합실이라는 공간적 배경을 통해 쓸쓸한 분위기를 조성하고 있다. (○ / ✕)

유사 개념어 | 시대적 상황, 사회적 배경

 시대적 배경 | 사건이 전개되는 시대의 사회적, 역사적 상황

인물이 행동하거나 사건이 일어나는 시대의 사회적 상황을 말한다. 주로 역사적 사건을 시대적 배경으로 설정하는 경우가 많은데, 이때 역사적 사건은 사건 전개에 중요한 역할을 담당한다.

> 찬바람이 일기 시작하자 낯모를 객지 사람들이 몰려들기 시작했다. 피란민이라고 했다. 동네 사람들은 싸움터에서 멀리 떨어져서 피란을 가지 않는 것만도 다행이라고 했다.
> 어수선한 인심, 힘쓸 남자들이 없는 농촌. 궁색한 속에 해가 바뀌고, 그네가 남편을 한 줌의 재로 맞은 것은 그해 겨울이었다. 남편은 집을 떠난 지 1년 반이 가까워 재로 변해 온 것이었다. 그네 나이 스물일곱이었다. / 전쟁은 다음 해에 끝났고, 남편의 삼년상이 지나기 전에 누구의 입에선지 모르게 동네 사람들은 그네를 청산댁이라고 부르기 시작했다.   – 조정래, 〈청산댁〉

- 이 소설은 역사적 수난 속에서 희생당하는 어머니의 고달픈 삶을 그린 작품으로, 이 장면에서는 주인공인 청산댁의 남편이 6·25 전쟁에서 전사했다는 시대적 배경이 드러나고 있다.

Q. 이 글에서 시대적 상황을 드러내는 말을 찾아 쓰세요. _______________

개념어 check 정답 | **033-1** 달   **033-2** ○   **034** ○   **035** 피란민(피란)

● 다음 빈칸을 채워 문장을 완성하세요.

01 인물이 행동하고 사건이 발생하는 구체적인 시간을 (　　　　　) 배경, 구체적인 장소를 공간적 배경이라고 한다.

02 소설에서 인물을 둘러싼 역사적, 사회적 상황을 (　　　　　) 배경이라고 한다.

03 인물은 주어진 환경에 따라 행동하게 되기 때문에, 공간적 배경은 인물의 행동에 사실성을 부여하며 (　　　　　)를 뒷받침하는 역할을 한다.

● 다음 소설을 읽고 적절한 설명이 되도록 괄호 안에서 알맞은 말을 고르세요.

> "이봐, 그때 그 한글 강습소를 폐쇄시킨 게 바로 김만호였어. 우리가 주재소에 가서 혼이 나도록 당한 것도 다 뒤에서 그 작자가 조종을 한 거야. 나도 학교를 마치지도 않고 고향에 있을 수가 없어서 일본으로 떠나 버렸어. 귀찮은 일이 자꾸 따라다녔지."　– 현길언, 〈신열〉

04 이 글은 '주재소'라는 단어에서 작품의 (시대적, 시간적) 배경을 짐작할 수 있다.

> 삼수가 왔다 간 다음 날 밤, 자정이 넘었다. 칠흑의 밤을 타고 덩어리 같은 침묵을 지키며 타작마당에 장정들이 모여들었다. 마을에서는 개들이 짖는다. 불은 켜지 않았지만 집집에선 인적기가 난다. 언덕 위의 최 참판댁은 어둠에 묻혀 위엄에 찬 그 형태는 보이지 않는다. 타작마당에서는 윤보의 그 우렁우렁한 목소리가 평소보다 얕게 울리고, 이윽고 횃불이 한 개 두 개 또 세 개, 계속하여 늘어나고 그 횃불은 움직이기 시작한다.　– 박경리, 〈토지〉

05 이 글의 시간적 배경은 마을 사람들이 모인 (들뜬, 긴장된) 분위기를 드러내고 있다.

> 산은 첩첩하고 물은 중중한데, 잠자려는 새들은 숲으로 들어가 객회를 자아내니 숙향이 갈 데 없어서 앉아서 울고 있었다. 문득 파랑새가 꽃봉오리를 물고 손등에 앉거늘 숙향이 배고픔을 견디지 못해 꽃봉오리를 먹으니 눈이 맑아지고 배가 불러 정신이 상쾌하며 몸에 향내 진동하더라.　– 작자 미상, 〈숙향전〉

06 이 글은 인물이 처한 상황을 (공간적, 시대적) 배경을 통해 보여 주고 있다.

● **다음 소설을 읽고 설명이 맞으면 ○표, 틀리면 ×표를 하세요.**

> 해선은 바로 길을 떠나 먼저 해주로 들어가면서 여러 읍의 일을 차례차례 남모르게 염탐하였다. 한 주점에 들어가니 어떤 사람들이 술을 먹으면서 서로 걱정하면서 말하였다.
> "해주는 운남도 도적 때문에 봉물이 마음대로 오가지 못하는구나. (중략) 이번에 급제한 사람이 운남도 도적의 아들이라 하니 자세히 알지는 못하지만 도적놈의 자식이 급제해서 무엇을 하겠는가?"
> — 작자 미상, 〈강릉추월전〉

07 이 글은 공간적 배경을 묘사하여 미래의 일을 암시하고 있다. （ ○ / × ）

> 정유년 8월에 왜구가 남원을 함락하자 사람들이 모두 피난 가 숨었으며, 최척의 가족들도 지리산 연곡사로 피난을 갔다. 최척은 옥영에게 남장을 하게 했는데, 뭇사람에 뒤섞이어도 보는 사람마다 옥영이 여자인 줄을 몰랐다.
> — 조위한, 〈최척전〉

08 이 글은 구체적인 시간과 공간을 배경으로 현실감을 높이고 있다. （ ○ / × ）

● **다음 소설을 읽고 빈칸을 채워 문장을 완성하세요.**

> 살림이라야 가진 논밭이 없고, 몇 대짼진 몰라도 하늘에서 떨어져서는 첫 동네라는 안악굴 꼭대기에서 그중에서도 제일 외따로 떨어져 있는 오막살이를 근거로 하고 화전이나 파먹고 숯이나 구워 먹고 덫과 함정을 놓아 산짐승이나 잡아먹던 구차한 살림이었다.
> — 이태준, 〈촌뜨기〉

09 이 글의 공간적 배경인 （   ）은 논밭을 가지지 못한 사람들이 굶지 않고 살 수 있었던 곳이다.

> 역시 그날도 장맛비는 구질구질 계속되고 있었다. 우산을 접으며 마루에 올라서도 동욱만이 머리를 내밀고 맞아 줄 뿐, 동옥의 기척이 없었다. 방에 들어가 보니 동옥은 담요로 머리까지 푹 뒤집어쓰고 죽은 사람처럼 누워 있었다.
> — 손창섭, 〈비 오는 날〉

10 이 글은 전쟁 중이라는 시대적 배경과 여러 날 비가 계속 내리는 （   ）라는 계절적 배경이 어우러져 음울한 분위기를 형성하고 있다.

정답 | **01** 시간적 **02** 시대적 **03** 주제 **04** 시대적 **05** 긴장된 **06** 공간적 **07** × **08** ○ **09** 안악굴 **10** 장마

4 서술 방식

서술자는 작품 속에서 일어나는 사건, 인물 간의 갈등, 인물의 태도와 성격 등을 판단하고 정리해서 독자에게 **직접 제시**하기도 하고, 장면과 행동 등을 보여 주며 독자가 내용을 상상하며 읽을 수 있도록 **간접적으로 제시**하기도 한다.

이때 **서술자가 독자에게 이야기를 전달하는 방식**을 '서술 방식'이라고 한다. 서술자가 같은 인물과 사건을 제시하더라도 직접 자세하게 **서술**하는지, **대화**나 **묘사** 등을 통해 간접적으로 장면을 보여 주는지에 따라 독자가 받아들이는 느낌은 완전히 달라질 수 있다. 이렇듯 소설에서 서술 방식을 파악하는 것은 인물에 대한 서술자의 시각을 이해하는 데 도움이 된다.

---

❶ 《각설 대명 성화 년간에 형주 구계촌에 한 사람이 있으되, 성은
_{중국의 명나라를 높여 이르던 말}　_{중국의 남쪽 지방에 있던 주}
홍이요 이름은 무라. 세대 명문거족으로 소년 급제하여 벼슬이
이부시랑에 있어 충효 강직하니, (중략) 가세는 부유하나 슬하에
일점혈육이 없어 매일 슬퍼하더니,》 일일은 부인 양씨와 더불어
탄식하며 말하기를,

❷ 《"나이 사십에 아들이든 딸이든 자식이 없으니, 우리 죽은 후에
후사를 누구에게 전하며 지하에 돌아가 조상을 어찌 뵈오리
오." / 부인이 공손하게 말하기를,

"불효삼천(不孝三千)에 무후위대(無後爲大)라 하오니, 첩이 귀
_{불효 중에 후손을 두지 못한 것이 가장 큰 불효이다.}
한 가문에 들어온 지 이십여 년이라. 한낱 자식이 없사오니, 어
찌 상공을 뵈오리까."》

— 작자 미상, 〈홍계월전〉

❶ 서술자는 형주 구계촌에 사는 '홍무'의 충효 강직한 성격과 자식이 없어 슬퍼하는 상황을 **직접 제시**하고 있다.

❷ 서술자는 후사를 걱정하는 '홍무'와 부인의 상황을 대화를 통해 **간접 제시**하고 있다.

〈보기〉

- 이 소설의 서술자인 성인 '나'는 주로 세 가지 **서술 방식**을 활용한다. 첫째는 서술자가 등장인물의 **내면 심리**나 사건을 설명하는 것이다. 이 경우 독자는 서술자의 해석을 통해 사건을 이해하게 된다. 둘째는 서술자가 인물의 외양이나 행위만을 **묘사**하는 것이다. – 20 수능

〈선택지〉

- 공간적 배경을 구체적으로 **묘사**하여 인물이 처한 상황을 드러내고 있다. – 25 9모
- 인물의 내력을 **요약적으로 제시**하여 성격의 변화를 보여 준다. – 24 6모
- 인물 간 **대화**가 오가는 장면을 보여 주어 이전 사건에 따른 다른 인물들의 현재 행선지를 드러내고 있다. – 23 수능
- 이야기 내부의 서술자가 인물에 대한 평가를 **관념적으로 서술**하고 있다. – 22 6모
- 서술 대상에 대한 **묘사적 서술**을 통해 서술 대상에 관한 정보가 단계적으로 제시되고 있다. – 21 9모
- 세밀한 **외양 묘사**를 통해 인물의 속성을 드러내고 있다. – 20 9모
- 인물 간의 **대화**를 통해 인물이 겪은 사건의 비현실적인 면모를 드러내고 있다. – 20 9모
- [A]는 장면에 대한 관찰을 중심으로 서술하고, [B]에는 인물의 **내면에 대한 직접적 서술**이 나타난다. – 20 6모
- **독백적 진술**을 중심으로 인물의 내면 심리를 드러낸다. – 19 6모
- ㉠에는 '남편'의 행동 **묘사**를 통해 '남편'의 성격이 드러나 있고, ㉤에는 '남편'의 **외양 묘사**를 통해 '나'의 심리가 드러나 있다. – 16 수능
- ㉢은 [B]의 '마음이~하였다'에서 인물의 성격을 드러내기 위해 **서술과 대화**를 결합하는 방식으로 실현되었군. – 16 9모

개념어 한눈에 보기 알고 있는 개념어는 ○, 모르는 개념어는 ✕ 표시해 보세요!

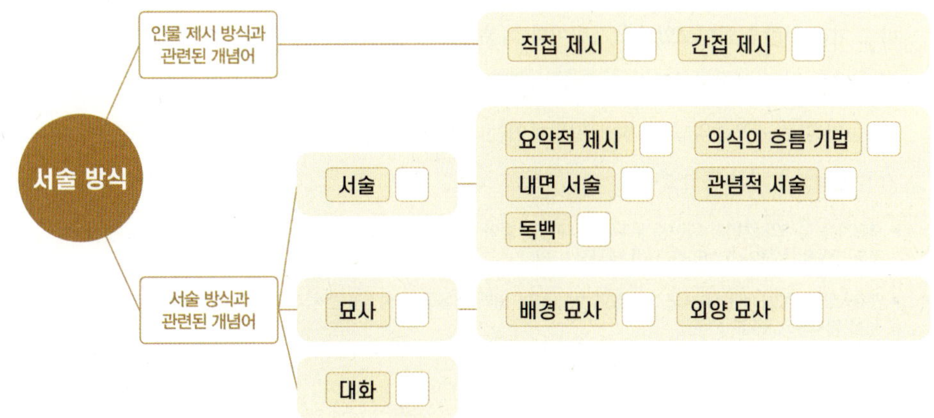

07 인물 제시 방식과 관련된 개념어

서술자가 인물을 제시하는 방식에는 직접 제시와 간접 제시가 있다. 서술자가 직접 설명하는 방식은 직접 제시, 대화나 행동 등을 통해 제시하는 방식은 간접 제시라고 한다.

서술자가 직접 제시 방법을 사용하면 인물의 성격을 간단하게 정리할 수 있어서 서술의 속도가 상대적으로 빨라지고, 간접 제시 방법을 사용하면 주어진 장면을 통해 독자가 인물의 성격을 추론해야 하기 때문에 서술의 속도가 상대적으로 느려진다.

유사 개념어 | 직접적 서술, 분석적 제시, 말하기

036 직접 제시 | 서술자가 인물의 성격을 직접 제시하는 것

서술자가 인물의 성격이나 심리를 직접적으로 설명하여 제시하는 방법이다. 서술자가 인물에 대해 직접 알려 주기 때문에 독자는 인물에 대해 쉽게 파악할 수 있으나, 인물에 대한 독자의 상상이 제한될 수 있다.

➕ 서술자가 직접 인물의 성격을 분석해서 제시해 주기 때문에 '분석적 제시'라고도 하고, 서술자가 인물의 성격을 직접 말해 주기 때문에 '말하기'라고도 한다.

《청석골 본바닥 도적 오가는 텃세와 나이 덕과 언변 힘으로 은연히 괴수 대접을 받아 왔으나 인끔과 역량이 괴수 재목이 못 되는 줄을 오가 자기가 다른 사람보다 더 잘 아는 까닭에 기회 보아서 임꺽정이를 괴수로 떠받들려고 마음을 먹고 있었다.》

못된 짓을 하는 무리의 우두머리
사람의 가치나 인격적인 됨됨이

(중략)

"우리가 이때까지는 작구 큰 일을 여럿의 공론으루 해 왔지만 이제부터는 우리 중에서 대장 하나를 뽑아서 위에 세우구 대장의 호령과 약속으루 일을 해 가두룩 하면 좋겠소."

하고 여러 두령을 돌아보았다. 《서림이와 이봉학이와 황천왕동이는 눈치들이 빨라서 오가의 마음을 알고 임꺽정이와 박유복이와 배돌석이는 요량들이 있어서 오가의 뜻을 짐작하나, 눈치 없는 곽오주와 요량 적은 길막봉이는 오가 자기가 대장이 되고 싶어 하는 줄로 여기고 고개들을 가로 흔들었다.》

앞일을 잘 헤아려 생각함. 또는 그런 생각

– 홍명희, 〈임꺽정〉

● 서술자는 텃세와 언변이 있어서 우두머리 대접을 받아 온 도적 오가의 성품과, 임꺽정을 우두머리로 떠받들려고 마음먹은 오가의 심리를 직접 제시하고 있다.

▲ 서술자는 대장을 세우자는 오가의 말에 반응하는 여러 인물들의 성격을 눈치가 빠르다거나 요량이 있다고 직접 제시하고 있다.

 **Q.** 이 글은 여러 인물의 성격과 심리를 서술자가 직접 제시하고 있다. (○ / ×)

037 간접 제시 | 인물의 말과 행동, 대화 등을 통해 인물의 성격을 제시하는 것

서술자가 인물의 말과 행동, 인물 간의 대화를 통해 간접적으로 인물의 심리, 상황, 가치관 등을 드러내는 방법이다. 대화나 행동을 통해 인물을 사실감 있고 생생하게 제시하며, 독자는 이를 통해 인물에 대해 상상하면서 인물의 성격을 추론할 수 있다.

➕ 대화나 행동이라는 극적인 방법으로 제시하기 때문에 '극적 제시'라고도 하고, 장면을 보여 주는 것처럼 제시하기 때문에 '보여 주기'라고도 한다.

"일재, 여기 젊고 돈 있는 색시가 있는데 장가 안 들라우?"

하고 물어보았다.

《"아, 들면야 좋지만 선생도 아시다시피 천량이 있어야지."
_{개인 살림살이의 재산}
하는 그의 얼굴에는 완연히 희색이 넘쳤다.
_{기뻐하는 얼굴빛}

그의 얼굴에 희색이 넘침을 보신 숙모님은 돈이 없어도 장가를 들 수 있다는 것과, 장가만 들게 되면 깨끗한 의복에 좋은 음식도 먹을 수 있으리라 하는 것을 일러 주신즉,

"아, 그럼야 여북 좋갔수, 규수 나인 몇 살이구…… 집안도 이름 있구……."

그는 연방 입이 벌어져 침을 흘리며 두 눈에 난데없는 광채를 띠고 숙모님께로 대어드는 판이었다.》

"과부래야 이름 아깝지 뭐, 이제 나이 삼십밖에 안 된걸……."

숙모님도 신명이 나는 모양으로 이렇게 자랑삼아 말한즉, 황 진사는 갑자기 낯빛이 홱 변해지며,

"아 규, 규수가, 시방 말씀한 그 규수가, 과, 과부란 말씀유?"

이렇게 물었다.

"왜 그류."

《한순간 침묵이 흘렀다. 황 진사의 닫힌 입 가장자리에 미미한 경련이 일어나며, 힘없이 두 무르팍 위에 놓인 그의 두 손은 불불불 떨리고 있었다. 벽에 걸린 시계 소리가 똑딱똑딱 하고 들리었다. 그는 조용히 고갯짓부터 좌우로 돌렸다.

"당찮은 말씀유…… 흥, 과, 과부라니 당하지 않은 말씀을……."》

— 김동리, 〈화랑의 후예〉

- 황 진사는 몰락한 양반 가문 출신이지만 가문에 대한 자부심을 가진 인물이다. 황 진사가 자신의 결혼 이야기를 듣고 관심을 보이는 모습을 황 진사의 말과 표정을 통해 간접적으로 제시하고 있다.

- 상대가 과부라는 소리를 들은 황 진사는 낯빛이 변하면서 화가 난 모습을 드러내고 있다. 서술자는 황 진사의 반응을 통해 그가 화를 내고 있음을 간접적으로 제시하고 있다.

Q. 이 글에서는 대화와 행동을 통해 인물의 심리를 직접적으로 보여 주고 있다. (○ / ×)

개념어 check 정답 | 036 ○ 037 ✕

● 다음 빈칸을 채워 문장을 완성하세요.

01 서술자가 소설에 등장하는 인물의 모습이나 행동을 보여 주는 방식으로 인물의 특성이나 성격, 심리 등을 드러내는 방법을 (　　　　　) 제시라고 한다.

02 (　　　　　) 제시는 인물에 대해 독자가 쉽게 파악할 수 있게 하며, (　　　　　) 제시는 인물의 성격을 사실감 있고 생생하게 드러낸다.

● 다음 소설을 읽고 적절한 설명이 되도록 괄호 안에서 알맞은 말을 고르세요.

> 심신이 황홀하여 죽장을 짚고 월령산 조대로 나아가니 나무 베는 아이가 나무를 베어 시냇가에 놓고 버들 그늘 의지하여 잠이 깊이 들었거늘, 보니 의상이 남루하고 머리털이 흩어져 귀밑을 덮었으며 검은 때 줄줄이 흘러 두 뺨에 가득하니 그 추레함을 측량치 못하나 그중에도 은은한 기품이 때 속에 비치거늘 승상이 깨우지 않으시고, 옷에 무수한 이를 잡아 죽이며 잠 깨기를 기다리더니,
>
> – 작자 미상, 〈소대성전〉

03 이 글의 서술자는 잠든 아이의 모습을 통해 가난하고 남루한 처지를 (직접적, 간접적)으로 제시하고 있다.

> 안승학은 원래 이 고을 읍내에서 살았다. 지금부터 이십 년 전만 해도 그는 다 찌그러진 오막살이에서 콩나물죽으로 연명하던 처지였다. 그러던 사람이 오늘은 수백 석 추수를 하고 서울 사는 민판서 집 사음까지 얻어서 이 동리로 옮겨 앉은 것이다.
>
> – 이기영, 〈고향〉

04 이 글의 서술자는 인물에 대한 정보를 (직접적, 간접적)으로 제시하고 있다.

> 동청이란 사람은 일찍 부모를 여의고 세상에 떠돌며 무뢰배와 어울려 주색잡기를 일삼았다. 그나마 있던 재산을 탕진하고 생계가 막연하여 객지로 나와 대갓집에 빌붙어 살았다. 잘생긴 얼굴에 말주변과 글재주가 있으니 이름난 선비들이 처음에는 이 사람을 받아들여 잘 대해 주었다. 그러나 그 자제들을 유혹하여 나쁜 짓을 같이하는 바람에 결국 쫓겨나게 되었다.
>
> – 김만중, 〈사씨남정기〉

05 이 글의 서술자는 인물의 삶의 내력을 (직접, 극적) 제시를 통해 드러내고 있다.

● **다음 소설을 읽고 설명이 맞으면 ○표, 틀리면 ×표를 하세요.**

> 참으로 그 일본 여자는 업고, 달고, 또 하나는 손을 잡고, 아마 아오지 가기를 기다리는 차에서 기어 내려온 듯 폼 가까운 행상로 위에 우두커니 서 있었다. 허옇게 퉁퉁 부어오른 낯에 기름때에 전 걸레 같은 헝겊 조각으로 머리를 질끈 동이고, 업고, 달리고, 잡힌 채, 길 바추에 비켜 서 있었다.
> — 허준, 〈잔등〉

06 이 글의 서술자는 인물의 심리를 직접 서술하고 있다. （ ○ / × ）

> 나는 마치 머릿속의 저 아득한 맨 끝머리에 쩌엉스러운 깊고 빈 들판이 있다가, 그것이 또 확 열려 오는 듯한 공포 속으로 휘어 감겼다. / 아내도 까맣게 질린 얼굴이다.
> "대체 어떻게 된 셈이지?" / "돌아다니고 있어요, 저게. 염병 돌듯이."
> 아내는 빠른 입놀림으로 이렇게 헐떡거리듯이 지껄였다.
> — 이호철, 〈큰 산〉

07 이 글의 서술자인 '나'는 아내의 외양과 행동을 제시하여 공포심으로 흥분한 아내의 감정 상태를 드러내고 있다. （ ○ / × ）

● **다음 소설을 읽고 빈칸을 채워 문장을 완성하세요.**

> "자네 말마따나 여러 말 할 것 없네. 우릴 쥑이라. 우선 나부터!"
> 우중신 노인은 누더기 같은 옷을 확 찢으며 뼈만 남은 가슴을 쑥 내밀었다.
> 그러나 구장깨나 해 먹을 만한 사람 같이 보이는 메기아가리에겐 그까짓 거러지들의 불평이나 위협 따위에 왼눈도 깜짝할 필요가 없다.
> "자네–? 이 자식이 머 이런 기 있노!"
> — 김정한, 〈인간단지〉

08 이 글에서는 인물의 （   ）이 대화와 행동을 통해 간접 제시되는 동시에 서술자에 의해 직접 제시되고 있다.

> "거 보라구 내가 뭐랬나. 당신 친구 중에라고 고관의 부인이 없으란 법 있겠느냐고 내가 안 그랬어. 잘됐어. 잘됐어. 뭐? 일본어 학원? 다녀야지. 암 다녀야구말구. 그런 여자하고 같이 다닐 기휠 놓치면 안 되지. 그게 다 처세술이라구. 교제술이란 게 다 그렇구 그런 거지 별건가."
> — 박완서, 〈부끄러움을 가르칩니다〉

09 이 글에서는 인물의 （   ）을 통해 속물적인 성격을 간접적으로 드러내고 있다.

정답 ǀ 01 간접 **02** 직접, 간접 **03** 간접적 **04** 직접적 **05** 직접 **06** × **07** ○ **08** 성격 **09** 말

08 서술 방식과 관련된 개념어

소설의 서술자는 이야기를 효과적으로 전달하기 위해 장면의 특성에 따라 다양한 서술 방식을 사용한다. 서술자가 이야기를 서술하는 방식은 크게 '서술, 대화, 묘사'로 나눌 수 있다. 이 중에서 서술은 서술자가 인물이나 사건의 진행 과정을 직접 풀어서 설명하는 방식이므로 서술자의 판단과 생각이 많이 개입될 수 있다. 반면, 대화는 서술자가 인물들의 말을 그대로 전달해 주는 것이고, 묘사는 서술자가 인물의 모습이나 배경 등을 그림 그리듯이 구체적으로 표현하여 전달해 주는 것이므로 서술자의 판단과 생각이 개입될 여지가 상대적으로 적다.

사건이 빠르게 전개되는지 느리게 전개되는지는 서술 방식과 관련이 깊다. 서술자가 사건의 내용을 압축적으로 서술한다면 사건의 진행 속도는 빠를 것이고, 대화나 묘사를 통해 장면을 구체적으로 보여 주면서 사건을 전달한다면 사건의 진행 속도는 느릴 것이다.

★★★

038 서술 敍述(줄 서, 지을 술) | 서술자가 인물, 사건, 배경 등을 직접 설명하는 방식

서술자가 사건의 진행 과정이나 인물의 심리와 태도, 배경 등을 독자에게 직접 풀어서 설명하는 방식을 말한다. 인물의 성격, 행동의 동기나 원인, 심경의 변화 등을 설명하며, 해설적이고 요약적인 표현이 가능하다.

> 《비소를 금치 못하고 섰는 간호부와 의사가 눈에 보이지 않도록, 덕순이는 시선을 외면
> 콧소리를 내거나 코끝으로 가볍게 웃는 비난조의 웃음
> 하여 뚱싯뚱싯 아내를 업고 나왔다. 지게 위에 올려놓은 다음 엎디어 다시 지고 일어나려니
> 이게 웬일일까, 아까 오던 때와는 갑절이나 무거웠다.
>
> 덕순이는 얼마 전에 희망이 가득히 차 올라가던 길을 힘 풀린 걸음으로 터덜터덜 내려오
> 고 있었다. 보지는 않아도 지게 위에서 소리를 죽여 훌쩍훌쩍 울고 있는 아내가 눈앞에 환
> 한 것이다. 학식이 많은 의사는 일자무식인 덕순이 내외보다는 더 많이 알 것이니 생명이
> 한 이레를 못 가리라던 그 말을 어째 볼 도리가 없다. 인제 남은 것은 우중충한 그 냉골에
> 일곱 날
> 갖다 다시 눕혀 놓고 죽을 때나 기다리고 있을 따름이었다.》
> — 김유정, 〈땡볕〉

● 서술자는 덕순이 병원에서 아픈 아내를 업고 나오는 상황과, 아픈 아내를 치료하지 못하고 죽을 날만 기다려야 하는 절망적인 심리를 직접 서술하고 있다.

Q. 이 글에서 서술자는 자신이 겪은 체험을 서술하고 있다. (○ / ×)

039 요약적 제시 | 서술자가 사건의 중요한 내용만 간추려서 설명하는 방식

서술자가 사건의 정황을 압축하여 간략하게 전달해 주는 것을 말한다. 요약적 제시는 사건의 핵심적인 내용만 간추려서 설명해 주기 때문에 독자가 사건의 내용을 빠르게 파악할 수 있다.

> 좌승상이 싸움에 나가 이겨 공을 세운 경위를 아뢰고는, 옥사에 관한 자신의 의견을 개진
> └ 장풍운
> 했다.
>
> "금일 옥사는 저의 집안의 사사로운 일이오니 스스로 맡아서 처리하게 해 주소서."
>
> 천자가 이를 윤허하셨다.《좌승상이 본가로 돌아와 양 부인을 뵌 후, 형구를 차려 놓고 모
> └ 임금이 신하의 청을 허락함.
> 든 시비를 죄주려 하니, 엄한 형벌 아래서 쥐 같은 무리들이 어찌 죄를 감출 수가 있으랴.
>
> 불하일장, 곧 한 대도 때리기 전에 이미 난향 등이 잘못을 낱낱이 순순히 자백했다. 좌승상
> └ 죄를 순순히 자백해서 매를 한 대도 때리지 않음.
> 이 표를 올려 옥사를 뒤집고, 유씨를 그 수레에서 사형에 처하고, 난향 등을 능지처참한 후,
>
> 이씨를 구호했다.》
>
> — 작자 미상, 〈장풍운전〉

- 이씨는 유씨 때문에 누명을 쓰고 죽을 날을 기다리다 장풍운의 진상 규명으로 누명을 벗게 된다. 서술자는 유씨가 벌을 받게 되는 과정을 요약하여 압축적으로 제시하고 있다.

Q. 이 글의 서술자는 사건의 결말을 요약적으로 제시하고 있다. (〇 / ✕)

040 내면 서술 | 서술자가 인물의 내면에서 일어나는 심리적 반응을 서술을 통해 설명하는 방식

인물의 내면이란 인물이 머릿속에 떠올리는 느낌, 생각, 갈등 등을 말한다. 서술자가 이러한 인물의 내면을 직접 말해 주는 것을 내면 서술이라고 한다.

➕ 전지적 작가 시점에서는 서술자가 인물의 내면을 모두 알고 있으므로 인물의 내면 서술이 중심이 되는 경우가 많다. 내면 서술을 통해 독자는 인물의 심리를 모두 알게 되므로 작중 상황을 쉽게 이해할 수 있다.

> 《취직한 첫날부터 지금까지 하루도 변함없이 자기를 감시하는 주인의 꾸준한 태도에 병
>
> 일이도 꾸준히 불쾌한 감을 느껴 온 것이었다. 주인의 이러한 감시에 처음 얼마 동안은 신
>
> 원 보증이 없어서 그같이 못 미더운 자기를 그래도 써 주는 주인의 호의를 한없이 감사하고
>
> 미안하게 여겼다. 그다음 얼마 동안은 병일이가 스스로 믿고 사는 자기의 담박한 성정을 그
> └ 성질과 심정
> 리도 못 미더워하는 주인의 태도에 원망과 반감을 가지게 되었다.》
> └ 욕심이 없고 마음이 깨끗한
> — 최명익, 〈비 오는 길〉

- 서술자는 병일이 사진관에 취직하여 일하면서 처음에는 주인에게 고마워했지만, 점차 자신을 감시하는 주인에게 불쾌한 감정과 반감을 가지게 된 내면 심리를 자세히 서술하고 있다.

Q. 이 글에서 서술자가 내면을 서술하여 심리의 변화를 보여 주는 인물을 쓰세요. ______________________

개념어 check 정답 | **038** ✕ **039** 〇 **040** 병일

041 독백 獨白(홀로 독, 흰 백) | 인물의 마음속 혼잣말을 그대로 서술하는 방식

독백이란 인물이 혼자 이야기하는 것을 말하는데, 소설에서는 인물이 청자 없이 자신의 마음속으로 혼잣말을 중얼거릴 때 주로 쓰는 서술 방식이다.

➕ 소설에서 독백은 인물이 실제로 혼잣말을 한다기보다는, 인물의 내면 심리를 그대로 드러내는 내적 독백으로 나타나는 경우가 많다. 내적 독백은 작은따옴표(' ')를 통해 제시되기도 하고 작은따옴표 없이 제시되기도 한다.

> 억구 앞에 멈춰 선 큰 키의 사내가 할 말을 잊은 듯 멍청하니 고개를 위로 향했다. 고개를 약간 젖히고 입을 헤— 벌린 채. 그의 이러한 생각하는 표정 위에 눈이 내려앉고 있었다.
>
> 《— 그날 밤 난 생물 선생네 담을 빙빙 돌고만 있었지. 내 키보다두 낮은 담이었어. 난 거푸 담을 돌고만 있었지. 만약 내가 담을 넘어 들어간다면……. 그러나 난 담을 넘어서는 안 된다고 생각했다. 담이란 남이 들어오지 말라고 만들어 놓은 거니까.》 — 전상국, 〈동행〉

● 서술자는 '큰 키의 사내'의 행동뿐 아니라 내면 심리까지 직접 제시하고 있는데, 그의 심리가 내적 독백을 통해 그대로 제시되고 있다.

개념어 check Q. 이 글은 인물 간의 대화를 통해 인물의 내면 심리를 드러내고 있다. (○ / ×)

042 의식의 흐름 기법 | 무의식적으로 떠오르는 생각들을 그대로 서술하는 방식

논리성이나 인과성 없이 인물의 머릿속에 이어지는 생각을 떠오르는 그대로 서술하는 방식이다. 이러한 기법은 복잡한 생각을 그대로 나열한 듯한 인상을 준다. 대표적인 작품으로는 박태원의 〈소설가 구보 씨의 일일〉과 이상의 〈날개〉가 있다.

> 《조그만 / 한 개의 기쁨을 찾아, 구보는 남대문을 안에서 밖으로 나가보기로 한다. 그러나 그곳에는 불어드는 바람도 없이, 양 옆에 웅숭그리고 앉아 있는, 서너 명의 지게꾼들의 그 모양이 맥없다. / 구보는 고독을 느끼고, 사람들 있는 곳으로, 약동하는 무리들이 있는 곳으로, 가고 싶다 생각한다. 그는 눈앞의 경성역을 본다. 그곳에는 마땅히 인생이 있을 게다. 이 낡은 서울의 호흡과 또 감정이 있을 게다. 도회의 소설가는 모름지기 이 도회의 항구와 친하여야 한다. 그러나 물론 그러한 직업의식은 어떻든 좋았다. 다만 구보는 고독을 삼등 대합실 군중 속에 피할 수 있으면 그만이다.》 — 박태원, 〈소설가 구보 씨의 일일〉

● 이 소설은 소설가 구보가 경성 거리를 배회하면서 느낀 생각을 어떤 순서나 내용의 연관성 없이 그대로 서술하여, 1930년대 지식인의 내면 의식을 보여 주고 있다.

개념어 check Q. 이 글에서 서술자가 구보의 내면을 있는 그대로 서술한 기법을 쓰세요. ______________

043 관념적 서술 觀念(볼 관, 생각할 념) | 대상에 대해 추상적인 생각을 서술하는 방식

관념적이란 '현실에 의하지 않는 추상적이고 공상적인 생각에 사로잡힌 것'이라는 뜻이다. 즉 관념적 서술은 대상에 대해 구체적, 사실적으로 서술하는 것이 아니라 추상적으로 서술하는 것이다.

> 《나는 다시 기범이 지껄였던 과거의 요설들이 생각난다. 세상을 항상 역(逆)으로만 바라보던 그의 난해성이 또 한 번 나를 혼란 속에 빠뜨린다. 《그는 어쩌면 이 세상을 역순(逆順)과 역행(逆行)에 의해 누구보다 열심으로 가장 솔직하게 살다 간 것 같다. 그에게 악과 선은 등과 배가 서로 맞붙은 동위(同位) 동질(同質)의 것이었는지도 알 수 없다.》 그는 악과 선 중 아무것도 믿지 않았고 오직 믿은 것이라고는 세상에는 아무것도 믿을 것이 없다는 사실뿐이었다.》
>
> — 홍성원, 〈무사와 악사〉

- 이 장면에서는 이야기 내부의 서술자인 '나'가 기범의 삶을 주관적으로 판단하고, 기범에 대한 자신의 추상적인 생각을 드러내며 관념적으로 서술하고 있다.

Q. 이 글의 서술자 '나'는 인물에 대한 평가를 객관적으로 서술하고 있다. （ ○ / ✕ ）

유사 개념어 | 묘사적 서술

044 묘사 描寫(그릴 묘, 베낄 사) | 서술자가 장면을 감각적으로 그림 그리듯이 표현하는 방식

서술자가 어떤 장면을 그림을 그리듯이 구체적으로 자세히 표현하는 방식을 말한다. 대상을 감각적이고 구체적으로 재현함으로써 독자에게 생생하고 사실적인 이미지를 전달할 수 있다.

연계 개념어 **감각적 묘사** | 시각, 청각, 후각, 미각, 촉각의 오감을 사용한 표현으로 대상을 구체적이고 직접적으로 묘사하는 방법이다.

> 《으스름 달밤은 훤한 들판에 검푸른 장막을 드리웠다. 달빛 아래에는 초가집도 궁전과 같다.
>
> 원터 뒷산에 아득한 솔숲이 우중충하게 그늘진 밑으로 마을의 초가집들은 선경과 같이 은은히 안겨 있다.
>
> 조각달은 어느덧 서천에 기울어졌는데 딱따구리는 뒷산에서 울고 소쩍새는 동구 앞 느티나무 속에서 운다. 고요한 이 밤에 한 줄기 시냇물이 은파를 번득이며 들 가운데로 감돌아 흐르는데 큰 내의 여울물은 바다같이 훤하게 남쪽으로 트여 있다.》
>
> — 이기영, 〈고향〉

- 서술자는 원터 마을의 밤 풍경을 감각적으로 묘사하고 있다. 깊은 밤 달빛 아래의 마을 풍경과 새들이 우는 소리는 애상적이고 쓸쓸한 분위기를 형성하고 있다.

Q. 이 글은 마을의 밤 풍경을 묘사하여 서정적인 분위기를 형성하고 있다. （ ○ / ✕ ）

개념어 check 정답 | 041 ✕ 042 의식의 흐름 기법 043 ✕ 044 ○

소설 속 사건이나 환경, 인물을 둘러싼 주위의 모습을 구체적으로 생생하게 표현하는 방식을 말한다. 배경 묘사는 소설의 전체적인 분위기를 표현해 주며 이를 통해 인물의 심리나 처지를 드러내기도 한다.

> 동욱이가 들어 있는 집은 인가에서 뚝 떨어져 외따로이 서 있었다. 낡은 목조 건물이었다. 《한 귀퉁이에 버티고 있는 두 개의 통나무 기둥이 모로 기울어지려는 집을 간신히 지탱하고 있었다. 기와를 얹은 지붕에는 두세 군데 잡초가 반 길이나 무성해 있었다. 나중에 들어 알았지만 왜정 때는 무슨 요양원으로 사용되어 온 건물이라는 것이었다. 전면(前面)은 본시 전부가 유리 창문이었는데 유리는 한 장도 남아 있지 않았다. 들이치는 비를 막기 위해서 오른편 창문 안에는 가마니때기가 늘이워 있었다.》 이 폐가와 같은 집 앞에 우두커니 우산을 받고 선 채, 원구는 한동안 움직이지 않았다. 이런 집에도 도대체 사람이 살고 있을까? 아이들 만화책에 나오는 도깨비집이 연상되었다.
>
> – 손창섭, 〈비 오는 날〉

● 이 소설은 전쟁으로 인한 젊은이들의 정신적인 상처와 무기력하고 절망적인 삶을 드러내고 있다. 이 장면에서는 서술자가 동욱이 살고 있는 폐가와 같은 집을 구체적으로 묘사하고 있다.

Q. 이 글은 공간적 배경을 묘사하여 인물의 비참한 삶을 드러내고 있다. （ ○ / × ）

인물의 얼굴 생김새나 전반적인 분위기, 인물이 입고 있는 복장, 인물의 표정이나 동작 등 인물의 겉모습을 생생하게 그림 그리듯이 표현하는 방식을 말한다.

> 신부 무릎께를 뻗고 앉을새, 그 용모를 보니 형용흉칙하여 보기를 염려론지라. 《얽기는
> _{박씨}
> 고석 같고 붉은 중에 입과 코가 한데 닿고, 눈은 달팽이 구멍 같고 치불거지고, 입은 크기가
> _{이끼가 낀 오래된 돌}
> 두 주먹을 넣어도 오히려 넉넉하며, 이마는 메뚜기 이마 같고, 머리털은 짧고 심히 부하니 그 형용을 차마 보지 못할러라.》 상공과 신랑이 한번 보매, 다시 볼 길 없어 간담이 떨어지는 듯하고 정신이 없어 두 눈이 어두운지라.
>
> – 작자 미상, 〈박씨전〉

● 이 장면에서는 서술자가 박씨의 얼굴 생김새를 그림 그리듯이 자세히 제시하고 있다. 즉 박씨의 외모가 다른 이들이 보기에 흉측함을 외양 묘사를 통해 설명하고 있다.

Q. 이 글은 인물의 외양을 묘사하여 인물이 처한 긍정적인 상황을 제시하고 있다. （ ○ / × ）

인물들이 대화를 통해 주고받는 말을 그대로 제시하는 방법이다. 대화를 통해 인물의 심리를 현장감 있게 드러낼 수 있고, 사건의 전개와 상황을 보여 줄 수 있다.

연계 개념어 **인물 간의 대화를 삽입** | 인물 간의 대화를 삽입하면 독자는 대화를 통해 사건의 인과 관계나 갈등의 해소 과정 등 소설의 진행 과정을 알 수 있다.
대화의 빈번한 사용 | 인물 간의 대화를 빈번하게 사용하면 서술자가 직접 서술하는 것보다 소설의 진행 속도가 느려질 수 있다. 시험에서는 인물 간의 대화를 삽입하거나 대화를 빈번하게 사용할 때 나타나는 서술상의 특징을 묻는 형식으로 출제되고 있다.

정 씨 옆에 앉았던 노인이 두 사람의 행색과 무릎 위의 배낭을 눈여겨 살피더니 말을 걸어 왔다.

《"어디 일들 가슈?"

"아뇨, 고향에 갑니다."

"고향이 어딘데⋯⋯."

"삼포라구 아십니까?"

"어 알지, 우리 아들놈이 거기서 도자를 끄는데⋯⋯."
불도저를 말함.

"삼포에서요? 거 어디 공사 벌릴 데나 됩니까? 고작해야 고기잡이나 하구 감자나 매는데요."

"어허! 몇 년 만에 가는 거요?"

"십 년." / 노인은 그렇겠다며 고개를 끄덕였다.

"말두 말우. 거긴 지금 육지야. 바다에 방둑을 쌓아 놓구, 추럭이 수십 대씩 돌을 실어나른다구."
트럭

"뭣 땜에요?"

"낸들 아나. 뭐 관광호텔을 여러 채 짓는담서, 복잡하기가 말할 수 없네."

"동네는 그대루 있을까요?"

"그대루가 뭐요. 맨 천지에 공사판 사람들에다 장까지 들어섰는걸."

"그럼 나룻배도 없어졌겠네요."

"바다 위로 신작로가 났는데, 나룻배는 뭐에 쓰오. 허허, 사람이 많아지니 변고지, 사람이 많아지면 하늘을 잊는 법이거든."》

– 황석영, 〈삼포 가는 길〉

• 삼포에 가려던 정 씨가 노인에게서 변해 버린 고향에 대한 소식을 듣는 장면이다. 독자는 두 사람의 대화를 통해 정 씨가 돌아가려 했던 고향이 예전의 모습을 상실하였음을 알 수 있다.

Q. 이 글은 인물 간의 대화를 통해 사건 해결의 방안을 제시하고 있다. (○ / ×)

● 다음 빈칸을 채워 문장을 완성하세요.

01 인물의 겉모습을 그림 그리듯 표현하는 것을 (　　　　　) 묘사, 소설 속 사건이나 환경을 둘러싼 모습을 표현하는 것을 (　　　　　) 묘사라고 한다.

02 인물들이 주고받는 말인 (　　　　　)를 통해 사건을 전개시키고 인물의 심리를 드러낼 수 있다.

03 (　　　　　)은 인물이 마음속으로 혼자 하는 말을 그대로 서술한 것으로, 인물의 생각이나 감정을 직접 표현함으로써 인물의 내면을 드러내는 데 효과적인 서술 방법이다.

● 다음 소설을 읽고 적절한 설명이 되도록 괄호 안에서 알맞은 말을 고르세요.

> 그러다가 그는 자기의 왼쪽 발에는 아직 구두가 신겨져 있다는 깨달음과 만났다. 그리고 그는 놀랐다. (중략) 아, 나의 또 하나의 발은 아직도 살아 있었구나! 이 발은 그리고 따뜻하고 편안하구나! 이것은 튼튼하구나! 마치 반석과도 같군! 아내의 둥근 배가 머리에 떠올랐다. 그녀 뱃속에 태아가 하고 있을 몸짓이 상상돼 왔다.
>
> – 조해일, 〈매일 죽는 사람〉

04 이 글은 인물의 (독백, 대화)을/를 제시하여 내면 의식의 변화를 보여 주고 있다.

> 남편은 이런 장사꾼들과 몇 푼의 돈 때문에 큰소리로 삿대질까지 해 가며 영악하게 흥정을 했다. (중략) 남편은 신문을 떨구고 기지개를 늘어지게 폈다. / 나는, 젖힌 그의 얼굴에서 동굴처럼 뚫린 콧구멍과 그 속을 무성하게 채운 코털을 보며 잠깐 모멸과 혐오를 느꼈다.
>
> – 박완서, 〈나목〉

05 이 글은 남편의 (외양, 내면) 묘사를 통해 남편에 대한 '나'의 심리를 드러내고 있다.

> 이튿날 진주를 얻고, 또 이튿날 건주를 쳐 얻고, 하북에 다다르니 절도사 이동식이 군사를 거느려 대적하다가 패하여 달아나거늘 하북을 얻고, 군사를 재촉하여 여러 날 만에 기주에 이르니 자사가 대적하다가 도망하거늘, 흉노의 장졸이 기주성 안에 들어가 자칭 천자라 하고 군사로 하여금 인민의 쌀과 곡식을 노략질하니, 그때 백성이 다 견디지 못하여 도망하더라.
>
> – 작자 미상, 〈이대봉전〉

06 이 글은 사건을 (요약적, 관념적)으로 제시하여 빠르게 전개하고 있다.

● **다음 소설을 읽고 설명이 맞으면 ○표, 틀리면 ×표를 하세요.**

> 호랑이 깜짝 놀라 물똥을 와락 싸고, 초나라 노랫소리에 놀란 패왕 포위 뚫고 남쪽으로 달아나듯, 적벽강 불 싸움에 패군장 위왕 조조 정욱 따라 도망하듯, 북풍에 구름 닫듯, 편전살 달아나듯, 왜물 조총 철환 닫듯, 녹수를 얼른 건너 동쪽 숲을 헤치면서 쑤루쑤루 달아나 만첩청산 바위틈에 혼자 앉아 장담하고 하는 말이,
>
> – 작자 미상, 〈토끼전〉

07 이 글은 인물의 동일한 행위를 다양하게 묘사하여 긴박한 상황을 보여 주고 있다.

(○ / ×)

> 그러나 나는 이 발길이 아내에게로 돌아가야 옳은가. 이것만은 분간하기가 좀 어려웠다. 가야 하나? 그럼 어디로 가나? / 이때 뚜— 하고 정오 사이렌이 울렸다. 사람들은 모두 네 활개를 펴고 닭처럼 푸드덕거리는 것 같고 온갖 유리와 강철과 대리석과 지폐와 잉크가 부글부글 끓고 수선을 떨고 하는 것 같은 찰나, 그야말로 현란을 극한 정오다.
>
> – 이상, 〈날개〉

08 이 글은 의식의 흐름 기법으로 인물의 내면을 그려 내고 있다. (○ / ×)

● **다음 소설을 읽고 빈칸을 채워 문장을 완성하세요.**

> 방 안은 눅눅했다. 자판을 치다 주위를 둘러보면, 습기 때문에 자글자글 운 공기가 미역처럼 나풀대며 날아다니는 것 같았다. 벽지 위론 하나둘 곰팡이 꽃이 피었다. 피아노 뒤에 벽은 상태가 더 심했다. 건반 하나라도 누르면 꼭 그 음의 파동만큼 날아올라, 곳곳에 포자를 흩날릴 것 같은 모양이었다. 나는 피아노가 썩을까 봐 걱정이었다.
>
> – 김애란, 〈도도한 생활〉

09 이 글은 공간적 배경 (   )를 통해 인물이 처한 상황을 드러내고 있다.

> 악한 마음이 일어 채란더러 묻기를, / "이 아이를 어찌 처치하면 좋을꼬? 계교를 생각하여 속히 처치하라. 날짜가 더디면 발설될까 두려우니라."
> 채란이 대답하기를, / "이 궁 밖에 큰 산이 있으되, 사나운 짐승이 많아 사람이 감히 그 근처에 가지 못하오니, 아이를 갖다가 산중에 버리면 짐승의 밥이 되리이다."
> 양후 이르기를, / "그러면 속히 행하라."
>
> – 작자 미상, 〈금우태자전〉

10 이 글은 인물들이 계교를 꾸미는 모습을 (   )를 통해 드러내고 있다.

정답 ㅣ **01** 외양, 배경 **02** 대화 **03** 독백 **04** 독백 **05** 외양 **06** 요약적 **07** ○ **08** ○ **09** 묘사 **10** 대화

5 구성 방식

'**장면**'은 같은 인물이 동일한 공간 안에서 벌이는 **사건의 광경**을 의미한다. 소설은 여러 개의 장면, 즉 사건으로 구성되며, 각 장면은 작가가 의도적으로 배치해 놓은 것이다. 작가는 이야기를 생각나는 대로 쓰는 것이 아니라 주제를 효과적으로 표현하고 독자의 흥미를 끌 수 있도록 일정한 짜임새를 갖추어 사건을 구성한다. 이러한 **장면의 배열 방식을 소설의 '구성 방식'**이라고 한다.

소설의 구성 방식, 즉 서사 구조는 인물이 작품 속에서 겪는 갈등의 영향을 받아 완성된다. 따라서 '**서사 구조**'는 **인물이 겪는 갈등을 잘 엮어서 작품으로 완성**하는 역할을 하며, 소설의 구성 요소인 인물, 사건, 배경을 어떻게 엮어 나가느냐에 따라 달라진다.

❶ 《끝내 그는 와앙 울음을 터뜨려 버리고 말았다. 그러나 어머니는 기어코 구호소 식당 안의 때 묻은 널빤지 의자 위에 그를 끌어다가 앉혀 놓았다. / 잠시 후 어머니가 손바닥에 받쳐 들고 온 것은 한 그릇의 국수였다. 긴 대나무 젓가락이 찔려져 있는 그것을 어머니는 그의 앞으로 밀어 놓으며 말했다.

먹어라이. 어서 먹어 보란 말다이…….》 (중략)
❷ 《그 후, 그는 두 번 다시 그 빈민 구호소 식당 앞에서 얼쩡거리지 않았다. 아마도 그런 기억 때문이었는지는 몰라도, 두 아이의 아버지가 된 지금까지도 국수는 그에게 여전히 싫어하는 음식으로 남아 있었다.》

– 임철우, 〈눈이 오면〉

❶ 어머니가 어린 아들인 '그'에게 국수를 먹으라고 권하는 **장면**이다.

❷ 현재의 '그'가 회상하는 **장면의 전환**이 나타난다. '그'가 과거에 빈민 구호소에서 있었던 어머니와의 일을 회상하는 **역순행적 구조**임을 알 수 있다.

〈보기〉

• 〈최척전〉에는 하나의 문제 상황이 해결되면 또 다른 문제가 확인되는 서사 구조가 나타나고 있다. – 23 수능
• 장면을 제시하는 것은 물론 서로 다른 장면을 연결하거나, 사건이 요약적으로 제시되었음을 가늠하게 하는 등 서사의 주요 요소들을 보조하는 기능을 한다. – 22 6모
• 서사는 다양한 사건 구성의 방식을 통해 인간의 문제를 총체적으로 파악하고자 하는 고민을 담고 있다. – 19 수능

〈선택지〉

• 과거와 현재를 교차하여 인물이 겪는 인식의 변화를 드러내고 있다. – 25 9모
• 서술자가 인물의 경험을 삽화 형식으로 나열하여 사건을 입체적으로 보여 주고 있다. – 25 9모
• 현재와 과거를 교차하여 장면의 전환을 보여 주고 있다. – 24 수능
• 인물의 행위가 연속적으로 나열된 장면을 통해 신분의 변화 과정을 드러내고 있다. – 23 수능
• 동시적 사건들의 병치로 사건에 대한 서로 다른 관점을 드러내고 있다. – 22 수능
• [A]는 회상 장면을 삽입하여, [B]는 시간의 흐름에 따라 사건을 서술하여 인물들이 처한 상황을 객관적으로 전달하고 있다. – 21 수능
• 인물 간의 갈등을 다각적으로 조명하여 사건 전개의 양상을 다면화하고 있다. – 19 수능
• 시간의 역전을 통해 인과 관계를 재구성한 서사를 함께 제시하여 사건의 내막을 감추고 있다. – 18 수능
• 이원적 공간 구도는 최낭의 '환신'이 '이승'에 있음에도 '저승의 법'을 따라 '황천'으로 가야 한다는 데에서 나타나고 있다. – 17 9모

개념어 한눈에 보기 알고 있는 개념어는 ○, 모르는 개념어는 ✕ 표시해 보세요!

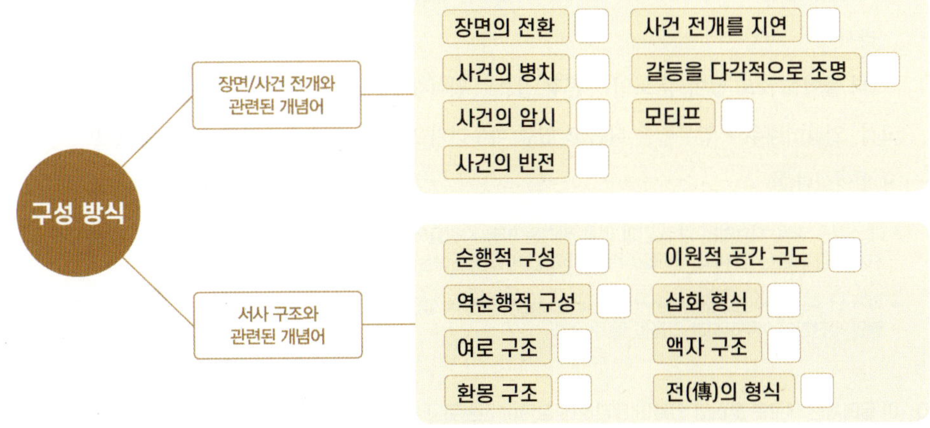

09 장면/사건 전개와 관련된 개념어

장면이란 인물이 하나의 공간 안에서 벌이는 사건의 광경으로, 사건의 작은 단위라고 할 수 있다. 소설은 한 가지 사건을 하나 이상의 장면으로 보여 주며, 우리는 소설을 읽을 때 구체적인 장면을 상상하며 내용의 흐름을 따라갈 수 있다.

사건은 인물들의 행동으로 인해 일어나는 모든 상황을 말한다. 소설 속의 사건은 인물 간의 갈등을 일으키거나 다른 사건의 계기가 되는 등 여러 가지 양상으로 전개될 수 있다.

048 장면의 전환 | 한 장면에서 다른 장면으로 바뀌는 것

한 장면을 이루는 인물, 사건, 배경이 달라지며 이전과 다른 장면으로 바뀌는 것을 말한다. 장소나 시간대가 달라지는지, 사건의 중심이 되는 인물이 바뀌는지를 통해 장면이 전환되는지 판단할 수 있다. 특히 소설에서는 장면의 전환이 빈번하게 이루어지는 경우 사건의 전개가 빨라지고 긴장감이 고조되는 효과가 나타난다.

연계 개념어 **장면의 교차** | 두 장면이 번갈아 제시되는 것을 말한다. 과거 회상을 통한 '과거와 현재의 교차'나 꿈을 통한 '꿈과 현실의 교차' 등으로 나타나는 경우가 많다.

《도로 청소원인 김 씨가 아침밥을 먹으러 들어오면서 보니 강 노인은 검정 고무신이 벗겨진 줄도 모르고 손바닥으로 연탄재를 끌어 모으느라 정신이 없었다. 밤사이 밭에 무슨 일이 있었는지 눈여겨보지 않아 알 턱이 없었던 김 씨가 인사랍시고 던진 말은 더욱 가관이었다.

"영감님네 땅을 내놓으셨다면서요? 그런데 뭘 그리 열심히 가꾸십니까. 이내 넘길 거라면서……." / "아니, 누가 그런 소릴 해?"

시뻘건 얼굴을 확 돌리며 벽력같이 고함을 지르는 통에 김 씨가 움찔 뒤로 물러났다.

"어젯밤 반상회에서 댁의 며느님이 그러셨다는데요? 저도 우리집 여편네한테 들은 소리라서."》

《더 들어볼 것도 없이 강 노인은 곧장 집으로 뛰어갔다. 벗겨진 신발을 짝짝이로 꿰어 차고서. 얼갈이배추와 열무들을 다듬고 있던 마누라가 노인의 허둥대는 기세에 토끼눈을 뜨고 일어섰다.》

— 양귀자, 〈마지막 땅〉

- 이 소설은 땅을 지키려는 강 노인과 땅을 팔려는 마을 사람들의 갈등을 다루고 있다. 밭에 뿌려진 연탄재를 치우던 강 노인은 김 씨와 대화를 나누다가 자신이 밭을 판다는 소문을 듣게 된다.

- 화가 난 강 노인이 집으로 뛰어가 아내와 만나면서 이전의 장면과 다르게 장소와 인물이 바뀌고 있으므로, 장면의 전환이 이루어지고 있음을 알 수 있다.

Q. 이 글에서는 새로운 장소와 인물이 등장하며 장면이 전환되고 있다. (○ / ✕)

사건의 병치 併置(나란히할 병, 둘 치) | 둘 이상의 사건을 나란히 배열하는 것

같은 시간에 서로 다른 장소에서 일어난 개별 인물의 독립된 사건들을 나란히 제시하는 것을 말한다. 이때 나란히 제시된 사건들은 인물들의 대조적인 처지와 상황 등을 드러낸다. 사건과 사건 사이에 긴밀한 연관성은 적은 편이다.

연계 개념어 **병렬적 구성, 사건을 병렬적으로 배치** | 동시에 전개되는 두 개 이상의 독립된 이야기가 연이어 제시될 때 사건이 병렬적으로 배치되었다고 한다.

> 《돈우의 집은 낭고사에 있었는데, (중략) 돈우는 옥영을 집 안에서만 생활하고 다른 곳에
> _{공간적 배경}
> 는 일절 나가지 못하게 하였다. 이에 옥영은 돈우에게 거짓말로 일렀다.
>
> "저는 단지 어린 사내로 약질에다가 병이 많습니다. 예전에 본국에 있을 때에도 남자들의
> _{허약한 체질}
> 일을 감당할 수가 없어 오로지 바느질과 밥 짓는 일만을 했습니다."
>
> 돈우는 더욱 불쌍하게 생각하여 옥영에게 사우(沙于)라는 이름을 지어 주었다. 그는 배를
> 타고 장사를 다닐 때마다 옥영을 데리고 가서 부엌일을 맡겼다.》 (중략)
>
> 《이때 최척은 소흥부에 살면서 여공과 의형제를 맺었다. 여공이 자신의 누이를 최척에게
> _{공간의 이동} _{명나라 장수 여유문}
> 시집보내려 하자, 최척이 완고하게 사양하며 말했다.
>
> "저는 온 집안이 왜적에게 함몰되어 늙으신 아버지와 허약한 아내가 살았는지 죽었는지
> 아직까지 모르고 있습니다. 그래서 죽을 때까지 상복을 벗을 수 없을지도 모르는데, 어떻
> 게 마음 놓고 아내를 얻어 편안한 생활을 꾀할 수 있겠습니까?"》
> — 조위한, 〈최척전〉

- 최척과 옥영은 부부 사이인데, 전쟁으로 인해 가족들이 모두 헤어지며 고난을 겪게 된다. 이 장면에서는 전쟁으로 가족들이 헤어진 후 옥영이 낭고사에서 겪는 사건이 제시되고 있다.

- 옥영이 낭고사에서 돈우와 지내는 동안 최척이 소흥부에서 겪는 사건이 나란히 제시되고 있다. '이때'라는 말을 통해 동시에 일어나는 사건이 병치되었음을 알 수 있다.

Q. 이 글은 다른 장소에서 동시에 벌어진 사건을 병치하여 인물 간의 갈등을 부각하고 있다. (○ / ×)

헷갈리지 마! 장면의 전환 vs 사건의 병치

장면의 전환은 인물이 위치하는 배경이나 상황이 변화하며 사건이 새로운 방향으로 전개되는 경우야. 반면 사건의 병치는 서로 다른 인물들이 동일한 시간대에 다른 장소에서 겪는 독립된 사건을 나란히 배치하는 것이지.

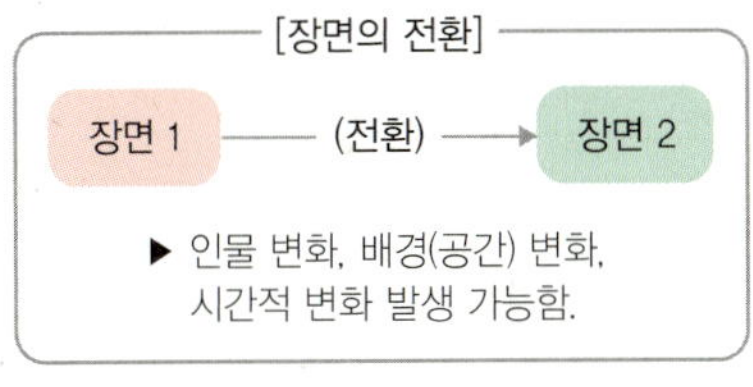

개념어 check 정답 | 048 ○ 049 ×

사건의 암시 暗示(어두울 암, 보일 시) | 사건이 벌어질 것이라고 예측할 수 있는 단서

소설에서 작가가 새로운 인물이나 소재의 등장, 상황적 배경의 변화 등을 단서로 제시하여, 이를 토대로 다른 사건이 발생할 것임을 독자가 짐작할 수 있게 하는 것을 말한다. 독자는 사건의 암시를 통해 다가올 사건이 우연적인 것이 아니라고 생각하게 된다.

연계 개념어 **복선** | 앞으로 일어날 사건을 독자에게 미리 암시하는 것으로, 복선은 주제를 암시하기도 하고 작품 속에서 여러 차례 반복되며 상징적인 의미를 형성하기도 한다.

새침하게 흐린 품이 눈이 올 듯하더니 눈은 아니 오고 얼다 만 비가 추적추적 내리는 날이었다.

이날이야말로 동소문 안에서 인력거꾼 노릇을 하는 김 첨지에게는 오래간만에도 닥친 운수 좋은 날이었다. (중략)

그의 아내가 기침으로 쿨룩거리기는 벌써 달포가 넘었다. 조밥도 굶기를 먹다시피 하는 형편이니 물론 약 한 첩 써 본 일이 없다. 구태여 쓰려면 못 쓸 바도 아니로되, 그는 병이란 놈에게 약을 주어 보내면 재미를 붙여서 자꾸 온다는 자기의 신조(信條)에 어디까지 충실하였다.

> 한 달이 조금 넘는 기간

(중략)

그 학생을 태우고 나선 김 첨지의 다리는 이상하게 거뿐하였다. 달음질을 한다느니보다 거의 나는 듯하였다. 바퀴도 어떻게 속히 도는지 구른다느니보다 마치 얼음을 지쳐 나가는 스케이트 모양으로 미끄러져 가는 듯하였다. 언 땅에 비가 내려 미끄럽기도 하였지만.

이윽고 끄는 이의 다리는 무거워졌다. 자기 집 가까이 다다른 까닭이다. 새삼스러운 염려가 그의 가슴을 눌렀다. 《'오늘은 나가지 말아요. 내가 이렇게 아픈데.' 이런 말이 잉잉 그의 귀에 울렸다. 그리고 병자의 움쑥 들어간 눈이 원망하는 듯이 자기를 노리는 듯하였다. 그러자 엉엉하고 우는 개똥이의 곡성을 들은 듯싶다. 딸꾹딸꾹하고 숨 모으는 소리도 나는 듯싶다.》

– 현진건, 〈운수 좋은 날〉

● 음산하게 비가 내리는 추운 날씨는 앞으로 김 첨지에게 일어날 불행한 일을 암시하는 배경으로 볼 수 있다.

▲ 운수 좋게 계속 손님을 태웠던 김 첨지는 집 가까이 와서는 오늘은 일을 나가지 말라고 했던 아내의 말을 떠올리고, 아들 개똥이가 우는 소리가 들리는 것 같다고 생각하며 마음이 무거워진다. 이것은 이후 아픈 아내와 관련하여 비극적인 사건이 일어날 것임을 암시한다.

Q. 이 글은 김 첨지의 상상을 통해 앞으로의 비극적 사건을 암시하고 있다. (○ / ×)

051 사건의 반전 反轉(돌이킬 반, 구를 전) │ 사건의 전개 방향이 뒤바뀌는 것

사건이 일정한 방향으로 전개되다가 새로운 사실이 밝혀지거나 사건의 전개가 뒤집힘으로써 기존과는 다른 방향으로 크게 뒤바뀌는 것을 말한다.

> "……정신을 채리야 헐 것이 늬가 암만히여두 네 아우 종학이만 못히여! 종학이는 그놈이 재주두 있고 착실히여서, 너치름 허랑허지두 않고 그럴 뿐더러 내년 내후년이머넌 대학교를 졸업허잖냐? 내후년이지?" / "네."
>
> 언행에 거짓이 많지도
>
> "그렇지? 응, 그래, 내후년이면 대학교 졸업을 허구 나와서, 삼 년이나 다직 사 년만 찌들어 나머넌 그놈은 지가 목적헌, 요새 그 목적이란 소리 잘 쓰더구나, 응? 목적…… 목적헌 경부가 되야 갖구서, 경찰서장이 된담 말이다! 응? 알겄어."
>
> 기껏
>
> 대한 제국 때에 경시의 아래에 있던 경찰관
>
> (중략)
>
> 마침 이때, 마당에서 헴헴, 점잖은 밭은기침 소리가 납니다. 창식이 윤 주사가 조금 아까야 일어나서, 간밤에 동경서 온 전보 때문에 억지로 억지로 큰댁 행보를 하던 것입니다.
>
> "해가 서쪽으로 뜨겄구나?"
>
> 윤 직원 영감은 아들의 이렇듯 부르지도 않은 걸음을, 더욱이나 안방에까지 들어온 것을, 이상타고 꼬집는 소립니다.
>
> "……멋하러 오냐? 돈 달라러 오지?"
>
> "동경서 전보가 왔는데요……."
>
> 지체를 바꾸어 윤 주사를 점잖고 너그러운 아버지로, 윤 직원 영감을 속 사납고 경망스러운 어린 아들로 둘러 놓았으면 꼬옥 맞겠습니다.
>
> "동경서? 전보?" / "종학이 놈이 경시청에 붙잽혔다구요!"
>
> "으엉?" / 외치는 소리도 컸거니와 엉덩이를 꿍— 찧는 바람에, 하마 방구들이 내려앉을 뻔했습니다. 모여 선 온 식구가 제가끔 정도에 따라 제각기 놀란 것은 물론이구요.
>
> 온돌
>
> "종학, 사상 관계로, 경시청에 피검……이라니? 이게 무슨 소리다냐?"
>
> "종학이가 사상 관계로 경시청에 붙쩹혔다는 뜻일 테지요!"
>
> — 채만식, 〈태평천하〉

● 일본이 지배하는 세상이 태평천하라고 생각하는 윤 직원 영감은 일본에서 공부하는 손주 종학이 경찰서장이 될 것이라고 기대하고 있으며, 타락한 삶을 사는 손주 종수를 나무라고 있다.

▲ 종학이 일본에서 사회주의 운동을 하다가 경시청에 붙잡혔다는 전보가 도착하여 윤 직원 영감을 비롯한 온 가족이 충격을 받으면서 사건이 반전되고 있다.

Q. 이 글에서 사건 전개의 반전을 가져온 소재를 찾아 한 단어로 쓰세요. ______________

052 사건 전개를 지연 | 사건의 진행을 더디게 서술하는 것

소설에서 중심 사건이 진행되는 도중에 서술이 길어지면서 진행 속도가 느려지면 사건의 전개가 지연될 수 있다. 사건 전개를 지연하는 방법에는 회상 장면을 삽입하거나 사건을 삽화식으로 나열하고, 인물의 내면 심리를 상세히 서술하거나 배경을 묘사하는 등의 여러 가지 방식이 있다.

➕ 사건을 압축적으로 빠르게 전개하는 요약적 제시와 반대로, 사건을 상세한 묘사나 서술을 통해 제시하면 사건이 느리게 전개된다.

> 각설이라, 이때 유생이 강 승상의 집을 떠나 서쪽 하늘을 바라보고 정처 없이 가며 자신의 신세를 생각하니 속절없고 어쩔 수 없었다. 이제는 어떻게 할 도리가 없다 하여, 산속에 들어가 머리를 깎고 중이 되어 불도나 닦으려고 하였다. 그래서 푸른 산을 바라보고 종일토록 가다가 한 곳에 다다르니, 앞에 큰 산이 있었다. 《수많은 봉우리와 골짜기가 하늘 높이 치솟아 있는 가운데 오색구름이 구의봉에 떠 있고, 갖가지의 화초(花草)가 활짝 피어 있었다. 신령한 산이라 생각하고 찾아 들어가니, 경개(景槪)가 매우 뛰어나고 풍경이 산뜻하였다. 산
> 경치
> 길 육칠 리에 들리는 것은 잔잔한 물소리요, 보이는 것은 울창한 청산뿐이었다. 나뭇가지를 더위잡고 울창한 숲속을 기어올라 가니, 수양버들의 수많은 가지들이 봄바람을 못 이기
> 높은 곳에 오르려고 무엇을 끌어잡고
> 어 동구(洞口)에 늘어져서 흔들거리며, 푸른 대나무와 소나무는 우거진 가지에 온갖 풀들의
> 절로 들어가는 산문(山門)의 어귀
> 춘정(春情)을 다투었다. 층층이 이루어진 화계상(花溪上)에는 앵무와 공작이 넘노는데, 푸
> 봄의 정취 　 꽃과 계곡 위
> 른 하늘에 걸린 폭포가 층암절벽(層巖絕壁)을 치는 소리는 한산사(寒山寺)의 쇠북 소리가 객선(客船)에 이르는 듯, 하늘 높이 솟은 암석이 푸른 소나무에 싸여 있는 모습은 산수화를 그린 여덟 칸 병풍을 둘러놓은 듯하였다.》 경쇠 소리가 들리기에 차츰차츰 안으로 들어가니, 오색구름 속에 휘황하게 단청(丹靑)을 한 높은 누각과 큰 집들이 즐비하였다.
>
> – 작자 미상, 〈유충렬전〉

● 산속에 들어가기로 결심한 유생은 큰 산 앞에 다다르는데, 서술자는 이 산의 뛰어난 풍광을 자세하게 묘사하여 공간적 배경의 분위기를 드러내고 있다. 이러한 장황한 묘사는 중심 사건과 서사의 진행을 지연시킨다.

Q. 이 글은 공간적 배경에 대한 상세한 묘사를 통해 사건을 빠르게 전개하고 있다. (○ / ×)

사건과 그로 인한 갈등을 한 인물의 시각으로만 서술하지 않고, 여러 인물의 입장에서 다양한 시각으로 서술하면 독자는 갈등의 양상을 여러 측면에서 바라보고 해석할 수 있다.

연계 개념어 **사건을 입체적으로 서술** | 서술자를 교체하여 사건과 갈등의 양상을 여러 인물의 시각에서 다각적으로 서술하면 사건의 양상이 입체적으로 드러나게 된다.

— 미안합니다. 저 때문에 오해를 받아서 많이 괴로우신 걸 잘 압니다. 제가 아무리 아니라고 해도 사람들이 의심을 더 하니까 어쩔 수가 없네요. 좀 잠잠해질 때까지 다른 데 가 계시면 어떨까요. 제 여동생이 결혼하고 나서 저 사는 동네 중학교 앞에서 분식집을 합니다. 거기를 좀 도와주세요. 월급은 지금보다 많이 드리라 할게요. 부탁합니다.

만수 씨는 그렇게 말했다. 오래도록 생각했지만 다른 도리가 없었다. 사실 나는 만수 씨를 좋아했다. 만수 씨를 처음 봤을 때부터 좋아하고 있었다.

《오빠가 그 여자를 데리고 와서 주방을 맡기라고 했을 때는 억장이 무너지는 것 같았다. 튀김, 어묵, 떡볶이 같은 아이들 주전부리 음식 파는 가게 크기라는 게 어른 세 사람만 서 있어도 꽉 차는데 어떻게 사람을 더 들이라는 것인가. 칼과 도마, 싱크대는 여자들한테는 양보할 수 없는 고유 영역 같은 것인데 하루아침에 물러나라니 말도 안 되는 소리였다. (중략) 이제까지 무슨 생각으로 아무 말도 하지 않았는지 원망스러웠고 그다지 고맙지도 않았다.》

(중략)

《처남이 착하다는 건 인정한다. 성실하기도 했다. 그런데 방향이 틀렸다. 같이 해야 할 일은 같이 열심히 하겠지만 싸울 일은 싸워서 해결해야 하지 않는가. 또 싸울 때도 상대를 제대로 골라서 싸워야지 제 편, 제 식구에게 피해를 입혀 가며 제 살 깎아 먹기 식으로 하는 건 나부터 용납할 수 없었다. 그냥 놔두니까 처남은 계속 주절주절 말을 이어 가고 있었다.》

— 성석제, 〈투명 인간〉

● 이 소설에서는 주인공 만수의 주변인들이 서술자로 등장하여 사건을 전달하고, 만수와 관련된 갈등을 다각도로 조명하고 있다. 먼저 만수를 좋아했다는 진주의 관점이 나타난다.

▲ 여동생은 오빠인 만수가 식당을 하라며 진주(그 여자)를 데려온 상황에 대해 원망스럽다는 입장을 드러내고 있다.

■ 여동생의 남편은 만수가 착하고 성실하지만 싸울 상대를 잘못 골랐다고 평가하고 있다.

Q. 이 글은 인물 간의 갈등을 다각도로 조명하며 갈등의 해소 과정을 드러내고 있다. (○ / ×)

054 모티프 | 사건 또는 이야기를 구성하는 동기 또는 사건의 최소 단위

설화나 소설 등에 나타나는 전형화된 이야기의 개별 단위를 모티프(motif)라고 한다. 고전 소설에는 주인공이 하늘의 존재로서 지상에 내려오는 적강 모티프, 둔갑술을 사용하거나 다른 존재로 탈바꿈하는 변신 모티프, 혼인이 이루어지는 과정에서 문제가 발생하는 혼사 장애 모티프, 동물이 은혜를 갚는 보은 모티프 등 다양한 모티프가 나타난다.

➕ 이 외에도 꿈이 구체적인 일들을 예언하고 암시하는 꿈 모티프, 하늘에서 내려 준 인연임을 드러내 주는 물품을 간직하는 정표 모티프, 여성이 남장을 하고 여성의 한계를 극복하는 남장 모티프, 죽은 사람이 다시 살아나는 환생 모티프, 주인공이 귀신과 교섭하는 인귀 교환 모티프, 작중 문제를 재판을 통해 해결하는 송사 모티프 등이 있으며, 한 작품에서 여러 모티프가 결합하여 나타나기도 한다.

《시중은 하인 몇 명을 남겨 하생을 지키게 하고 길을 나섰다. 잠시 후 묘역에 이르러 보니 봉분의 모습은 예전 그대로 변함이 없었다. 시중은 의아히 여겨 무덤을 파 보았다. 무덤
흙을 둥글게 쌓아 올려서 만든 무덤
속의 딸은 안색이 산 사람과 같았다. 심장 있는 쪽을 만져 보니 조금 온기가 있는 것이 아닌가. 시중은 유모를 시켜 딸을 안게 하고 가마에 태워 돌아왔다. 무당이나 의원을 부를 겨를도 없어 가만히 안정을 취하도록 할 따름이었다. 해 질 녘이 되자 시중의 딸이 깨어났다.

여인은 부모를 보더니 한 번 가느다란 소리를 내어 흐느꼈다.》

(중략)

며칠이 지나자 여인은 평상시의 모습을 완전히 회복하였다. 시중은 하생을 위해 성대한 잔치를 베풀었다. 그 자리에서 시중은 하생의 집안에 대해 묻고, 또 하생이 혼인했는지 여부를 물었다. 하생은 아직 혼인하지 않았다고 말한 뒤 부친은 평원(平原) 고을의 유생으로 오래 전에 작고하셨다고 대답했다. 시중은 고개를 끄덕이더니 안으로 들어가서 아내와 의논하였다.

《"하생의 용모와 재주가 참으로 범상치 않으니 사위로 삼는다 해도 문제될 건 전혀 없겠소만 집안이 서로 걸맞지 않는구려. 더구나 이번에 겪은 일이 너무 괴상망측하고 보니 이 일을 계기로 혼인을 시켰다가는 세상 사람들의 입에 오르내리지 않을까 싶소. 그래서 나는 그냥 재물이나 후하게 주어 사례하는 것으로 끝냈으면 싶소."》 – 신광한, 〈하생기우전〉

● 이 소설에서 하생이 만난 여인은 자신이 귀신이라고 하며 자신이 다시 소생할 수 있는 방법을 하생에게 알려 준다. 이 장면은 무덤 속의 여인이 다시 살아나는 비현실적인 사건이 전개되는 부분으로 환생 모티프와 인귀 교환 모티프가 나타난다.

▲ 여인의 아버지가 하생과 여인의 혼사를 부정적으로 보며 아내에게 혼인을 시키지 말자고 말하는 부분으로, 혼사 장애 모티프가 반영되어 있다.

Q-1. 이 글에는 혼사 장애 모티프와 변신 모티프가 나타나 있다. (○ / ×)

차설 이때 조은하의 춘광이 십오 세이라, 부드러운 태도와 뛰어나고 우아한 기질이 짐짓
절대가인이라. 이왕 소상 죽림에서 일위《소년을 만나, 우연히 유자를 주고 백학선을 받아
돌아왔더니, 점점 장성하매 백학선을 내어 본즉 '요조숙녀(窈窕淑女) 군자호구(君子好逑)'라
쓰고, 그 아래 사주를 기록하였거늘, 심중은 놀라나 이 또한 천정연분이라.》어찌 할 길 없
으매, 마음에 기록하고 말을 내지 아니하더라.

(중략)

은하가 주저하다가 천천히 눈물을 흘려 아뢰기를,

"소녀 같은 인생이 세상에 살아 무익한 고로, 죽어 모르고자 하옵나니, 바라건대 부모
는 살피소서. 소녀가 십 세에 외가에 갔다가, 오는 길에 유자를 얻어 가지고 오다가, 소
상 죽림에서 잠깐 쉬었더니, 한 소년 선비가 지나다가 유자를 구하기로 두어 개를 주었더
니 받아먹은 후에 답으로 백학선을 주어 어린 마음에 아름답게 여겨 받아 두었삽더니, 요
사이 펴 본즉 그 부채의 글이 백년가약을 뜻한지라, 그때에 무심히 받은 것을 뉘우치나,
이 또한 천생연분이 분명하옵고, 또한 그 선비를 본즉 평범한 사람이 아니오라, 소녀가
이미 그 사람의 신물을 받았사오니 마땅히 그 집 사람이라, 어찌 다른 가문에 마음을 두
리이까? 만일 생전에 백학선 임자를 만나지 못하오면, 죽기로써 백학선을 지키올지라."

– 작자 미상, 〈백학선전〉

- 이 소설에서 조은하는 어렸을 때 우연히 유백로를 만나 백학선을 정표로 받고 서로 훗날의 인연을 약속하게
  되므로 정표 모티프가 나타난다.

- 조은하는 다른 가문에서 구혼을 받지만, 자신이 이미 백학선을 받고 백년가약을 맺었기 때문에 결혼할 수
  없다고 하며 지조와 절개를 지키려 하고 있다.

Q-2. 이 글에서 조은하가 소년에게 유자를 주고 인연의 정표로 받은 것을 찾아 쓰세요. ______________

● 다음 빈칸을 채워 문장을 완성하세요.

01 소설에서 한 장면을 이루는 인물, 사건, 배경에 변화가 나타나면 장면이 (   )되
었다고 하며, 어떤 두 장면이 번갈아 나타나면 장면이 (   )되었다고 한다.

02 사건의 (   )란 사건이 벌어질 것이라고 예측할 수 있는 단서로, 새로운 인물 또
는 소재의 등장, 인물의 행동 변화, 상황적 배경의 변화 등이 단서로 제시된다.

03 다른 장소에서 일어난 독립된 사건들을 나란히 제시하는 방법을 사건의 (   )라
고 한다.

04 사건과 그로 인한 갈등을 여러 인물의 시점으로 서술하면 갈등을 (   )으로 조명
할 수 있다.

● 다음 소설을 읽고 설명이 맞으면 ○표, 틀리면 ×표를 하세요.

> 미스터 방이 그 걸쭉한 양칫물을 노대 아래로 아낌없이 좍 뱉는 바로 그 순간이었다. 그
> 순간이 공교롭게도, 마침 그를 찾으러 온 S 소위가 현관으로 일단 들어서려다 말고(미스터
> 방이 노대로 나오는 기척이 들렸기 때문에) 뒤로 서너 걸음 도로 물러나,
> "헬로." / 부르면서 웃는 얼굴을 쳐드는 순간과 그만 일치가 되었다.
> "에구머니!" / 놀라 질겁을 하였으나 이미 뱉어진 양칫물은 퀴퀴한 냄새와 더불어 백절 폭
> 포로 내리쏟아져 웃으면서 쳐드는 S 소위의 얼굴 정통에 가 좍르르.
> — 채만식, 〈미스터 방〉

05 이 글은 사건의 반전을 통해 환상적 분위기가 드러나고 있다. (○ / ×)

> 소년이 아뢰기를,
> "오늘 묘시(卯時)에 붉은 도포를 입은 선관이 내려와 이르기를, '남두성이 옥황상제께 득죄
> 하여 십 년 동안 허물을 쓰고 세상을 보지 못하게 하였는데, 죄악이 다 끝났다.' 하고, 허물
> 을 벗겨 방 안에 두고 이르기를, '이 허물을 가져갈 것이로되 네 부모께 뵈어 확실한 자취
> 를 알게 하라.' 하고 갔사오니, 소자가 보자기를 벗고 보온즉 허물이 곁에 놓여 있고 책 세
> 권이 놓였사오니, 십 년 불효를 어찌 다 아뢰리이까?"
> — 작자 미상, 〈김원전〉

06 이 글에는 적강 모티프와 변신 모티프가 반영되어 있다. (○ / ×)

● **다음 소설을 읽고 빈칸을 채워 문장을 완성하세요.**

> 치원이 황색 부적을 던지자 그 부적이 변해 누런 벌이 되어 코끼리 입을 둘러싸니, 코끼리가 감히 입을 열지 못했다. 그래서 무사히 들어갈 수 있었다. / 이때 황제는 치원이 여러 문을 아무런 탈이 없이 태연하게 들어왔다는 말을 듣고 크게 놀라 말했다.
> "이는 진실로 천지(天地)가 알고 있는 사람이다."
> — 작자 미상, 〈최고운전〉

07 이 글은 황제의 말을 통해 치원이 천상계의 인물임을 (　　　　　)하고 있다.

> 거기 오두막집이 한 채 있다. 싸리나무 울타리가 가지런하고 마당이며 토방이 여간 정갈하지 않다. 토방과 집터서리에는 벌통이 여남은 통 놓여 있고, 집 근처 네댓 마지기 밭에는 조그마한 남새밭을 내놓고는 모두 메밀을 갈아, 가을이면 하얗게 핀 메밀꽃이 따가운 햇살에 눈이 부실 지경이다.
> — 송기숙, 〈당제〉

08 이 글은 공간적 배경을 자세히 묘사하여 사건의 전개가 (　　　　　)되고 있다.

● **다음 소설을 읽고 적절한 설명이 되도록 괄호 안에서 알맞은 말을 고르세요.**

> 철호는 천천히 고개를 들었다. 신문지를 바른 맞은편 벽에, 쭈그리고 앉은 아내의 그림자가 커다랗게 비쳐 있었다. 꼽추처럼 꼬부리고 앉은 아내의 그림자는 헝클어진 머리카락이 괴물스러웠다. 철호는 눈을 감았다. 머리마저 등 뒤 칸막이 반자에 기대었다.
> 철호의 감은 눈 앞에 십여 년 전 아내가 흰 저고리 까만 치마를 입고 선히 나타났다. 무대에 나선 그네는 더욱 예뻤다. E여자대학 졸업 음악회였다.
> — 이범선, 〈오발탄〉

09 이 글은 (과거와 현재, 꿈과 현실)의 장면이 교차되며 대비되고 있다.

> "그러면 빨리 데리고 올라오게. 그동안 나는 자네 일을 잘 주선하여 줄 터이니……."
> 김 진사는 기뻐 어쩔 줄 몰라 하며, 다음 날 허 판서에게 하직하고 평양으로 내려간다.
> 이때 이 부인은 채봉의 혼인을 정하고 김 진사가 내려올 동안에 혼수를 장만하려고 방에서 채봉의 의복을 마련하고 앉았는데, 김 진사가 내려와 집 안에 들어서며,
> "부인, 어디 갔소?"
> — 작자 미상, 〈채봉감별곡〉

10 이 글은 '이때' 이후로 (장면이 전환, 사건이 지연)되고 있다.

정답 | **01** 전환, 교차　**02** 암시　**03** 병치　**04** 다각적　**05** ✕　**06** ○　**07** 암시　**08** 지연　**09** 과거와 현재　**10** 장면이 전환

서사 구조와 관련한 개념어

소설의 서사 구조는 인물, 사건, 배경 등을 작가가 의도적으로 짜임새 있게 구성한 것이다. 갈등이 사건을 전개하고 인물의 성격을 그려 내어 이야깃거리를 제공한다면, 구성은 이야깃거리를 독자의 흥미를 유발할 수 있도록 엮어 나가는 것이다.

사건을 어떻게 엮어 나가는지에 따라 순행적 구성, 역순행적 구성, 액자 구조 등 그 서사 구조가 달라진다. 그리고 잘 짜여진 구성에 따라 이야기가 진행될 때 이야기의 통일성이 생기고, 독자가 계속 흥미를 느끼며 글을 읽어 나갈 수 있다.

---

055 순행적 구성 順行(순할 순, 갈 행) | **자연적인 시간 순서에 따라 전개되는 구성**

가장 자연스러운 이야기의 흐름으로, 사건이 발생한 순서에 따라 이야기가 제시되기 때문에 독자가 사건의 개요를 파악하기가 수월하다.

연계 개념어 시간 순서대로 서술 | 과거에서 현재로의 시간 흐름과 같이 자연적인 시간의 흐름이 드러나는 서술 방식을 말한다.

> 이제 아이들은 아무도 기표를 무서워하지 않았다. 형이라고 호칭하는 아이도 드물었다. 아무나 곁에 가서 말을 걸 수가 있었고 때로는 어깨도 쳤다.
>
> 그것은 기표가 아주 부끄러움을 잘 타는 아이로 변해 버렸기 때문이다. 누구를 만나도 수줍어하는 그 아이는 그렇게 당당하던 체구마저도 왜소하게 짜부라진 채 우리가 보통 사진을 찍을 적에 '치즈' 하고 웃듯 그런 미소를 얼굴에 담고 있었다. (중략)
>
> 그러던 어느 날, 우리는 기표의 자리가 빈 것을 알았다. 다음 날도 그는 결석했다. 무단결석이었다. 담임 선생이 한 아이를 기표네 집에 보냈다.
>
> "집에도 없어. 이틀 전에 집을 나갔대." / 우리들은 서로 얼굴을 마주 보며 술렁거리기 시작했다. 뭔가 심상찮은 생각들이 머리에 젖어 들었다.
>
> 기표가 내리 사흘이나 결석을 한 아침나절이었다. 수업 중인데 담임이 형우와 나를 찾는 쪽지가 왔다. / 우리가 교무실에 내려갔을 때 담임 선생은 병색이 완연해 뵈는 어떤 여자와 얘기를 나누고 있었다.
>
> — 전상국, 〈우상의 눈물〉

• 이 소설은 반에서 공포의 대상이던 기표가 점점 무기력한 존재로 몰락하는 과정을 보여 준다. 제시된 장면은 반 아이들이 기표를 더 이상 무서워하지 않게 된 이후 기표가 학교에서 사라져 버린 상황을 시간의 흐름에 따라 순행적 구성으로 드러내고 있다.

 **Q.** 이 글은 사건이 발생한 순서가 현재에서 과거 순으로 제시되어 있다. (○ / ×)

056 역순행적 구성 | 자연적 시간의 흐름과 반대로 진행되는 구성

사건이 발생한 순서대로 제시되지 않고 뒤바뀌어 있는 구성으로, 현재에서 과거로 진행되는 시간의 역전이 나타난다.

연계 개념어 **현재와 과거의 교차** | 현재와 과거의 장면이 번갈아 제시되는 것을 말한다.
회상의 방식 | 인물이 현재의 시점에서 과거를 떠올리는 회상이나, 서술자의 서술로 과거의 장면이 삽입되는 방식으로 나타난다.

《나는 개털 모자를 눌러썼는데 트럭이 속력을 내자 몰아치는 눈바람에 안면이 내 살 같지 않았고 무명으로 감싼 발톱은 집게로 뽑듯 아렸다. 그해 겨울, 결국 발가락 두 개가 동상으로 떨어져 나갔다. 생각만 해도 끔찍한 시절이었다.》 늙고 할 일 없으니 자나깨나 그 시절 생각이다. 손자 녀석까지 남의 심사를 박박 긁으니 초조함과 불안이 온몸을 옥죄어 온다. 나는 의자 등받이에 몸을 붙이고 일렁이는 불꽃을 본다. 「여보, 봉창 밖이 왜 저렇게 환해요? 불이 난 게 아니에요?」 갑자기 죽은 아내 목소리가 들린다. 《중손골로 찾아온 맏이 녀석과 한바탕 난리를 치르고 난 뒤 화가 가라앉지 않아 곽가 불러 술이나 한잔하려 아내에게 술상을 차리라고 말한 뒤라, 나는 깜짝 놀라 뒷 봉창을 보았다. 봉창이 훤했다. 나는 방문을 열고 뛰어나갔다. 변소 뒤 군용 천막으로 덮어 둔 폐지 더미에서 불길이 일고 있었다. 덩이덩이 쌓아 둔 폐지 더미가 바람을 타고 불길에 휩싸였다. 「여보, 어떡해요. 작은 서방님이…….」 뒤쫓아 나온 아내가 울먹였다. 폐지는 다 타버리더라도 광수부터 살려야 했다. 나는 정신없이 불길 속으로 뛰어들었다.》

기침이 쏟아지고 갑자기 숨길이 가쁘다. 더 앉아 배겨 낼 수가 없다. 나는 의자에서 기우뚱 일어선다. 옷걸이에 걸린 10년 넘게 입어 온 점퍼를 걸친다. 할아버지, 어디 가시게요? 하며 손자 녀석이 며늘애와 함께 빵을 먹다 돌아본다. 나는 대답 없이 현관으로 가서 테두리에 인조털 달린 겨울용 검정 고무신을 신는다.

– 김원일, 〈손풍금〉

● 이 소설은 분단의 비극을 가족사적으로 다룬 작품으로, '나(할아버지)'는 손자의 질문으로 인해 과거의 기억을 회상하고 있다. 이 장면에서 '나'는 6·25 전쟁 당시 군용 트럭을 타고 가다가 동상으로 고통을 겪었던 기억을 떠올리고 있다.

▲ 현재의 '나'는 의자에 앉아 환영과 같은 불꽃을 본 뒤 죽은 아내의 목소리를 떠올리고 있다. 그리고 화재가 일어나 동생(광수)을 살리기 위해 불길 속으로 뛰어들었던 과거의 사건을 회상하고 있다.

Q. 이 글은 '나'의 회상을 통해 과거에 일어난 여러 가지 사건이 제시되고 있다. (○ / ×)

개념어 check 정답 | **055** × **056** ○

여행의 목적과 여정이 사건 전개의 중심이 되며, 여행의 과정에 따라 인물의 심리와 감상이 드러난다. 또한 여정을 겪으면서 인물의 변화와 성장이 나타나기도 한다.

《장춘서 회령까지 스무 하루를 두고 온 여정이었다.
— 함경북도 회령군에 있는 읍

우로를 막을 아무런 장비도 없는 무개화차 속에서 아무렇게나 내어팽개친 오뚝이 모양으
— 중국 송화강의 지류에 접한 도시
— 비와 이슬을 이르는 말   — 덮개나 지붕이 없는 화물차
로 가로 서기도 하고 모로 서기도 하고 혹은 팔을 끼고 엉거주춤 주저앉아서 서로 얼굴을 비

비대고 졸다가는 매연에 전 남의 얼굴에다 거언 침을 지르르 흘려 주기질과 차에 오를 때마

다 떼밀고 잡아채고 곤두박질을 하면서 오는 짝패이다가도 하루아침 홀연히 오는 별리의 맛
— 서로 갈리어 떨어짐.
을 보지 않고는 한로와 탄진 속에 건너 매어진 마음의 닻줄이 얼마만 한 것인가를 알고 살기

힘든 듯하였다. (중략)

회령에서는 정거장이 전체적으로 폭격을 받아서 어느 모양으로 어떤 건축이 서 있었던

것인가를 조금도 분간하여 알지 못하리만큼 완전히 부서져 있었지마는, 청진은 하 커서 그
— 함경북도 동북쪽에 있는 시
랬던지 어떠한 규모로 어떻게 서 있었던 정거장인가의 상상을 허락할 만한 형적은 남아 있었

다. 시가지에서 정거장에 이르는 광장 전면에 와 서서 보면 걷어치우다 남은 무대의 오도구
— 무대 장치
처럼 한 면만 남은 정거장 본 건물의 정면만이라도 남아 있었다.》(중략)

방은 이 땅이 우리들 여정(旅程)의 절반이라고 하였지마는, 설혹 지내온 것이 절반이 못

된다 하더라도 ▲내게는 이미 내 가슴 가운데 그려진 이번 피난의 변천 굴곡은 여기서 다 완결

된 거나 조금도 다름이 없었다.

— 허준, 〈잔등〉

● 이 소설은 광복 후 만주의 장춘에서 함경도 회령, 청진을 거쳐 서울로 귀국하는 '나'와 '방'의 여정을 그린 여로 구조이다. 함경북도 회령과 청진에서 '나'가 목격한 피난민들의 모습과 전쟁 이후의 폭격을 받은 참상이 드러나 있다.

▲ 청진에서 기차를 타고 떠나는 '나'의 심리가 드러나 있으며, 청진에서의 피난 경험이 '나'에게 남긴 영향을 보여 주고 있다.

Q. 이 글에서 '나'의 여정이 드러나는 지명을 모두 찾아 쓰세요. ___________________

058 환몽 구조 幻夢(헛보일 환, 꿈 몽) | '현실 - 꿈 - 현실'의 구성

인물이 잠이 들면서 현실 세계에서 꿈속 세계로 이동하여 서사가 전개되다가 꿈에서 깨어 다시 현실 세계로 돌아오는 구성이다. 인물이 꿈으로 들어가는 것을 '입몽'이라고 하고, 꿈에서 깨는 것을 '각몽'이라고 한다.

➕ 꿈속의 사건은 인물의 정체나 앞으로 발생할 사건을 암시하는 서사적 기능을 하며, 주인공이 현실에서 얻지 못한 깨달음을 얻는 계기가 되기도 한다. 한편 꿈속 공간은 주인공이 욕망을 성취하는 공간으로 나타나기도 한다.

이날 밤에 강남홍이 취하여 취봉루에 가 의상을 풀지 아니하고 책상에 의지하여 잠이 들었더니 홀연 정신이 황홀하고 몸이 정처 없이 떠돌아 일처에 이르매 한 명산이라. 봉우리가 높고 험준하거늘 강남홍이 가운데 봉우리에 이르니 한 보살이 눈썹이 푸르며 얼굴이 백옥 같은데 비단 가사를 걸치고 석장(錫杖)을 짚고 있다가 웃으며 강남홍을 맞아 왈,
　　　　승려가 입는 옷　　　승려가 짚고 다니는 지팡이

"강남홍은 인간지락(人間之樂)이 어떠한가?"

강남홍이 망연히 깨닫지 못하여 왈,

"도사는 누구시며 인간지락은 무엇을 이르시는 것입니까?"

보살이 웃고 석장을 공중에 던지니 한 줄기 무지개 되어 하늘에 닿았거늘 보살이 강남홍을 인도하여 무지개를 밟아 공중에 올라가더니 앞에 큰 문이 있고 오색구름이 어리었는지라. 강남홍이 문 왈, / "이는 무슨 문입니까?"

보살 왈, / "남천문이니 그대는 문 위에 올라가 보라."

(중략)

강남홍이 문 왈,

"보살은 뉘십니까?" / 보살이 웃으며 왈,

"빈도(貧道)는 남해 수월암 관세음보살이라. 부처의 명을 받아 그대를 지도하러 왔노라."
　승려가 자기를 낮춰 이르는 말
보살이 말을 마치고 석장을 공중에 던지니 오색 무지개 일어나며 홀연 우렛소리 울리거늘 강남홍이 놀라 깨어 보니 몸이 취봉루 책상 앞에 누웠는지라.

강남홍은 꿈속 일이 의아하여 연왕과 윤 부인, 황 부인, 벽성선, 일지련에게 낱낱이 말하니 그들 또한 같은 꿈을 꾸었는지라.

– 남영로, (옥루몽)

● 이 소설에 나타나는 환몽 구조는 독특한데, 천상계에서 꿈을 통해 속세로 진입한 주인공들은 속세에서 다시 꿈을 꾸어 천상계를 경험하고 자신의 정체를 깨닫게 된다. 이 장면은 강남홍이 취봉루에서 잠이 들어 꿈속의 명산에서 보살을 만났다가 꿈에서 깨어나는 장면이다. '취봉루'는 현실 세계, '명산'은 꿈속 세계에 해당한다.

Q. 이 글에서 강남홍이 꿈에서 만나는 인물을 찾아 쓰세요. ______________________

고전 소설에서 인간이 사는 세상인 지상계와 차원이 다른 초월적 공간인 천상계(천상, 선계)로 세계를 나누어 설정하는 것을 말한다. 이러한 구성은 고전 소설에서 주인공의 신이성을 부각하는 역할을 한다.

연계 개념어 **적강 구성, 적강 구조** | 천상계의 존재가 지상계로 내려오거나 인간으로 태어나는 것으로, 천상의 선관·선녀가 죄를 짓고 지상으로 추방되어 벌을 받는 내용으로 나타난다.

이때 숙향이 물에 뛰어드니 검은 소반 같은 것이 물 밑으로부터 숙향을 태우고 물 위에 섰는데 편하기가 반석 같았다. 이윽고 오색구름이 일어나며 사양머리를 한 여자아이 둘이 연엽주를 바삐 저어 앞에 다다라 말하기를,

"부인은 어서 배에 오르십시오." / 하니 그 검은 것이 고운 여자로 변하여 숙향을 안아서 배에 올리고 아이 둘은 숙향을 향하여 재배하여 말하기를,
_{연엽주를 타고 온 천상적 존재}

"귀하신 몸을 어찌 이렇듯 가벼이 버리십니까? 저희는 항아의 명으로 부인을 구하러 오
_{상아. 달 속에 있다는 전설 속의 선녀}
다가 옥하수에서 여동빈 선생을 만나 잠시 술을 마셨는데 하마터면 부인을 구하지 못할
_{전설 속의 여덟 신선 중 한 명}
뻔했습니다." / 하고 용녀를 돌아보며 말하기를,

"어디로부터 와서 구하셨습니까?"

용녀가 대답하여 말하기를,

"전에 사해용왕이 수정궁에 모여 잔치를 할 때 저의 사랑하는 시녀가 유리종을 깨트렸기에 행여 죄를 얻을까 하여 감추었더니 부왕이 아시고 노하여 첩을 반하수에 내치시매 물가로 다니다가 어부에게 잡혀 죽게 되었습니다. 이때 김 상서의 구함을 입어 살아났으니 그 은혜를 갚을 길이 없었습니다. 《어제 부왕이 옥경에서 조회할 때 옥제 말씀을 듣사오
_{숙향의 아버지}
니 '소아가 천상에서 득죄하여 김 상서 집에 적강한 뒤로 도적의 칼 아래 놀라게 하고, 표
_{하늘 위에 옥황상제가 산다고 하는 가상의 서울   옥황상제}
_{숙향이 천상계에서 죄를 지었음을 알 수 있음.}
진강에 빠져 죽을 액을 당하고, 갈대밭에서 화재를 만나고, 낙양 옥중에서 죽을 액을 지낸 후에야 태을을 만나게 하라.》 하시고 물 지키는 관원을 명하여 '기다렸다가 죽이지는
_{숙향의 장래 배우자가 될 이선의 전생의 이름}
말고 욕만 뵈어 보내라.' 하시기에 제가 특별히 김 상서의 은덕을 갚고자 하여 자원하여 왔습니다. 이제 그대가 또 구하시니 저는 가겠습니다."

                              – 작자 미상, 〈숙향전〉

● 이 소설에서 숙향은 도둑이라는 모함을 받고 쫓겨나 물에 뛰어들어 죽으려고 하는데, 이때 천상적 존재가 나타나 숙향을 돕는다. 그리고 용녀의 말을 통해 숙향이 인간 세계에서 겪는 고난이 천상계에서 지은 죄 때문이며, 이러한 고난은 태을(이선)을 만나기 위해 숙향이 극복해야 할 과정이라는 것이 드러난다. 따라서 이 소설은 천상계와 지상계가 나타나는 이원적 공간 구도임을 알 수 있다.

Q. 이 글에서 숙향(소아)은 천상에서 죄를 짓고 적강한 뒤 지상에서 고난을 겪는다. (○ / ×)

060 삽화 형식 揷話(삽입할 삽, 이야기 화) | 각각의 독립된 이야기를 병렬적으로 나열하는 형식

삽화, 즉 독립된 짤막한 이야기를 전체 이야기 속에 끼워 넣어 나열하는 형식이다. 이때 짤막한 이야기는 '일화' 또는 '에피소드(episode)'라고도 한다.

➕ 삽화를 여러 개 나열하는 경우 각각의 삽화는 줄거리상 밀접한 인과 관계는 없으나, 이를 통해 인물의 성격이나 경험 등을 구체적으로 보여 주는 효과가 있다.

《오랜 후 어느 날 그 부자가 문을 나서다 말고 자주자주 뒤를 돌아보다, 도로 다시 방으로 들어가서 자물쇠가 걸렸나 안 걸렸나를 살펴본 다음 문을 나서는데, 마음이 몹시 미심쩍은 눈치였다. 얼마 후 돌아와 깜짝 놀라며, 광문을 물끄러미 살펴보면서 무슨 말을 하고자 하다가, 안색이 달라지면서 그만두었다. 광문은 실로 무슨 영문인지 몰라서 날마다 아무 말도 못하고 지냈으며, 그렇다고 그만두겠다고 말할 수도 없었다.

그 후 며칠이 지나, 부자의 처조카가 돈을 가지고 와 부자에게 돌려주며,

"얼마 전 제가 아저씨께 돈을 빌리러 왔다가, 마침 아저씨가 계시지 않아서 제멋대로 방에 들어가 가져갔는데, 아마도 아저씨는 모르셨을 것입니다."

하는 것이었다. 이에 부자는 광문에게 너무도 부끄러워서 그에게,

"나는 소인이다. 장자(長者)의 마음에 상처를 주었으니 나는 앞으로 너를 볼 낯이 없다."

하고 사죄하였다.》(중략)

《광문이 길을 가다가 싸우는 사람을 만나면 그도 역시 옷을 홀랑 벗고 싸움판에 뛰어들어, 뭐라고 시부렁대면서 땅에 금을 그어 마치 누가 바르고 누가 틀리다는 것을 판정이라도 하는 듯한 시늉을 하니, 온 저자 사람들이 다 웃어 대고 싸우던 자도 웃음이 터져, 어느새 싸움을 풀고 가 버렸다.》

《광문은 나이 마흔이 넘어서도 머리를 땋고 다녔다. 남들이 장가가라고 권하면, 하는 말이, "잘생긴 얼굴은 누구나 좋아하는 법이다. 그러나 사내만 그런 것이 아니라 비록 여자라도 역시 마찬가지다. 그러기에 나는 본래 못생겨서 아예 용모를 꾸밀 생각을 하지 않는다."

하였다.》

– 박지원, 〈광문자전〉

● 이 소설은 광문의 인물됨을 보여 주는 일화들을 삽화 형식으로 나열하고 있다. 광문이 부자의 오해로 의심받았음에도 묵묵히 지낸 일, 길거리에서 싸우는 사람을 만나면 중재하는 모습, 장가들라는 권유를 사양하는 모습 등을 삽화 형식으로 나열하여, 비록 신분은 미천하지만 인정 있고 의리를 지키는 광문의 성품을 보여 주고 있다.

Q. 이 글은 삽화 형식으로 광문의 경험을 나열하여 갈등의 심화 과정을 드러내고 있다. (○ / ×)

개념어 check 정답 | **059** ○ **060** ✕

061 액자 구조 | 이야기 안에 또 다른 이야기가 삽입되어 있는 구조

액자 역할을 하는 이야기 안에 중심 이야기를 넣어 서술하는 구조이다. 핵심이 되는 이야기는 내부 이야기(내화), 이를 둘러싼 액자 역할을 하는 이야기는 외부 이야기(외화)라고 한다.

➕ 액자식 구성은 외부 이야기에서 내부 이야기로 넘어갈 때 시점이 변하기도 한다. 이러한 외부 이야기의 설정은 내부 이야기의 개연성을 확보하고 독자가 내부 이야기를 더욱 사실처럼 느끼게 하는 효과가 있다.

> 그는 다시 하늘을 쳐다보았다. 그러나 좀 있다가, / "하디요."
>
> 하면서 내가 담배를 붙이는 것을 보고 자기도 대에 담배를 붙여 물고 이야기를 꺼낸다.
>
> "잊히지도 않는 십구 년 전 팔월 열하룻 날 일인데요."
>
> 하면서, 그가 이야기한 바는 대략 이와 같은 것이다. (중략)
>
> 《그러나 아내는 밤이 가고, 날이 밝기는커녕 해가 중천에 올라도 돌아오지를 않았다. 그는 차차 걱정이 나서 찾아보러 나섰다.
>
> 아우의 집에도 없었다. 동네를 모두 찾아보아도 본 사람도 없다 한다.
>
> 그리하여, 낮쯤, 한 삼사 리 내려가서 바닷가에서 겨우 아내를 찾기는 찾았지만, 그 아내는 이전 같은 생기로 찬 산 아내가 아니요, 몸은 물에 불어서 곱이나 크게 되고, 이전에 늘 웃음을 흘리던 예쁜 입에는 거품을 잔뜩 문, 죽은 아내였다.》
>
> – 김동인, 〈배따라기〉

● 외부 이야기의 서술자인 '나'가 한 남자('그')를 만나 '그'의 이야기를 전해 듣는 상황이 나타나 있으므로 액자 구조임을 알 수 있다.

▲ 내부 이야기에 해당하는 부분으로, 오해로 인해 아내를 죽음으로 몰고 간 '그'의 비극적인 사연이 드러나 있다.

개념어 check

Q. 이 글은 '나'가 전해 들은 이야기를 내부 이야기로 구성한 액자식 구성이다. (○ / ×)

💡 헷갈리지 마! 삽화 형식 vs 액자 구조

삽화 형식은 전체 이야기 안에 짤막한 이야기가 여러 개 삽입되는 구성이야. 즉 삽화 형식에서의 삽화는 전체 이야기 속에서 주제를 나타내거나 인물의 성격을 보여 줘.

반면 액자 구조는 중심 이야기가 외부 이야기 안에서 펼쳐지는 구성이야. 즉 액자 역할을 하는 외부 이야기 안에 삽입되어 있는 내부 이야기가 중심 이야기에 해당해.

┌─ 전체 이야기 ─┐
　삽화 1　삽화 2　삽화 3
　– 전체 이야기 안에 삽입
　– 주제를 보여 주는 구체적 일화
[삽화 형식]

┌─ 외부 이야기 ─┐
　액자(내부 이야기의 진실성 부각)
　내부 이야기 (중심 이야기)
[액자 구조]

전(傳)은 한 인물의 행적을 기록하고 여기에 교훈적인 내용이나 비판을 덧붙이는 전통적 글쓰기 양식으로, 대개 '인물 소개 – 주요 행적 – 인물평'으로 구성된다.

> **연계 개념어** **가전체 구조** │ 인물이 아닌 사물을 의인화하여 전기(傳記) 형식으로 서술하는 것으로, 임춘의 〈국순전〉, 〈공방전〉이나 이규보의 〈국선생전〉 등이 여기에 속한다.

> 시체를 묻고 뫼를 만들거나 이장하는 일
>
> 《황만근은 또한 책에 나오는 예(禮)는 몰라도 염습과 산역(山役)같이 남이 꺼리는 일에는
> 시신을 씻긴 뒤 수의를 갈아입히고 염포로 묶는 일
> 누구보다 앞장을 섰고 동네 사람들도 서슴없이 그에게 그런 일을 맡겼다. 똥구덩이를 파고
> 우리를 짓고 벽돌을 찍는 일 또한 황만근이 동네 사람 누구보다 많이 했다.》(중략)
>
> 《어느 누구도 알아주지 아니하고 감탄하지 않는 삶이었지만 선생은 깊고 그윽한 경지를
> 이루었다. 보라. 남의 비웃음을 받으며 살면서도 비루하지 아니하고 홀로 할 바를 이루어
> 행동이나 성질이 허름하고 더럽지
> 초지를 일관하니 이 어찌 하늘이 낸 사람이라 아니할 수 있겠는가. 이 어찌 하늘이 내고 땅
> 처음에 품은 뜻
> 이 일으켜 세운 사람이 아니랴.》 — 성석제, 〈황만근은 이렇게 말했다〉

- 이 소설은 전의 형식을 창의적으로 차용하여 황만근이라는 인물의 행적을 소개한 뒤 마지막에 묘비명 형식으로 인물에 대한 평가를 덧붙인 작품이다. 황만근의 그동안의 삶과 그 행적을 소개하는 부분이다.
- ▲ 황만근의 인물됨에 대한 서술자의 종합적인 평가와 예찬이 드러난 부분이다.

Q-1. 이 글은 '인물의 행적 - 인물에 대한 평가'의 2단 구성을 보여 주고 있다. (○ / ×)

> 《국성(麴聖)의 자는 중지(中之)니 바로 주천(酒泉)에 사는 사람이다. 국성이란 맑은 술을
> 주천의 물로 술을 빚으면 술맛이 좋다고 함.
> 말하는 것이요, 중지란 곤드레만드레를 뜻한다. 어릴 때에는 서막(徐邈)에게 귀여움을 받았
> 중국 위나라 사람으로 애주가임.
> 다. 심지어 서막이 그의 이름과 자를 지어 주기까지 했다.》(중략)
>
> 《사신(史臣)은 말한다. / "국씨는 원래 대대로 내려오면서 농가 사람들이었다. 성이 유독
> 넉넉한 덕이 있고 맑은 재주가 있어서 당시 임금의 심복이 되어 국가의 정사에까지 참여
> 마음 놓고 부리거나 일을 맡길 수 있는 사람
> 하고, 임금의 마음을 깨우쳐 주어, 태평스러운 푸짐한 공을 이루었으니 장한 일이다. 그
> 러나 임금의 사랑이 극도에 달하자 마침내 국가의 기강을 어지럽히고 화가 그 아들들에
> 게까지 미쳤다."》 — 이규보, 〈국선생전〉

- 이 소설은 술을 의인화한 가전체 구조로, 가전은 전의 형식을 빌려 사물의 일대기를 표현한 고려 말의 문학 양식이다. 도입부에서는 국성의 이름과 가계를 소개하고 있다.
- ▲ 인물의 행적을 소개한 뒤 마지막에 국성의 생애에 대한 사신의 평가를 덧붙인 부분으로 가전체의 일반적 특징이 나타난다.

Q-2. 이 글은 실존 인물의 행적을 기록한 뒤 그에 대한 역사적 평가를 덧붙이고 있다. (○ / ×)

개념어 check 정답 │ 061 ○ 062-1 ○ 062-2 ×

● **다음 빈칸을 채워 문장을 완성하세요.**

01 (　　　　　) 구성은 사건이 발생한 순서에 따라 제시되는 반면, (　　　　　) 구성은 사건이 발생한 순서대로 제시되지 않고 뒤바뀌어 제시된다.

02 (　　　　　) 구조는 외부 이야기 안에 핵심이 되는 내부 이야기가 삽입되어 있다.

03 전(傳)의 형식은 '인물 소개 – 주요 (　　　　　) – 인물에 대한 (　　　　　)'로 이루어진다.

04 세계가 인간 세상인 지상계와 초월적 세계인 천상계로 나뉘는 구도를 (　　　　　) 공간 구도라 한다.

● **다음 소설을 읽고 설명이 맞으면 ○표, 틀리면 ×표를 하세요.**

> 　정거장 대합실에 와서 이렇게 도사리고 앉아 있노라면, 만도는 곧장 생각나는 일이 한 가지 있었다. 그 일이 머리에 떠오르면 등골을 찬 기운이 좍 스쳐 내려가는 것이었다. 다섯 개의 손가락이 시퍼렇게 굳어진, 이끼 낀 나무토막 같은 팔뚝이 지금도 저만큼 눈앞에 보이는 듯했다. / 바로 이 정거장 마당에 백 명 남짓한 사람들이 모여 웅성거리고 있었다. 그중에는 만도도 섞여 있었다. 기차를 기다리고 있는 것이었으나, 그들은 모두 자기네들이 어디로 가는 것인지 알지를 못했다.
>
> – 하근찬, 〈수난 이대〉

05 이 글은 회상을 통해 과거의 장면이 제시되고 있다.　（　○　/　×　）

> 　……소녀가 남기고 간 그림—이것을 할아버지께서는 '무녀도'라 불렀지만—과 함께 내가 할아버지로부터 전해 들은 이야기는 다음과 같다.
> 　경주읍에서 성 밖으로 오 리쯤 나가서 조그만 마을이 있었다. 여민촌 혹은 잡성촌이라 불리는 마을이었다. / 이 마을 한 구석에 모화(毛火)라는 무당이 살고 있었다. 모화서 들어온 사람이라 하여 모화라 부르는 것이었다. 그것은 한 머리 찌그러져 가는 묵은 기와집으로, 지붕 위에는 기와버섯이 퍼렇게 뻗어 올라 역한 흙 냄새를 풍기고, 집 주위는 앙상한 돌담이 군데군데 헐리인 채 옛성처럼 꼬불꼬불 에워싸고 있었다.
>
> – 김동리, 〈무녀도〉

06 이 글은 1인칭 시점의 내화와 전지적 작가 시점의 외화로 이루어진 액자식 구성이다.

（　○　/　×　）

● **다음 소설을 읽고 빈칸을 채워 문장을 완성하세요.**

> 용왕이 다시 두 사자에게 명하여 산을 뚫고 물을 헤치는 무소뿔을 가지고 서생을 인도하게 한 후 그를 전송하였다. (중략)
> 서생이 시키는 대로 하니 한 사람이 무소뿔을 휘두르면서 앞에서 인도하는데 마치 공중을 나는 것 같았다. 오직 바람소리와 물소리만 끊임없이 들려올 뿐이었다. 소리가 그쳤을 때 서생이 눈을 떠 보니 바로 자기 집 방에 누워 있는 것이었다.
> — 김시습, 〈용궁부연록〉

07 이 글은 꿈속에서 용궁에 갔다가 현실로 돌아오는 (　　　　　　) 구조가 나타난다.

> "추성으로 말미암아 세 선녀가 투기하여 남방의 재변이 매우 심하기로 인간 세상에 적강시켰으니, 인간에 거처한 연한이 지나거든 모두 모여 즐기다가 나이 칠십이 차거든 올라오되, 월중선은 그중에 죄가 가벼우니 십 년 후에 먼저 불러 올리리라. 너희는 자세히 명령을 들으라."
> — 작자 미상, 〈남윤전〉

08 이 글은 인물이 천상계에서 죄를 짓고 인간계에 태어나는 (　　　　　　) 구조가 나타난다.

● **다음 소설을 읽고 적절한 설명이 되도록 괄호 안에서 알맞은 말을 고르세요.**

> 역으로 가면서 백화가 말했다.
> "어차피 갈 곳이 정해지지 않았다면 우리 고향에 함께 가요. 내 일자리는 주선해 드릴게."
> "내야 삼포루 가는 길이지만, 그렇게 하지?" / 정 씨도 영달이에게 권유했다. 영달이는 흙이 덕지덕지 달라붙은 신발 끝을 내려다보며 아무 말이 없었다.
> — 황석영, 〈삼포 가는 길〉

09 이 글은 제목과 내용으로 볼 때 (액자, 여로) 구조로 사건을 전개하고 있다.

> 삼산 학교에 급사로 있을 시대에 삼산 학교에다 남겨 놓고 나온 일화도 여러 가지라는데, 그중에 두어 가지를 동네 사람들의 말대로 옮겨 보면, 역시 그때부터도 이야기하기를 대단 즐기어 선생들이 교실에 들어간 새, 손님이 오면 으레 손님을 앉히고는 자기도 걸상을 갖다 떡 마주 놓고 앉는 것은 물론, 마주 앉아서는 곧 자기류의 만담 삼매로 빠지는 것인데, 한번은 도 학무국에서 시학관이 나온 것을 이따위로 대접하였다.
> — 이태준, 〈달밤〉

10 이 글은 (삽화, 전)의 형식으로 인물의 면모를 제시하고 있다.

정답 | **01** 순행적, 역순행적 **02** 액자 **03** 행적, 평가 **04** 이원적 **05** ○ **06** ✕ **07** 환몽 **08** 적강 **09** 여로 **10** 삽화

6 표현 방식

작가가 소설의 인물, 사건, 배경을 **독자에게 가장 적절하게 전달하기 위해 사용하는 언어적 방법이 문장 '표현 방식'**이다. 작가는 머릿속에 떠올린 작품의 내용을 현실감 있는 언어를 통해 구체적으로 드러내기 위해, 자신만의 개성적인 문체와 표현 기법을 사용하여 작품의 내용에 생명을 불어넣는다.

시험에서는 소설의 각 부분에 사용된 다양한 표현 방식이 어떤 효과를 갖는지를 묻는 경우가 많으므로 이를 중심으로 학습하는 것이 좋다. 또 현대 소설과 고전 소설에 주로 사용되는 표현 방식이 무엇인지 알아 두고 각 표현 방식의 차이점을 학습하도록 하자.

"쉬, 나리 잘못하다가는 일 날 것이니, 두 발을 한데 모아 요령 있게 들이미시오."

❶《배비장이 방자 말을 옳게 듣고 두 발을 모아 들이민다. 방자 놈이 안에서 배비장의 두 발목을 모아 쥐고 힘껏 잡아당기니, 부른 배가 딱 걸려서 들도 나도 아니하는구나. 배비장 두 눈을 희게 뜨고 이를 갈며, "좀 놓아다고!" / 하면서, 죽어도 문자(文字)는 쓰던 것이었다.》

❷포복불입(飽腹不入)하니 출분이기사(出糞而幾死)로다."
'배가 불러 들어갈 수 없으니 똥이 나와 죽겠구나.'라는 뜻

– 작자 미상, 〈배비장전〉

❶ 담을 넘다가 담의 구멍에 걸려 있는 상황에서도 문자를 쓰는 배비장의 모습을 통해 지배 계층의 허세를 **풍자**하고 있음을 알 수 있다.

❷ 배비장이 필요 이상의 한문 구절을 사용하여 아는 척을 하는 것에서 **현학적 표현**이 나타남을 알 수 있다.

〈보기〉

- 반복적이거나 위협적인 어구 사용, 구성진 입담 등에는 언어의 주술성과 해학성이 잘 드러난다. — 21 6모

〈선택지〉

- 상황에 대한 인물의 반응을 과장되게 서술하여 사건의 비극성을 완화하고 있다. — 24 수능
- 인물의 성격을 고사에 빗대어 사건을 새로운 국면으로 전환한다. — 24 6모
- 서술자가 풍자적 어조를 활용하여 중심인물에 대한 비판적 입장을 드러낸다. — 24 6모
- 인물의 희화화를 통해 사건의 반전 효과를 나타내고 있다. — 21 수능
- [A]는 구어체를 활용하여 경험한 사실을, [B]는 현재형 시제를 활용하여 관찰하고 있는 사실을 생생하게 나타내고 있다. — 21 수능
- 속담과 옛글을 삽입하여 인물의 내적 갈등을 강조하고 있다. — 20 9모
- [A]는 시제가 과거형에서 현재형으로 바뀌면서 장면에 긴장감을 더하고, [B]는 현재형 진술을 활용하여 인물 간 갈등을 더욱 생생하게 전달한다. — 20 6모
- 인물 간의 대화를 통해 특정 인물의 생각과 행동을 희화화하고 있다. — 19 수능
- 인물의 과장된 말과 행동을 통해서 비극적인 분위기에 반전을 꾀하고 있다. — 19 9모
- ⓒ는 부정적인 상황을 희화화함으로써 당면한 현실을 풍자하는 표현이다. — 18 9모
- [A]에서 '생눈 나올 일'이라는 과장된 표현을 쓴 것은 작품의 흥미를 높이려는 취지와 관련되겠군. — 18 9모
- 현학적 표현을 사용하여 등장인물들의 긍정적 성격을 강조하고 있다. — 16 6모
- 간결한 문체를 사용하여 중심 사건의 긴장감을 높이고 있다. — 15 9모

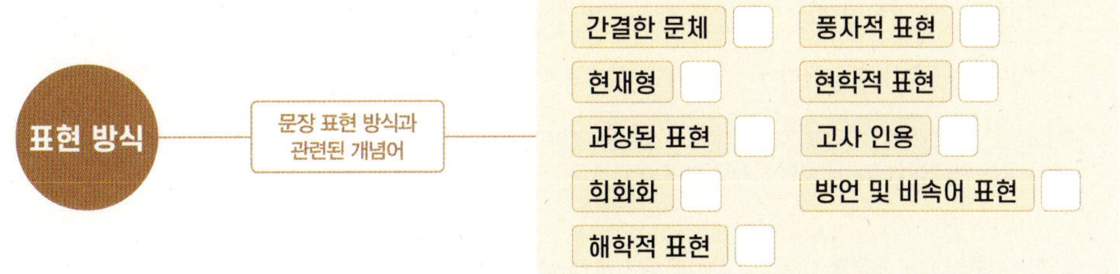

표현 방식 ── 문장 표현 방식과 관련된 개념어

간결한 문체 ☐	풍자적 표현 ☐
현재형 ☐	현학적 표현 ☐
과장된 표현 ☐	고사 인용 ☐
희화화 ☐	방언 및 비속어 표현 ☐
해학적 표현 ☐	

11 문장 표현 방식과 관련된 개념어

사람마다 외모가 다르듯이 작가는 특유의 문장 스타일과 표현 방식으로 인물에 현실감을 부여하고 개성을 드러낸다. 즉 작품의 내용과 주제를 전달하기 위해 작가는 간결한 문체, 현재형 어미 등의 자신만의 개성적인 문장 표현을 사용하는데, 이를 문체라고 한다.

그 외에도 작가가 사용하는 문장 표현 방식 중 방언이나 비속어 등은 인물의 생동감과 현장감, 사실성을 강조하여 이미지를 구체화하며, 해학적 표현이나 풍자적 표현, 과장된 표현 등은 인물이나 사건을 우스꽝스럽게 묘사하여 웃음을 준다.

유사 개념어 | 간결한 문장, 호흡이 짧은 문장

063 간결한 문체 簡潔(간략할 간, 간결할 결) | 문장의 길이가 짧은 문체

사건과 갈등의 양상을 짧은 문장으로 간단명료하게 제시하는 것으로, 사건을 빠르게 전개하고자 할 때 주로 쓰인다. 문장의 호흡이 짧게 끊어지므로 전투 장면 등에서는 사건 전개의 속도감을 높이고 긴박한 분위기를 조성하는 효과를 얻기도 한다.

> 광석이는 쨍한 소리로 노래를 불렀고, 두찬이는 화차 벽을 두드리며 둔하게 장단을 맞추었다. 《하원이는 자질구레한 심부름을 했다. 술을 한 병 더 받아 온다. 담배를 사 온다. 나는 곯아떨어져 잠이 들어 버리곤 했다.
>
> (화물 열차)
>
> 어느 날 저녁 광석이는 작업반 반장을 끌고 왔다. 두찬이는 화찻간에 벌렁 누운 채 아는 체도 안 했다. 하원이는 귀빈이라도 온 듯이 꽤나 대견스러워했다. 광석이는 술 몇 사발 값이나 내놨다. 하원이는 곧 술을 받으러 갔다. 겸해서 초 한 자루도 사 왔다.
>
> "이러구 어째 사노?"
>
> 반장이 지껄였다.
>
> "이것두 다아 경험임네다."
>
> 광석이는 공손히 대답했다.》
>
> — 이호철, 〈탈향〉

● 이 소설은 광석, 두찬, 하원과 같은 인물들의 행동을 길이가 짧은 문장을 나열하여 드러냄으로써, 인물들의 서로 다른 면모와 성격을 간결한 문체로 보여 주고 있다.

 **Q.** 이 글은 호흡이 짧은 문장을 사용하여 사건을 느리게 전개하고 있다. (○ / ×)

064 현재형 | 사건이 현재의 일임을 나타내는 시제

사건을 지금 일어나고 있는 것처럼 서술하는 것으로, '-ㄴ다', '-는다'와 같은 현재형 어미를 통해 표현한다. 현재형으로 진술하면 소설 속 장면이 바로 눈앞에서 일어나고 있는 듯한 현장감과 생동감을 주는 효과가 있다.

➕ 시험에서는 현재형 시제, 현재형 진술, 현재형 어미 등으로 다양하게 출제되고 있다.

> 《허턱 주안(朱安) 쪽을 향해 걷는다. 얼마 안 걸어 시가지는 끝나고 길은 차츰 어두워진
> 이렇다 할 이유나 근거가 없이 함부로
> 다. 길만 어두워지는 것이 아니라 바람이 세차진다. 홱 비를 몰아붙이며 우산을 떠받는다.
> 황 서방은 우산을 뒤집히지 않으려 바람을 따라 빙그르 돌아본다. 그러면 비는 아이 얼굴에
> 흠뻑 쏟아진다. 그래도 아이는 별로 소리가 없다. 권 서방더러 성냥을 그어 대라고 한다. 그
> 어 대면 얼굴은 죽은 것이나 마찬가지로 빗물 흐르는, 비비 틀린 목줄에서는 아직도 발랑거
> 리는 것이 보인다. 바람이 또 친다. 또 빙그르 돌아본다. 바람은 갑자기 반대편에서도 친다.
> 우산은 그예 뒤집히고 만다.》
> 마지막에 가서는 기어이
> — 이태준, 〈밤길〉

- 이 소설은 1930년대 도시 빈민의 궁핍한 삶을 그려 낸 작품이다. 황 서방이 비바람을 맞으며 죽어 가는 아이를 업고 밤길을 가는 비참한 상황을, 현재형 어미를 사용한 문장으로 생동감 있게 드러내고 있다.

Q. 이 글은 현재형 진술로 인물이 처한 상황을 현장감 있게 드러내고 있다. (○ / ×)

065 과장된 표현 | 사실보다 지나치게 부풀려서 나타내는 표현

실제보다 크게 부풀리는 표현을 말한다. 고전 소설에서 인물의 비범한 능력을 부각할 때, 또는 격렬한 싸움 장면을 묘사하거나 인물을 우스꽝스럽게 나타낼 때 자주 사용된다.

> 사명당이 마지못하여 정히 철마를 타려 하더니 《홀연 벽력 소리 진동하며 천지 뒤눕는 듯
> 벼락
> 하고 태풍이 진작하여 모래 날리고 돌이 달음질하고 비 바가지로 담아 붓듯이 와 사람이 지
> 떨쳐 일어나
> 척을 분변치 못하는지라. 경각 사이에 성중에 물이 불어 넘쳐 바다가 되고 성 외의 백성들
> 눈 깜빡할 사이
> 이 물에 빠져 죽는 자 수를 아지 못하되 사명당 있는 곳은 비 한 방울이 아니 젖는지라.》
> — 작자 미상, 〈임진록〉

- 벼락이 치고 태풍이 일어나 비가 쏟아지고, 그 물이 넘치는 상황을 과장된 표현으로 드러내고 있다. 이러한 상황에서 사명당이 비 한 방울 젖지 않았다는 것은 인물의 비범함을 보여 준다.

Q. 이 글은 비유를 통해 물이 넘치는 급박한 상황을 과장된 표현으로 드러내고 있다. (○ / ×)

개념어 check 정답 | **063** × **064** ○ **065** ○

066 희화화 戱畫化(놀 희, 그림 화, 될 화) | 대상이나 사물을 우스꽝스럽게 표현하는 것

어떤 인물의 외모나 행동, 성격, 또는 사건을 의도적으로 우스꽝스럽게 묘사하여 웃음을 이끌어 내는 것을 말한다.

《조조가 목을 막 늘여 좌우 산천을 살펴보려 할 제, 의외에 말 굽통 머리에서 메추리 표루 루루 하고 날아 나니 조조 깜짝 놀라, / "아이고 정욱아, 내 목 떨어졌다. 목 있나 봐라."

"눈치 밝소. 조그마한 메추리를 보고 놀랄진대 큰 장끼를 보았으면 기절할 뻔하였소그 려." / 조조 속없이,

"야, 그게 메추리냐? 그놈 비록 자그마한 놈이지만 냄비에다 물 붓고 갖은 양념하여 보글 보글 볶아 놓으면 술안주 몇 점 참 맛있느니라만."》

— 작자 미상, 〈적벽가〉

● 주변을 살피다가 메추리가 날아가자 깜짝 놀라는 모습을 통해 조조의 겁이 많고 소심한 성격을 희화화하고, 메추리였음을 알고 나서 맛있겠다는 말을 통해 경망스러운 조조의 성격을 우스꽝스럽게 표현하고 있다.

Q. 이 글은 인물의 우스꽝스러운 말과 행동을 통해 인물을 희화화하고 있다. (○ / ×)

유사 개념어 | 해학성, 해학적 효과

067 해학적 표현 諧謔(어울릴 해, 희롱할 학) | 우스운 행동이나 말로 선의의 웃음을 유발하는 표현

우스운 말이나 과장된 행동, 언어유희 등으로 긴장감을 이완시키면서 웃음을 자아내는 표현이 다. 이때의 웃음은 대상에 대한 공감이나 연민, 호감을 바탕으로 하는 것으로 볼 수 있다.

➕ 해학적 표현을 통해 극심한 가난이나 고난을 겪는 비극적 상황을 웃음으로 승화하여 나타내기도 한다.

김딱직이 썩 나앉으며,

"거기는 참으로 장자(長者)라 할 수 있소. 내 가난 들어 보오. 《조그마한 한 칸 초막 발 뻗
큰 부자를 점잖게 이르는 말
을 길 전혀 없어, 우리 아내와 나와 둘이 안고 누워 있으면 내 상투는 울 밖으로 우뚝 나 가고, 우리 아내 궁둥이는 담 밖으로 알궁둥이 보이니, 동네에서 숨바꼭질하는 아이들이 우리 아내 궁둥이 치는 소리 사월 팔일 관등(觀燈) 다는 소리 같고, 집에 연기 나지 않은
초파일이나 절의 주요 행사 때에 등대를 세우고 온갖 등을 달아 불을 밝히는 일
지가 삼 년째 되었소.》좌우 들으신바 내 신세 어떠하오?"

— 작자 미상, 〈흥부전〉

● 이 장면에서 김딱직은 아내의 엉덩이가 집 바깥으로 나올 정도로 집이 작다고 과장하고, 집에 밥을 짓는 연 기가 나지 않은 지가 3년이 되었다고 함으로써 가난한 처지를 해학적으로 표현하고 있다.

Q. 이 글에서 해학적 표현을 통해 강조하고자 한 것을 찾아 2음절로 쓰세요. _______________

068 풍자적 표현 諷刺(풍자할 풍, 찌를 자) ┃ 대상의 결점을 빗대어 비웃고 공격하는 표현

부정적 상황에서 현실의 불합리나 대상의 잘못을 과장되게 표현하거나, 다른 것에 빗대어 비웃으면서 공격하는 표현으로 비판적 태도와 연결된다고 볼 수 있다.

《문과의 홍패(紅牌)는 길이 2자 남짓한 것이지만 백물이 구비되어 있어 그야말로 돈 자
　　　　문과의 회시(會試)에 급제한 사람에게 주던 증서
루인 것이다. 진사가 나이 서른에 처음 관직에 나가더라도 오히려 이름 있는 음관(蔭官)이
　　　　　　　　　　　　　　　　　　　　　　　과거를 거치지 아니하고 조상의 공덕에 의하여 맡은 벼슬
되고, 잘되면 남행(南行)으로 큰 고을을 맡게 되어, 귀밑이 일산(日傘)의 바람에 희어지고,
　　　　　　'음관'과 같은 의미　　　　　　　　　　　　　　수령 등이 행차할 때 쓰는 큰 양산
배가 요령 소리에 커지며, 방에는 기생이 귀고리로 치장하고, 뜰에 곡식으로 학(鶴)을 기른
　　　　방울
다. 궁한 양반이 시골에 묻혀 있어도 무단(武斷)을 하여 이웃의 소를 끌어다 먼저 자기 땅을
　　　　　　　　　　　　　　　　무력이나 억압을 써서 강제로 행함.
갈고 마을의 일꾼을 잡아다 자기 논의 김을 맨들 누가 나를 감히 괄시하랴. 너희들 코에 잿
물을 디리붓고 머리끄덩을 회회 돌리고 수염을 낚아채더라도 누구 감히 원망하지 못할 것
이다.》

부자는 증서를 중지시키고 혀를 내두르며,

"그만두시오, 그만두어. 맹랑하구면. 장차 나를 도둑놈으로 만들 작정인가."

하고 머리를 흔들고 가 버렸다.

– 박지원, 〈양반전〉

● 양반의 특권들을 과장하여 나열한 부분으로, 이면적으로는 양반들이 부당하게 재물을 축적하는 모습과 무위
　도식하는 모습, 그밖에 여러 가지 횡포를 풍자하고 있다.

▲ 양반의 권리를 원하던 부자가 그 특권의 부정적인 면을 '도둑놈'이라고 하며 거부하며 양반 신분을 포기함
　으로써, 양반에 대한 직접적인 비판을 드러내며 부패한 양반을 풍자하고 있다.

Q. 이 글에서 부패한 양반에 대한 풍자가 집약된 표현을 3음절로 쓰세요. ＿＿＿＿＿＿＿＿＿＿＿＿＿＿

헷갈리지 마! 희화화 & 해학적 표현 & 풍자적 표현

희화화는 대상을 그대로 드러내는 것이 아니라 과장하거나 비꼬는 방식으로 우스꽝스럽게 표현하는 방법으로, 그 결과 풍자나 해학에 의한 웃음이 나타나게 돼.

즉 해학과 풍자는 둘 다 '우스꽝스러운 것', 즉 웃음을 유발한다는 공통점이 있어. 둘의 차이점은 해학은 비판이나 비난이 아니라 선의의 웃음을 목적으로 하는 반면, 풍자는 웃음을 수단으로 삼아 대상을 비웃고 공격한다는 거야. 예를 들어 〈흥부전〉에서 흥부의 가난을 과장하여 웃음을 유발하는 부분은 해학성이 드러나는 반면, 놀부의 탐욕을 희화화하여 비판하는 부분은 풍자성이 드러난다고 볼 수 있지.

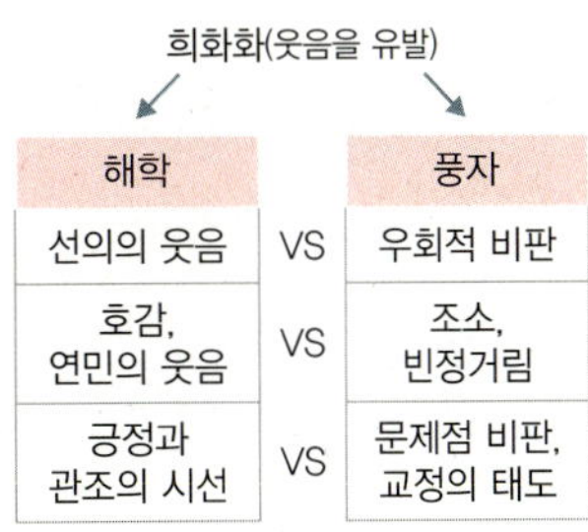

개념어 check 정답 ┃ 066 ○ 067 가난 068 도둑놈

현학적 표현 衒學(자랑할 현, 배울 학) | 지식이나 학식을 자랑하는 듯한 표현

일상적으로 잘 쓰지 않는 어려운 한자어나 관념적 의미를 가진 어휘, 난해한 인용 표현 등을 장황하게 사용하여 자신의 지식을 자랑하는 듯한 표현을 말한다.

➕ 현학적 표현은 작가의 개성이나 작품의 주제 의식을 드러내는 문체적 특징으로 나타날 수 있다. 한편 부정적 인물이 사용하는 현학적 표현은 인물의 잘난 척이나 허세를 드러내는 요소로 작용한다.

> 《그대는 이따금 그대가 제일 싫어하는 음식을 탐식하는 아이러니를 실천해 보는 것도 좋을 것 같소. 위트와 패러독스와……. / 그대 자신을 위조하는 것도 할 만한 일이오. 그대의 작품은 한 번도 본 일이 없는 기성품에 의하여 차라리 경편(輕便)하고 고매(高邁)하리다.
> 특정한 경우에 논리적 모순을 일으키는 논증 — 인격이나 품성, 학식, 재질 따위가 높고 빼어나다
> 가볍고 편하거나 손쉽고 편리함
> 19세기는 될 수 있거든 봉쇄하여 버리오. 도스토옙스키 정신이란 자칫하면 낭비인 것 같소. 위고를 불란서의 빵 한 조각이라고는 누가 그랬는지 지언(至言)인 듯싶소.》 — 이상, 〈날개〉
> 러시아의 소설가
> 프랑스의 작가 — 지극히 당연한 말. 또는 지극히 좋거나 중요한 말

• '아이러니, 위트, 패러독스'와 같은 외국의 말과 '경편', '고매' 등의 어려운 한자어를 사용하고, '도스토옙스키 정신'이나 '위고'를 언급하는 등 현학적 표현을 사용하고 있다.

Q. 이 글은 현학적 표현을 활용하여 작가의 의도를 직설적으로 드러내고 있다. (○ / ✕)

고사 인용 | 유래가 있는 옛날의 일을 글에 끌어다 사용하는 것

옛날에 있었던 일에서 유래하여 관용적인 뜻으로 굳어 쓰이는 글귀를 고사라고 한다. 고전 소설에서는 고사를 인용하여 의도를 드러내거나 상황을 빗대어 표현하는 경우가 많다.

> 《불측한 고집이 놈이 어미 말에 대답하되,
> 생각이나 행동 따위가 괘씸하고 엉큼함.
> "진시황 같은 이도 만리장성 쌓아 두고 아방궁 높이 지어 삼천 궁녀 호위를 받으며 천년이나 사쟀더니, 일분총(一墳塚)을 못 면하여 죽어 있고 백전백승 초패왕도 오강에 죽어
> 중국 진나라의 제1대 황제 — 일개 무덤 — 초나라의 장수 항우
> 있고, 안연 같은 현학사도 삼십에 조사(早死)커든 오래 살아 무엇하리. 옛글에 인간칠십
> 공자의 제자 — 젊은 나이에 죽음.
> (人間七十) 고래희(古來稀)라 하였으니, 팔십 당년 우리 모친 오래 살아 쓸데없네. 오래
> 예로부터 일흔까지 사는 사람은 드물다는 말
> 살수록 욕됨이 많으니 우리 모친 뉘라서 단명하리. 도척이 같은 몹쓸 놈도 천추에 유명커든 무슨 시비 말할손가."》 — 작자 미상, 〈옹고집전〉
> 춘추 시대의 대표적인 악인 — 오래고 긴 세월

• 중국 고사 속의 인물인 '진시황, 초패왕, 안연, 도척'을 예로 들면서 오래 사는 것이 쓸데없다는 옹고집의 생각을 드러낸 부분으로, 어머니를 박대하는 옹고집의 심술과 인색함을 보여 주고 있다.

Q. 이 글에서 옹고집이 궁녀들의 호위를 받으며 오래 살고자 했다고 한 고사 속의 인물을 찾아 쓰세요.

____

방언 및 비속어 표현 │ 표준어가 아닌 말이나 저속한 말을 사용하는 표현

방언은 어느 한 지방에서 쓰는 표준어가 아닌 말로, 방언을 사용하면 토속적인 느낌과 인물에 대한 정감을 줄 수 있다. 비속어는 격이 낮고 속된 말로, 비속어를 사용하면 거칠고 천한 말투를 통해 인물의 성격이나 심리를 구체화할 수 있다.

➕ 방언과 비속어는 모두 대화를 통해 작중 상황의 사실성과 현장감을 더하는 효과가 있다.

연계 개념어 **구어체** │ 일상적인 대화에서 쓰는 말투를 사용한 서술을 말하며, 자연스럽고 생생한 표현을 특징으로 한다. 현대 소설은 대부분 구어적 표현으로 이루어져 있으나, 고전 소설은 상대적으로 글에서만 사용하는 문어적 표현이 나타나는 경우가 많다.

《"미안하긴 무스거……. 사실 내레 좀 성급했디. 아, 안 그래, 아우? 이쪽저쪽 사정 좀 잘

톺아서리 순서와 조리 있게 일을 추진해야지 되는 건데 말이야. 기래두 오마니한테 아바
모조리 더듬어 뒤지면서 찾아서

이 계신 곳에 나들이라도 시킨 형용이니 기것도 괜찮은 거 아임둥?"》

태섭 형님은 짐짓 쾌활한 목소리를 내었다.

– 김소진, 〈목마른 뿌리〉

● 이 소설은 분단으로 갈라져 살아오던 이복형제가 서로의 뿌리가 하나임을 확인하는 과정을 그리고 있다. 태섭이 북한 사투리를 사용하는 것으로 설정하여 작품 속 상황의 사실감을 높이고 있다.

Q-1. 이 글은 인물이 방언을 사용하여 토속적인 느낌을 주고 있다. (○ / ✕)

"왜 또 파. 이것들이 미쳤나그래……."

산에서 내려오는 마름과 맞닥뜨렸다. 정신이 떠름하여 그대로 벙벙히 섰다. 오늘은 또 무
지주를 대리하여 소작권을 관리하는 사람   좀 얼떨떨한 느낌이 있어

슨 포악을 들으려는가.

"말라니깐 왜 또 파는 게야."

하고 영식이의 바지게 뒤를 지팡이로 콱 찌르더니

"갈아먹으라는 밭이지 흙 쓰고 들어가라는 거야? 이 미친 것들아! 콩밭에서 웬 금이 나온

다고 이 지랄들이야그래."

하고 목에 핏대를 올린다.

– 김유정, 〈금 따는 콩밭〉

● 이 소설은 일제 강점기의 가난한 현실에서 벗어나기 위해 콩밭에서 금을 찾으려는 인물을 통해 피폐해진 농촌의 실상을 드러내고 있다. '이것들이 미쳤나그래', '이 미친 것들아', '지랄들이야'와 같은 비속어 표현에서 밭을 망칠까 봐 화가 난 마름의 심리를 생생하게 드러내고 있다.

Q-2. 이 글은 비속어를 주고받는 인물들을 통해 사건의 해결 과정을 보여 주고 있다. (○ / ✕)

● **다음 빈칸을 채워 문장을 완성하세요.**

01 (   ) 문체는 사건이나 갈등의 내용을 간단명료하게 제시할 때 사용하는 문장 스타일로, 문장의 호흡이 짧게 끊어진다.

02 (   ) 표현은 우스운 말이나 행동으로 웃음을 자아내는 표현이고, 풍자적 표현은 대상의 부정적인 면을 꼬집어 비판하는 표현이다.

03 (   ) 표현은 어려운 한자어나 외래어, 추상적 어휘 등을 사용하여 지식을 자랑하는 듯한 느낌을 주는 표현이다.

● **다음 소설을 읽고 적절한 설명이 되도록 괄호 안에서 알맞은 말을 고르세요.**

> 다섯 놈들이 방을 둘러싸고 우루루 쳐들어갔다. 북곽 선생은 크게 당황하여 도망쳤다. 사람들이 자기를 알아볼까 겁이 나서 모가지를 두 다리 사이로 쑤셔 박고 귀신처럼 춤추고 낄낄거리며 문을 나가서 내딛다가 그만 들판의 구덩이 속에 빠져 버렸다.
>
> — 박지원, 〈호질〉

04 이 글은 북곽 선생이 도망치는 모습을 우스꽝스럽게 (의인화, 희화화)하고 있다.

> "말 마이소. 자, 저리 가서 이야기나 합시더……."
> 그는 나를 도로 다릿목 쪽으로 끌었다. / "아니, 섬 쪽으로 가 보려 했는데요?"
> "가야 아무것도 없소. 모두 피난소로 옮기고, 남은 건 물바다뿐임더. 우짤라꼬 이놈의 하늘까지!"
>
> — 김정한, 〈모래톱 이야기〉

05 이 글은 (방언, 현재형)을 사용하여 토속적 분위기를 드러내고 있다.

> "예전에 장강이 반비의 모함을 받은 것은 그 임금이 밝지 못해서이지만 자신의 운수가 불행했기 때문이기도 하단다. 한번 엎질러진 물은 다시 그릇에 차지 못하지만 이제는 경옥이 너를 공경하고 귀하게 여기는 것이 전보다 열 배는 더하다 하니 이는 황천이 네 편이 되었기 때문이구나."
>
> — 조성기, 〈창선감의록〉

06 이 글은 인물이 (고사, 비속어)를 인용하여 자신의 의도를 드러내고 있다.

● 다음 소설을 읽고 설명이 맞으면 ○표, 틀리면 ×표를 하세요.

> 을득이한테 저의 아비가 불단집 뒷간에 가 갇히어 있다는 말을 듣고, 어인 까닭을 모르는 채 그곳까지 뛰어온 갑득이 어미는, 대강 사정을 알자, 곧 이것은 평소에 자기에게 좋지 않은 생각을 품고 있는 갑순이 할머니가 계획적으로 한 일임에 틀림없다고 혼자 마음에 단정하고, (중략) 혼자 흥분을 하였다.
> — 박태원, 〈골목 안〉

07 이 글은 간결한 문장으로 인물의 행동과 심리를 서술하고 있다. (○ / ×)

> 김 감사는 수령들과 기생들을 거느리고 의기양양 노닐다가, 암행어사 출도 통에 혼비백산 달아날 제, 연광정 누다락의 높은 마루 밑에서 떨어져서 삼혼칠백 간 데 없고, 두 눈에 동자부처가 벌써 떠나 멀리 가고, 청보에 똥을 싸고, 신발들메 하느라고 야단이라.
> — 작자 미상, 〈옥단춘전〉

08 이 글은 과장된 표현으로 상황을 해학적으로 드러내고 있다. (○ / ×)

● 다음 소설을 읽고 빈칸을 채워 문장을 완성하세요.

> 한 식경쯤 지났을까, 도적은 다시 나타난다. 논둑에 머리만 내놓고 사면을 두리번거리더니 그제야 기어 나온다. 얼굴에는 눈만 내놓고 수건인지 뭔지 헝겊이 가리었다. 봇짐을 등에 짊어 메고는 허리를 구붓이 뺑소니를 놓는다.
> 　그러자 응칠이가 날쌔게 달려들며, / "이 자식, 남의 벼를 훔쳐 가니!"
> 하고 대포처럼 고함을 지르니 논둑으로 고대로 데굴데굴 굴러서 떨어진다.
> — 김유정, 〈만무방〉

09 이 글은 (　　　　　) 시제를 활용하여 상황을 현장감 있게 드러내고 있다.

> "추월아, 추월아, 내 말 잠깐 들어 봐라. 우리 조선이 인정지국(人情之國)이어든 어찌 그리 박절한가. 날 살리게 날 살리게. 내가 자네 집에 도로 있어 물이나 긷고 불 사환(使喚)이나 하고 있으면 어떠할꼬." / 추월이 거동 보소. 눈을 흘겨보면서,
> "여보소 이 사람아, 자네가 전 행실을 못 고치고 '하네' 소리 하려면 내 집 다시 있지 마소."
> 이렇듯이 구박하니 춘풍이 하릴없이 '아가씨' 말이 절로 난다.
> — 작자 미상, 〈이춘풍전〉

10 이 글은 추월에게 재산을 탕진한 이춘풍을 통해 무능력한 양반을 (　　　　　)하고 있다.

정답 | 01 간결한 02 해학적 03 현학적 04 희화화 05 방언 06 고사 07 × 08 ○ 09 현재 10 풍자

7 고전 소설 개념어

'고전 소설'은 신소설이 나오기 전까지 19세기 이전에 창작된 소설을 말하며, 조선 후기를 중심으로 설화와 가전에 영향을 받아 창작되기 시작했다.

고전 소설은 현대 소설에 비해 이야기 구조와 인물의 특징이 단순한 편이며, 사건이 **우연성**을 바탕으로 일어나는 경우가 많다. 또 주인공이 신이한 능력을 지니거나 동물이 사람으로 변신하는 등 **전기성**이 나타나는 것도 고전 소설의 대표적인 특징이다.

김시습, 허균, 김만중 등의 몇몇 작가가 창작한 작품을 제외한 대부분의 고전 소설은 작가가 밝혀지지 않았다. 이는 고전 소설의 중요한 특징이라고 할 수 있는 독자 위주의 창작이 이루어졌기 때문이다. 영웅 이야기, 가정 내의 갈등 이야기, 남녀 간의 사랑 이야기, 지배층을 골탕 먹이는 이야기 등 **몇 가지 주제로 고전 소설을 유형화**할 수 있는데, 그 이유는 고전 소설이 당시의 독자들이 좋아한 이런 유형의 이야기들을 위주로 창작되었기 때문이다.

해룡이 정신을 바짝 차리고 손으로 호랑이를 내리치려 할 때, 또 서쪽에서 큰 호랑이가 벽력같은 소리를 지르며 달려들어 해룡이 매우 위급한 상황에 처하게 되었다.❶ 《그 순간 갑자기 등 뒤에서 금방울이 달려와 두 호랑이를 한 번씩 들이받았다. 호랑이들이 소리를 지르며 달려들었으나, 금방울이 나는 듯이 뛰어서 연달아 호랑이를 들이받으니 두 호랑이가 동시에 거꾸러졌다.》❷

— 작자 미상, 〈금방울전〉

❶ 위기에 처한 해룡을 사람이 아닌 금방울이 구해 주는 장면에서 고전 소설의 특징인 **전기성**이 드러난다.

❷ 금방울은 호랑이를 물리칠 정도로 뛰어난 능력을 지닌 **영웅적 인물**임을 알 수 있다.

〈보기〉

- 공적 활약을 통해 공적 가치의 권위를 인정하는 이면에 사적 목표의 추구를 배치하는 이러한 구도는 **영웅 소설**이 지향하는 '**충**'이라는 이념을 훼손하지 않으면서도 사적 목표의 추구를 정당화한다. – 25 6모
- 〈김원전〉은 당대의 보편적 가치인 **충군**을 주제로, **초월적 능력**을 지닌 주인공과 **기이한 존재**인 적대자의 필연적 대결 관계를 보여 준다. – 24 수능
- **신분적 한계**를 지닌 여성과의 결연 과정에서 애정 성취를 가로막는 **사회적 관습**으로 인한 갈등이 드러난다는 점에서 소설사적 의의가 있다. – 24 6모
- 정수정은 국가적 위기를 해결하는 **영웅**이자, 부친의 원수를 갚는 **효녀**이고, 부녀자로서의 덕목을 지녀야 하는 장씨 가문의 여성이다. – 23 9모

〈선택지〉

- 이도린에게 춘향이 선녀 같은 아가씨라고 말하여, 이도린이 춘향의 고귀한 신분을 알게 하는 **조력자** 역할을 한다.
  – 25 9모
- 악인의 횡포를 징벌함으로써 **권선징악**의 세계관을 드러내고 있다. – 19 수능
- ⓒ은 군신 관계를 바탕으로 한 **유교적 질서**를 무너뜨리고자 한 시도이겠군. – 19 9모

개념어 한눈에 보기 알고 있는 개념어는 ○, 모르는 개념어는 ✕ 표시해 보세요!

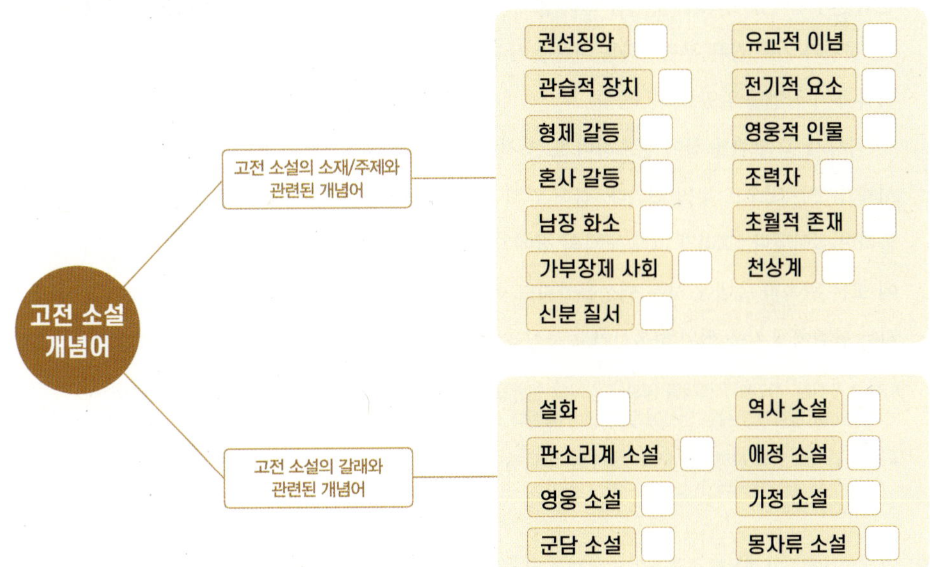

12 고전 소설의 소재/주제와 관련된 개념어

고전 소설에서는 보통 선인과 악인의 구분이 분명하고 인물의 성격이 처음부터 끝까지 유지된다. 주로 중국과 우리나라를 배경으로 하며, 사건의 전개가 우연한 계기로 이루어지고 현실에서 일어나기 어려운 전기적 사건이 자주 일어난다는 특징이 있다.

주제 면에서는 대부분 '충'이나 '효' 등의 유교적 윤리관이 나타나며, 착한 사람이 승리하고 악한 사람은 벌을 받는다는 권선징악과 인과응보, 위기에 처한 주인공이 승리를 쟁취하는 행복한 결말 등이 전형적으로 나타난다.

★★★

072 권선징악 勸善懲惡(권할 권, 착할 선, 징계할 징, 악할 악) | 착한 일을 권하고 악한 일을 징계함.

선인과 악인의 구분이 분명한 고전 소설에서 주로 다루는 주제로, 착한 행위를 권장하고 악한 행위를 징계하는 것이다. 선인이 승리하고 악인이 벌을 받는 결말로 나타난다.

연계 개념어 **인과응보** | 행한 대로 그 결과가 나타나는 경우를 가리키는 말로, 악행을 저지른 자가 그에 따라 죗값을 받을 때 사용된다. 원인과 결과는 서로 맞물려 이어져 있다는 의미의 불교 용어로, 현재의 모든 것은 과거 행위의 결과이며, 지금의 행위는 미래에 그 결과로 이어진다는 것이다.

> 팥쥐는 슬금슬금 콩쥐를 깊은 곳으로 끌고 가서 별안간 연못 속으로 밀어 넣었다. 워낙 순식간의 일이었다. 그러니 어쩔 도리 없이 콩쥐는 그대로 물속으로 가라앉아 버렸다. 슬프다! 콩쥐가 겨우 잡은 부귀영화를 마음껏 누려 보기도 전에 이렇듯 연못 귀신이 되고 말 줄이야 누가 꿈엔들 알았으랴? (중략)
>
> 《감사가 곧 팥쥐를 잡아 문초하며 또한 사람들을 시켜서 연못을 치게 하니, 과연 콩쥐의
> 죄나 잘못을 따져 묻거나 심문함.
> 시체가 웃는 낯으로 누워 있었다. 급히 건져 내어 염습하려 할 때 죽었던 콩쥐가 다시 숨을
> 시신을 씻긴 뒤 수의를 갈아입히고 염포로 묶는 일
> 돌리며 살아났다. 그러자 그때 노파의 집에 있던 콩쥐는 홀연히 온데간데없이 사라졌다. 이
> 에 모든 관속과 읍내에 사는 백성들까지도 이 신기한 일에 놀라지 않는 사람이 없었다. 감
> 지방 관아의 아전과 하인을 통틀어 이르던 말
> 사는 팥쥐에게 칼을 씌워 하옥시키고 사실을 조정에 보고하였다.》　　　－ 작자 미상, 〈콩쥐팥쥐전〉

- 착한 콩쥐는 계모에게 학대를 당하다 감사와 인연을 맺어 혼인을 하게 되는데, 이 장면에서는 이를 질투한 계모의 딸 팥쥐가 콩쥐를 연못에 밀어 넣어 죽인다.

- 이후 감사의 진상 규명으로 무고한 콩쥐는 다시 살아나고 팥쥐와 계모는 벌을 받게 된다는 결말로, 권선징악의 주제 의식이 드러난다.

Q. 이 글에서 팥쥐가 콩쥐를 죽게 하여 벌을 받게 된 것은 인과응보라고 할 수 있다. （ ○ / × ）

073

관습적 장치 | 장면 전환, 이야기 연결 등을 위해 습관처럼 사용되는 표현

고전 소설에 쓰이는 대표적인 관습적 장치는 '각설', '차설' 등을 사용하여 장면 전환이나 새로운 사건을 알리는 것이다. 이 외에 서술자가 개입하는 논평, '어찌된 일인고?'와 같이 궁금증을 유발하는 문구, 앞서 제시된 사건을 요약하여 이야기를 연결하는 표현 등이 있다.

> "경의 재주를 보니 족히 옛날 조자룡의 용맹과 같으나, 그러나 아직 나이 어렸으므로 장
> 수의 유는 가깝지 못하리니 아직 물러가라."
>
> 하시니, 실부가 하릴없어 물러나니라. 나중에 어찌 되고 하회를 볼지어다.
>   _{어떤 일이 있은 다음에 벌어지는 일의 형태나 결과}
> 재설, 천자가 정병 백만을 거느려 기병(起兵)하실새 남평관에 이르니, 호로왕이 진세(陣勢)
>   _{진영의 형세}
> 를 성히 하여 내닫는지라.
>   – 작자 미상, 〈월왕전〉

- 천자가 유실부에게 나이가 어려 장수가 되기에 이르니 물러가라고 한 일을 제시한 뒤, 서술자가 나중에 어찌될지 이어질 내용을 보라고 한 것이다. 이는 독자에게 궁금증을 유발하는 관습적 장치에 해당한다.
- ▲ '재설'은 '각설', '차설'과 같이 장면을 전환할 때 상투적으로 쓰이는 표현으로, 바로 앞 장면 이전에 서술한 이야기의 다음 내용을 이어서 제시함을 나타내는 관습적 장치이다.

Q. 이 글에서 장면 전환을 나타내는 관습적 장치에 해당하는 표현을 찾아 쓰세요. ________________

074

형제 갈등 | 형제간에 시기, 질투나 불화로 인하여 일어나는 갈등

형제가 악인과 선인으로 대비되며 갈등하는 모습이 나타난다. 가문의 대를 잇는 문제나 재물 등이 갈등의 원인으로 작용하며, 권선징악, 형제간의 우애라는 주제 의식과 결부된다.

> "사형(舍兄)이 어찌 이다지 불량하여 무죄한 인명을 창파 중에 원혼이 되게 하고, 나로 하
>   _{남에게 자신의 형을 공손하게 이르는 말}
> 여금 이 지경이 되게 하였으니 이제는 부모가 곁에 계신들 얼굴을 알지 못하게 되었으니
>
> 어찌 통한치 아니하리오. 그러나 모친 환우가 어떠하신지, 일영주를 썼는지 알지 못하니
>   _{몸의 온갖 병}   _{어머니를 구할 수 있는 약}
> 어찌 원통치 아니하며, 인자하신 우리 모친이 속절없이 황천에 돌아가시겠도다."
>
> 하고 슬피 통곡하니 창천이 욕열하고 일월이 무광한지라.
>
> 사고무인(四顧無人) 적막한데 십이 세 적공자가 불량한 사형에게 두 눈을 상하고서 일시
>   _{주위에 사람이 없어 쓸쓸함.}
> 에 맹인이 되어 외로운 암석상에 홀로 앉아 자탄하니 그 아니 처량한가.   – 작자 미상, 〈적성의전〉

- 이 소설은 적성의가 어머니를 위해 약(일영주)을 구하는 과정에서 온갖 고난을 극복하고 승리한다는 내용이다. 적성의가 형에게 공격을 당해 눈이 먼 채 버려진 상황을 통해 형제간의 갈등이 드러난다.

Q. 형에 의해 두 눈이 먼 성의의 모습으로 보아 가족 내의 갈등을 알 수 있다. (○ / ×)

075 혼사 갈등 | 혼인이 이루어지거나 유지되는 과정에서 일어나는 갈등

사랑하는 남녀 주인공이 결합하는 과정에서 혼사를 어렵게 만드는 요인이 나타나는 것을 말한다. 혼사 갈등의 요인으로는 가부장의 통제, 신분제로 인한 제약, 정혼자를 빼앗으려는 시도(강제 혼인), 간신의 박해로 인한 집안의 시련 등이 있다.

➕ 고전 소설에서 혼사 장애는 '장애 유발(이별)–분리와 시련–재결합'의 과정으로 나타난다. 주인공들은 제삼자의 방해와 시련을 극복하고 재결합하는 과정에서, 전쟁에서 공을 세우거나 벼슬을 얻는 등의 방법으로 성공하여 돌아오기도 한다.

이때 병사 외당에 나가 양유를 불러 가로되,

"매화는 여자라 하니 일후는 매화로 더불어 한자리에 앉지 말라."

하신대 양유 어찌 부모의 명령을 거역하리요.

차설이라. 매화는 여복을 입고 내당에 거처하고, 양유는 학당에 있으매, 시서에 뜻이 없고 다만 생각이 매화뿐이로다. (중략)

《이렇듯이 자탄할 제, 이때 최 씨 부인 양유의 계모라 매화의 인물 탐하여 매일 사랑하시더니 제 상처한 남동생 있으매 혼사할 뜻이 있어 모계(謀計)를 꾸미더라. 하루는 병사 내당에 들어와 부인 최 씨를 대하여 가로되, 계교를 꾸밈. 또는 그 계교 / 안주인이 거처하는 방

"전일 상객이 이러이러하니 내두 길흉을 어찌하리요. 매화는 양유와 동갑이요, 인물이 비범하니 혼사함이 어떠하리이까." '관상가'를 낮잡아 이르는 말 / 지금부터 다가오게 될 앞날

부인이 변색하여 가로되,

"병사 어찌 그런 말씀을 하시나이까. 양유는 사부 후계요, 매화는 유리걸식하는 아이라, 근본도 아지 못하고 어찌 인물만 탐하리까."》 정처 없이 떠돌아다니며 빌어먹음.

병사 옳이 여겨 가로되,

"부인의 말씀이 옳도다. 일후에 장단골 가서 매화 근본을 알리라."   – 작자 미상, 〈매화전〉 시간이 지나 뒤에 올 날

● 이 소설은 주인공 매화와 양유가 고난을 극복하고 혼인하는 과정을 그리고 있다. 양유는 매화를 사랑하지만, 양유의 계모가 매화를 자기 남동생과 결혼시킬 생각으로 양유와 매화의 혼인을 반대하는 것에서 혼사 갈등이 나타난다.

Q. 이 글에서 양유의 계모 최 씨는 매화를 위해 매화와 양유의 혼인을 반대한다. (○ / ✕)

〈홍계월전〉, 〈정수정전〉, 〈이대봉전〉 등의 여성 영웅 소설에서 남장은 여성의 활동이 제약받던 봉건 사회 질서하에서 사회에 진출하여 능력을 발휘하기 위한 수단으로 나타난다. 그 외에도 남장은 여성이 신분을 숨기고 문제를 해결하거나, 위기에 처했을 때 정체를 숨기기 위한 장치로 활용된다.

연계 개념어 **화소** | 소설에서 사건 또는 이야기를 구성하는 최소 단위를 화소, 혹은 모티프라고 한다. 한 편의 이야기를 만들어 주며, 전승하는 힘을 가진 짧은 내용의 이야기 단위이다.

현경이 비록 여자나 뜻은 남자에 지나니, 삼 세부터 글 읽기를 힘쓰니 재주와 학식이 날로 성취하여 나이 팔구 세에 읽어 보지 못한 글이 없고 통하지 않는 글이 없어 문장이 일세에 겨룰 이가 없으니, 이공 부부가 비록 그 재주를 사랑하나 너무 활달함을 염려하여 경
한 시대나 한 세대
계 왈,

"네 여자의 몸으로 여자의 도를 닦을 것이어늘, 남자의 일을 행함은 어찌된 일인가."

현경이 공경 대왈,

《"사람이 세상에 나매 임금을 충성으로 섬기고 어버이를 효도로 섬겨 공명을 일세에 누리고 이름을 백세에 전하옴이 떳떳하온지라, 소녀가 비록 여자의 몸이오나 뜻은 세상의 용렬한 남자를 비웃나니, 원컨대 여복을 벗고 남복으로 갈아입고 부모를 모셔 아들의 도
사람이 변변하지 못하고 졸렬한
를 행코자 하나이다."》

이공이 처음에는 망령되다 꾸짖다가 다시 생각하되,

'제 아직 철이 없고 사리에 어두워 이 같은 뜻을 두니, 아직 저 하고자 하는 바를 좇을 것이요, 이후에 장성하면 제 스스로 부끄럽고 창피한 마음이 있어 여자의 도를 행하리라.'
하고 금하지 아니하매, 《소저가 이날부터 남복으로 갈아입고 시랑을 모셨으니, 모든 사람이 이르기를 이형도의 자식이라 하여 그 얼굴과 풍채를 사랑하고, 여자가 화하여 남자가 됨을 알지 못하더라.》

– 작자 미상, 〈이학사전〉

● 현경은 부모에게 자신이 여자의 몸이지만 아들의 도를 행하기 위해 남복으로 갈아입고 싶다는 뜻을 밝힌다. 이는 여성으로서 남성 중심 사회에서 능력을 발휘하기 위한 수단으로 남장을 선택하는 것을 의미한다. 이날부터 현경이 남자 행세를 하지만 세상 사람들은 이를 모르고 있다.

Q. 이 글의 여성 주인공인 현경은 나라에 닥친 위기를 극복하기 위해 남장을 선택했다. (○ / ×)

남성의 권리·지위를 여성보다 우위에 두는 남존여비(男尊女卑) 사상이 깔려 있으며 가장, 즉 아버지 또는 남편의 절대적인 권위를 내세우는 사회상이 드러난다. 고전 소설에서는 이로 인해 여성이 억압당하던 현실과, 가부장제의 관습이었던 처첩제, 혼사에 대한 가장의 통제 등으로 인한 갈등이 나타난다.

궁중 상하 크게 놀라 태 부인께 고한대 태 부인이 대경실색하여 즉시 장 후를 불러 대책(大責) 왈
> 몹시 꾸짖음.

《"네 벼슬이 공후에 있어 한 여자를 제어하지 못하고 어찌 세상에 행신하리오? 며느리가
> 봉건 시대에 군주가 내려 준 땅을 다스리던 사람 / 세상을 살아가는 데 가져야 할 몸가짐이나 행동

되어 나의 신임하는 시비를 매로써 벌하는 것도 불가하거든 하물며 참수지경에 이르니
> 목을 베는 지경

이는 남이 듣는다면 참으로 부끄러운 일이라."》

하거늘 장 후가 머리를 조아리며 사죄하고 물러나서 이에 정 후의 신임하는 시녀를 잡아내어 무수 곤책하고 죽이고자 하거늘 공주와 원 부인이 힘써 간하여 그치니라. 이후로부터 장 후가 정 후를 마뜩잖게 여겨 조석정성(朝夕定省)에 만나매 외대(外待)함이 많은지라. 정 후
> 정성을 들이지 않고 아무렇게나 하는 대접

가 마음에 극히 불쾌하면서도 장 후의 냉대함은 거리끼지 않았다. 일일은 중당에서 장 후를 대하여 왈

"군후가 일개 희첩으로 말미암아 첩을 깊이 한하시나 군자의 제가(齊家)하시는 근본이 아
> 정식 아내 외에 데리고 사는 여자 / 집안을 잘 다스려 바로잡음.

닌가 하나이다."

《장 후가 대로 왈

"그대 한낱 공후의 위를 믿고 여자의 경부(敬夫)하는 도리 없어 감히 가부의 희첩을 처살
> 남편을 공경함.

하여 교만 방자함이 이를 데가 없으니 가히 온순한 부덕(婦德)인가?"
> 부녀자의 아름다운 덕행

정 후가 분해하여 함루(含淚) 왈
> 눈물을 머금음.

"내 일찍 이 같음이 본대 부모 유교(遺敎)를 저버리지 못함이요, 다시 황은을 받듦으로 옛
> 임금이나 부모가 죽을 때에 남긴 명령

약속을 지키기 위하여 부부되었으나 어찌 녹록한 아녀자의 소임을 기꺼이 하리오?"》

– 작자 미상, 〈정수정전〉

- 이 소설에서 정수정은 남장을 하고 전쟁에서 공을 세워 공후의 지위를 얻은 여성 영웅인데, 가정 내에서는 가부장제로 인한 갈등을 겪는다. 태 부인이 장 후(장연)에게 부인인 정 후(정수정)를 제어하지 못하는 것을 책망하는 모습에서 남성 중심의 가부장제의 사고방식이 드러난다.

▲ 장 후가 부인에게 남편을 공경하지 않는다고 책망하는 모습에서 가부장의 권위를 지키려는 태도가 나타나며, 정 후가 부모의 바람에 따라 부부가 되었으나 아녀자의 소임을 기꺼이 하지는 못하겠다고 하는 모습에서 가부장적 질서와 이를 거부하는 여성 사이의 갈등이 드러난다.

Q. 이 글에서 장 후는 가부장의 권위를 바탕으로 부인인 정 후에게 부덕을 강요하고 있다. (○ / ×)

078 신분 질서 | 양반과 평민을 구별하는 신분 제도에 바탕을 둔 질서

고전 소설에는 양반 중심 신분제 사회의 다양한 양상이 반영되어 있다. 예를 들어 〈홍길동전〉에는 적서 차별로 인한 갈등이 드러나며, 〈춘향전〉은 기생과 양반의 신분 차이를 초월한 사랑을 통해 서민들의 신분 상승 의지를 보여 준다. 조선 후기로 가면서 〈양반전〉, 〈채봉감별곡〉처럼 신분 질서가 붕괴되어 돈을 받고 벼슬을 시키는 매관매직 현상이 반영된 소설도 나타났다.

➕ 애정 소설에는 여성 주인공의 신분적 한계로 인한 갈등이 자주 나타난다. 〈춘향전〉에서는 기생이라는 천한 신분, 〈운영전〉, 〈영영전〉에서는 궁궐 밖으로 나갈 수 없는 궁녀라는 신분이 남성 주인공과의 결연 과정에서 신분적 한계로 작용하며, 이때 남녀 주인공은 신분을 초월한 애정 성취를 추구한다.

> 상이 진노하사 길동을 보시고 왈,
>
> "너희 등은 물러가 임의로 하라."
>
> 하시고 금부도사를 명하여 다 물려 보내라 하시니, 모든 길동 등이 나올새 종일토록 나오더니, 그제야 참 길동이 다시 궐내에 들어가 명을 받들고 절하며 슬피 통곡하여 왈,
>
> "신의 아비 대대로 국은을 입었거늘 신이 어찌 나라를 저버리리까? 《신의 몸이 천비(賤婢)
> 신분이 천한 여자 종을 이르던 말
> 에서 나와 아버지를 아버지라 못하옵고 형을 형이라 못하여 제 몸이 천대를 받으매, 여의주 없는 용이요 날개 부러진 봉이라, 어찌 장부의 힘을 갖고 속절없이 집안에서만 늙으리까?》 그러므로 한번 재주를 시험코자 각 읍 각 관을 치고 군기를 탈취하기는 신의 책략을 자랑함이요, 상의 어위대장 이흡을 속임도 재주를 보임이요, 또 신의 가슴에 경서와 병서와 음양조화며 세상을 다스릴 재주를 지녔사오니 어찌 속절없이 세월만 보내오리까?
>
> 복걸▲상께서 신에게 병조판서 삼 년만 제수하시면 남의 천대를 면하옵고 충성을 다하여
> 엎드려 빎.   임금이 직접 벼슬을 내림.
> 상을 받들리다."
>
> 상이 길동의 아룀을 듣고 탄식하여 왈,
>
> "난세의 영웅이로다. 어찌 쓰지 아니 하리요?"
>
> 즉시 공부상서를 명해 홍길동에게 병조판서를 제수하니, 뒷일은 어찌 된고? 다음 권을 볼지어다.
>
> – 〈홍길동전〉

● 홍길동이 서자로 천대를 겪고 벼슬길에 나아갈 수 없었다는 것을 통해 적서 차별의 신분 질서가 드러난다. 적서 차별이란 조선 시대에 정실부인의 자녀만이 과거에 응시하거나 유산을 상속받는 등의 신분적 혜택을 누리고, 첩이나 후실의 소생인 서자는 그러한 혜택을 누리지 못하게 하는 제도를 말한다.

▲ 홍길동이 왕에게 벼슬을 직접 요구하여 원하던 바를 얻는 모습이 나타난다. 이는 자신의 능력에 따라 신분 상승이 가능하기를 바랐던 당대 독자들의 욕망이 반영된 것으로 볼 수 있다.

Q. 이 글에서 홍길동이 신분적 한계를 겪은 이유는 아버지가 벼슬을 하지 못했기 때문이다. (○ / ✕)

079 유교적 이념  | 인의예지(仁義禮智)를 바탕으로 충효를 추구하는 이념

고전 소설에서는 임금에 대한 충성과 부모에 대한 효도라는 유교적 이념이 주제로 자주 나타나며, 남성 주인공에게는 입신양명, 여성 주인공에게는 정절이라는 유교적 덕목이 요구되기도 한다.

> 자란은 도령과 자리를 잡고 살아가던 어느 날 도령에게 이렇게 말했다.
>
> "《당신은 재상 가문의 외아들이건만 한낱 기생에게 빠져 부모를 버리고 달아나 외진 산골에 숨어 살며 집에서는 살았는지 죽었는지조차 알지 못하니, 이보다 더 큰 불효는 없을 것이며 이보다 나쁜 행실은 없을 거예요.》 이제 우리가 여기서 늙어 죽을 수는 없는 일이요, 그렇다고 지금 얼굴을 들고 집으로 돌아갈 수도 없는 일이어요. 당신은 앞으로 어쩌실 작정인가요?" / 도령이 눈물을 줄줄 흘리며 말했다.
>
> "나도 그게 걱정이지만, 어떡해야 좋을지 모르겠소." (중략)
>
> 자란이 말했다. / "오직 과거에 급제해서 이름을 떨치는 길 한 가지뿐이어요. 더 말씀 안 드려도 무슨 말인지 아시겠지요?"
>
> – 임방, 〈옥소선〉
>
> ● 애정 성취를 위하여 집을 떠난 도령에게 불효를 일깨우고 과거 급제의 당위성을 강조하는 자란의 모습에서, 효와 입신양명(출세하여 이름을 세상에 떨침.)이라는 유교적 가치를 중시하는 태도가 나타난다.

Q. 이 글은 도령이 눈물을 흘리며 뉘우치는 장면에서 효를 중시하는 모습이 드러난다. (○ / ×)

---

080 전기적 요소  傳奇(전할 전, 기이할 기) | 비현실적이고 기이한 요소

현실에서 일어날 수 없는 비현실적이고 기이한 일들이 고전 소설의 사건 전개에 개입되어 흥미를 유발하기도 하는데, 이를 전기적 요소라고 한다. 천상과 저승, 용궁 등을 배경으로 전개되는 사건, 신이한 능력을 발휘하는 인물, 죽은 사람이 되살아나는 사건 등이 전기적 요소에 해당된다.

> 이생은 깜짝 놀라면서 물었다. / "무슨 까닭으로 그런 말씀을 하시오?"
>
> 여인은 대답했다. / "《저승길은 피할 수가 없습니다. 하느님께서, 저와 낭군의 연분이 끊어지지 않았고 또 전생에 아무런 죄악도 없었으므로, 이 몸을 환신시켜 잠시 낭군을 뵈어 시름을 풀게 했던 것입니다. 오랫동안 인간 세상에 머물러 있으면서 산 사람을 유혹할 수는 없습니다."》
>
> – 김시습, 〈이생규장전〉
>
> ● 이승에서 이생과 지내던 여인이, 자신은 이미 저승의 존재이지만 하느님의 도움으로 잠시 인간 세상에 머물렀던 것이라고 말하는 것에서 산 사람과 죽은 사람의 교류라는 전기적 요소가 나타난다.

Q. 이 글에서는 이생과 여인이 죽음을 초월한 사랑을 나눈다는 점에서 전기성이 드러난다. (○ / ×)

081

영웅적 인물 英雄(꽃부리 영, 수컷 웅) | 평범한 사람과 구분되는 비범한 능력을 지닌 인물

영웅 소설의 주인공 유형으로, 대체로 고귀한 혈통으로 태어나 비범한 능력을 지니고 있으며 어린 시절에 위기를 겪고 이를 극복해 낸다. 주인공이 위기를 극복하는 과정에서 영웅성이 부각되며, 전쟁에서 능력을 발휘하여 승리를 이끌어 내기도 한다.

➊ 인물의 영웅성을 부각하는 서사적 장치에는 꿈을 통해 천상계와 관련 있는 존재임을 알리거나 특이한 모습으로 태어나는 것, 신물(신령스럽고 기묘한 물건)을 전하거나 영웅적 면모를 갖추도록 돕는 인물이 등장하는 것 등이 있다.

> 이윽고 황제는 과거에 급제한 선비들을 대전(大殿) 앞에 불러 모은 뒤 시를 짓게 했다. 그런데 이때 문득 한 쌍의 용이 하늘에서 내려오더니 최치원이 지은 시를 물고 하늘로 올라갔다. 황제가 그 소식을 듣고는 최치원을 불러 이렇게 말했다.
>
> "경은 어떤 시를 지었기에 하늘에서 그 시를 가져간 거요?"
>
> 황제는 최치원에게 방금 지은 시를 읊어 보게 했다. 최치원이 시를 읊자 황제가 찬탄했다.
>
> "이렇게 지었으니 하늘이 가져갈밖에!" / 마침내 최치원을 문신후에 봉했다.
>
> 몇 년 뒤 황소(黃巢)가 3만 군사를 모아 지방의 여러 고을을 거침없이 함락시켰는데, 조
> _{중국 당나라 말기의 군웅 가운데 한 사람}
> 정에서는 몇 년 동안이나 토벌에 나섰지만 이길 수 없었다. 마침내 황제가 최치원을 대장으로 삼아 황소의 반란군을 토벌하게 했다. 최치원은 맞서 싸우지 않고 적진에 격문 한 장을
> _{적군을 달래거나 꾸짖기 위한 글}
> 보냈을 뿐이었는데 반란군이 모두 투항했다. 이에 최치원은 반란군의 두목을 사로잡아 돌아왔다. 황제가 매우 기뻐하며 영지(領地)를 더 하사하는 한편 많은 황금을 내리니, 황제의 총애가 비할 데가 없었다. (중략)
>
> 황제가 또 물었다.
>
> "'하늘 아래 황제의 땅 아닌 곳이 없고, 땅에 사는 사람 중에 황제의 신하 아닌 이가 없다.'는 말이 있지. 이 말대로라면, 경이 비록 신라 사람이긴 하나 신라 또한 나의 땅이요, 신라의 왕 또한 나의 신하다. 그렇건만 경이 나의 사자를 꾸짖은 이유는 무엇인가?"
>
> 최치원이 허공에 손으로 일(一)자를 긋더니 펄쩍 뛰어올라 자신이 쓴 글자 위에 앉았다.
>
> 그리고는 이렇게 말했다. / "여기도 폐하의 땅입니까?"
>
> — 작자 미상, 〈최고운전〉

● 이 소설은 주인공의 글 짓는 재능을 부각하여 민족적 우월성을 고취하고자 한 영웅 소설로, 최치원이 지은 시를 한 쌍의 용이 물고 하늘로 올라간 것은 영웅적 인물의 능력이 천상계에서도 인정받았음을 드러낸다.

▲ 최치원은 신라 시대의 실존 인물로, 실제로 반란을 평정하는 데 공을 세운 역사적 사실을 소설 속의 허구적 사건과 연결하여 인물의 비범한 능력을 보여 주고 있다.

■ 자신이 허공에 쓴 글자에 올라앉은 모습에서 최치원의 신이한 능력이 드러나고 있다.

Q. 이 글에서는 비현실적 요소를 통해 영웅적 인물의 비범한 능력이 드러난다. (○ / ×)

082 조력자 助力(도울 조, 힘 력) | 주인공에게 도움을 주는 인물

주인공이 위기에서 벗어나거나 능력을 발휘하도록 도움을 주는 인물을 말한다. 초월적 능력으로 도움을 주는 경우가 많으며, 꿈속 존재로서 계시를 주기도 한다. 영웅 소설에서 가족과 헤어진 주인공을 구해 주거나 주인공이 능력을 키우도록 도움을 주는 인물도 이에 해당한다.

➕ 영웅 소설에서 조력자는 소설적 재미를 더해 주는 요소라고 할 수 있다.

> 《대사가 말하기를 / "네 무슨 근심이 있나뇨? 내 이미 장치(裝置)하였노라." (중략)
> "장중(場中)에 들어가 만약 네 이런 글제를 보거던 두 수(首) 중에 네 소원대로 써 바치라." (중략) / 하직하고 떠나 장중에 들어가니 대포 소리 한 번 울리며 글제를 판상에 내어 걸거늘 쳐다보니 선생의 가르치던 글제와 같은지라.》
> — 작자 미상, 〈민시영전〉

● 이 소설은 민시영이라는 인물이 신이한 능력을 지닌 조력자의 도움으로 입신양명하는 성공담을 담고 있다. 대사가 민시영에게 제시한 글제가 과거 시험에 동일하게 나온 것에서 조력자의 도움을 확인할 수 있다.

Q. 이 글에서 조력자의 역할을 하는 인물을 찾아 쓰세요. ___________________

083 초월적 존재 超越(뛰어넘을 초, 넘을 월) | 인간의 한계를 뛰어넘는 능력을 가진 존재

초월적 세계는 천상, 선계, 용궁과 같이 현실을 벗어난 세계로, 초월적 존재는 이러한 세계의 신성하고 신이한 힘을 지닌 인물이다. 보통 선관, 선녀, 옥황, 용왕, 도사 등으로 나타난다.

> 유 부인은 멀리 전송을 나와 이 부인의 전도를 근심하며, 봉서 한 통과 바늘 한 쌍을 유 부인의 품속에서 내어 주더라. / 그리고 이 부인에게 말하되,
> "이것을 가지고 동정호 물 건널 제 물에 던지면 용왕 부인이 청할 것이니, 들어가 보옵소서. 동정호 용왕은 첩의 전생 부모이니 부모가 보오면 반가워할 터요. 이제 가장 좋은 선약(仙藥)을 얻어 가야 승상의 목숨을 구할 것이오. 다음은 선녀 한 쌍을 얻어 가야 천원 왕과 달마 왕을 잡으리다."
> 하니, 이 부인은 그것을 받아 가지고 질풍처럼 달리더라.
> 동정호에 왔을 때 이 부인은 유 부인이 시킨 대로 하여 용궁에 인도되어 들어가자, 용왕 내외가 반가워하며 만년주(萬年酒)를 권하더라.
> — 작자 미상, 〈장국진전〉

● 유 부인은 승상의 목숨을 구하고 천원 왕과 달마 왕을 잡기 위해서는 용왕에게서 선약과 선녀 한 쌍을 얻어 가야 한다고 말하고 있으며, 여기서 용왕이라는 초월적 존재의 개입이 제시되어 있다.

Q. 이 글에서는 초월적 존재의 도움을 얻어야 위기를 극복할 수 있음이 드러난다. (○ / ×)

084 천상계 | 인간이 사는 세상과 대비되는 신이 사는 세계

이원적 공간 구도에서 인간이 사는 지상계(현실계)와 대비되는 공간이다. 현실의 범위를 벗어나 인간으로서는 경험할 수 없는 영역이므로 초월계와 성격이 통한다.

연계 개념어 **선계** | 도(道)를 닦아서 현실의 인간 세계를 떠나 자연과 벗하며 산다는 상상의 존재인 신선의 세계로, 천상계에 포함된다.

지상계 | 인간 세상인 현실계를 말하며, 주로 천상계의 존재가 죄를 짓고 유배를 당하거나 쫓겨나는 공간으로 나타난다.

두꺼비가 장인에게 말하기를

"《소생은 본디 두꺼비의 모양이 아니라 천상에서 비를 내려 주는 선관이었더니, 인간에
인간 세상을 의미함.
비를 잘못 내린 죄로 옥황상제께서 허물을 씌워 인간에 내쳐서 어부 노인에게 수양자가
되도록 하였습니다.》 대감의 사위가 된 것은 다름이 아니라, 대감께서 젊은 시절 벼슬할
때에 애매한 사람을 많이 죽인 죄로 두꺼비 사위를 점지하고 자손을 없게 한 것입니다."
하니, 그제야 대감이 즐겁기도 하고 한편 슬프기도 한 마음을 그치지 못하였다. 부인도 이
말을 듣고는 마음을 진정치 못하며 기뻐하고 칭찬하여 말하기를

"저러한 인물로 그 흉한 허물을 쓰고 있었던가! 내 딸 월성은 벌써 알았을 것이건만 그런
말을 추호도 하지 않았으니, 저런 줄 뉘 알았으리요?"
하며 대단히 기뻐하였다.

"저렇게나 좋은 풍채가 이 세상에 어디에 있으리오."
하고 반기며 좋아하니, 뉘 아니 부러워하리오?

(중략)

《얼마 지나지 않아 뇌성벽력이 진동하면서 천상에서 옥으로 된 가마가 내려오거늘 선관
두꺼비
이 장인 장모에게

"정히 섭섭하오나 천명을 이기지 못하고 천상으로 올라가니 어찌할 도리가 없습니다. 만
수무강하십시오." / 하였다.》

– 작자 미상, 〈두껍전〉

● 이 소설에서 두꺼비는 원래 천상의 선관이었으나 죄를 지어 두꺼비의 허물을 쓰고 지상에 내려왔으며, 이제 그 속죄를 다하여 다시 하늘의 명에 따라 천상으로 돌아가게 된다. 이를 통해 작품 속 천상계의 질서를 확인할 수 있다.

개념어 check Q. 이 글에서 두꺼비의 원래 정체가 무엇인지 찾아 쓰세요. ___________

개념어 check 정답 | 082 대사 083 ○ 084 선관

고전 소설의 갈래와 관련된 개념어

17세기부터 소설의 창작이 활발해지고 독자층이 넓어지면서 조선 후기에는 한문 소설과 국문 소설이 모두 왕성하게 창작되었다.

당시의 소설 창작자들은 일정한 대가를 받고 독자가 원하는 내용을 소설로 창작했기 때문에, 고전 소설에는 영웅, 군담, 애정, 가정 소설 등 몇 가지 정형화된 틀이 있다. 이러한 고전 소설의 갈래에 따른 공통된 특징을 학습하면 시험에서 낯선 작품이 출제되더라도 어렵지 않게 접근할 수 있다.

★☆☆

085 설화 說話(말씀 설, 이야기 화) | 민족 사이에서 구전되어 온 이야기

한 민족 공동체에서 입에서 입으로 전해 내려온 자연적, 집단적 이야기를 말한다. 소설 이전의 글로, 허구성과 서사성을 지니고 있어 이후 고전 소설의 발생에 영향을 미쳤다. 성격에 따라 신화, 전설, 민담으로 구분된다.

연계 개념어
신화 | 민족의 기원, 신이나 영웅의 업적 등을 담은 신성한 이야기로 민족을 범위로 전승된다.
전설 | 자연물의 유래, 이상한 체험 등을 소재로 한 이야기로 구체적인 배경과 개별적 증거물이 제시되며 특정 지역을 범위로 전승된다.
민담 | 막연한 시간과 장소를 배경으로 평범한 인물을 내세워 교훈과 흥미를 주는 이야기로 민족이나 지역을 초월하여 전승된다.

주몽은 오이(烏伊) 등 세 사람을 벗으로 삼아 엄수(淹水)에 이르러 물을 보고 말했다.

"나는 천제의 아들이요, 하백의 손자이다. 오늘 도망해 가는데 뒤쫓는 자들이 거의 따라오게 되었으니 어찌하면 좋겠느냐."

말을 마치니 물고기와 자라가 다리를 만들어 주어 건너게 하고, 모두 건너자 이내 풀어 버려 뒤쫓아 오던 기병(騎兵)은 건너지 못했다. 《이에 주몽은 졸본 주에 이르러 도읍을 정했다. 그러나 미처 궁실(宮室)을 세울 겨를이 없어서 비류수(沸流水) 위에 집을 짓고 살면서
〔궁전 안에 있는 방. 여기서는 궁궐을 의미함.〕
국호를 고구려(高句麗)라고 했다. 이로 인해 고(高)를 성씨(氏)로 삼았는데, 그때 주몽의 나이 열두 살이었다.》

– 작자 미상, 〈주몽 신화〉

● 고구려의 건국 신화로, 주몽의 고귀한 혈통, 알에서 태어난 기이한 탄생 과정, 비범한 능력으로 위기를 극복하고 고구려를 건국하는 과정이 잘 나타나 있다. 이 장면에서는 주인공 주몽이 천제의 아들이라는 고귀한 혈통을 지닌 인물임이 드러난다.

▲ 주몽이 시련을 극복하고 고구려를 건국한 뒤 시조가 되었다는 내용에서 건국 신화의 성격이 드러난다.

개념어 check
Q. 주몽이 나라를 건국한 내용을 담은 이 이야기의 구체적인 갈래를 쓰세요. ________________

옛날부터 전해 온 설화가 구전되면서 판소리로 불리던 것이 소설로 정착된 것이다. 다수의 민중에 의해 집단 창작되었기 때문에 부분적인 내용에 차이가 있는 이본(異本)이 많다. 판소리의 영향으로 운문체가 강하게 나타나며 양반층의 언어와 평민층의 언어가 혼재되어 있다. 표면적 주제와 이면적 주제의 양면성, 풍자와 해학, 장면의 극대화와 같은 특징이 나타난다.

➕ 〈춘향전〉, 〈심청전〉, 〈흥부전〉, 〈별주부전〉 등은 현재도 판소리로 불리고 있으며, 〈배비장전〉, 〈옹고집전〉, 〈장끼전〉 등은 판소리 사설은 전하지 않고 소설로만 전해지고 있다.

《까투리 슬픈 중에 하는 말이,

"공산 야월(空山夜月) 두견성(杜鵑聲) 슬픈 회포 더욱 섧다. 『통감(痛鑑)』에 이르기를,
　　　　　빈산을 환히 밝히는 달
양약(良藥)이 고구(古口) 이어병(利於病)이요, 충언(忠言)이 역이(逆耳)나 이어행(利於行)
　　　　　좋은 약은 입에 쓰나 병을 치료하는 데는 이롭고, 충직하고 바른말은 귀에 거슬리나 행동을 함에는 이롭다는 뜻
이라 하였으니 자네도 내 말 들었으면 이런 변 당할쏜가, 답답하고 불쌍하다. 우리 양주
　　　　　　　　　　　　　　　　　　　　　　　　　　　　　　　부부
좋은 금실 누구에게 말할쏘냐. 슬피 서서 통곡하니 눈물은 못이 되고 한숨은 폭우된다.

가슴에 불이 붙네. 이네 평생 어이 할꼬?"

장끼 거동 볼작시면 차위 밑에 엎드려서,
　　　　　　　　　꿩 잡는 덫
"예라 이년 요란하다. 후환을 미리 알면 산에 갈 이 뉘 있으리. 선(先)미련 후실기(後失期)
　　　　　　　　　　　　　　　　　　　　　　　　　미련함이 앞서면 나중에 좋은 때를 잃어버린다는 뜻
라. 죽은 놈이 탈없이 죽으랴. 사람도 죽기를 맥으로 안다 하니 나도 죽지 않겠나 맥이나

짚어 보소."

까투리 대답하고 이른 말이,

"비위맥(脾胃脈)은 끊어지고 간맥(肝脈)은 서늘하고, 태충맥(太沖脈)은 걷어 가고 명맥(命
脈)은 떨어지네. 애고 이게 웬일이오. 원수로다, 원수로다, 고집불통 원수로다."》

– 작자 미상, 〈장끼전〉

● 이 소설은 판소리계 소설로, 전체적으로 3·4조, 4음보와 유사한 어구의 반복 등을 통해 운율감이 느껴진다. 한문 투의 말과 함께 '이년'과 같은 비속어가 사용된 것에서 양반층의 언어와 평민층의 언어가 혼재된 것을 확인할 수 있다. 장끼가 덫에 걸려 죽어 가는 비극적인 상황을 해학적으로 표현하는 것에서 판소리계 소설의 특징이 드러난다.

 **Q.** 이 소설은 판소리계 소설로 문문체와 해학적 표현이 나타난다. 　(　○ 　/ 　✕ 　)

비범한 인물의 영웅적인 삶을 다루며, 영웅의 일대기 구성에 따라 전개된다. 전쟁을 승리로 이 끄는 군담 소설의 성격을 띠는 경우도 많다.

연계 개념어 **영웅의 일대기 구성** | 영웅적 인물의 생애를 이야기로 전개하는 구성이다. 영웅은 주로 고귀한 혈통 출 신이며, 비정상적 출생 과정을 거친다. 비범한 능력을 소유하고 있으며 이 때문에 어려서 버림을 받기도 한다. 하지만 구출자, 조력자, 양육자 등을 만나 성장하고 이후 닥쳐오는 위기들을 극복하며 승리를 얻 게 된다.

《승상이 웃으며 말하기를, / "난초가 심산에 묻혔다고 그 향내를 감추지 못하느니 네가 아무리 초야에 목동이 되었다고 내 어찌 모르리오. 네 나와 더불어 인연이 중하여 하늘이 지시하신 바라. 나를 따라 한가지로 감이 어떠하냐?"

생이 대답하기를, / "소자 이렇듯이 길거리에서 생장하여 배운 것이 없사와 존문(尊門)에
　　　　　　　　　　　　　　　　　　　　　　　　　　　　　남의 가문이나 집을 높여 이르는 말
가 대인의 성덕을 더럽힐까 하나이다."
말과 행실이 바르고 점잖으며 덕이 높은 사람
승상이 웃고 생을 데리고 집에 돌아와 초당을 쓸고 시비를 불러 의복을 내어 입히니 선풍 도골(仙風道骨)이요 진세호걸(塵世豪傑)이었다.》(중략)
신선의 풍채와 도인의 골격이란 뜻

▲《승상이 말하기를, / "이제 칠성검과 보신갑을 얻었으나 만리 청총마를 얻으면 그대 재주 를 베풀려니와 그렇지 아니하면 당당한 기운을 걷잡지 못하리라. 그러나 남을 부디 경히 여기지 말라. 지금 적장은 천상 낙택의 제자 익성이 북방 호국왕이 되어 중원을 침노하니 지혜와 용맹이 범인과 다른지라 삼가 조심하라." (중략)
　　　　　　　　　평범한 사람
때는 늦어 가고 분기는 울울하여 말더러 경계하여 말하기를,

"네 비록 짐승이나 사람의 급함을 알지라. 물을 건네라." / 하니, 청총마 그 임자의 충성 을 모르리요, 고개를 들고 청천을 우러러 한소리를 벽력같이 지르고 강을 건너뛰니 이는 대 성의 충심과 청총마 그 임자 아는 정을 하늘이 감동하사 건너게 함이라.》

■《그제야 멀리 바라보니 상이 강변에 넘어졌는지라 원수가 우레 같은 소리를 벽력같이 지 르며, / "호왕은 나의 임금을 해치지 말라."

하는 소리 천지진동하니 호왕이 황겁하여 미처 회마(回馬)치 못하여 청총마가 호왕의 탄 말
　　　　　　　　　　　　　겁이 나서 얼떨떨하여
을 물고 대성의 칠성검은 호왕의 머리를 베어 말 아래에 떨어지느니라.》　　－작자 미상, 〈소대성전〉

● 소대성이 어려서 부모를 잃고 거리에서 지내다 그의 영웅적 기상을 알아본 승상을 만나 구출되고 있다.

▲ 소대성이 꿈에서 승상을 만나 조력을 얻고, 청총마의 도움으로 위기 상황을 극복하고 있다.

■ 소대성이 호왕을 물리치고 천자를 구출하는 장면으로, 주인공의 영웅적인 면모가 드러난다.

개념어 check **Q.** 이 글에서 소대성은 어린 시절 시련을 겪다가 조력자를 만나 구출되었다. （ ○ / × ）

088

군담 소설 軍談(군사 군, 말씀 담) | 주인공이 전쟁에서 영웅적 활약을 펼치는 소설

비범한 인물이 전쟁에서 활약하여 나라를 위기에서 구하는 내용의 소설이다. 〈임진록〉, 〈박씨전〉, 〈임경업전〉과 같이 실제 전쟁을 소재로 한 역사 군담 소설과 〈소대성전〉, 〈유충렬전〉, 〈조웅전〉 등 중국을 무대로 허구적 영웅의 활약을 그린 창작 군담 소설이 있다.

《원수가 달려들려 하니 삼대가 공중으로 솟아 달려들어 싸울새, 원수가 강백과 더불어 급
조웅
히 치니 삼대가 견디지 못하여 달아나더라. 원수가 말을 달려 급히 따르며 칼을 들어 삼대의 창 든 손을 치니 삼대가 놀라 창을 버리고 공중으로 날아 달리거늘 원수가 솟아올라 삼대의 목을 치더라. 일진광풍이 일어나며 문득 진전에 푸른 안개 일어나고 두 줄 무지개가 공
한바탕 몰아치는 사나운 바람
중에 뻗치거늘, 원수가 괴이하게 여겨 살펴보니 삼대의 왼팔 밑에 날개가 돋쳐 있더라.

삼대의 죽음을 보고 적진이 대경 황망하여 일시에 도망하거늘 원수와 강장이 본진에 돌아와 승전고를 울리니 여러 장수와 군졸이 치하하며 모두 즐기더라.》 – 작자 미상, 〈조웅전〉
싸움에 이겼을 때 울리는 북

• 이 소설은 주인공 조웅의 영웅적 활약을 그린 군담 소설이다. 군담 소설에서는 주인공이 적과 겹합하는 장면을 통해 독자에게 재미를 주기 위해서 영웅의 상대가 되는 적수 역시 뛰어난 능력을 지닌 것으로 설정하는 경우가 많다. 이 장면에서 조웅의 상대인 삼대는 날개가 있어서 공중을 날 수 있는 것으로 설정되어 있다.

Q. 이 글에서 주인공의 적수인 삼대가 강력한 상대임을 알 수 있게 하는 소재를 찾아 쓰세요. ___________

089

역사 소설 | 실제 역사를 바탕으로 한 소설

역사적 사건과 실존 인물을 바탕으로 재구성한 소설이다. 역사적 사건을 배경으로 하지만 그대로 반영되는 것은 아니며, 실존 인물과 허구적 인물이 함께 등장하기도 한다.

➕ 역사 현실에서 이루지 못했던 것들을 소설 속 허구의 세계에서 성취하고자 하여 창작된 경우가 많다.

《호왕이 대로하여 무사를 명하여 / "내어 베어라." / 하니, 경업이 크게 꾸짖어 왈

"내 목숨은 하늘에 있거니와, 네 머리는 열 걸음 안에 있느니라."

하고 안색을 불변하며 무사를 보며 / "바삐 죽이라."

하니, 호왕이 경업의 강직함을 보고 탄복하며 맨 것을 풀고 손을 이끌어 올려 앉히고,

"장군이 내게는 역신(逆臣)이나 조선에는 충신이라. 내 어찌 충절을 해하리오. 장군의 소
임금을 반역한 신하
원대로 하리라. 즉시 세자와 대군을 놓아 보내라."》 – 작자 미상, 〈임경업전〉

• 이 소설은 병자호란을 배경으로 조선 인조 때의 실존 인물인 임경업 장군의 생애와 영웅적 모습을 그리고 있다. 임경업은 선정을 베푸는 민중적 영웅의 모습으로 표현되고 있다.

Q. 이 글은 실제 역사적 사건과 실존 인물을 배경으로 하고 있다. (○ / ×)

개념어 check 정답 | 087 ○ 088 날개 089 ○

090 애정 소설 | 남녀 간의 사랑을 다룬 소설

남녀 주인공이 만나 시련을 겪고 사랑을 성취하는 내용의 소설이다. 대부분 사랑이 이루어지는 행복한 결말을 맞지만, 〈운영전〉, 〈심생전〉과 같이 죽음으로 끝나는 비극적 결말도 있다.

《"그대를 한 번 본 이후로 날아갈 듯 기뻐 마음을 안정시킬 수가 없었습니다. 그래서 매번 궁성(宮城)의 서쪽을 바라볼 때마다 애가 끊는 듯했습니다. 지난번 벽 틈으로 전해 준 편지로 잊을 수 없는 그대의 고운 글을 경건하게 받들긴 했으나, 다 펼치기도 전에 숨이 막히고 절반도 채 못 읽어 눈물이 글자를 적시었습니다. 이때부터 저는 잠자리에 들어도 잠을 이룰 수가 없고, 밥을 먹어도 음식이 넘어가지 않았습니다. 병이 고황(膏肓)에 들어 온갖 약이 무효한지라, 다만 저승에서나마 뜻밖에 만나 서로 따를 수 있기를 바랍니다."》

대궐 안

심장과 횡격막의 사이. 여기서는 약으로도 고치지 못하는 곳을 뜻함.

– 작자 미상, 〈운영전〉

● 이 소설은 조선 시대의 연애 소설로, 김 진사가 여자 주인공 운영에게 보낸 편지 내용이다. 궁녀인 운영을 보고 사랑에 빠졌으나 만날 수 없어서 상사병에 걸린 김 진사의 상황이 나타난다.

개념어 check

Q. 이 글에서 '그대'가 김 진사에게 벽 틈으로 전해 준 것으로, 김 진사의 상사병이 깊어진 계기가 된 소재를 찾아 2음절로 쓰세요. ___________

091 가정 소설 | 가정 내에서 일어나는 사건을 다룬 소설

봉건적 가족 제도에서 일어나는 가족 간의 갈등, 처첩 간의 갈등, 계모와 전처 자식 간의 갈등 등을 다룬다. 권선징악적 주제 의식을 바탕으로 충효와 우애를 강조하는 사상이 반영되어 있다.

《한림은 교씨를 위로하였다. / "오늘은 이미 저물었네. 날이 밝으면 일가들을 모아 사당에 고한 후에 투부를 내칠 것이네. 그리고 자네를 부인으로 삼을 것이야. 쓸데없이 슬퍼하지 말게. 꽃 같은 얼굴만 상하겠네."

질투심이 많은 여자. 사씨를 가리킴.

교씨는 눈물을 거두며 대답했다. / "그같이 조치하시다니……. 이제 첩의 원한이 거의 풀렸습니다. 하지만 부인의 자리를 첩이 어찌 감당하겠습니까?"

한림은 즉시 일가들에게 통지하여 아침에 모두 사당 아래로 모이게 했다.》

– 김만중, 〈사씨남정기〉

● 한림이 첩인 교씨의 말을 믿고 부인 사씨를 '투부'로 규정하여 내치려는 장면이다. 선한 인물인 본처 사씨와 악한 인물인 첩 교씨 사이의 갈등이 드러나는 가정 소설임을 알 수 있다.

개념어 check

Q. 이 글은 가정 내의 갈등 중 어떤 유형의 갈등을 소재로 하고 있는지 쓰세요. ___________

몽자류 소설 夢字類(꿈 몽, 글자 자, 무리 류) | '현실-꿈-현실'의 구조를 지닌 소설

〈구운몽〉, 〈옥루몽〉과 같이 제목에 '몽(夢)' 자가 들어가는 소설로, '현실–(입몽)–꿈–(각몽)–현실'의 환몽 구조가 나타난다. 주인공이 꿈속에서 현실에서와는 다른 존재로 태어나 그 존재로서의 일생을 겪은 후, 꿈에서 깨어나 깨달음을 얻는 내용이다. 이때 현실과 꿈은 서로 별개이면서 연관성을 지니고 있다.

호승이 박장대소하고 가로되, / "옳다, 옳다. 비록 옳으나 몽중(夢中)에 잠깐 만나 본 일은 생각하고 십 년을 동처(同處)하던 일을 알지 못하니 뉘 양 장원을 총명타 하더뇨?"
한방에서 같이 거처함.
《승상이 망연하여 가로되,

"소유가 십오륙 세 전은 부모 좌하(座下)를 떠나지 않았고, 십육 세에 급제하여 연하여 직명
받들어 모시는 자리 아래　직업이나 직무, 직위, 벼슬 따위의 이름
이 있었으니, 동으로 연국(燕國)에 봉사하고 서로 토번을 정벌한 밖은 일찍 경사를 떠나지 않았으니, 언제 사부로 더불어 십 년을 상종하였으리오?》 (중략)

승상이 정신이 아득하여 마치 취몽 중(醉夢中)에 있는 듯하더니 오래되어서야 소리 질러 가로되, / "사부가 어이 정도(正道)로 소유를 인도치 아니하고 환술로 서로 희롱하나뇨?"
남의 눈을 속이는 기술
말을 떨구지 못하여서 구름이 걷히니 호승이 간 곳이 없고, 좌우를 돌아보니 여덟 낭자가 또한 간 곳이 없는지라 정히 경황(驚惶)하여 하더니, 그런 높은 대와 많은 집이 일시에 없어
놀라고 두려워 허둥지둥함.
지고 제 몸이 한 작은 암자 중의 한 포단 위에 앉았으되, 향로(香爐)에 불이 이미 사라지고, 지는 달이 창에 이미 비치었더라.

《스스로 제 몸을 보니 일백여덟 낱 염주가 손목에 걸렸고, 머리를 만지니 갓 깎은 머리털이 가칠가칠하였으니 완연히 소화상의 몸이요, 다시 대승상의 위의(威儀) 아니니, 정신이
젊은 승려　위엄이 있고 엄숙한 태도나 차림새
황홀하여 오랜 후에 비로소 제 몸이 연화 도량 성진 행자인 줄 알고 생각하니, 처음에 스승에게 수책(受責)하여 풍도(酆都)로 가고, 인세(人世)에 환도하여 양가의 아들 되어 장원 급
책망을 받음.　지옥
제 한림학사 하고, 출장입상(出將入相)하여 공명신퇴(功名身退)하고, 두 공주와 여섯 낭자
문무를 다 갖추어 장상의 벼슬을 모두 지냄.　공을 세우고 벼슬에서 물러남.
로 더불어 즐기던 것이 다 하룻밤 꿈이라.》
　　　　　　　　　　　　　　　　　　　　　　　　　　　　　　　　　　　　　– 김만중, 〈구운몽〉

● 이 소설은 불제자인 성진이 꿈속에서 양소유로 환생해 부귀영화를 누리다가 잠에서 깨어나 깨달음을 얻는다는 내용이다. 꿈속의 양소유가 자신의 삶의 내력을 말하는 것에서 꿈과 현실이 별개임을 알 수 있다.

▲ 성진이 꿈에서 깨어나 현실의 자신이 승상 양소유가 아니라 연화 도량의 행자임을 알아차리고 있다. 양소유로서 누린 부귀영화가 '하룻밤 꿈'임을 깨닫는 부분으로 '일장춘몽'의 주제 의식이 드러난다.

Q. 이 글에서 주인공이 꿈속과 현실에서 각각 어떤 인물인지 이름을 찾아 쓰세요. ＿＿＿＿＿＿＿＿＿＿＿

개념어 check 정답 | **090** 편지　**091** 처첩 갈등　**092** 소유, 성진

현대 소설 접근법

● 현대 소설, 3단계로 접근하기!

국어 영역에서 현대 소설은 낯선 작품이 새롭게 출제되기도 하고, 인물의 심리나 갈등이 작품 속에 숨겨져 있는 경우가 많아서 학생들이 이를 파악하기 어려워합니다. 그렇다면 처음 보는 현대 소설에도 당황하지 않고, 문제를 푸는 시간을 단축하고 정답을 찾아내는 능력을 키울 수 있는 길은 무엇일까요?

그것은 바로 '작품을 해석하는 힘'을 키우는 것입니다. 이때 현대 소설을 해석한다는 것은 소설의 내용 요소 3가지, 형식 요소 3가지를 알아 가는 과정이라고 할 수 있습니다. 〈문학 개념어 몽땅〉이 세분화하여 정리한 이 6가지 요소와 함께 다음의 3단계 훈련을 한다면, 처음 접하는 현대 소설도 쉽게 접근하여 해석할 수 있습니다.

step 1 서술자와 시점 파악하기

소설에서 서술자는 이야기를 들려주는 사람이므로, 서술자가 이야기를 바라보는 시점에 따라 독자는 내용을 다르게 받아들일 수 있습니다. 따라서 작품을 볼 때, 이야기를 들려주는 서술자가 누구인지, 어떤 태도로 서술하고 있는지를 명심하면서 읽어 나가도록 합시다.

서술자와 시점	▶ 소설 속에서 서술자의 위치 찾기 → 외부 혹은 내부
	▶ 서술자의 태도와 인물에 대한 거리감 파악하기

step 2 내용 요소 3가지 파악하기

소설은 인물을 중심으로 사건을 전개하는 갈래이기 때문에 인물은 매우 중요한 내용 요소입니다. 작품 속에서 인물이 어떤 사건과 갈등을 겪고 있는지, 인물 간의 관계는 어떠한지, 인물이 어떤 상황에 처해 있는지를 중점적으로 파악해야 합니다.

인물	▶ 소설 속에서 인물의 유형 찾기
	▶ 인물의 성격적 특징과 인물 간의 관계 파악하기
사건과 갈등	▶ 소설 속의 중심 사건 파악하기
	▶ 인물이 겪는 갈등의 원인과 진행 양상 파악하기
배경	▶ 소설의 분위기를 형성하는 시간적·공간적 배경 파악하기
	▶ 사건과 갈등이 일어나게 된 시대적 배경 파악하기

서술 방식	▶ 서술 방식의 종류 파악하기 → 서술, 묘사, 대화 중 무엇인지 살피기 ▶ 서술 방식의 효과 분석하기 → 제시 방식에 따라 직접적인지 간접적인지 살피기
구성 방식	▶ 사건이 진행되는 시간의 흐름을 파악하기 ▶ 장면이 전환되거나 사건의 반전이 일어나는지 등을 파악하기
표현 방식	▶ 문체, 해학, 풍자 등 <문학 개념어 몽땅>에서 공부한 개념어를 떠올리며 파악하기

● **다음 작품에 위에서 정리한 3단계 방법을 적용해 봅시다.**

> 주재소는 그를 노려보았다. 툭하면 오라, 가라, 하는데 학질이었다. 어느 동리고 가 있다
> *일제 강점기, 경찰의 말단 기관 - 시대적 배경* 　*짜증나고 귀찮게 괴롭힘.*
> 가 불행히 일만 나면 누구보다도 그부터 붙들려 간다. (중략)
>
> 　응칠이는 덤벼들어 우선 허리께를 내려조겼다. 어이쿠쿠, 쿠— 하고 처참한 비명이다. 이
> *냅다 두들기거나 때리다*
> 소리에 귀가 번쩍 띄어서 그 고개를 들고 팔부터 벗겨 보았다. 그러나 너무나 어이가 없었음
> 인지 시선을 치건으로 그 자리에 우두망찰한다.
>
> 　그것은 무서운 침묵이었다. 살풍맞은 바람만 공중에서 북새를 논다.
> *독살스럽고 당돌한* 　*법석을 부림.*
> 한참을 신음하다 도적은 일어나더니, / "성님까지 이렇게 못살게 굴기유?"
>
> 　제법 눈을 부라리며 몸을 홱 돌린다. 그리고 느끼며 울음이 복받친다. 봇짐도 내버린 채,
> "내 것 내가 먹는데 누가 뭐래?"
> 하고 데퉁스러이 내뱉고는 비틀비틀 논 저쪽으로 없어진다. / 형은 너무 꿈속 같아서 멍하
> *거칠고 미련하게*
> 니 섰을 뿐이다.
>
> 　　　　　　　　　　　　　　　　　　　　　　　　　　　　　　　　　　　　　　– 김유정, 〈만무방〉

step 1　서술자는 작품 밖에 있으며 '응칠'을 중심으로 서술하고 있습니다.

step 2　등장인물은 응칠과 그의 아우입니다. 응칠은 벼를 훔쳐 가는 도둑을 잡으려 하는 극적인 갈등 상황에서, 도둑이 사실 자신의 아우인 것을 알게 됩니다. 즉 이 소설은 일제 강점기 농촌의 시대적 배경을 바탕으로 빚 때문에 자신의 벼를 자신이 훔쳐야 하는 비참한 농민의 모습을 보여 주고 있습니다.

step 3　응칠이 자신의 아우가 도둑인 것을 알게 되는 사건의 반전과, 전반적으로 특유의 해학적인 표현이 나타납니다. 두 인물의 대화에서는 향토적 분위기를 자아내는 방언이 쓰이고 있습니다.

● **현대 소설에 쉽게 접근하는 방법, 정리해 볼까요?**

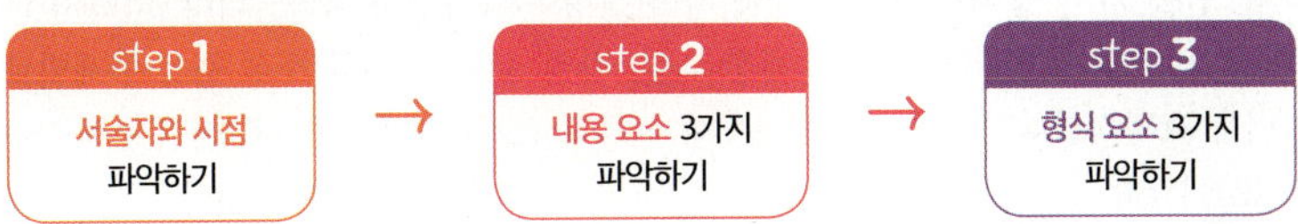

고전 소설 접근법

● 고전 소설, 3단계로 접근하기!

국어 영역에서 많은 학생들이 고전 소설을 어려워합니다. 그렇다면 고전 소설은 왜 어렵게 느껴질까요? 선뜻 대답이 떠오르지 않는 학생들이 대부분일 것입니다. 이에 같은 처지에 놓여 있는 학생들에게 같은 질문을 던진 결과를 살펴보겠습니다.

- 등장인물이 많고 인물에 대한 호칭이 여러 가지라서 헷갈려요.
- 고전 소설을 읽다 보면 어려운 어휘가 너무 많아요.
- 주제별 소설 내용에 대한 배경지식이 부족해요.

여러분들이 고전 소설을 어렵다고 생각하는 이유가 분명하게 드러납니다. 한 사람을 지칭하는 표현이 너무 많아서 인물 관계 파악이 안 되고, 어려운 어휘가 많고 배경지식이 부족해서 내용 이해가 어렵다는 것이죠. 소설은 인물을 중심으로 사건을 전개하는 문학 갈래이기 때문에 인물 간의 관계를 제대로 파악하지 못하면 대략적인 줄거리조차 알기 어렵습니다. 즉 인물의 관계를 파악하고 주제별로 학습하는 것이 고전 소설이 쉬워질 수 있는 방법입니다. 그럼 〈문학 개념어 몽땅〉에서 고전 소설에 쉽게 접근할 수 있는 방법을 알려 드리겠습니다.

step 1 인물의 이름과 호칭에 표시하기

고전 소설에서는 이름인지 관직명인지 별명인지 구분하기 쉽지 않은 다양한 호칭들이 등장합니다. 따라서 인물의 이름뿐만 아니라 '상공', '공', '승상', '상', '사형', '소저' 등과 같은 인물을 지칭하는 호칭에도 모두 표시하며 읽어야 합니다. 인물에 따라 도형의 모양을 달리하거나 색깔을 달리해서 표시하면 더욱 구분하기 좋습니다.

step 2 인물 간의 관계를 도식화하기

고전 소설에서는 인물이 등장하면 그 인물의 부모, 형제, 배우자까지 소개되는 경우가 많습니다. 머릿속으로만 관계를 떠올리며 문제를 풀다 보면 헷갈릴 수 있으니, 내용 이해를 위해서는 인물의 관계를 파악하여 관계도를 직접 그리는 것이 도움이 됩니다.

step 3 세부 주제별로 학습하기

고전 소설은 주제, 인물, 구성 등에서 세부 갈래에 따라 정형화된 특징이 나타납니다. 따라서 판소리계 소설, 영웅 소설, 군담 소설, 역사 소설, 애정 소설, 가정 소설, 몽자류 소설 등을 주제별로 묶어서 학습하면 더욱 효과적입니다. (〈문학 개념어 몽땅〉의 '2부 7단원–고전 소설 개념어'를 통해 관련 내용을 공부하실 수 있습니다.)

● **다음 작품에 위에서 정리한 3단계 방법을 적용해 봅시다.**

이때 태수 설인수는 원수(元帥)를 가까이에서 모셨으되, 원수는 설인수인 줄 아나 인수는
경작이 원수가 되었음을 생각지 못하더라. 원수가 아는 체하고자 하되, 군영(軍營)이 요란하
여 사사로운 정을 펴지 못하였더니, 이제 번왕 남곽을 평정하고 군영이 고요한데 인수 홀로
모셨더라. 원수가 저의 물러가지 않았음을 보고 시동을 불러 당상으로 청한대, 태수 사양하
여 오르지 않거늘 원수가 친히 이끌고 가로되,

"인수 형이 능히 경모를 모르오?"

"소관(小官)이 정신이 밝지 못하고, 일찍 면식이 없으니 알지 못하겠사옵니다."

원수가 잠소(潛笑) 왈,

"형이 과연 눈이 무디다 하리로다. 옛날 금주에서 소 먹이던 목동이었다가 양 승상의 둘
째 사위가 된 이경작을 모르오?"

태수가 생각 밖이라. 깨닫지 못하여 가로되,

"그 사람은 소관의 동서러니, 금주를 떠난 지 벌써 십일 년이옵니다."

"십일 년 못 보던 경작이 곧 나이니 형은 모름지기 의아치 마오."

– 작자 미상, 〈낙성비룡〉

step 1 인물의 호칭과 직책에 표시를 하며 읽으면, 설인수를 칭하는 표현은 ○로 '설인수', '태수', '소관', '형',
이경작을 칭하는 표현은 □로 '이경작', '원수', '경작', '경모'라는 것을 알 수 있습니다. 양 승상은 △
로 표시하였습니다. 이렇게 정리하며 읽는 것이 내용 이해에 도움이 됩니다.

step 2 아래와 같이 인물 간의 관계도를 정리할 수 있습니다.

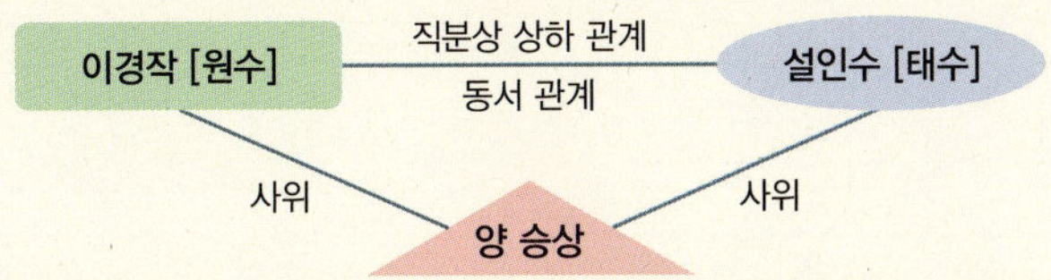

step 3 '태수', '원수' 등의 군의 계급 명칭과 군대가 주둔하는 '군영'이라는 어휘에서 이 작품이 군담 소설임을
알 수 있습니다. 인물이 전쟁에서 활약하며 나라를 위기에서 구하는 군담 소설의 특징을 학습한 후 읽
으면 더 쉽게 작품에 접근할 수 있습니다.

● **고전 소설에 쉽게 접근하는 방법, 정리해 볼까요?**

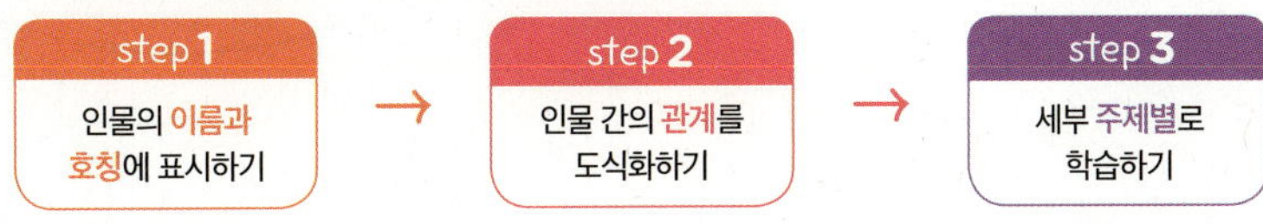

3
부
개념어 기출문제

01

> 아픈 몸 일으켜 혼자 찬밥을 먹는다
> 찬밥 속에 서릿발이 목을 쑤신다
> 부엌에는 각종 전기 제품이 있어
> 일 분만 단추를 눌러도 ㉠따끈한 밥이 되는 세상
> 찬밥을 먹기도 쉽지 않지만
> 오늘 혼자 찬밥을 먹는다
> 가족에겐 ㉡따스한 밥 지어 먹이고
> 찬밥을 먹던 사람
> 이 빠진 그릇에 찬밥 훑어
> 누가 남긴 무 조각에 생선 가시를 핥고
> 몸에서는 제일 따스한 사랑을 뿜던 그녀
> 깊은 밤에도
> 혼자 달그락거리던 그 손이 그리워
> 나 오늘 아픈 몸 일으켜 찬밥을 먹는다
> 집집마다 신을 보낼 수 없어
> 신 대신 보냈다는 설도 있지만
> 홀로 먹는 찬밥 속에서 그녀를 만난다
> 나 오늘
> 세상의 찬밥이 되어
>
> — 문정희, 〈찬밥〉

㉠, ㉡에 대한 설명으로 가장 적절한 것은?

① ㉠은 어려운 상황 속 화자의 이상을 실현해 주는 것이다.
② ㉡은 시적 대상의 희생 없이 편리하게 지을 수 있는 것이다.
③ ㉠은 ㉡과 달리 화자의 아픈 마음을 치유해 주는 것이다.
④ ㉡은 ㉠과 달리 시적 대상의 가치 있는 사랑을 느끼게 하는 것이다.
⑤ ㉠은 과거의 기억 속에, ㉡은 현재의 생활 속에 존재하는 것이다.

🔑 문제 해결

이 시의 대상인 '그녀'는 화자의 어머니를 의미한다. 화자는 가족에게는 따스한 밥을 지어 먹이고 당신께서는 초라한 상에서 찬밥을 먹던 어머니의 사랑과 희생을 떠올리고 있다.

🔍 선택지 개념어

① 012 부정적 상황
①, ③ 001 표면적 화자
②, ④ 005 대상

02

아베요 아베요
내 눈이 티눈*인 걸
아베도 알지러요.
등잔불도 없는 제사상에
축문*이 당한기요.
눌러 눌러
소금에 밥이나마 많이 묵고 가이소.
윤사월 보릿고개
아베도 알지러요.
간고등어 한 손이믄
아베 소원 풀어드리련만
저승길 배고플라요
소금에 밥이나마 많이 묵고 묵고 가이소.

여보게 만술(萬述) 아비
니 정성이 엄첩다*.
이승 저승 다 다녀도
인정보다 귀한 것 있을락꼬,
망령(亡靈)도 응감(應感)하여, 되돌아가는 저승길에
니 정성 느껴느껴 세상에는 굵은 밤이슬이 온다.

– 박목월, 〈만술 아비의 축문〉

* 티눈: 까막눈.
* 축문: 제사 때에 읽어 천지신명(天地神明)께 고하는 글.
* 엄첩다: '대견하다'의 경상도 방언.

윗글에 대한 설명으로 가장 적절한 것은?

① 말을 건네는 방식을 활용하여 주제 의식을 심화하고 있다.
② 원경에서 근경으로 시선을 이동하여 시상을 전환하고 있다.
③ 대립적인 의미의 시어로 비판적 현실 인식을 보여 주고 있다.
④ 과거와 현재를 대비하여 화자의 심경 변화를 드러내고 있다.
⑤ 시어의 반복으로 화자 자신의 부정적 처지를 강조하고 있다.

03

순이(順伊)가 떠난다는 아침에 말 못할 마음으로 함박눈이 나려, 슬픈 것처럼 창밖에 아득히 깔린 지도 우에 덮인다. 방 안을 돌아다보아야 아무도 없다. 벽과 천정이 하얗다. 방 안에까지 눈이 나리는 것일까, 정말 너는 잃어버린 역사처럼 훌훌이 가는 것이냐, 떠나기 전에 일러둘 말이 있던 것을 편지를 써서도 네가 가는 곳을 몰라 어느 거리, 어느 마을, 어느 지붕 밑, 너는 내 마음속에만 남아 있는 것이냐, 네 쪼고만 발자욱을 눈이 자꾸 나려 덮여 따라갈 수도 없다. 눈이 녹으면 남은 발자욱 자리마다 꽃이 피리니 꽃 사이로 발자욱을 찾아 나서면 일 년 열두 달 하냥 내 마음에는 눈이 나리리라.

– 윤동주, 〈눈 오는 지도〉

다음은 윗글을 감상하기 위한 학습 활동이다. ㉠~㉤ 중, 감상 내용으로 적절하지 않은 것은?

학습 활동: 질문을 통해 작품 감상하기

- '함박눈'이 왜 슬픈 것처럼 덮인다고 했을까? → ㉠순이가 떠난다는 아침에 화자의 마음이 슬펐기 때문인 것 같아.
- '벽과 천정'이 왜 하얗다고 했을까? → ㉡화자는 아무도 없는 방 안에 눈이 내리고 있는 것처럼 느꼈기 때문인 것 같아.
- '순이'가 마음속에만 남아 있는 이유는 무엇일까? → ㉢화자는 순이가 가는 곳을 몰라서 순이를 만날 수 없기 때문인 것 같아.
- '발자욱'을 왜 따라갈 수도 없다고 했을까? → ㉣눈이 내려 순이가 간 흔적을 덮었기 때문이야.
- '일 년 열두 달' 마음에 눈이 내리는 이유는 무엇일까? → ㉤화자는 꽃이 피면 순이를 만나게 된다고 확신하고 있기 때문이야.

① ㉠　　② ㉡　　③ ㉢　　④ ㉣　　⑤ ㉤

문제 해결

이 시의 화자는 순이가 떠나는 날 아침에 함박눈이 나리는 것을 보고 있는데, 떠나는 순이를 잡지 못하는 슬픔과 안타까움을 느끼고 있다.

선택지 개념어

㉠~㉤ 001 표면적 화자

04

청풍(淸風)을 좋이 여겨 창을 아니 닫았노라.
명월(明月)을 좋이 여겨 잠을 아니 들었노라.
옛사람 이 두 가지 두고 어디 혼자 갔노.

〈제1수〉

문제 해결

이 시의 화자는 자연 속에 은거하며 자연은 가까이 하고 속세는 멀리 하고자 하는 태도를 보이고 있다.

내라서 누구라 하여 작녹(爵祿)*을 맘에 둘꼬.
조그만 띠집을 시내 위에 이룬 바
어젯밤 손수 닫은 문을 늦도록 닫치었소.　　　　　　　〈제2수〉

두고 또 두고 저 욕심 그지없다.
나는 내 집에 내 세간을 살펴보니
우습다 낚싯대 하나 외에 거칠 것이 전혀 없어라.　　　〈제4수〉

산아 너는 어이 한결같이 높았으며
물아 너는 어찌 날날이 흐르느냐.
처간(處間)*에 인지(仁智)한 군자는 못내 즐겨 하노니라.　〈제5수〉

오두미(五斗米)* 위하여 홍진(紅塵)*의 나지 마라.
바람 비 어지러워 칼 톱이 무서워라.
나중에 슬코 뉘우치나 기구하다 기로다단(岐路多端)* 하여라.　〈제6수〉
　　　　　　　　　　　　　　　　　　　　　　　　　　－ 이정, 〈풍계육가〉

* 작녹: 벼슬과 녹봉.　　* 처간: 초야, 궁벽한 시골.
* 오두미: 얼마 안 되는 봉급을 비유하는 말.
* 홍진: 번거롭고 속된 세상을 비유적으로 이르는 말.　　* 기로다단: 갈림길의 갈래나 가닥이 많음.

〈보기〉를 바탕으로 윗글을 감상한 내용으로 적절하지 <u>않은</u> 것은?

보기

〈풍계육가〉는 자연 속에 은거하며 풍류를 즐기는 처사(處士)의 삶을 형상화하고 있다. 화자는 속세를 벗어나 자연을 예찬하며 자연과의 합일을 도모하는 한편, 벼슬길의 위험함을 인식하며 세속적 삶을 멀리하려는 뜻을 드러내고 있다.

① 〈제1수〉에서 '명월'이 좋아 '잠'을 자지 않는 행위를 통해 자연 친화적인 삶의 모습을 보여 주고 있군.
② 〈제2수〉에서 '작녹'을 마음에 두지 않고 '문'을 늦도록 닫아 두는 것은 세속적 삶을 멀리하려는 태도라 하겠군.
③ 〈제4수〉에서 '그지없다'고 한 '욕심'은 자연과의 합일을 지속하려는 마음을 가리키겠군.
④ 〈제5수〉에서 '산'과 '물'을 청자로 설정하여 자연물의 변함없는 모습을 예찬하고 있군.
⑤ 〈제6수〉에서 '홍진'과 거리를 두며 '칼 톱'이 무섭다고 한 것은 벼슬길의 위험성을 인식했기 때문이겠군.

선택지 개념어
① 107 자연 친화
③ 044 일체감
④ 009 청자
　008 영속성
　030 예찬적 태도

01

할머니들이 아파트 앞에 모여 햇볕을 쬐이고 있다.
굵은 주름 잔주름 하나도 놓치지 않고
꼼꼼하게 햇볕을 채워 넣고 있다.
겨우내 얼었던 뼈와 관절들 다 녹도록
온몸을 노곤노곤하게 지지고 있다.
마른버짐 사이로 아지랑이 피어오를 것 같고
잘만 하면 한순간 뽀얀 젖살도 오를 것 같다.
할머니들은 마음을 저수지마냥 넓게 벌려
한철 폭우처럼 쏟아지는 빛을 양껏 받는다.
미처 몸에 스며들지 못한 빛이 흘러넘쳐
할머니들 모두 눈부시다.
아침부터 끈질기게 추근거리던 봄볕에 못 이겨
나무마다 푸른 망울들이 터지고
할머니들은 사방으로 바삐 눈을 흘긴다.
할머니 주름살들이 일제히 웃는다.
오오, 얼마 만에 환해져 보는가.
일생에 이렇게 환한 날이 며칠이나 되겠는가.
눈앞에는 햇빛이 종일 반짝거리며 떠다니고
환한 빛에 한나절 한눈을 팔다가
깜빡 졸았던가? 한평생이 그새 또 지나갔던가?
할머니들은 가끔 눈을 비빈다.

– 김기택, 〈봄날〉

문제 해결

이 시의 화자는 시적 대상인 할머니들을 따뜻한 시선으로 바라보고 있다. 봄볕을 받은 할머니들의 모습을 마치 지금 보고 있는 것처럼 표현하며 할머니들이 처한 상황을 드러내고 있다.

윗글에 대한 설명으로 가장 적절한 것은?

① 현재 시제를 활용하여 시적 상황을 제시하고 있다.
② 연쇄법을 활용하여 역동적인 분위기를 형성하고 있다.
③ 다양한 후각적 이미지를 사용하여 대상을 묘사하고 있다.
④ 말을 건네는 방식을 통해 대상과의 친밀감을 높이고 있다.
⑤ 지시어의 연속적 배치로 대상에 대한 주목을 유도하고 있다.

선택지 개념어

③ 054 후각적 이미지
　 094 묘사
③~⑤ 005 대상
④ 010 말을 건네는 방식
　 043 친밀감

02

제 손으로 만들지 않고 / 한꺼번에 싸게 사서

마구 쓰다가 / 망가지면 내다 버리는

플라스틱 물건처럼 느껴질 때 / 나는 당장 **버스**에서 뛰어내리고 싶다

현대 아파트가 들어서며 / **홍은동 사거리**에서 사라진

털보네 대장간을 찾아가고 싶다

풀무질로 이글거리는 불 속에

시우쇠*처럼 나를 달구고

모루* 위에서 벼리고 / 숫돌에 갈아

시퍼런 무쇠낫으로 바꾸고 싶다

땀 흘리며 두들겨 하나씩 만들어 낸 / 꼬부랑 호미가 되어

소나무 자루에서 송진을 흘리면서 / 대장간 벽에 걸리고 싶다

지금까지 살아온 인생이 / 온통 부끄러워지고

직지사 해우소

아득한 나락으로 떨어져 내리는

똥덩이처럼 느껴질 때

나는 **가던 길**을 멈추고 문득

어딘가 걸려 있고 싶다

– 김광규, 〈대장간의 유혹〉

* 시우쇠: 무쇠를 불에 달구어 단단하게 만든 쇠붙이.
* 모루: 대장간에서 불린 쇠를 올려놓고 두드릴 때 받침으로 쓰는 쇳덩이.

> **문제 해결**
> 이 시는 고도로 산업화된 현실 상황에서 화자가 느낀 정서적 반응을 드러내고 있다. 현실에 대한 비판과 가치 있는 존재가 되고 싶은 욕망을 '~ 싶다'라는 표현을 반복적으로 활용하여 드러내며 시적 분위기를 조성하고 있다.

윗글에 대한 이해로 적절하지 <u>않은</u> 것은?

① '버스'에서 뛰어내리고 싶다고 한 것을 통해 부정적 상황에서 벗어나고 싶어 하는 태도를 드러내고 있다.

② '홍은동 사거리'의 변화로 인해 사라진 공간을 찾아가고 싶은 심정을 드러내고 있다.

③ '털보네 대장간'을 통해 자신을 단련하여 탈바꿈하고 싶은 마음을 드러내고 있다.

④ '직지사 해우소'와 관련된 소재를 통해 자신의 삶에 대한 반성적 인식을 보여 주고 있다.

⑤ '가던 길'을 멈추는 행동을 통해 현실과 일시적으로 타협하려는 모습을 보여 주고 있다.

> **선택지 개념어**
> ① 012 부정적 상황
> ④ 034 반성적 태도

03

사개 틀린* 고풍(古風)의 ⓐ 툇마루에 없는 듯이 앉아

아직 떠오를 기척도 없는 달을 기다린다

아무런 생각 없이 / 아무런 뜻 없이

이제 저 감나무 그림자가

사뿐 한 치씩 옮아오고

이 마루 위에 빛깔의 방석이 / 보시시 깔리우면

나는 내 하나인 외론 벗 / 가냘픈 내 그림자와

말없이 몸짓 없이 서로 맞대고 있으려니

이 밤 옮기는 발짓이나 들려오리라

– 김영랑, 〈사개 틀린 고풍의 툇마루에〉

* 사개 틀린: 사개가 틀어진. 한옥에서 못을 사용하지 않고 목재의 모서리를 깎아 요철을 끼워 맞추는 부분을 '사개'라고 한다.

🔑 문제 해결
이 시의 화자는 홀로 툇마루에 앉아 달이 뜨기를 기다리고 있다.

ⓐ에 대한 설명으로 가장 적절한 것은?

① 이별의 상황을 떠올리는 일상의 공간이다.

② 현실을 관조하고 삶을 성찰하는 공간이다.

③ 하강하는 대상과 친밀감을 느끼는 공간이다.

④ 고독하고 적막한 상황이 형상화되는 공간이다.

⑤ 지나온 삶에 대한 그리움이 드러나는 공간이다.

🔎 선택지 개념어

① 016 이별의 상황
② 037 관조적 태도
　024 성찰적 어조
③ 058 하강 이미지
　005 대상
　043 친밀감
④ 017 적막한 분위기
　093 형상화

04

㉮ 방(房) 안에 켜 있는 촉(燭)불 눌과 이별하였기에

겉으로 눈물 지고 속 타는 줄 모르는고

저 촉(燭)불 날과 같아서 속 타는 줄 모르도다

– 이개

㉯ 꿈에 다니는 길이 자취가 남는다면

님의 집 창(窓) 밖에 석로(石路)라도 닳으리라

꿈길이 자취 없으니 그를 슬퍼하노라

– 이명한

🔑 문제 해결
(가)의 화자는 임과 이별한 상황에서 촛불을 통해 자신의 슬픈 심정을 드러내고 있고, (나)의 화자는 임을 그리워하는 상황에서 가정적 진술을 통해 자신의 애틋한 심정을 드러내고 있다.

(가)와 (나)의 공통점으로 가장 적절한 것은?

① 청각적 심상을 활용하여 애상적 분위기를 조성하고 있다.
② 영탄적 표현을 통해 시적 상황에 대한 화자의 정서를 부각하고 있다.
③ 자조적 어조를 통해 과거의 행동에 대한 화자의 자책감을 드러내고 있다.
④ 역설적 표현을 통해 부정적인 상황에 대한 화자의 극복 의지를 나타내고 있다.
⑤ 가정적 상황을 제시하여 현재에 비해 미래가 나아질 것이라는 기대감을 드러내고 있다.

선택지 개념어

① 052 청각적 이미지
　018 애상적 분위기
② 081 영탄
②~④ 001 표면적 화자
　002 이면적 화자
③ 040 자조적 태도
④ 088 역설
　012 부정적 상황
　031 의지적 태도
⑤ 029 낙관적 태도

05

얼음 위에 댓잎 자리 보아 님과 내가 얼어 죽을망정
얼음 위에 댓잎 자리 보아 님과 내가 얼어 죽을망정
정 나눈 오늘 밤 더디 새오시라 더디 새오시라

경경(耿耿) 고침상(孤枕上)*에 어느 잠이 오리오
서창(西窓)을 열어 보니 도화(桃花)가 발(發)하도다
도화는 시름없어 소춘풍(笑春風)*하노라 소춘풍하노라

넋이라도 임과 함께 지내고자 했는데
넋이라도 임과 함께 지내고자 했는데
우기던 사람 누구입니까 누구입니까

– 작자 미상, 〈만전춘별사〉

＊ 경경 고침상: 근심에 싸인 외로운 잠자리.
＊ 소춘풍하노라: 봄바람에 웃는구나.

문제 해결

이 시의 화자는 임에 대한 간절한 사랑의 마음을 가지고 있지만, 임과 함께 있지 못하는 상황에서 임에 대한 원망의 정서를 드러내고 있다.

윗글에 대한 설명으로 가장 적절한 것은?

① 시적 공간을 이동하여 긴장감을 유발하고 있다.
② 물음의 형식을 통해 시적 상황을 부각하고 있다.
③ 대화 형식을 활용하여 대상의 영속성을 드러내고 있다.
④ 동일한 시구를 반복하여 환상적 분위기를 조성하고 있다.
⑤ 감정을 절제한 표현으로 화자의 단호한 의지를 표출하고 있다.

선택지 개념어

① 068 공간의 이동
② 086 설의
③ 011 대화
　008 영속성
④ 082 반복
　019 환상적 분위기
⑤ 001 표면적 화자
　031 의지적 태도

01

옆구리에서 아까부터
무언가 꼼지락거리고 있었다.
내려다보니 작은 할머니였다.
만원 전동차에서 내리려고
혼자 헛되이 허우적거리고 있었다.
승객들은 빈틈없이 할머니를 에워싸고
높고 튼튼한 벽이 되어 있었다.
할머니가 아무리 중얼거리며 떠밀어도
벽은 꿈쩍도 하지 않았다.
할머니는 있는 힘을 다하였으나
태아의 발가락처럼 꿈틀거릴 뿐이었다.
전동차가 멈추고 문이 열리고 닫혔지만
벽은 조금도 흔들림이 없었다.
할머니가 필사적으로 꿈틀거리는 동안
꿈틀거릴수록 점점 작아지는 동안
승객들은 빈틈을 더 세게 조이며
더욱 견고한 벽이 되고 있었다.

– 김기택, 〈벽〉

문제 해결

이 시의 화자는 자신의 정서나 태도를 드러내지 않고 관찰자의 눈으로 상황을 객관적으로 이야기하고 있다.

윗글에 대한 설명으로 가장 적절한 것은?

① 단정적 진술을 활용하여 주제 의식을 드러내고 있다.
② 도치의 방식을 활용하여 시적 의미를 부각하고 있다.
③ 반복과 열거를 활용하여 화자의 의지를 강조하고 있다.
④ 대조와 연쇄를 활용하여 시적 분위기를 반전시키고 있다.
⑤ 색채의 상징적 의미를 활용하여 시적 상황을 드러내고 있다.

선택지 개념어

① 025 단정적 어조
② 085 도치
③ 082 반복
　 083 열거
　 002 이면적 화자
　 031 의지적 태도
④ 080 대조
　 062 시상의 전환
⑤ 090 색채어
　 097 상징

02

푸른 담쟁이 헤치고 독락당(獨樂堂)을 지어 내니

그윽한 경치는 견줄 데 전혀 없네.

수많은 긴 대나무 시내 따라 둘러 있고 / 만 권의 서책은 네 벽에 쌓였으니

왼쪽엔 안회 증삼, 오른쪽엔 자유 자하.*

서책을 벗 삼으며 시 읊기를 일삼아

한가로운 가운데 깨우친 것을 혼자서 즐기도다.

독락, 이 이름 뜻에 맞는 줄 그 누가 알리

사마온공 독락원이 아무리 좋다 한들

그 속의 참 즐거움 이 독락에 견줄쏘냐.

진경을 다 못 찾아 양진암(養眞庵)에 돌아들어

바람 쐬며 바라보니 내 뜻도 뚜렷하다.

퇴계 이황 자필이 참인 줄 알겠노라.

관어대(觀魚臺) 내려오니 펼친 듯한 반석에 자취가 보이는 듯.

손수 심은 장송은 옛 빛을 띠었으니

변함없는 경치가 그 더욱 반갑구나.

상쾌하고 맑은 기운 난초 향기에 든 듯하네.

몇몇 옛 자취 보며 문득 생각하니 / 우뚝한 낭떠러지는 바위 병풍 절로 되어

용면의 솜씨로 그린 듯이 벌여 있고

깊고 맑은 못에 천광운영*이 어리어 잠겼으니 / 광풍제월*이 부는 듯 비치는 듯.

연비어약*을 말없는 벗으로 삼아

독서에 골몰하여 성현의 일 도모하시도다.

– 박인로, 〈독락당〉

* 안회, 증삼, 자유, 자하: 공자의 제자들.
* 천광운영: 하늘빛과 구름 그림자.
* 광풍제월: 비가 갠 뒤의 맑게 부는 바람과 밝은 달.
* 연비어약: 솔개가 날고 물고기가 뛴다는 뜻으로, 온갖 동물이 생을 즐김을 이르는 말.

문제 해결

이 시에서 화자는 독락당을 찾아가서 아름다운 경치를 보며 이언적의 삶을 생각하고 있다. 독락당은 이언적이 생전에 제자들을 가르치던 곳이다.

윗글에 대한 설명으로 가장 적절한 것은?

① 영탄적 어조를 사용하여 예찬적 태도를 드러내고 있다.

② 자연의 불변성에 주목하여 인간사의 한계를 부각하고 있다.

③ 현실의 모순을 언급하며 과거 회귀적 지향을 나타내고 있다.

④ 치밀한 관찰에 근거하여 다양한 삶의 모습을 제시하고 있다.

⑤ 역사적 사례를 제시하며 상황 극복의 의지를 드러내고 있다.

선택지 개념어

① 021 영탄적 어조
　030 예찬적 태도
② 008 영속성
　071 인간과 자연의 대비
⑤ 031 의지적 태도

03

공명(功名)도 잊었노라 부귀(富貴)도 잊었노라
세상(世上) 번우한* 일 다 주어 잊었노라
내 몸을 내마저 잊으니 남이 아니 잊으랴   〈제2수〉

질가마 좋이 씻고 바위 아래 샘물 길어
팥죽 달게 쑤고 저리지* 끄어 내니
세상에 이 두 맛이야 남이 알까 하노라   〈제5수〉

대 막대 너를 보니 유신(有信)하고 반갑고야
내 아이 적에 너를 타고 다니더니
이제란 창(窓) 뒤에 섰다가 날 뒤 세우고 다녀라   〈제11수〉

　　　　　　　　　　　　　　　　　　　　　– 김광욱, 〈율리유곡〉

* 번우한: 괴로워 근심스러운.
* 저리지: 겉절이.

🔑 문제 해결

이 시의 화자는 속세를 떠나 자연을 즐기며, 공명과 부귀를 멀리하며 소박하게 살고자 하는 태도를 보이고 있다.

윗글에 대한 설명으로 적절하지 <u>않은</u> 것은?

① 〈제2수〉: 화자는 '공명'과 '부귀'에 거리를 두는 욕심 없는 삶을 지향하고 있다.

② 〈제2수〉: 화자는 '남'으로부터 소외된 자신의 존재에 대한 안타까움을 드러내고 있다.

③ 〈제5수〉: 화자는 '팥죽'과 '저리지'를 통해 소박한 삶에 대한 만족감을 드러내고 있다.

④ 〈제11수〉: 화자는 '유신'하다고 여기는 대상에 대한 친밀감을 표현하고 있다.

⑤ 〈제11수〉: 화자는 '대 막대'의 쓰임이 달라진 상황을 통해 세월의 흐름을 인식하고 있다.

🔑 선택지 개념어

① 045 거리감
①～⑤ 001 표면적 화자
③ 047 만족감
④ 005 대상
　　043 친밀감
⑤ 067 시간의 변화

04

   나무하러 가자 이히후후* 에헤
   남 날 적에 나도 나고 나 날 적에 남도 나고
   세상 인간 같지 않아 이놈 팔자 무슨 일고
[A] 지게 목발 못 면하고 어떤 사람 팔자 좋아
   고대광실 높은 집에 사모*에 풍경 달고
   만석록*을 누리건만 이런 팔자 어이하리

   항상 지게는 못 면하고 남의 집도 못 면하고
   죽자 하니 청춘이요 사자 하니 고생이라
   세상사 사라진들 치마 짧은 계집 있나
   다박머리 자식 있나 광 넓은 논이 있나
[B] 사래 긴 밭이 있나 버선짝도 짝이 있고
   토시짝도 짝이 있고 털먹신도 짝이 있는데
   쳉이* 같은 내 팔자야 자탄한들 무엇하리
   한탄한들 무엇하나 청천에 저 기럭아
   너도 또한 임을 잃고 임 찾아서 가는 길가

   더런 놈의 팔자로다 이놈의 팔자로다
[C] 언제나 면하고 오늘도 이 짐을 안 지고 가면
   어떤 놈이 밥 한술 줄 놈이 있나 / 가자 이히후후

               – 작자 미상, 〈초부가〉

 * 이히후후: 나무를 할 때 내뱉는 한숨 소리.   * 사모: 관복을 입을 때 쓰는 모자.
 * 만석록: 만 석의 녹봉. * 쳉이: 곡식을 까불러 쭉정이 등을 골라내는 '키'의 방언.

🔑 문제 해결

이 시의 화자는 남의 집에서 머슴살이를 하면서 가난하고 외롭게 살아가는 나무꾼 신세를 한탄하고 있다.

[A]~[C]에 대한 설명으로 적절하지 <u>않은</u> 것은?

① [A]는 빈부와 귀천의 불평등한 상황을 제시하여 현실에서 느끼는 괴로움을 토로하고 있다.

② [B]는 유사한 문장 구조를 사용하여 가난하고 외롭게 살아가는 화자의 모습을 강조하고 있다.

③ [C]는 체념적인 어조를 활용하여 고생을 면할 기약이 없는 삶을 한탄하고 있다.

④ [A]와 [C]는 고된 노동을 할 때 내뱉는 한숨 소리를 통해 화자의 심정을 표현하고 있다.

⑤ [A]~[C]는 모두 짝이 있는 물건을 열거하며 화자의 애상감을 점층적으로 표현하고 있다.

🔍 선택지 개념어

②, ④, ⑤ 001 표면적 화자
③ 033 체념적 태도
⑤ 083 열거
 018 애상적 분위기
 084 점층

01

昨過永明寺	어제 영명사를 지나다가
暫登浮碧樓	잠시 부벽루*에 올랐네
城空月一片	텅 빈 성엔 조각달 떠 있고
石老雲千秋	천년의 구름 아래 바위는 늙었네
麟馬去不返	기린마*는 떠나간 뒤 돌아오지 않으니
天孫何處遊	천손*은 지금 어느 곳에서 노니는가
長嘯倚風磴	돌다리에 기대어 길게 휘파람 부노라
山靑江自流	산은 오늘도 푸르고 강은 절로 흐르네

– 이색, 〈부벽루〉

* 부벽루: 고구려의 수도였던 평양에 있는 누각.

* 기린마: 고구려 동명왕이 타고 하늘로 올라갔다고 전해지는 상상의 말.

* 천손: 고구려의 시조인 동명왕을 가리킴.

윗글의 표현상의 특징에 대한 설명으로 가장 적절한 것은?

① 문답 구조를 활용하여 시적 의미를 드러내고 있다.
② 명령형 어조를 활용하여 시적 긴장감을 높이고 있다.
③ 반어적인 표현을 활용하여 시적 상황을 구체화하고 있다.
④ 색채어의 대비를 통해 시적 대상을 생생하게 드러내고 있다.
⑤ 세월의 흐름을 시각적으로 형상화하여 시적 분위기를 조성하고 있다.

문제 해결

이 시의 화자는 평양의 부벽루에 올라 주변의 퇴락한 풍경을 바라보며 지난날의 고구려를 회상하고 있다. 변함없는 자연과 대비되는 인간 역사의 유한함을 깨닫고 쓸쓸함과 무상감을 느끼고 있다.

선택지 개념어

① 011 대화
② 023 명령적 어조
③ 087 반어
④ 090 색채어
　 080 대조
　 005 대상
⑤ 067 시간의 변화
　 051 시각적 이미지
　 093 형상화

02

거미 새끼 하나 방바닥에 나린 것을 나는 아모 생각 없이 문 밖으로 쓸어 버린다
차디찬 밤이다

어니젠가 새끼 거미 쓸려 나간 곳에 큰 거미가 왔다
나는 가슴이 짜릿한다
나는 또 큰 거미를 쓸어 문 밖으로 버리며
찬 밖이라도 새끼 있는 데로 가라고 하며 서러워한다

이렇게 해서 아린 가슴이 싹기도 전이다
어데서 좁쌀알만 한 알에서 가제 깨인 듯한 발이 채 서지도 못한 무척 작은 새끼 거미가 이번엔 큰 거미 없어진 곳으로 와서 아물거린다
나는 가슴이 메이는 듯하다
내 손에 오르기라도 하라고 나는 손을 내어 미나 분명히 울고불고 할 이 작은 것은 나를 무서우이 달어나 버리며 나를 서럽게 한다
나는 이 작은 것을 고이 보드러운 종이에 받어 또 문 밖으로 버리며
이것의 엄마와 누나나 형이 가까이 이것의 걱정을 하며 있다가 쉬이 만나기나 했으면 좋으련만 하고 슬퍼한다

– 백석, 〈수라〉

윗글에 대한 설명으로 적절하지 <u>않은</u> 것은?

① 대상을 의인화하여 화자의 연민을 드러내고 있다.
② 촉각적 심상을 활용하여 대상이 놓인 비극성을 부각하고 있다.
③ 현재형 어미를 사용하여 시적 상황을 생생하게 보여 주고 있다.
④ 화자의 태도가 달라짐에 따라 대상이 처한 상황이 악화되고 있다.
⑤ 1연 → 2연 → 3연에 따라 행의 수가 늘어나는 구조를 통해 정서가 심화되는 양상을 보이고 있다.

문제 해결

이 시의 제목 '수라'는 불교에서 중생이 윤회하게 되는 여섯 세계 가운데 '아수라'를 달리 부르는 말로, '하늘에서 쫓겨난 사람들이 사는 세계'를 가리킨다. 화자는 거미를 하나씩 밖으로 버리고 있는데, 이에 따라 점층적으로 슬픔과 연민의 정서가 고조되고 있다.

선택지 개념어

① 076 의인
①, ④ 001 표면적 화자
①, ②, ④ 005 대상
② 053 촉각적 이미지

03

매운 계절의 채찍에 갈겨
마침내 북방으로 휩쓸려 오다.

하늘도 그만 지쳐 끝난 고원(高原)
서릿발 칼날진 그 위에 서다.

어데다 무릎을 꿇어야 하나
한 발 재겨 디딜 곳조차 없다.

이러매 눈 감아 생각해 볼밖에
겨울은 강철로 된 무지갠가 보다.

– 이육사, 〈절정〉

다음은 윗글을 읽은 학생이 쓴 감상문의 일부이다. ⓐ~ⓔ 중 적절하지 <u>않은</u> 것은?

이 작품을 감상할 때, 계절의 이미지에 주목하여 읽으니 화자의 상황과 정서에 더 공감할 수 있었다. ⓐ작품 속 계절적 상황이 '매운'이라는 감각적 이미지로 제시되어 있으니 혹독한 추위가 실감 나게 느껴졌고, ⓑ겨울을 연상시키는 '서릿발'이라는 시어에서는 겨울이 주는 시련의 의미가 더욱 분명하게 드러나는 것 같았다. ⓒ이러한 겨울의 이미지들이 '북방'과 '고원'이라는 극한적 공간의 이미지와 맞물리면서 화자가 처한 상황이 고통스럽다는 것에 쉽게 공감할 수 있었다. 그리고 ⓓ화자가 고난이 끝났음을 인지하고 '한 발 재겨 디딜 곳'을 찾는 모습을 보면서 부정적 현실을 이겨 내려는 자세를 본받고 싶어졌다. 또한 ⓔ겨울을 '강철로 된 무지개'의 이미지로 전환하여 현실 상황을 다르게 인식하려는 화자의 모습이 인상적이었다.

① ⓐ   ② ⓑ   ③ ⓒ   ④ ⓓ   ⑤ ⓔ

🔑 문제 해결

이 시의 화자는 계절의 이미지를 통해 자신이 처한 극한의 상황을 드러내는 한편, 인식의 전환을 통해 그에 대한 극복 의지도 드러내고 있다.

🔎 선택지 개념어

ⓐ 050 감각적 이미지
ⓒ~ⓔ 002 이면적 화자
ⓓ 012 부정적 상황
　031 의지적 태도
ⓔ 062 시상의 전환

04

너를 꿈꾼 밤

문득 인기척에

잠이 깨었다.

문틱에 귀 대고 엿들을 땐

거기 아무도 없었는데

베개 고쳐 누우면

지척에서 들리는 ⓐ 발자국 소리.

나뭇가지 스치는 소매깃 소리.

아아, 네가 왔구나.

산 넘고 물 건너

누런 해 지지 않는 서역(西域) 땅에서

나직이 신발을 끌고 와

다정하게 부르는

ⓑ 너의 목소리,

오냐, 오냐,

안쓰런 마음은 만 리 길인데

황망히 문을 열고 뛰쳐나가면

밖엔 하염없이 내리는 ⓒ 가랑비 소리,

후두둑,

댓잎 끝에 방울지는

봄비 소리.

– 오세영, 〈너의 목소리〉

ⓐ~ⓒ와 관련하여 윗글을 이해한 내용으로 적절하지 않은 것은?

① 화자가 꾼 '꿈'은 빗소리를 ⓐ로 여기는 계기가 된다고 볼 수 있겠군.

② '너'에 대한 화자의 그리움이 고조됨에 따라 빗소리가 ⓐ에서 ⓑ로 인식된다고 볼 수 있겠군.

③ ⓑ는 '산 넘고 물 건너' 들려오는 것이기에 화자에게 반가움과 동시에 과거의 추억을 환기한다고 볼 수 있겠군.

④ '하염없이 내리는' ⓒ는 하강의 이미지를 통해 만남이 무산된 화자의 좌절감과 조응한다고 볼 수 있겠군.

⑤ ⓑ가 ⓒ임을 알고 난 후의 화자의 허탈감이 '후두둑'을 통해 청각적 이미지로 부각된다고 볼 수 있겠군.

01

가까이 다가서기 전에는 / 아무것도 가진 것 없어 보이는

아무것도 피울 수 없을 것처럼 보이는 / 겨울 들판을 거닐며

매운 바람 끝자락도 맞을 만치 맞으면 / 오히려 더욱 따사로움을 알았다

듬성듬성 아직은 **덜 녹은 눈발**이 / **땅의 품 안으로 녹아들기를 꿈**꾸며 뒤척이고

논두렁 밭두렁 사이사이

초록빛 싱싱한 키 작은 들풀 또한 고만고만 모여 앉아

저만치 밀려오는 햇살을 기다리고 있었다

신발 아래 질척거리며 달라붙는 / **흙의 무게가 삶의 무게**만큼 힘겨웠지만

여기서만은 우리가 알고 있는 / 아픔이란 아픔은 모두 편히 쉬고 있음도 알았다

겨울 들판을 거닐며 / **겨울 들판**이나 **사람**이나

가까이 다가서지도 않으면서

아무것도 가진 것 없을 거라고 / 아무것도 키울 수 없을 거라고

함부로 말하지 않기로 했다

— 허형만, 〈겨울 들판을 거닐며〉

🔑 **문제 해결**

이 시의 화자는 겨울 들판을 거닐며 자연의 모습을 보면서 얻은 깨달음에 대해 이야기하고 있다.

〈보기〉를 바탕으로 윗글을 감상한 내용으로 적절하지 <u>않은</u> 것은?

— 보기 —

시에서 계절은 중요한 요소로 작용하는 경우가 많은데, 화자는 계절적 특성에 대한 인식을 바탕으로 다양한 의미를 이끌어 낸다. 화자는 계절의 변화에 내포된 자연의 순환적 질서를 인식하고, 소멸했던 것이 소생하는 모습에서 희망의 이미지를 발견하기도 한다. 또 계절의 변화로 인한 자연 현상을 인간의 삶과 관련지어 인식함으로써 화자가 지향하는 가치나 태도를 드러내기도 한다.

① '매운 바람'도 '맞을 만치 맞으면' '오히려 더욱 따사로움을 알'게 되었다는 것에서 화자가 겨울을 소생의 가능성이 내재된 계절로 인식했음을 엿볼 수 있군.

② '덜 녹은 눈발'이 봄이 되어 '땅의 품 안으로 녹아들기를 꿈'꾼다는 것에서 순환하는 자연의 질서에 대한 화자의 인식을 엿볼 수 있군.

③ '흙의 무게'가 '삶의 무게'처럼 느껴진다는 것에서 화자가 계절의 변화에서 발견한 희망의 이미지를 엿볼 수 있군.

④ '겨울 들판'과 '사람'을 연결한 것에서 자연 현상을 인간의 삶과 관련짓고 있는 화자의 인식을 엿볼 수 있군.

⑤ '가까이 다가서지도 않으면서' '함부로 말하지 않'겠다는 것에서 화자가 지향하는 태도를 엿볼 수 있군.

🔍 **선택지 개념어**

①~⑤ 001 표면적 화자
③ 066 계절의 변화
④ 071 인간과 자연의 대비

02

> 가을 뜨락에 / 씨앗을 받으려니 / 두 손이 송구하다
>
> 모진 비바람에 부대끼며 / 머언 세월을 살아오신
> 반백(斑白)의 어머니, 가을 초목이여
>
> 나는 / 바쁘게 바쁘게 / 거리를 헤매고도
>
> 아무 / 얻은 것 없이 / 꺼멓게 때만 묻어 돌아왔는데
>
> 저리 / 알차고 여문 황금빛 생명을 / 당신은 마련하셨네
>
> 가을 뜨락에 / 젊음이 역사한 씨앗을 받으려니
> 도무지 / 두 손이 염치없다.
>
> — 허영자, 〈씨앗을 받으며〉

윗글에 대한 〈학습 활동〉을 수행한 결과로 적절하지 <u>않은</u> 것은?

— 학습 활동 —

〈씨앗을 받으며〉는 작품의 처음과 끝이 유사한 구조로 구성되어 있다. 첫 연과 마지막 연의 내용에서 반복 또는 변주된 부분에 주목하며 작품을 감상해 보자.

	반복	추가	반복	추가	변형
1연	가을 뜨락에	–	씨앗을 받으려니	–	두 손이 송구하다
6연	가을 뜨락에	젊음이 역사한	씨앗을 받으려니	도무지	두 손이 염치없다

① '가을 뜨락에'를 반복하여 화자가 자신의 삶을 탐색하는 계기가 된 계절적 상황을 강조하는군.

② '젊음이 역사한'을 추가하여 화자가 과거에 기울였던 노력의 가치를 스스로 재인식하는 모습을 부각하는군.

③ '씨앗을 받으려니'를 반복하여 화자가 현재 느끼고 있는 감정을 촉발한 소재에 주목하게 하는군.

④ '도무지'를 추가하여 화자가 처한 상황에서 보이는 정서적 반응이 심화되었음을 나타내는군.

⑤ '송구하다'를 '염치없다'로 변형하여 화자가 시적 대상을 통해 갖게 된 성찰적 태도를 강화하는군.

03

> 황매 시절 떠난 이별 만학단풍 늦었으니
> 상사일념 무한사는 저도 나를 그리려니
> 굳은 언약 깊은 정을 낸들 어이 잊었을까
> 인간의 일이 많고 조물이 시기런지 / 삼하삼추 지나가고 낙목한천 또 되었네
> 운산이 멀었으니 소식인들 쉬울손가 / 대인난* 긴 한숨의 눈물은 몇 때런고
> 흉중*의 불이 나니 구회간장 다 타 간다
> 인간의 물로 못 끄는 불이라 없건마는
> 내 가슴 태우는 불은 물로도 어이 못 끄는고
> 자네 사정 내가 알고 내 사정 자네 아니
> 세우사창 저문 날과 소소상풍 송안성*의 / 상사몽 놀라 깨어 맥맥히 생각하니
> 방춘화류 좋은 시절 강루사찰 경개* 좋아
> 일부일 월부월*의 운우지락 협흡*할 제
> 청산녹수 증인 두고 차생백년 서로 맹세
> 못 보아도 병이 되고 더디 와도 성화로세
> 오는 글발 가는 사연 자자획획 다정터니
> 엇지타 한 별리가 역여조기* 어려워라
>
> — 이세보, 〈상사별곡〉
>
> * 대인난: 약속한 시간에 오지 않는 사람을 기다리는 안타까움과 괴로움.
> * 흉중: 마음속.　* 송안성: 기러기 울음소리.　* 경개: 경치.
> * 일부일 월부월: 날마다 달마다.　* 협흡: 화목하게 사귐.　* 역여조기: 그리는 정이 간절함.

윗글에 대한 설명으로 가장 적절한 것은?

① 운명을 거부하는 도전적 자세가 드러난다.
② 현재의 삶에 대한 반성적 태도가 부각된다.
③ 내용 전개 과정에서 시간의 흐름이 포착된다.
④ 인간과 자연의 대비를 통해 주제 의식이 표출된다.
⑤ 상실의 경험을 극복하려는 의지적 자세가 나타난다.

04

> 내 벗이 몇이나 하니 수석(水石)과 송죽(松竹)이라.
> 동산(東山)에 달 오르니 긔 더욱 반갑구나.
> 두어라 이 다섯 밧긔 또 더하여 무엇하리.
>
> 〈제1수〉

문제 해결

이 시는 두 명의 화자가 각자 자신의 사연을 차례로 말하는 양상으로 전개되는데, 화자들은 부재하는 임을 기다리며 괴로움을 느끼고 있다.

선택지 개념어

② 034 반성적 태도
③ 067 시간의 변화
④ 071 인간과 자연의 대비
⑤ 031 의지적 태도

문제 해결

이 시의 화자는 다섯 가지 자연물을 다른 대상과 비교하는 방식 등을 활용하여 예찬하고 있다.

구름 빛이 좋다 하나 검기를 자로 한다.
바람 소리 맑다 하나 그칠 적이 하노매라.
좋고도 그칠 뉘 없기는 물뿐인가 하노라.　　　　　　　〈제2수〉

꽃은 무슨 일로 피면서 쉬이 지고
풀은 어이 하여 푸르는 듯 누르나니
아마도 변치 아닐손 바위뿐인가 하노라.　　　　　　　〈제3수〉

더우면 꽃 피고 추우면 잎 지거늘
솔아 너는 어찌 눈서리를 모르느냐.
구천(九泉)의 뿌리 곧은 줄을 글로 하여 아노라.　　　　　〈제4수〉

나무도 아닌 것이 풀도 아닌 것이
곧기는 뉘 시키며 속은 어이 비었느냐.
저렇게 사시(四時)에 푸르니 그를 좋아하노라.　　　　　〈제5수〉

작은 것이 높이 떠서 만물을 다 비추니
밤중에 광명(光明)이 너만 한 이 또 있느냐.
보고도 말 아니 하니 내 벗인가 하노라.　　　　　　　〈제6수〉

　　　　　　　　　　　　　　　　　　　　　　　　　– 윤선도, 〈오우가〉

* 송죽: 소나무와 대나무.

〈보기〉는 윗글의 시상 전개 과정을 나타낸 것이다. 이를 바탕으로 윗글을 이해한 내용으로 적절하지 <u>않은</u> 것은?

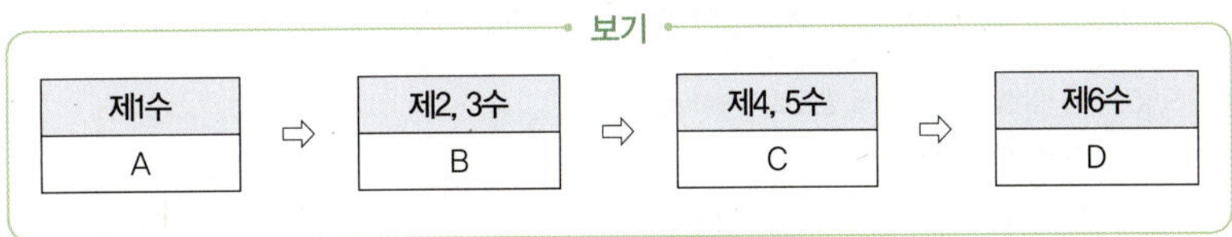

① A에서는 중심 소재를 무생물, 생물, 천상의 자연물로 묶어 제시하고 있다.
② B에서는 대조의 방식을 활용하여 중심 소재를 예찬하고 있다.
③ C에서는 B와 유사하게 대구의 방법을 활용하여 시적 운율감을 이어 가고 있다.
④ B와 C에서 중심 소재로 향했던 화자의 시선이 D에서는 내면으로 이동하고 있다.
⑤ B, C, D의 각 수에서는 A에서 언급된 중심 소재를 순차적으로 배치하고 있다.

선택지 개념어
② 080 대조
　030 예찬적 태도
③ 089 대구
　102 리듬감
④ 001 표면적 화자
　069 시선의 이동

01

> 달 밝고 바람 자니 물결이 비단일다
> 단정*을 비껴 놓아 오락가락 하는 흥을
> ⓐ 백구야 하 즐겨 말고려 세상 알까 하노라　　　　　　　〈제5수〉
>
> 　　　　　　　　　　　　　　　　　　　　　　　　－ 나위소, 〈강호구가〉
>
> *단정: 작은 배.

ⓐ에 대한 설명으로 가장 적절한 것은?

① 화자의 즐거움이 투영된 대상이다.
② 화자의 내적 성찰을 일으키는 대상이다.
③ 화자에게 세월의 흐름을 인식하게 하는 대상이다.
④ 화자에게 현실 도피적 삶의 태도를 촉발하는 대상이다.
⑤ 세상에 대한 화자의 비판적 태도를 드러내 주는 대상이다.

🔑 **문제 해결**

이 시의 화자는 만년에 관직에서 물러나 자연을 안식처로 삼아 자족하며 지내고 있다.

🔍 **선택지 개념어**

① 100 투영
①∼⑤ 002 이면적 화자
　　 005 대상
③ 067 시간의 변화
⑤ 035 비판적 태도

02

> 　임이 오마 하거늘 저녁밥을 일찍 지어 먹고
> 　중문(中門) 나서 대문(大門) 나가 지방 위에 올라가 앉아 손을 이마에 대고 오는가 가는가 건넌 산 바라보니 거머희뜩* 서 있거늘 저것이 임이로구나. 버선을 벗어 품에 품고 신 벗어 손에 쥐고 곰비임비* 임비곰비 천방지방* 지방천방 진데 마른 데를 가리지 말고 워렁퉁탕 건너가서 정(情)엣말 하려 하고 곁눈으로 흘깃 보니 작년 칠월 사흘날 껍질 벗긴 주추리 삼대*가 살뜰히도 날 속였구나.
> 　모쳐라 밤이기에 망정이지 행여나 낮이런들 남 웃길 뻔하였어라.　　－ 작자 미상
>
> *거머희뜩: 검은빛과 흰빛이 뒤섞인 모양.　　*곰비임비: 거듭거듭 앞뒤로 계속하여.
> *천방지방: 몹시 급하게 허둥대는 모양.　　*삼대: 삼[麻]의 줄기.

윗글에 대한 설명으로 가장 적절한 것은?

① 청자와 대화를 주고받는 방식을 통해 화자의 삶을 성찰하고 있다.
② 음성 상징어를 활용하여 작중 상황을 생동감 있게 나타내고 있다.
③ 화자의 시선이 원경에서 근경으로 이동하며 시상을 전개하고 있다.
④ 대구의 방식을 활용하여 시적 대상의 긍정적 속성을 예찬하고 있다.
⑤ 추상적 관념을 구체적 대상으로 표현하여 사회 현실을 고발하고 있다.

🔑 **문제 해결**

이 시의 화자는 부재한 임을 간절하게 기다리며, 자신의 심정과 행동을 해학적으로 표현하고 있다.

🔍 **선택지 개념어**

① 009 청자
　　011 대화
①, ③ 001 표면적 화자
② 078 음성 상징어
③ 069 시선의 이동
④ 089 대구
　　006 대상의 속성

03

모밀묵이 먹고 싶다.
그 싱겁고 구수하고
못나고도 소박하게 점잖은
촌 잔칫날 팔모상에 올라
새사돈을 대접하는 것.
그것은 저문 봄날 해질 무렵에
허전한 마음이 / 마음을 달래는
쓸쓸한 식욕이 꿈꾸는 음식.
또한 인생의 참뜻을 짐작한 자의
너그럽고 넉넉한 / 눈물이 갈구하는 쓸쓸한 식성.
아버지와 아들이 겸상을 하고 / 손과 주인이 겸상을 하고
산나물을 / 곁들여 놓고
어수룩한 산기슭의 허술한 물방아처럼
슬금슬금 세상 얘기를 하며 / 먹는 음식.
그리고 마디가 굵은 사투리로
은은하게 서로 사랑하며 어여삐 여기며
그렇게 이웃끼리
이 세상을 건느고 / 저승을 갈 때,
보이소 아는 양반 앙인기요
보이소 웃마을 이생원 앙인기요
서로 불러 길을 가며 쉬며 그 마지막 주막에서
걸걸한 막걸리 잔을 나눌 때
절로 젓가락이 가는 / 쓸쓸한 식욕.

— 박목월, 〈적막한 식욕〉

윗글에 대한 설명으로 가장 적절한 것은?

① 수미상관의 형태로 구조적 안정감을 부여하고 있다.
② 화자를 거듭 명시하여 화자의 상황을 구체화하고 있다.
③ 촉각적 심상의 대비를 통해 화자의 정서를 드러내고 있다.
④ 명사로 시행을 종결하여 시적 대상의 의미를 부각하고 있다.
⑤ 비관적 태도가 드러나는 표현을 활용하여 주제를 강조하고 있다.

문제 해결

이 시의 화자는 '모밀묵'을 매개로 하여, 인생에서 경험하는 여러 감정과 관계를 관조적 어조로 이야기하고 있다.

선택지 개념어

① 065 수미상관
②, ③ 001 표면적 화자
③ 053 촉각적 이미지
　　080 대조
④ 101 명사로 끝맺은 시행
　　005 대상
⑤ 036 비관적 태도

04

한때 나는 뿌리의 신도였지만 / 이제는 뿌리보다 줄기를 믿는 편이다

줄기보다는 가지를, / 가지보다는 가지에 매달린 잎을,
잎보다는 하염없이 지는 꽃잎을 믿는 편이다

희박해진다는 것 / 언제라도 흩날릴 준비가 되어 있다는 것

뿌리로부터 멀어질수록 / 가지 끝의 이파리가 위태롭게 파닥이고
당신에게로 가는 길이 조금씩 보이기 시작한다

당신은 뿌리로부터 달아나는 데 얼마나 걸렸는지?

뿌리로부터 달아나려는 정신의 행방을 / 정확히 알 수는 없지만
허공의 손을 잡고 어딘가를 향해 가고 있다

뿌리 대신 뿔이라는 말은 어떤가

가늘고 뾰족해지는 감각의 촉수를 밀어 올리면
감히 바람을 찢을 수 있을 것 같은데
무소의 뿔처럼 가벼워질 수 있을 것 같은데

우리는 뿌리로부터 온 존재들,
그러나 뿌리로부터 부단히 도망치는 발걸음들
오늘의 일용할 잎과 꽃이 / 천천히 시들고 마침내 입을 다무는 시간

한때 나는 뿌리의 신도였지만
이미 허공에서 길을 잃어버린 지 오래된 사람

— 나희덕, 〈뿌리로부터〉

🔑 문제 해결

이 시의 화자는 존재의 근원
이라 할 수 있는 뿌리로부터
벗어날수록 스스로 존재할 수
있다는 역설적 인식을 드러내
고 있다.

윗글에 대한 설명으로 가장 적절한 것은?

① 공간의 이동에 따른 정서의 변화를 나타내고 있다.
② 동일한 시어를 반복하여 주제 의식을 강조하고 있다.
③ 선경 후정의 방식을 활용하여 시적 상황을 부각하고 있다.
④ 청유형 종결 어미를 활용하여 화자의 태도를 나타내고 있다.
⑤ 색채어를 통해 대상이 지닌 속성을 감각적으로 드러내고 있다.

🔍 선택지 개념어

① 068 공간의 이동
② 082 반복
③ 064 선경 후정
④ 001 표면적 화자
⑤ 090 색채어
　006 대상의 속성

05

저녁 한동안 가난한 시민들의
살과 피를 데워 주고
밥상머리에
된장찌개도 데워 주고
아버지가 식후에 석간을 읽는 동안
아들이 식후에
이웃집 라디오를 엿듣는 동안
연탄가스는 가만가만히
쥐라기*의 지층으로 내려간다.
그날 밤
가난한 서울의 시민들은
꿈에 볼 것이다.
날개에 산호빛 발톱을 달고
앞다리에 세 개나 새끼 공룡의
순금의 손을 달고
서양 어느 학자가
Archaeopteryx*라 불렀다는
쥐라기의 새와 같은 새가 한 마리
연탄가스에 그을린 서울의 겨울의
제일 낮은 지붕 위에
내려와 앉는 것을,

– 김춘수, 〈겨울밤의 꿈〉

* 쥐라기: 시조새가 나타났던 중생대의 중간 시기.
* Archaeopteryx: 아르케옵테릭스, 시조새.

문제 해결

이 시의 화자는 '연탄가스'에서 촉발된 상상력을 바탕으로, 도시와 그 속에 사는 가난한 사람들의 모습을 감각적으로 그려 내며 연민의 정서를 드러내고 있다.

윗글에 대한 설명으로 가장 적절한 것은?

① 도치의 방식을 활용하여 시적 상황을 부각하고 있다.
② 명령형 문장을 활용하여 화자의 의지를 드러내고 있다.
③ 감탄사를 사용하여 고조되는 화자의 감정을 나타내고 있다.
④ 인격화된 대상을 청자로 설정하여 친근감을 드러내고 있다.
⑤ 동일한 시행의 반복을 통해 대상이 지닌 속성을 강조하고 있다.

선택지 개념어

① 085 도치
② 023 명령적 어조
　031 의지적 태도
②,③ 002 이면적 화자
③ 081 영탄
④ 076 의인
　009 청자
　043 친밀감
⑤ 082 반복
　006 대상의 속성

01

> 　내가 어머니의 죽음이 나에게 무슨 의미가 되는가를 생각한 것은 단식을 시작한 지 사흘째 되는 무렵이었다. 어떤 종교를 지닌 것도, 그렇다고 사후의 세계나 영혼의 존재를 굳게 믿는 것도 아닌 나로서는 어머니가 단말마의 순간까지 품고 있었을, 그러다가 외마디 소리로 나에게 남기고 갔을 예의 한에 대해서 전혀 속수무책이었다. 무엇보다도 나는 그러한 자신의 무력감에 대해서 절망하고 있었다. 그렇다고, 그래, 돌아가셨군 하고, 쉽게 어머니의 죽음을 받아들일 수는 더욱이나 없었다. 어머니의 부음을 듣고 나서부터 아무런 생각 없이 날마다 어머니에게 떠 올렸던 물 한 그릇만으로 하루를 견뎌 내던 나는 마침내 사흘째 되던 날 비로소 자신의 단식에 대해서 의미를 붙였다.
>
> 　좋수다. 당신의 죽음이 한스러운 만큼 나도 거기에 못지않겠수.
>
> 　나는 그때 누구보다도 바로 어머니에 대해서 이를 악물었을 것이었다. 나는 굶어 죽을 결심이었다. 어머니가 나에게 남기고 간 한에 대해서 나는 그런 식으로나마 이겨 내고 싶었다. 어머니의 한에 대한 자신의 무력감이 이제는 한 그 자체에 대한 반감으로까지 번져 갔는지도 몰랐다.
>
> (중략)
>
> 　나는 절반쯤은 잠이 든 상태에서 꿈결에서인 듯 나의 이명과 늦매미의 울음소리를 들었다. 그러자 그런 소리들에 겹쳐서 문득 어떤 노랫소리가 들려오는 것이었다.
>
> 　어화, 이놈의 세상을 어이 넘어갈꺼나…….
>
> 　어머니였다. 여섯 살 무렵이던 나는 어머니의 무릎 위에 눕혀져 있었다. 늦봄의 긴 오후 나절을 툇마루에 앉아서 어머니는 칭얼대는 나를 달래며 시름겨운 노래를 부르는 것이었다. 극심한 흉년 끝에 닥친 보릿고개를 견디다 못한 어머니와 누님과 나 이렇게 세 식구는 논가의 웅덩이에 있는 물풀을 건져다 밀기울에 버무려 죽을 쑤어 먹고, 그중에 어렸던 내가 물풀에 독이 올라 온몸이 뚱뚱 부은 채 거의 죽어 가는 중이었다.
>
> – 송기원, 〈다시 월문리에서〉

🔑 **문제 해결** 이 소설은 1인칭 주인공 시점으로, '나'는 어머니의 죽음에 대한 소식을 듣고 충격을 받은 뒤 방황의 시간을 보내며 자신의 심리를 드러내고 있다.

윗글에 대한 설명으로 가장 적절한 것은?

① 서술자가 관찰자의 입장에서 인물을 세밀하게 묘사하고 있다.

② 각 장면마다 서술자를 교체하여 사건을 긴장감 있게 전개하고 있다.

③ 서술자가 자신의 체험을 진술하며 그와 관련된 내면을 드러내고 있다.

④ 순행적 구성을 통해 인물들의 갈등 양상을 효과적으로 드러내고 있다.

⑤ 동시에 벌어지는 사건을 나란히 배치하여 사건의 전모를 입체적으로 보여 주고 있다.

🔍 **선택지 개념어**

① 008 1인칭 관찰자 시점
　044 묘사
①, ③ 001 서술자
② 013 서술자의 변화
③ 007 1인칭 주인공 시점
　040 내면 서술
④ 055 순행적 구성
　029 외적 갈등
⑤ 049 사건의 병치

02

[앞부분의 줄거리] 한 아이가 경성에 있는 화신 백화점 진열창 앞에서 그 안을 기웃거리다가 쫓겨난다.

아이는 저는 몰라도 남 보기엔 한편 다리를 약간 절었다. 그건 발목을 삐인 때문은 아니요 힘에 부친 먼 길을 여러 날 계속해 걸어서 한편 발바닥이 부은 때문이다.

아이는 향방 없이 길 생긴 대로 따라 걸은 것이 탑동 공원까지 갔다. 그리고 가만히 보니까 팔각정이 조선어 독본에서 본 기억이 났고 공원은 아무나 들어가 쉬는 데라는 생각은 나서 여기는 기웃거리지도 않고 들어갔다.

먼저 눈에 뜨이는 건 실과 장사들이다. 광주리마다 새로 따서 과분이 뽀얀 포도와 배와 사과들이 수북수북 담긴 것들이다.

아이는 '하나 먹었으면!' 하는 욕심은 미처 나지 못했다. '저게 그림이 아닌가? 진열창에 놓인 게 아닌가?' 하는 의심부터 났다. 그리고 웬 양복 한 사람이 그 옆에 돌아서서 기다랗게 껍질을 늘어뜨리며 사과를 벗기는 것과 그 밑에서 자기보다도 더 헐벗은 아이가 손을 벌리고 서서 그 껍질이 어서 떨어지기를, 그리고 땅에 떨어지기 전에 받으려 눈과 입을 뾰족하게 해 가지고 섰는 것을 보고야 모두가 꿈도, 그림도, 진열창도 아닌 것을 깨달았다. 그리고 바투 가서 양복 신사가 어석어석 먹는 입과 껍질을 질겅질겅 씹는 아이의 입을 보고서야 그제는 바짝 말랐던 입안에 침기가 서리고 목젖이 혼자 몇 번이나 늘름거리었다.

'쟤처럼 껍질이라도 먹었으면!' / 주위를 둘러보니 배를 사서 깎는 사람이 멀지 않은 곳에 있다.

아이는 뛰는 가슴을 진정하지 못하며 그리로 갔다. 한 걸음만 나서면 그 두껍게 벗겨지는 배 껍질에 손이 닿을 만한 데서 발을 멈추었다.

– 이태준, 〈점경〉

🔑 **문제 해결** 이 소설의 서술자는 1930년대 근대화된 경성 곳곳을 배회하는 한 아이의 시선을 통해, 도시화된 경성의 풍경과 도시의 부정적인 측면을 서술하고 있다.

윗글에 대한 이해로 가장 적절한 것은?

① 서술자를 교체하여 사건을 새로운 국면으로 전환하고 있다.

② 서술자가 특정 인물의 심리와 의식에 초점을 맞추어 서사를 전개하고 있다.

③ 서술자가 간접 인용을 반복적으로 활용하여 인물의 행적을 서술하고 있다.

④ 서술자가 동시적 사건들을 병치하여 사건에 대한 서로 다른 관점을 드러내고 있다.

⑤ 서술자가 자신의 체험을 진술하며 작중 상황에 대한 자신의 판단을 드러내고 있다.

🔎 **선택지 개념어**

① 013 서술자의 변화
   048 장면의 전환
①~⑤ 001 서술자
② 012 특정 인물의 시각에서 서술
④ 049 사건의 병치
⑤ 007 1인칭 주인공 시점

03

주인이 문 왈,

"네 나이 몇이나 하며, 또 이름은 무엇이라 하며 네 부모는 어떠한 사람이뇨."

묻거늘, 장경이 답 왈,

"연은 십삼 세요, 이름은 장경이로소이다. 어버이를 난중에 잃고 어찌할 줄 모르고 두루 다니며 빌어먹삽네다."

주인이 자탄 왈, / "나의 자식과 연갑이로다. 한가지로 다니며 불 사환*이나 하라."

하거늘, 장경이 이 말을 듣고 기뻐하더라.

(중략)

각설이라. 차영이 무상하여 장경의 머리도 아니 빗기고 옷도 아니 하여 주니, 의상이 남루한 중에 머리에 이는 무수하고 몸에는 더러운 내가 나니, 동무 방자들이며 관속배가 곁에 오지 못하게 하니, 독부 되어 그 정상이 차마 보지 못할러라. 그러하기로 혹 마루 밑에도 자고 부엌에서도 자며 어미를 부르다가 날이 새면 방자 구실을 하여 지내더니, 일일은 저 입고 온 옷이 해어져 옷깃만 남았으니, 부모를 생각하고 슬피 울다가 옷을 벗어 이를 잡노라 혼솔기를 떼어 보니 하였으되,

"여남 북촌 설학동 처사 장취의 자 경(景)이요, 자는 각(珏)이라. 기사년 십이월 이십육일 해시생이라."

하였거늘, 장경이 그 글을 보고 부친 유서와 필적을 보고 통곡하다가 모친 지환과 유서를 한데 간수하고 매일 슬퍼하더라.

그 고을에 초운이라 하는 기생이 있으되 나이 십삼 세라. 남방 제읍에 유명하더니, 초운이 매일 장경을 어여삐 여겨 관가 제반도 얻어 주며, 머리에 이도 잡아 주며 배고파하면 제 밥을 갖다가 주며, 따뜻한 음식을 얻어도 저는 아니 먹고 가져다가 먹이고, 장경 곧 울면 저도 우니 보는 사람이 아니 괴이히 여길 이 없더라.

– 작자 미상, 〈장경전〉

＊사환: 잔심부름을 시키기 위하여 고용한 사람.

문제 해결 이 소설은 장경의 영웅적 일대기를 다룬 영웅 소설로, 가족과 이별하고 심부름꾼이 된 장경의 안타까운 처지와 장경을 돌보는 기생 초운의 행동 등에 대해 서술자가 직접적으로 논평하고 있다.

윗글에 대한 설명으로 가장 적절한 것은?

① 행동의 묘사와 대화를 통해 인물을 희화화하고 있다.

② 잦은 장면 전환을 통해 긴박한 분위기를 조성하고 있다.

③ 꿈과 현실을 교차하여 사건을 입체적으로 구성하고 있다.

④ 비현실적 공간을 설정하여 사건을 새로운 국면으로 전환하고 있다.

⑤ 서술자가 직접 개입하여 인물에 대한 자신의 생각을 드러내고 있다.

선택지 개념어

① 044 묘사
  047 대화
  066 희화화
②, ④ 048 장면의 전환
③ 058 환몽 구조
④ 080 전기적 요소
⑤ 005 서술자의 개입

04

> **가** 원님이 서대주의 진술하는 말을 들으니 말마다 사리에 꼭 들어맞고, 형세가 본디부터 그러하여 죄를 주기도 어려워, 결박한 것을 풀고 씌운 큰 칼을 벗겨 주고는, 술을 내려 주어 놀랜 바를 진정케 하고 특별히 놓아주었다. 타남주는 도리에 어긋난 간악한 소송을 한 죄로 몽둥이 세 대를 맞고 멀리 떨어진 외딴 섬으로 귀양을 가니, 서대주가 거듭거듭 절하고 머리를 조아리며 갔다.
>
> 서대주는 후에 수백의 여자를 취(娶)하고 자손이 번성하여 주(州), 군(郡), 현(縣), 읍(邑), 항려(巷閭), 향곡(鄕谷)에 살지 않음이 없고, 그들은 다 도적질로 생활을 하매, 세상의 아동, 적은 것들, 부녀 또는 가마 메는 졸부 등이 만나기만 하면 죽여 버리니, 이것은 즉 서대주가 사람을 해친 마음에 대한 앙갚음이 아닌가 생각한다.
>
>   – 작자 미상, 〈서대주전〉

> **나** 이때에 뜰아래 섰던 군사들이 일시에 달려들려 하니 토끼 무단히 허욕을 내어 자라를 쫓아왔다가 수국원혼이 되게 되니 이는 모다 자취(自取)한 화라, 누구를 원망하며 누구를 한하리오. 세상에 턱없이 명리(名利)를 탐하는 자는 가히 이것을 보아 징계할지로다.
>
> 이때에 토끼 이 말을 들으며 청천벽력이 머리를 깨치는 듯 정신이 아득하여 생각하되 '내 부질없이 영화부귀를 탐내어 고향을 버리고 오매 어찌 이 외의 변이 없을소냐. 이제 날개가 있어도 능히 위로 날지 못할 것이오, 또 축지(縮地)하는 술법이 있을지라도 능히 이때를 벗어나지 못하리니 어찌하리오.' 또 생각하되, '옛말에 이르기를 죽을 때에 빠진 후에 산다 하였으니 어찌 죽기만 생각하고 살아갈 방책을 헤아리지 아니하리오.' 하더니 문득 한 꾀를 생각하고 이에 얼굴빛을 조금도 변치 아니하고 머리를 들어 전상을 우러러보며 가로되,
>
>   – 작자 미상, 〈별주부전〉

🔑 문제 해결   (가)는 서대주의 자손들이 도적질로 살게 된 상황에서 서술자가 이것은 사람들을 해치며 살아온 서대주에 대한 앙갚음일 것이라고 자신의 견해를 드러내고 있고, (나)는 토끼가 욕심으로 인해 군사들에게 잡혀가는 상황에서 서술자가 세상 사람들에게 이처럼 명리를 탐하지 말고 살기를 훈계하고 있다.

(가)와 (나)의 공통된 서술상 특징으로 적절한 것은?

① 사건 전개 과정에서 서술자의 주관적 논평을 드러내고 있다.
② 독백적 진술을 중심으로 인물의 내면 심리를 묘사하고 있다.
③ 액자식 구성을 활용하여 인물의 삶의 내력을 소개하고 있다.
④ 과장된 비유를 반복하여 현재 상황의 급박함을 부각하고 있다.
⑤ 현재와 과거 사건을 교차하며 장면을 빈번하게 전환하고 있다.

🔎 선택지 개념어

① 006 편집자적 논평
② 041 독백
   040 내면 서술
   044 묘사
③ 061 액자 구조
④ 065 과장된 표현
⑤ 056 역순행적 구성
   048 장면의 전환

05

우리 집안은 일찍부터 논이나 밭뙈기 한 두렁도 가져 본 적 없었으므로, 아버지는 낫이나 호미 자루 한 번 잡아 보지 않았다. 그렇다고 일정한 직업을 가져 본 적도 없었다. 일 년을 따져 평균 아홉 달은 집을 떠나 어디론가 떠돌아다녔고, 집에 붙어 있는 나머지 달은 낚시로 소일했다. 이태 전 봄까지만도 우리는 읍내 거리 장마당 부근에 살았다. 그때 역시 엄마는 근동 장터를 떠돌며 어물 장사를 했고, 아버지는 읍내에서 사 킬로 정도 떨어진 지금 우리가 사는 주남 저수지에 낚시를 다니며, 늘 집 떠날 궁리만 하고 지냈다. 새마을 도로가 확장되는 통에 우리가 세 든 읍내 장터 집이 헐리게 되자, 아버지는 엄마를 졸라 주남 저수지 옆 민 씨 별채로 이사를 오게 되었다.

"주남 저수지는 우리나라에서 알아주는 철새 도래지 아인가. 내가 새를 무척 좋아하거덩."

아버지가 말했다.

"당신이사 땅으로 걸어댕기는 철새인께 날아댕기는 철새가 좋겠지예. 그런데 새 구경하는 거도 좋지만 그 구경 댕기모 밥이 생기요 떡이 생기요?"

엄마는 말도 되잖은 소리란 듯 한숨을 내쉬며 돌아앉고 말았다.

"그거 말고도, 관리인 민 씨 말이 타지에서 오는 낚시꾼들 뒷바라지나 해 주모 찬값 정도는 번다 안 카나……."

엄마는 그쪽으로 이사하면 당장 장사 다니는 길이 먼 줄을 알면서도, 어떻게 아버지가 집에 눌러 있을까 싶었던지 그 말에 선선히 동의했다. 그러나 주남 저수지 쪽으로 이사 와서 보름을 채 못 넘겨 아버지는 슬그머니 집을 떠나고 말았다. 부산과 마산의 낚시꾼들이 떡밥은 물론 술이며 안주 접시까지 심부름시키는 데 아버지는 더 참아 낼 수 없었던 것이다. 더러운 세상, 나쁜 놈들이라며 전에는 입에 담지 않던 욕설을 술김에 종종 뱉더니, 기어코 그 떠돌이 병에 발동이 걸렸다. 늘 궁금한 일이지만, 아버지는 집을 떠나 떠돌 동안 숙식을 어떻게 해결하고 다니는지 알 수 없었다. 그로부터 두 달 뒤, 여름이 끝날 무렵에서야 아버지는 돌아왔다.

– 김원일, 〈연〉

🔑 **문제 해결** 이 소설은 아들인 '나'가 아버지의 방랑벽을 바라보며, 아버지가 떠나고 돌아오는 과정에서 자신이 느낀 증오와 동경의 감정을 서술하고 있다.

윗글의 서술상 특징에 대한 설명으로 적절한 것은?

① 장면마다 다른 서술자를 설정하여 사건을 다각도로 제시하고 있다.

② 사건을 체험한 서술자가 중심인물과 관련된 자신의 생각을 드러내고 있다.

③ 외부 이야기에서 내부 이야기로 장면을 전환하면서 사건을 전개하고 있다.

④ 작품 밖의 서술자가 중심인물의 내적 갈등이 해소되는 과정을 서술하고 있다.

⑤ 동시에 일어나는 두 개의 사건을 병렬적으로 배치하여 긴장감을 조성하고 있다.

🔍 **선택지 개념어**
① 013 서술자의 변화
  053 갈등을 다각적으로 조명
② 002 이야기 내부의 서술자
②, ④ 018 중심인물
③ 061 액자 구조
  048 장면의 전환
④ 003 이야기 외부의 서술자
  028 내적 갈등
  032 갈등의 해소
⑤ 049 사건의 병치

06

> 밤새도록 반짝반짝 닦은 크고 작은 자물쇠를 앞뒤로 주렁주렁 달고 장군처럼 거만하고 당당하게 장사를 나가는 너우네 아저씨의 권위는 완벽했다. 내 자식을 사지에 뿌리치고 조카자식을 구해 내서 공부시킨다는 게 그렇게 위대한 일일까? 나는 그의 당당함에 압도된 채, 속으론 '언제고 그의 위대성이 터무니없는 가짜라는 걸 보고 말 테다.'라는 엉큼한 생각을 키우고 있었다.
>
> 휴전이 되었지만 우린 고향에 돌아갈 수 없었다. 38 이남이었기 때문에 꼭 돌아갈 수 있으리라 믿었던 우리는 하필 우리 고향 쪽에서 남으로 쳐진 휴전선이 억울하고 원망스러웠다.
>
> 너우네 아저씨인들 그때 이별이 영이별 될 줄만 알았으면 설마 지게에 은표 대신 성표를 올려놓지는 않았으련만……. 형과 나는 고향을 아주 잃은 비감 때문에 이렇게 너우네 아저씨의 처사를 인간적으로 해석하려 들었다.
>
> 그러나 그게 아니었다. 너우네 아저씨는 한술 더 떠서 이렇게 될 줄 미리 알고 장조카를 구했노라고 으스댔다. 장조카를 공부시킬 위대한 사명을 띤 그의 행상이 조그만 점포로 발전할 무렵 우리도 생활이 좀 나아져서 딴 동네로 이사를 가게 됐다. 그러나 자주 소식을 주고받았고, 만날 기회도 심심찮게 있었다.
>
> 1년에 두 번 있는 동향인의 군민회도 우리 식구가 모두 기다리고 기다렸다가 참석하는 즐거운 모임이었지만 너우네 아저씨네도 꼭 숙질이 함께 참석했다. 또 실향민끼리의 의리라는 것도 각별해서 고향 땅에선 서로 모르고 지냈던 사이끼리도 경조사를 서로 연락하고 적극 참석했다.
>
> 결혼식장 같은 데서 가끔 만나는 너우네 아저씨는 성표를 대동할 적도 있었고 혼자일 적도 있었다. 물론 앞뒤에 자물쇠를 주렁주렁 달고 다니던 왕년의 행상 티는 조금도 나지 않았다. 그러나 내 눈엔 언제나 그가 자물쇠를 훈장처럼 달고 다니는 것처럼 보였다.
>
> – 박완서, 〈아저씨의 훈장〉

문제 해결 이 소설은 서술자인 '나'가 '너우네 아저씨'의 삶을 바라보며 그의 삶에 대해 서술하고 있다. '너우네 아저씨'는 전쟁 상황에서 아들 대신 장조카를 구해 대를 이었다는 것을 훈장처럼 자랑하는 인물이지만, '나'는 '너우네 아저씨'가 실제로는 평생 아들을 그리워하며 살았다는 것을 알게 된다.

윗글의 서술상 특징으로 가장 적절한 것은?

① 특정 인물의 행동과 심리에 초점을 맞추어 이야기를 전개하고 있다.

② 공간적 배경을 사실적으로 묘사하여 시대적 상황을 구체화하고 있다.

③ 작중 인물인 서술자가 객관적인 입장에서 인물의 행동을 관찰하고 있다.

④ 장면을 빈번하게 교차하여 인물이 처한 상황의 긴박한 분위기를 조성하고 있다.

⑤ 공간의 이동에 따라 서술자를 달리하여 사건에 대한 다양한 관점을 제시하고 있다.

선택지 개념어

① 012 특정 인물의 시각에서 서술
② 034 공간적 배경
　 044 묘사
　 035 시대적 배경
③ 002 이야기 내부의 서술자
　 008 1인칭 관찰자 시점
④ 048 장면의 전환
⑤ 013 서술자의 변화
　 053 갈등을 다각적으로 조명

01

이화가 매우 노하여 이여백의 혼령을 칼로 당당히 베고자 하였다. 이여백이 애걸하여 말하기를,

[A] "네가 나를 베고자 하니, 무릇 두 번 죽는 일이 없으나 너를 불행히 만나 괴로이 보채이는구나. 내가 말하지만 네가 처치를 잘못하면 나는 여기에 있지 못하고 너는 목이 베어지리라."

이화가 은근히 묻기를,

"좋은 꾀를 가르치면 어찌 당하지 못하리오?"

이여백이 말하기를,

"저 은행나무에 천여 년이나 묵은 여우 한 쌍이 있어 변화가 무궁하니, 이 고을 원님마다 죽여 그 피를 빨아먹으니 요술이 점점 더 신기한지라. 착실히 잡아야 할 것이니, 이 고을 백성들을 대령하여 많은 군졸로 겹겹이 진을 쳐서 사람마다 모두 활과 총과 창검을 장전하라 하고, 대톱과 큰 도끼로 나무를 베면 처음에 피가 낭자할 것이다. 그러나 이는 잡귀라. 나무 끝에서 백발 노옹과 노파가 나올 것이니 억만 병사로 여우를 잡되 일시에 둘을 다 잡아내면 변이 없으리라."

[중략 부분의 줄거리] 이화는 여우를 잡는 과정에서 노파로 변신했던 암여우를 놓치고 만다. 암여우는 이화에게 복수하고자 대국으로 건너가 황제의 애첩인 귀인(貴人)을 죽이고 그 몸을 빌려 이화를 모함함으로써 황제가 조선에 있는 이화를 잡아들이도록 한다. 대국으로 가던 중 이화는 이여백의 정령에게 황제를 만날 때 매를 소매 속에 넣고 들어가면 살 수 있다는 조언을 듣는다.

귀인이 옆에 모시고 앉았다가 고하기를,

"조선 복색을 다 벗고 들어오라 하소서."

상이 옷을 벗고 들어오라 하시니, 사관이 나아가 웃옷을 벗고 들라는 황제의 명을 일렀다.

이화가 눈을 부라리고 꾸짖기를,

[B] "나는 조선 예의국 사람이라. 조그만 조선에서도 옷을 벗고 뵙는 일이 없거늘 하물며 황제 만승 지전(萬乘之前)에 옷을 벗고 뵙는 도리가 있으리오?"

사관을 물리치고 점점 나아오니 귀인이 겁을 내어 말하기를,

"이화가 저렇듯이 황명을 거역하니 지난날 꿈속의 일을 생각사오면 어찌 흉악하지 아니하리이까? 빨리 장사를 시켜 옷을 벗기고 죄를 물으소서."

황제가 그 말을 좇아 장사로 하여금 들어오는 문을 막고 옷을 벗겨 잡아들이라 하시니, 장사가 일시에 문을 닫고 옷을 벗기려 하였다. 이화가 큰 소리로 말하기를,

"비록 황상의 명령이 있으나 죽을지언정 옷은 벗지 못하리라."

하고 손으로 모든 장사를 밀치고 정전에 들어갔다.

– 작자 미상, 〈이화전〉

🔑 **문제 해결**　이 소설은 이화가 이여백의 혼령의 도움을 받아 여우로 변신한 요괴를 퇴치하는 이야기이다. [A]에서 이여백의 혼령은 이화에게 여우를 잘 처리하지 못하면 둘 다 해를 입을 것임을 경고하고 있고, [B]에서 옷 속에 매를 숨긴 이화는 자신이 조선 예의국 사람이라며 웃옷을 벗으라는 명령을 단호히 거부하고 있다.

[A]와 [B]에 대한 이해로 가장 적절한 것은?

① [A]는 권위를 내세우며 상대방의 굴복을 요구하고 있고, [B]는 동등한 입장을 확인하며 상대방의 공감을 이끌어 내고 있다.

② [A]는 상황을 가정하며 앞으로 일어날 일에 대해 경고하고 있고, [B]는 당위성을 내세우며 자신의 행동에 대한 근거로 삼고 있다.

③ [A]는 과거와 현재를 비교하며 상대방의 태도를 비난하고 있고, [B]는 미래 상황을 예측하며 상대방의 태도 변화를 유도하고 있다.

④ [A]는 자신의 처지를 하소연하며 상대방의 동정을 이끌어 내고 있고, [B]는 상황의 다급함을 내세우며 상대방의 동의를 구하고 있다.

⑤ [A]는 구체적인 근거를 내세우며 상대방의 행위를 평가하고 있고, [B]는 대비되는 상황을 예로 들며 상대방의 행위가 부당함을 지적하고 있다.

🔎 선택지 개념어

① 024 권위에 기대어 말하기
② 026 상황을 가정하여 말하기
④ 023 감정에 호소하여 말하기

02

이때는 춘경기(春耕期)인지라, 박씨가 곡식을 내어 월성에게는 좋은 씨를 주고 월선에게는 삶은 씨를 주었다.

이때 각자 모를 심었는데 월성의 모는 잘 자라고 월선의 모는 썩어서 나지 않고 난데없는 박 한 포기가 나기 시작하였다. 다른 사람은 이종(移種)*했는데 월선의 모만 썩고 없으니 노복들이 말하였다.

"마님 모와 도련님 모는 잘되어 이종하였는데 애기씨 모는 나지 않고 박 한 포기가 났으니 어찌 애달프지 않겠습니까?"

월선이 이 말을 듣고 한숨을 쉬며 노복에게 말하였다.

[A] "내 운명이 박복(薄福)한 게지. 하느님이 이렇게 하신 것을 내가 어찌하리? 너희들 잘못이 아니고 내 탓이니, 박 한 포기라도 잘 키우도록 해라. 심지 않은 박이 난 일은 범상치 않으니, 두고 보자."

하니, 노복들이 명령대로 하였다.

[중략 부분의 줄거리] 박씨는 무녀에게 들은 대로, 월선에게 약을 먹여 수태한 사람처럼 보이게 한 후 월선이 낙태한 것으로 꾸며 황공에게 월선을 모함한다.

운행이 남자의 옷을 입고 월선의 방에 있다가 박씨가 나오는 것을 보고 거짓 놀라는 체하고 도망하니, 승상이 그 놈을 보고 뒤를 쫓아갔으나 부질없었다.

이때 박씨가 거짓 놀라는 체하고 엎드러졌다가 말하였다.

"이런 흉악한 일이 어디 있으리오? 저러하고 무슨 말을 하리오?"

또 승상에게 말하였다.

"친정에 있을 때도 이런 일은 보지 못하였으니 처분대로 하소서."

이어 박씨가 집안으로 들어가니 승상이 한 말도 못했다. 월성이 변명하니 승상이 더욱 분하여 말하였다.

"이제 속절없다."

이어 승상이 칼을 들고 월선을 치려 하니, 월선이 정신이 아득하여 땅에 엎드러져 기절하였다. 월성이 실색(失色)하여 울며 달려들어 월선을 덮어 안고 한 손으로 칼을 붙들고 애걸하며 말하였다.

[B] "아버님은 잠깐 분노를 참으소서. 저를 보아서라도 누이를 살려 주옵소서. 어찌 자식의 몸에 칼을 대어 유혈(流血)을 내리오? 누이가 죽으면 동생인들 어찌 참혹한 것을 보리오? 아버님은 나를 생각하여 죽이지 마시고 오늘 밤에 소식 없이 죽이거나 살리거나 하되 남이 모르게 하옵소서. 또 남이 묻거든 간밤에 죽었다 하고 선산(先山)에 허장(虛葬)*하오면 무사하리다. 소자에게 맡기시면 멀리 보내리라."

이렇게 말하며 월선을 안으니 오누이의 화목한 거동을 차마 보지 못할 정도였다.

– 작자 미상, 〈황월선전〉

* 이종: 모종을 옮겨 심음.
* 허장: 거짓으로 장사를 지냄.

🔑 **문제 해결** 이 소설은 자녀와 계모 간의 갈등을 통해 봉건적 가족 제도의 문제점을 드러내는 가정 소설이다. 월성은 분노한 아버지에게서 누이 월선을 구하기 위해 여러 가지 상황을 들며 설득하고 있다.

[A]와 [B]의 말하기 방식에 대한 설명으로 가장 적절한 것은?

① [A]는 [B]와 달리 상대방에 대한 원망을 드러내고 있다.

② [B]는 [A]와 달리 상대방을 설득하기 위해 상황을 가정하여 말하고 있다.

③ [A]는 자신의 잘못을 뉘우치면서, [B]는 상대방을 비꼬면서 말하고 있다.

④ [A]는 격앙된 말투로, [B]는 차분한 말투로 자신의 심정을 드러내고 있다.

⑤ [A]는 권위에 기대어, [B]는 고사를 인용하여 자신의 생각을 전달하고 있다.

🔍 **선택지 개념어**
② 026 상황을 가정하여 말하기
⑤ 024 권위에 기대어 말하기
025 고사를 활용하여 말하기

03

[앞부분의 줄거리] 어느 시골에 한 부자가 있었는데, 그의 친척 중 한 명이 수시로 횡포를 부리더니, 어느 날은 재산의 절반을 달라고 위협한다. 그러자 부자는 서울 형조에 송사를 제기하지만 친척이 미리 관원들에게 뇌물을 준다. 부자는 결국 재판에 지게 되어 재산을 빼앗기게 된다.

부자 생각하되,

'내 관전에서 크게 소리를 하여 전후사를 아뢰려 하면 반드시 관전(官前) 발악(發惡)이라 하여 뒤얽어 잡고 법대로 할 양이면 청 듣고 송사도 지게 만드는데, 무슨 일을 할 것이며 무지한 사령 놈들이 만일 함부로 두드리면 고향에 돌아가지도 못하고 죽을 때까지 어혈(瘀血)만 될 것이니 어찌할꼬.'

이리 생각 저리 생각 아무리 생각하여도 그저 송사를 지고 가기는 차마 분하고 애달픔이 가슴에 가득하여 재판관을 뚫어지게 치밀어 보다가 문득 생각하되,

'내 송사는 지고 가거니와 이야기 한마디를 꾸며 내어 조용히 할 것이니, 만일 저놈들이 듣기만 하면 무안이나 뵈리라.' / 하고, 다시 일어서 계단 아래에 가까이 앉으며 하는 말이,

"소인이 천 리에 올라와 송사는 지고 가옵거니와 들음 직한 이야기 한마디 있사오니 들으심을 원하나이다."

관원이 이 말을 듣고 가장 우습게 여기나 평소에 이야기 듣기를 좋아하는 고로 시골 이야기는 재미있는가 하여 듣고자 하나 다른 송사도 결단치 아니하고 저놈의 말을 들으면 남들이 보는 눈이 걱정되는지라. 거짓 꾸짖는 분부로 일러 하는 말이,

"네 본디 시골에 있어 일이 돌아가는 상황을 잘 모르고 관전에서 이야기한단 말이 되지 못한 말이로되, 네 원이나 풀어 줄 것이니 무슨 말인고 아뢰어라."

[뒷부분의 줄거리] 이렇게 시작된 부자의 이야기는 다음과 같다. 꾀꼬리, 뻐꾹새, 따오기가 서로 자기의 우는 소리가 최고의 소리라고 다투다가 황새를 찾아가 송사를 제기한다. 그런데 소리에 자신이 없었던 따오기는 송사에서 이기기 위해 황새에게 미리 청탁을 한다. 날이 밝아 세 짐승이 황새 앞에서 소리를 시작한다. (후략)

– 작자 미상, 〈황새결송〉

🔑 **문제 해결** 이 소설은 조선 후기 사회의 모습을 풍자한 우화 소설이다. 죄도 없이 송사에서 진 부자가 관원들에게 날짐승들의 송사에서 벌어진 부정한 청탁에 관한 이야기를 들려주면서 자신의 억울함을 빗대어 호소하고 있다.

'부자'가 이야기를 한 의도로 가장 적절한 것은?

① 관원들에게 다른 송사를 청탁하기 위해서

② 무식한 관원에게 자신의 지혜를 뽐내기 위해서

③ 비리와 관련된 관원들을 우회적으로 비판하기 위해서

④ 예상과 다른 판결에 대해 관원들과 논쟁을 벌이기 위해서

⑤ 자신의 패배로 끝난 송사로 인해 잃게 된 재산을 되찾기 위해서

🔍 **선택지 개념어**
③ 022 우회적 말하기

04

"이봐요 박판돌 씨, 나를 알아보겠소?"

나는 검사실에서 피의자를 다루듯 목줄을 뻣뻣하게 세우고 꽹과리 치는 소리로 퉁명스럽게 내질렀다.

"알아 뫼시고 말고요……. 진작 한번 찾아뵈려고 했으나……."

박판돌이 이렇게 입을 열며 고개를 쳐들자, 나는 다시 햇살이 묶음으로 쏟아지는 하늘을 쳐다보았다. 정말이지 마음이 떨려서 그를 정면으로 마주 보기가 싫었다. 박판돌의 시선이 찔러 올 때마다 온몸을 쫙 훑어 내리는 듯한 전율에 심신 가눌 바를 몰라 했다.

"그래 돈을 많이 벌었다면서요?"

나는 하늘을 쳐다본 채 허탈하게 물었다. 이마에 땀방울이 숭얼숭얼 맺혔다. 박판돌이도 땡볕에 서 있기가 무더운지 손바닥으로 연신 이마의 땀을 훔쳤다.

"마님은 잘 계시나요?"

박판돌은 비굴한 목소리로 어머니의 안부를 물었다. 나는 대답을 하지 않았다. 어머니는 내가 고향에 간다는 것을 한사코 말렸었다. 자식된 도리로 개죽음당한 아버지 뼈라도 찾아서 편히 모셔야 하지 않겠냐며, 꿈꾸듯 오랫동안 별러 온 고향에 다녀오겠다는 나를 붙들고 늘어지며,

"아야, 고향 고향 말만 들어도 오장육부가 뒤집히는 것 같다 와. 너는 고향이 징허도 않냐? 지발 고향 이약 그만해라 와. 한번 죽어 흙 된 사람 이제사 뼉다귀 편하게 묻어 준들 죽은 니 아부지가 알아주것냐? 그러고 그 개만도 못헌 판돌이 놈 만나서 멀 어쩌자는 그냐. 네 아부지 판돌이 놈이 끌고 가서 쥑엤다는 것 솔매 마을 사람들은 다 알고 있는 일인디, 인저 그 개만도 못헌 놈, 만나서 다리를 분지를 긋이냐, 칼로 배를 딸 긋이냐. 지난 일은 다 잊고 앞으로 살 일이나 걱정혀. 너 잘되면 그기 다 판돌이 놈헌티는 뼈아픈 복수가 되는 기여. 네가 고등 고시 합격혀서 검사가 되었다는 소식 듣고 간이 콩알만 히졌을 긋이다. 아서, 고향 갈 생각을 말으라!"

어머니는 매지매지 가슴에 맺힌 한(恨)을 되씹으며 박판돌이 놈, 박판돌이 놈 하고 이름을 부를 때마다 양미간에 가벼운 경련을 일으켰다.

그런 어머니 말에 나는 자신이 보잘것없이 되었다면 부끄러워서도 고향에 갈 생각을 하지 않았으나, 이만큼이나 되어서 무엇이 두려워 수구초심(首邱初心)으로 동경해 온 귀향을 꺾을 수 있겠느냐고 승낙을 받는 데 진땀을 뺐다. 개죽음당한 아버지 유골이 지리산 계곡에 비바람 맞으며 나뒹굴어, 구천에 정처 없이 떠돌음하는 혼백이라도 위로해 주어야 할 게 아니냐고 설득을 했다. 얼굴에 도깨비 가죽 둘러쓴 박판돌이가 제 발로 찾아와서 비대발괄 손이 발 되게 빌면 또 몰라도, 염불위괴로 조금도 자기의 죄 뉘우침 없음이 한결 괴악망측하게 생각되었던 것이다.

[중략 부분의 줄거리] '나'는 판돌과 함께 지리산 세석평전으로 가서 아버지의 유골을 수습하고 그에게서 두 집안에 얽힌 이야기를 듣게 된다. '나'는 판돌의 어머니가 '나'의 조부에게 농락을 당했고, 이를 판돌의 아버지에게 들킨 '나'의 조부가 판돌 부자를 족보에 올려 주기로 약속했었다는 것을 알게 된다.

긴 이야기를 토해 낸 판돌이도, 그의 이야기를 들으면서 어둠에 묻힌 먼 하늘을 바라보기조차 부끄러워 자꾸만 고개가 무겁게 내려앉은 나도 마음이 별 없는 하늘처럼 숨 가쁘게 답답하였다.

> 　두 사람 사이에 산상(山上)의 밤보다 더 무겁고 답답한 침묵이 늪처럼 찐득하게 괴었다.
> 　"우리 아버지한테 당신이 박쇠 아들이라는 건 언제 밝혔소?"
> 　나는 바윗덩어리처럼 무겁게 나를 쪄 누르고 있는 판돌이를 마치 박쇠처럼 생각하면서 우울하게 물었다.
> 　"어디 기회가 있어야죠. 또 같이 살다 보니께 마음이 약해집디다. 사실 지는 도련님 댁 머슴이었제만, 두 어른들 도움도 많이 받고 자랐거든요. 그라고 도련님 식구들과 오래 한솥밥 묵고 살다 보니께 정도 붙고 해서…… 지난 일들을 잊어버릴까 허는 생각도 납디다. 또 어르신께서 우리 아버지를 쥑이지 않았을지도 모를 일이고……."
> (중략)
>
> 　"그래서 판돌 씨도 우리 아버지를 세석 평전까지 끌고 와서……."
> 　"어르신께서 지 아버지를 쥑인 곳을 알고 있다고 해서…… 지도 어머니 유언대로 울 아버지 뼈라도 찾을까 허고……." / "그래, 찾았나요?"
> 　나는 판돌이가 그의 아버지 유골을 찾았기를 바라면서 물었다.
>
> – 문순태, 〈철쭉제〉

🔑 문제 해결 이 소설은 6.25 전쟁으로 인해 두 집안이 겪은 비극과, 주인공 '나'가 판돌과 재회하면서 서로가 피해자였음을 깨닫는 과정을 그리고 있다. 중심인물인 '나'는 판돌에게 증오심을 가지고 대화를 시작하지만, 판돌과의 대화를 통해 과거의 사건을 재인식하며 화해의 계기를 마련하고 있다.

〈보기〉를 참고하여 윗글을 감상한 내용으로 적절하지 <u>않은</u> 것은?

---- 보기 ----

　이 작품의 주인공인 '나'는 가족이 겪은 비극으로 인하여 한을 품게 된다. 소통의 단절로 인하여 한을 해소할 기회를 잃게 된 '나'는 자신만의 삶의 가치를 추구한다. 이후 한을 품게 한 대상과의 재회를 통해 인식이 전환되고, 이는 한을 해소할 수 있는 계기가 된다.

① '나'의 아버지가 죽임을 당한 것은 주인공의 내면에 한이 형성되는 이유가 되었겠군.

② '나'가 고등 고시에 합격하여 검사가 된 것은 한을 품게 한 대상과의 재회를 가능하게 했겠군.

③ '나'가 오랜 시간 고향을 떠나 있었던 것은 소통의 단절로 인해 한을 해소할 기회를 얻지 못한 이유가 되겠군.

④ '나'가 박쇠의 유골을 판돌이 찾았기를 바라는 것은 한의 대상에 대한 인식이 달라졌기 때문이라고 할 수 있겠군.

⑤ '나'가 마주 보기도 싫은 판돌에게 어렵게 근황을 묻는 것은 한을 해소할 수 있는 계기를 마련하기 위해서라고 할 수 있겠군.

🔎 선택지 개념어
① 018　중심인물
③, ⑤ 032　갈등의 해소

01

> 글쎄 어떻게 설명할 수 있을 것인가. 그 녀석이 꼭 이 땅에서, 내 눈앞에서 잘살아 주었으면 하는 내 간절한 소망의 참뜻을, 지랄같이 무책임한 전쟁이 만들어 놓은 고아인 저 녀석을, 온 정성을 다해 남부럽지 않게 키운 게 결코 내 어머니를 떠맡기고자 함이 아니었음을 어떻게 납득시킬 수 있담.
>
> 제가 잘되고 잘사는 것으로, 다만 그것만으로 나는 내가 겪은 더럽고 잔인한 전쟁에 대해 통쾌한 ⓐ복수를 할 수 있고 그때 받은 깊숙한 상처의 치유를 확인 받을 수 있다는 걸 어떻게 저 녀석에게 알릴 수 있을 것인가.
>
> [중략 부분의 줄거리] 고속 도로 건설 현장 일꾼으로 채용된 훈이에게 '나'는 카메라 대신 작업복과 워커를 사 준다. 어느 날 '나'는 훈이를 찾아가고, 열악한 환경에서 고생하는 훈이를 보자 서울로 돌아가자고 설득한다.
>
> "나는 더 비참해지고 싶어. 그래서 고모나 할머니가 철석같이 믿고 있는 기술이니 정직이니 근면이니 하는 것이 결국엔 어떤 보상이 되어 돌아오나를 똑똑히 확인하고 싶어. 그리고 그걸 고모나 할머니에게 보여 주고 싶어."
>
> "그걸 우리에게 보여서 어쩌겠다는 거야? 그걸로 우리에게 ⓑ복수라도 하겠다 이 말이냐?"
>
> 나는 훈이 말에 무서움증 같은 걸 느꼈기 때문에 흥분해서 악을 쓰며 덤벼들었다.
>
> "고모 그렇게 흥분하지 말아. 나는 다만 고모가 꾸미고, 고모가 애써 된 이 일의 파국을 통해서 고모와 할머니로부터, 그리고 이 나라로부터 순조롭게 놓여날 수 있기를 바라고 있을 뿐이야. 그렇지만 고모, 오해는 마. 내가 파국을 재촉하고 있다고 생각하지는 마. 나는 내 나름으로 이곳에서의 일에 최선을 다하고 있어. 그러노라면 누가 알아, 일이 고모의 당초 계획대로 잘 풀릴지. 나도 어느 만큼은 그쪽도 원하고 있어. 파국만을 원하고 있는 게 아냐."
>
> — 박완서, 〈카메라와 워커〉

🔑 **문제 해결** | 이 소설에서 고모인 '나'는 전쟁으로 부모를 잃은 훈이가 정직한 노동을 하며 안정적인 삶을 살기를 바란다. 열악한 환경에서 고생하는 훈이의 모습을 통해 정직하게 노력해도 보상이 돌아오지 않는 사회와 인물 간의 갈등을 보여 주고 있다.

ⓐ와 ⓑ에 대한 설명으로 가장 적절한 것은?

① ⓐ는 의도적으로 계획된 행위이고, ⓑ는 우발적으로 일어난 행위이다.

② ⓐ에는 특정 인물의 오해가, ⓑ에는 특정 인물의 의지가 반영되었다.

③ ⓐ는 인물과 사회 간의 갈등에서, ⓑ는 인물과 인물 간의 갈등에서 비롯되었다.

④ ⓐ에는 특정 인물을 보호하기 위한, ⓑ에는 특정 인물을 기만하기 위한 의도가 반영되었다.

⑤ ⓐ는 특정 대상에 대한 부정적 인식에서, ⓑ는 특정 인물에 대한 긍정적 인식에서 비롯되었다.

🔍 **선택지 개념어**
②~⑤ 018 중심인물
③ 029 외적 갈등

02

　　적멸사(寂滅寺)에는 청허(淸虛)라 하는 한 이름 높은 선사가 살고 있었다. 그는 천성이 어질었고 마음 또한 착했다. 추운 사람을 만나면 입었던 옷을 벗어 주었다. 배고픈 사람을 보면 먹던 밥도 몽땅 주어 버렸다. 이래서 사람들이 그를 일러, '추운 겨울의 봄바람'이라거나 '어두운 밤의 태양'이라거나 하고 우러러 받들었다. / 그런데 국운은 나날이 쇠퇴하였고, 호적(胡狄)이 침입하여 팔도강산을 짓밟았다. 상감은 난을 피하여 고성에 갇혔고, 불쌍한 백성들은 태반이 적의 칼에 원혼(寃魂)이 되었다. 이런 와중에서도 저 강도(江都)의 참상은 더욱 처절했다. 시신의 피는 냇물처럼 흘렀고, 백골이 산더미처럼 쌓였다. (중략)

[A]

　　어느 날이었다. 달이 휘영청 밝았다. 그는 어렴풋이 한 꿈을 꾸었다. 티 한 점 없는 맑은 하늘은 물빛같이 푸르렀고, 음산한 밤공기가 주위를 휩쌌다. 이따금 찬바람이 엄습했고, 처량한 밤기운이 감돌아 심상치 않았다. 청허 선사는 손에 석장(錫杖)을 짚고 달밤을 소요(逍遙)하고 있었다. 밤중이 되어 바람에 소리가 들려오는데, 노랫소리 같기도 하고, 울음소리 같기도 했다. 그 노래와 웃음소리, 울음소리는 다 부녀들의 것으로서 한곳에서 들려왔다. (중략)

[B]

　　모든 부인들이 제각기 슬픔을 이기지 못하여 깊이 탄식하기도 했고, 눈물을 줄줄 흘리기도 했으며, 대성통곡하기도 했다. 글로는 그것을 다 표현할 수 없었다. 조금 시간이 흘렀다. 다음 여자가 일어나 사람 속을 왔다 갔다 했다. 그녀는 두 눈동자가 샛별같이 유난히 빛나고 초승달 같은 눈썹이며 삼단 같은 머리는 가히 선녀라 할만 했다. 선사는 매우 이상히 여기며 속으로 생각했다. '직녀가 은하에서 내려왔나, 월궁에서 항아가 내려왔나, 만일 직녀라 한다면 견우 낭군을 이별한 뒤에 만나지 못했으니 당연히 슬픔에 싸여 눈물을 흘릴 것이다. 또한 월궁의 항아라면 긴긴 밤 독수공방에서 애타게 그리워한다고 홍안은 늙어 가고 백발이 성성할 터인데, 도무지 이 여자는 복사꽃 아롱진 뺨에 근심 어린 빛이 전혀 없으니 알지 못할 일이로다. 이 또한 괴이한 일이구나.'

[C]

– 작자 미상, 〈강도몽유록〉

🔑 **문제 해결**　이 소설은 병자호란을 역사적 배경으로 한 몽자류 소설로, 여인들의 혼령이 주인공의 꿈에 나타나 집권층을 비난하는 내용을 담고 있다. 주인공은 밤이라는 시간적 배경을 바탕으로, 죽은 여인들의 혼령을 꿈속에서 만나고 있다.

[A]~[C]에 대한 설명으로 적절하지 <u>않은</u> 것은?

① [A]: 요약적 진술을 통해 역사적 사건과 관련된 내용을 전달하고 있다.

② [A]: 인물의 성격을 직접적으로 서술하고 인물의 구체적인 행동을 통해 부연하고 있다.

③ [B]: 다양한 심상을 사용하여 사건의 시간적 배경을 드러내고 있다.

④ [C]: 전기적 요소를 활용하여 인물의 영웅적 면모를 드러내고 있다.

⑤ [C]: 고사 속에 등장하는 인물과 작중 인물을 비교하여 해당 인물에 대한 궁금증을 유발하고 있다.

🔍 **선택지 개념어**

① 039 요약적 제시
② 036 직접 제시
　037 간접 제시
③ 033 시간적 배경
④ 080 전기적 요소
　081 영웅적 인물
⑤ 070 고사 인용

03

　　부당한 환지[*]를 받은 사람은 모두 같은 기분들이었지만 그런 뜻을 모아서 어떻게 해 보자는 사람들은 없는 것 같았다. 가뜩이나 〈오리엔탈 골프장〉의 경우와는 달라서 이건 바로 **정부에서 한 일**이니까 어쩔 도리가 없다고 생각하는 눈치들이었다. 말하자면 다루기 쉬운 백성들로 잘 훈련이 되어 있었던 것이다.

　　"망했다, 망했어!"

　　송노인의 불평은 한 계단 더 비약했다. 그는 자기에게 내려진 부당한 처사를 참을 수가 없었다. 늙은 몸으로 두 달을 계속 관계 요로에 〈부당 환지의 시정〉을 호소하고 다녔다. 새어 나온 그의 유서 내용에 의하면 마을 환지위원장인 이성복 동장에게는 무려 15회, 농업진흥공사 ××사업소에는 6회나 찾아간 것으로 되어 있다. 그러나 모두가 허사였다. 시종일관 묵살을 당하고 만 셈이니까.

　　게다가 고속 도로가 통하면 사람 왕래도 많아져서 송노인의 집에서는 **가게도 차릴 수 있을 것**이란 메기입 이성복 동장의 말도 턱도 아닌 헛나발이 되고 말았다. 고속 도로를 다니는 차들은 아무데나 설 수도 없고 또 고속 도로는 함부로 건너갈 수도 없다는 것을 시골 사람들은 길이 통한 뒤에야 비로소 알았다. 바로 길 너멋 논에 두엄을 내는 사람들도 **먼 굴다리 쪽을 일부러 돌아**야만 되었다.

　　"제-기, 이기 무슨 지랄고!"

　　짐이 무거울수록 그들의 입에서는 욕이 절로 나왔다.

　　길에서 집이 가까운 송노인의 경우는 은근히 희망을 걸어 보던 가게를 내긴커녕 지나가는 차들이 내뿜는 매연과 소음과 먼지 때문에 도리어 역정만 늘어날 판이었다. 그래서 처음에는 행여 구멍가게라도 될까 싶어 일부러 길 쪽으로 내 보았던 마루방도 이내 문을 닫아걸었다. 길 쪽 창유리가 쉴 새 없이 밀어닥치는 먼지로 인해 마치 매가릿간의 그것처럼 뿌옇게 되어 버렸다.

　　"망했다. 망했어!"

[중략 부분의 줄거리] 마을의 농토는 공장 부지 조성 등의 명목으로 자본가들에게 넘어간다. 이러한 상황을 심각하게 받아들이지 않고 가벼운 농담이나 하는 마을 젊은이들과 송노인은 갈등하게 된다.

　　"영감님 참으이소. 장난으로 한 소리 아잉기요."

　　송노인의 성깔을 누구보다도 잘 아는 메기입이 얼른 사이에 들었다. 다행히 별일은 없었다.

　　"아나, 이놈아 어서 파출소에 가서 신고나 해라! 송기호는 늙은 빨갱이라고—— ."

　　송노인은 상출의 얼굴에 침이라도 뱉아 주려다 그대로 돌아섰다. 그러나 따지고 보면 송노인의 그러한 감정은 비단 상출이에게만이 아니라 아무런 주견도 패기도 없으면서 그래도 마을의 무슨 대표인 체하고 우쭐거리는 젊은 치 전체에 대한 것인지도 모른다. 물론 모든 청년들이 다 그렇다는 것은 아니다. 이른바 세대교체의 탓인지도 모르되 옛날과 달라서 요즘은 어느 마을 할 것 없이 어른들은 다 뒤로 물러앉고 그런 젊은 치들이 마을 일을 도맡듯 해서 옳든 그르든 위에서 시키는 대로만 용춤을 추고 있는 판국이라고 송노인은 생각했다. 환지 문제 기타로 인해 송노인과 같은 생각을 가진 사람들도 많았지만 노인네들은 그저 **"세상이 그런 걸 머!"** 할 뿐 드러내 놓고 말을 잘 안했다.—— 요컨대 아직은 드러내 놓고 말은 하지 않더라도 마을 사람들 사이에는 **눈에 보이지 않는 어떤 틈이 생기고 있는** 것만은 숨길 수 없는 사실이었다. 멍청한 얼굴들에 나타나게 마련인 씁쓸한 웃음들만 보아도 능히 짐작할 만한 일이었다.

– 김정한, 〈어떤 유서〉

＊환지: 토지를 서로 바꿈. 또는 바꾼 땅. 환토(換土)

🔑 **문제 해결** 이 소설은 1970년대 국가의 고속 도로 개발로 인해 토지를 부당하게 빼앗긴 농민들의 현실을 보여 주고 있다. 여기서 나타나는 농민들과 부당한 국가 권력 간의 갈등은 사회적 갈등이나 외적 갈등으로 볼 수 있다.

〈보기〉를 바탕으로 윗글을 감상한 내용으로 적절하지 <u>않은</u> 것은?

─ 보기 ─

이 작품은 1970년대 국가 발전이라는 명목으로 권력자들에게 토지를 침탈당하는 농민들의 현실을 보여 준다. 이 과정에서 가해자와 피해자의 갈등이 나타나는데, 여기에는 가해자 편에 서 있는 중간자가 개입되어 있다. 또한 권력이 휘두르는 폭력 앞에서 농민들은 다양한 양상을 보이는데, 무기력한 태도로 방관하거나 세대 간의 갈등을 일으키며 분열되는 등 파편화된 모습을 보인다.

① '정부에서 한 일'로 인해 '부당한 환지를 받은' 것은 권력자들에 의해 토지를 침탈당한 농민들의 모습이라고 할 수 있겠군.
② 송노인에게 '가게도 차릴 수 있을 것'이라고 한 점에서 이성복 동장은 가해자의 편에 서서 개발에 동조하고 있는 중간자라고 할 수 있겠군.
③ '먼 굴다리 쪽을 일부러 돌아'가는 모습을 통해 권력이 휘두르는 폭력 앞에서 세대 간의 갈등을 일으키는 농민들의 모습을 확인할 수 있겠군.
④ '세상이 그런 걸 머!'라고 체념하는 노인들의 모습을 통해 현실에 대해 무기력한 태도로 방관하고 있는 농민들의 모습을 확인할 수 있겠군.
⑤ 마을 사람들 사이에 '눈에 보이지 않는 어떤 틈이 생기고 있는' 모습을 통해 파편화되어 가는 농민들의 모습을 확인할 수 있겠군.

🔍 **선택지 개념어**
③ 029 외적 갈등

04

　계모 장씨는 이성이 왕실의 한 사람이 되어 그 권세가 가볍지 않음을 알고 늘상 혜랑과 신광 법사에게 의논하였다. 그러던 차에 이성과 화양 공주가 화목하지 않음을 알아챈 혜랑이 말하였다.

　"이러한 기회는 두 번 다시 오지 않습니다. 부인께서 뜻을 이루실 때입니다."

　"무슨 말이냐?" / 혜랑이 헤헤헤 웃으며 말하였다.

　"이렇게 저렇게 하면 묘하지 않겠습니까?" / 장씨가 잠시 동안 생각하더니 말하였다.

　"이는 정말 중요한 일이니 다른 꾀를 생각해 보아라." / 혜랑이 신광 법사를 돌아보며 말하였다.

　"부인께서 이처럼 약하시니 어떻게 소원을 이루겠습니까?" / 신광 법사가 말하였다.

　"이때가 정말 좋으니 부인은 의심하거나 걱정하지 마십시오."

　그러고는 비밀스럽게 계교를 행하였다.

　한편 보모 정 상궁은 이성이 화양 공주를 박대하자 통한히 여기고 말하였다.

　"공주께서는 임금님의 아주 귀한 딸입니다. 더욱이 임금님께서 특별히 부탁하신 혼인인데 부마께서 이렇게 매몰차시니 어찌 분하지 않겠습니까?" / 화양이 그 말을 듣고는 볼을 붉히며 말하였다.

　"이 무슨 말인가? 서방님이 드러나게 나를 박대함이 없고 도리어 나의 불초함을 예로 대한다. 이로 인해 내가 항시 조심하고 있거늘 네가 주인을 원망하며 권세를 운운하니 어찌 한심하지 않겠는가?"

　말의 기운이 엄숙하니 정 상궁이 두려워하며 물러났다. 그때 갑자기 신발 소리가 나며 이성이 방으로 들어왔다. 화양이 물러 내려서며 이성을 맞은 후 자리를 잡고 앉았다. 이성이 화양의 기색을 살펴보니 조금도 방자함이 보이지 않았고, 잘난 척하는 마음이 조금도 얼굴에 드러나지 않았다. 이에 화양을 지극히 후대하며 정이 점점 솟아났다. 한밤중 동안 그곳에 있다가 부모가 있는 곳으로 가 문안 인사를 정성껏 올렸다. / 혜랑은 장씨와 매일 화양을 해칠 계교를 짜는 한편, 신광 법사에게는 이렇게 저렇게 하되 비밀이 탄로나지 않게 하라고 당부하고 보냈다. 혜랑의 가르침을 들은 신광 법사는 개용단*으로 이성의 모습을 한 채 명월루에 숨었다. 밤이 깊어 인적이 고요해지자, 바로 화양 공주의 방으로 뛰어들어가 칼을 빼어 즉시 화양을 찌르려고 하였다. 때마침 방 밖에 시비들의 소리가 시끄럽게 들리자 마음이 급해진 신광 법사는 엉겁결에 비껴 찌르고 도망갔다. (중략)

　이영준이 휘장 밖에 서서는 이성에게 들어가 보라고 하였다. 화양은 침상 아래 거꾸러진 채로 유혈이 낭자하니 그 모습이 매우 잔혹하였다. 왕실의 금지옥엽으로 이런 일을 당하였고, 그 누명이 이성에게 미칠 수 있으니 어찌 멸문지화*를 면할 수 있겠는가? 그럼에도 얼굴빛이 전혀 흔들리지 않고 천천히 나아가 공주를 살폈다. 두 눈이 감긴 채 두 뺨에는 혈기가 없고 손과 발은 얼음처럼 차가웠다. 살 방도가 전혀 없어 보였으나 비단 저고리를 걷고 자세히 보니 눈같이 흰 피부에 붉은 피가 가득하되 약간의 생기가 있었다. 주머니에서 침을 내어 기를 통하게 할 곳을 짚어 찔렀다. 이성의 침법이 원래 신이하였기에 얼마 지나지 않아 얼굴에 붉은빛이 통하고 생기가 돌았다. 약을 주자 잠시 후 화양이 숨을 쉬더니 소스라치게 놀라며 깨어났다. (중략)

　한편 열한 살인 이무는 모든 일에 어른처럼 노련하였다. 이 일을 당하니 마치 벼락에 온몸이 부서지는 듯하였다. 어머니 장씨의 허물이 이처럼 심한 것에 새롭게 놀라며 부끄러워 죽고 싶은 마음이

들었다. 그러나 죄를 받은 어머니를 보살필 사람이 없음을 알고 목숨을 유지하다가 아버지 이영준의 분노가 조금 가라앉자 이성과 함께 나아가 울며 말하였다.

"소자들은 천륜의 죄인입니다. 엎드려 바라오니 아버님께서는 어머니의 망극한 죄를 더하지 마시어 불초한 저희들로 하여금 만고의 죄인이 되지 않게 해 주십시오."

말을 하며 눈물을 비처럼 흘리니 그 효성스러운 거동이 사람의 분한 마음을 봄눈 녹듯이 사라지게 할 정도였다.

 – 작자 미상, 〈화산기봉〉

* 개용단: 마음먹은 대로 모습을 바꿔 주는 묘약.　　* 멸문지화: 한집안이 다 죽임을 당하는 끔찍한 재앙.

문제 해결 이 소설은 주인공 이성이 계모의 악행과 궁정의 음모를 극복하는 과정을 보여 주고 있다. 이성과 혼인한 화양이 이성을 원망하는 정 상궁의 태도를 질책한 후에, 방으로 들어온 이성이 화양을 후대하며 둘 사이에 정이 있다고 하였으므로 여기에서 가족 내의 갈등이 나타난다고 볼 수 없다.

〈보기〉를 참고하여 윗글을 감상한 내용으로 적절하지 <u>않은</u> 것은?

> **보기**
>
> 〈화산기봉〉에서 주인공의 혼인은 계모와의 갈등이 심화되는 계기가 된다. 이로 인해 가문 전체에 위협이 되는 사건이 초래되지만, 주인공은 비범한 능력을 발휘하여 위기에 대응한다. 한편 이러한 갈등의 해결 과정에서 가족 외 인물은 갈등 유발의 책임이 전가되어 처벌되는 반면, 가족 내 인물은 유교적 윤리를 바탕으로 포용의 대상이 된다. 이를 통해 가문의 안정을 지향하는 사대부의 면모를 보여 주고 있다.

① 장씨가 왕실의 사람이 된 이성을 경계하여 계교를 꾸미는 것을 보니, 주인공의 혼인으로 인해 계모와 주인공 사이의 갈등이 심화되고 있음을 엿볼 수 있군.

② 화양이 이성을 원망하는 정 상궁을 질책하는 것을 보니, 가족 내 갈등이 유발된 책임을 가족 외 인물에게 돌리고 있는 상황을 확인할 수 있군.

③ 장씨와 혜랑에 의해 이성이 누명을 쓰는 일이 멸문지화로 이어질 수 있다는 것을 보니, 계모가 일으킨 사건이 가문의 존속을 위협할 수 있음을 짐작할 수 있군.

④ 이성이 신이한 침술로 목숨이 위태로운 화양을 소생시키는 것을 보니, 주인공이 비범한 능력을 통해 급박한 상황에 대응하고 있음을 확인할 수 있군.

⑤ 이무와 이성이 장씨를 용서해 달라고 간청하는 것을 보니, 효라는 유교적 윤리를 바탕으로 악행을 저지른 가족 내 인물을 포용하려는 모습을 엿볼 수 있군.

선택지 개념어

① 018 중심인물
　 030 갈등의 고조
　 075 혼사 갈등
② 029 외적 갈등
③ 091 가정 소설
④ 080 전기적 요소
　 081 영웅적 인물
⑤ 079 유교적 이념

01

> 　　멀리서 안타깝게 손만 흔들던 그 연락선이 드디어 몽기미에 닿았다. 몽기미 생기고 처음이었다. 연락선에 올라간 아이들은 모두 이 층으로 우르르 올라가 난간을 붙잡고 먼 데 바다를 건너다보고 있었다. 멀리 까맣게만 보이던 섬들이 차츰 가까워지며 동네가 나타나고, 더 멀리 회색으로만 보이던 섬들도 차츰 가까워지며 포구 모습이 드러났다.
>
> 　　"와, 기와집이다."
>
> 　　연락선을 대는 포구에 말로만 듣던 까만 기와집도 있었고, 크고 작은 배들이 스무 남은 척이나 몰려 있었다.
>
> [A]　　목포에 닿자 아이들은 멍청하게 입만 벌렸다. 크고 작은 배들이 수백 척 부두를 가득 메우고 있었고, 크고 작은 건물들이 빼곡히 차 있었으며, 큰길에는 사람들이 엄청나게 북적거리고 자동차가 빵빵 경적을 울리며 내달았다. 색색으로 예쁘게 꾸며 놓은 간판 아래 수많은 상점과, 거기 빼곡히 쌓여 있는 갖가지 상품들이며, 모두가 꿈에도 보지 못했던 광경이었다. 몽기미 아이들은 밤에 꾸는 꿈도 기껏 연락선을 탄다거나 벼랑에서 바다로 곤두박이는 따위였지, 이런 엄청난 세상은 꿈속에도 나타난 적이 없었다.
>
> 　　－ 송기숙, 〈몽기미 풍경〉

🔑 문제 해결 이 소설은 급속한 산업 발전이 이루어지던 1970년대를 배경으로 하여, 어촌 마을에서 도시로 상경한 아이들이 목포에 도착하여 처음으로 보고 경험한 것들과 그때 느낀 감정을 생생히 드러내고 있다.

[A]의 서술상 특징으로 가장 적절한 것은?

① 이야기 내부의 서술자가 인물의 내력을 제시하고 있다.

② 인물의 행위를 제시하여 긴박한 분위기를 조성하고 있다.

③ 요약적 서술을 통해 갈등이 해소되는 과정을 제시하고 있다.

④ 추측하는 표현을 통해 일어날 사건에 대한 예상을 드러내고 있다.

⑤ 감각적인 묘사를 사용하여 관찰 대상을 실감 나게 드러내고 있다.

🔍 선택지 개념어

① 002 이야기 내부의 서술자
② 037 간접 제시
③ 039 요약적 제시
　　032 갈등의 해소
④ 050 사건의 암시
⑤ 044 묘사

02

[앞부분의 줄거리] 왕언의 딸 왕시는 홍관 땅의 김유령을 만나 혼인을 했지만 나라의 늙은 신하에 의해 이별하게 되었다.

김유령이 무릎을 꿇고 대답하였다.

"제 나이 스무 살 되었을 때 아내를 얻었는데, 나라의 노신하가 궁녀로 들이니 늘 서러워하며 지내고 있습니다. 세상일도 잊은 채, 다만 아내의 소식이나 한번 듣고 싶어 그것만을 희망하고 살고 있었습니다. 그런데 어느 날 꿈에 선할아버님께서 이르시기를, '어찌 화산도사를 찾아가 보지 않는가? 그 도사가 못할 일이 없으니 네가 가 보면 소원을 이룰 수 있으리라. 갈 때 돈 일만 관을 가져가라.'라고 하셨습니다. 그래서 꿈에서 깨어나자마자 돈을 장만하여 가지고 이렇게 온 것입니다."

그러자 도사가 말했다.

"네 아내를 도로 밖으로 내어다 살고자 하느냐? 네 뜻을 자세히 말해라."

김유령이 말했다.

"도로 내어다 살기야 바랄 수 있겠습니까? 그저 나와 하루만이라도 만나 보아 서로 말이나 나누었으면 합니다."

도사가 그 말을 듣고 말했다.

"네 뜻을 바로 말하지 않는구나. 하루만 보고 헤어지면 더욱 슬플 것이다. 그러니 어떻게 해 주었으면 좋겠다고 사실대로 다 말해라."

그러자 김유령이 다시 대답하였다.

"함께 살기야 어찌 바라지 않을까마는 불가능할 일이라 차마 말씀드리지 못할 뿐입니다. 만약 함께 살게만 해 주신다면 제가 두엄을 지고 다니는 사람이 되라 한다 해도 원망하지 않겠습니다."

– 작자 미상, 〈왕시전〉

문제 해결 이 소설은 혼인을 했다가 이별하게 된 남녀 주인공이 화산도사라는 초월적 존재에 의해 다시 만나 행복한 결말을 맺는 내용이다. 이 장면에서 김유령은 화산도사에게 자신의 아내와 다시 살게 해 주길 부탁하고 있다.

윗글의 서술상 특징으로 가장 적절한 것은?

① 인물 간의 대화를 중심으로 사건을 전개하고 있다.
② 현재와 과거의 교차 서술로 주제를 부각하고 있다.
③ 인물의 외양 묘사로 성격의 변화를 드러내고 있다.
④ 서술자가 개입하여 인물의 행동에 대해 평가하고 있다.
⑤ 인물의 심리를 서술하여 인물 간의 갈등을 표출하고 있다.

선택지 개념어
① 047 대화
② 056 역순행적 구성
③ 046 외양 묘사
　 015 입체적 인물
④ 005 서술자의 개입
⑤ 040 내면 서술
　 029 외적 갈등

03

이제는 나의 이야기를 해야 할 차례다. 나는 곧 결혼한다. 어머니와 이모에 이어 나도 4월의 신부가 된다. 물론 4월 1일 만우절은 아니다. 일 년 전쯤의 어느 날 아침, 불현듯 잠에서 깨어나는 순간 "내 인생에 나의 온 생애를 다 걸어야 해. 꼭 그래야만 해!"라고 부르짖었던 나의 다짐이 마침내 결혼이라는 실천의 단계에 이른 것이다.

그 다짐에 충실했던 일 년이었다. 살필 수 있는 만큼은 다 살폈고 생각할 수 있는 것은 다 생각했다. 그리고 결정했다. 4월의 결혼식에 내 손을 잡아 줄 남자는 그래서 나영규가 되었다. 일이 그렇게 되었으므로 '헤어진 다음 날'은 나와 김장우의 노래가 되었다. 그러나 나는 헤어진 다음 날들은 죽음뿐이라고 생각한 이모와는 달랐다. 나는 잘 견디었다. 김장우는 어떠했는지 알 수 없지만.

인간에게는 행복만큼 불행도 필수적인 것이다. 할 수 있다면 늘 같은 분량의 행복과 불행을 누려야 사는 것처럼 사는 것이라고 이모는 죽음으로 내게 가르쳐 주었다. 이모의 가르침대로 하자면 나는 김장우의 손을 잡아야 옳은 것이었다. 그러나 역시 이모의 죽음이 나로 하여금 김장우의 손을 놓아 버리게 만들기도 했다. 모든 사람들에게 행복하게 보였던 이모의 삶이 스스로에겐 한없는 불행이었다면, 마찬가지로, 모든 사람들에게 불행하게 비쳤던 어머니의 삶이 이모에게는 행복이었다면, 남은 것은 어떤 종류의 불행과 행복을 택할 것인지 그것을 결정하는 문제뿐이었다. 나는 내게 없었던 것을 선택한 것이었다. 이전에도 없었고, 김장우와 결혼하면 앞으로도 없을 것이 분명한 그것, 그것을 나는 나영규에게서 구하기로 결심했다.

그것이 이모가 그토록이나 못 견뎌 했던 '무덤 속 같은 평온'이라 해도 할 수 없는 일이었다. 삶의 어떤 교훈도 내 속에서 체험된 후가 아니면 절대 마음으로 들을 수 없다. 뜨거운 줄 알면서도 뜨거운 불 앞으로 다가가는 이 모순, 이 모순 때문에 내 삶은 발전할 것이다. 나는 그렇게 믿는다. 우이독경, 사람들은 모두 소의 귀를 가졌다. 마지막으로 한마디. 일 년쯤 전, 내가 한 말을 수정한다. 인생은 탐구하면서 살아가는 것이 아니라, 살아가면서 탐구하는 것이다. 실수는 되풀이된다. 그것이 인생이다……

– 양귀자, 〈모순〉

🔑 문제 해결 이 소설에서 '나'는 불행과 행복으로 극단으로 나뉜 어머니와 이모의 삶을 바라보며 모순투성이인 이 삶을 어떻게 이해해야 하는지 고민한다. 이러한 '나'의 심리는 어머니와 이모의 삶, 그리고 자신의 삶을 바라보는 내면의 서술에 의해 드러나고 있다.

윗글의 서술상 특징으로 가장 적절한 것은?

① 계절적 배경의 묘사를 통해 인물의 변화된 심리를 드러낸다.
② 독백적 진술을 통해 인물의 복잡한 내면 심리를 드러낸다.
③ 의식의 흐름 기법을 통해 인물의 무의식적 욕망을 드러낸다.
④ 의문과 추측의 진술을 통해 다른 인물에 대한 반감을 드러낸다.
⑤ 과거와 현재의 교차 서술을 통해 인물 간 갈등 양상을 드러낸다.

📍 선택지 개념어

① 033 시간적 배경
　 044 묘사
①~⑤ 018 중심인물
② 041 독백
　 040 내면 서술
③ 042 의식의 흐름 기법
⑤ 056 역순행적 구성
　 029 외적 갈등

04

[앞부분의 줄거리] 경기도 장단에 사는 선비 김 주부는 무남독녀 매화를 슬하에 두고 있었다. 조정의 간신들이 김 주부를 해치려고 하자, 그는 매화를 남장시켜 길거리에 두고 부인과 함께 구월산으로 몸을 피한다. 부모를 잃은 매화는 조 병사 집 시비에게 발견되어 그 집 아들인 양유와 함께 글공부를 하면서 성장한다.

　　이때에 양유 매화를 찾아 학당으로 돌아오매 매화 눈물 흔적 있거늘 양유가 가로되,

　　"그대 어찌하여 먼저 왔으며 슬픈 기색이 있느뇨. 아마도 곡절이 있도다. 오늘 사람들이 여자가 남복을 입었다 하니 그 일로 그러한가 싶으니 그럼 여자가 분명한가?"

하더라. 매화 흔연히 웃으며 가로되,

　　"어린아이 부모를 생각하니 어찌 아니 슬프리요. 또 내 몸이 여자면 여자로 밝히고 길쌈을 배울 것이지 남복을 입고 남을 속이리요. 본디 골격이 연연하매 지각없는 사람들이 여자라 하거니와, 일후 장성하여 골격이 웅장하면 장부 분명하올지라."

하고 단정히 앉아 풍월을 읊으니 소리 웅장하여 호치(皓齒)를 들어 옥반(玉盤)을 치는 듯 진시 남자의 소리 같은지라. 양유 그 소리 들으며 남자가 분명하되 이향(異香)이 만당(滿堂)하여 다만 매화의 태도를 보고 마음만 상할 따름일러라.

(중략)

　　'양유와 매화로 부부 아니 되면 임진 3월 초삼일에 필연 호식(虎食)하리라.'

하였더라. 병사 대경하여 무수히 슬퍼하다가 매화를 불러 가로되,

　　"너를 보고 여자라 하니 실로 고이하도다."

하시고 무수히 슬퍼하시거늘 매화 두 번 절하고 가로되,

　　"소녀 어찌 기망(欺罔)*하오리까. 소녀 과연 여자로소이다. 일찍 부모를 이별하옵고 일신을 감출 길 없사와 남복을 입고 기망하였사오니 죄를 범하였나이다."

하거늘 병사 크게 놀라며 또한 크게 기뻐하여 더욱 사랑하여 가로되,

　　"오늘부터 내당에 들어가 출입치 말라."

– 작자 미상, 〈매화전〉

* 기망: 그럴듯하게 속여 넘김.

🔑 **문제 해결** 이 장면에서는 남장을 하고 살아온 매화가 여자였음이 드러나고 있는데, 매화가 여자인 것을 안 병사가 크게 놀라면서 기뻐하는 심리가 직접적으로 제시되고 있다.

윗글의 서술상의 특징으로 가장 적절한 것은?

① 사건 진행 과정에서 과거와 현재가 교차되고 있다.

② 장면을 빈번하게 전환하여 긴박한 분위기를 조성하고 있다.

③ 공간적 배경을 활용하여 주제를 암시적으로 드러내고 있다.

④ 인물과 인물의 첨예한 갈등을 중심으로 사건이 전개되고 있다.

⑤ 인물의 심리를 서술자가 직접 제시하여 독자의 이해를 돕고 있다.

🔍 **선택지 개념어**

① 056 역순행적 구성
② 048 장면의 전환
③ 034 공간적 배경
④ 029 외적 갈등
④, ⑤ 018 중심인물
⑤ 001 서술자
　　036 직접 제시

05

"왜 안경다린 안 고치셨어요?"

딸이 그날 저녁으로 물었다.

"흥……."

초시는 말은 하지 않았다. 딸은 며칠 뒤에 또 50전을 주었다. 그러면서 어떻게 들으라고 하는 소리인지,

"아버지 보험료만 해두 한 달에 3원 80전씩 나가요."

하였다. 보험료나 타 먹게 어서 죽어 달라는 소리로도 들리었다.

"그게 내게 상관있니?"

[A] "아버지 위해 들었지, 누구 위해 들었게요 그럼?"

초시는 '정말 날 위해 하는 거면 살아서 한 푼이라두 다오. 죽은 뒤에 내가 알 게 뭐냐' 소리가 나오는 것을 억지로 참았다.

"50전이문 왜 안경다릴 못 고치세요?"

초시는 설명하지 않았다.

"지금 아버지가 좋고 낮은 것을 가리실 처지야요?"

그러나 50전은 또 마코* 값으로 다 나갔다. 이러기를 아마 서너 번째다.

"자식도 소용없어. 더구나 딸자식…… 그저 내 수중에 돈이 있어야……."

초시는 돈의 긴요성을 날로날로 더욱 심각하게 느끼었다.

(중략)

초시는 이날 저녁에 박희완 영감에게서 들은 이야기를 딸에게 하였다. 실패는 했을지라도 그래도 십수 년을 상업계에서 논 안 초시라 출자(出資)를 권유하는 수작만은 딸이 듣기에도 딴 사람인 듯 놀라웠다. 딸은 즉석에서는 가부를 말하지 않았으나 그의 머릿속에서도 이내 잊히지는 않았던지 다음 날 아침에는, 딸 편이 먼저 이 이야기를 다시 꺼내었고, 초시가 박희완 영감에게 묻던 이상을 시시콜콜히 캐어물었다. 그러면 초시는 또 박희완 영감 이상으로 손가락으로 가리키듯 소상히 설명하였고 1년 안에 청장*을 하더라도 최소한도로 50배 이상의 순이익이 날 것이라 장담 장담하였다.

딸은 솔깃했다. 사흘 안에 연구소 집을 어느 신탁 회사에 넣고 3천 원을 돌리기로 하였다. 초시는 금시발복*이나 된 듯 뛰고 싶게 기뻤다.

"서 참위 이놈, 날 은근히 멸시했것다. 내 굳이 널 시켜 네 집보다 난 집을 살 테다. 네깟 놈이 천생 가쾌지* 별거냐……."

그러나 신탁 회사에서 돈이 되는 날은 웬 처음 보는 청년 하나가 초시의 앞을 가리며 나타났다. 그는 딸의 청년이었다. 딸은 아버지의 손에 단 1전도 넣지 않았고 꼭 그 청년이 나서 돈을 쓰며 처리하게 하였다. 처음에는 팩 나오는 노염을 참을 수가 없었으나 며칠 밤을 지내고 나니, 적어도 3천 원의 순이익이 오륙만 원은 될 것이라, 만 원 하나야 어디로 가랴 하는 타협이 생기어서 안 초시는 으슬으슬 그, 이를테면 사위 녀석 격인 청년의 뒤를 따라나섰다.

[B]

1년이 지났다.

모두 꿈이었다. 꿈이라도 너무 악한 꿈이었다. 3천 원어치 땅을 사 놓고 날마다 신문을 훑어보며 수소문을 하여도 거기는 축항*이 된단 말이 신문에도, 소문에도 나지 않았다. 용당포(龍塘浦)와 다사도(多獅島)에는 땅값이 30배가 올랐느니 50배가 올랐느니 하고 졸부들이 생겼다는 소문이 있어도 여기는 감감소식일 뿐 아니라 나중에 역시 이것도 박희완 영감을 통해 알고 보니 그 관변 모씨에게 박희완 영감부터 속아 떨어진 것이었다. 축항 후보지로 측량까지 하기는 하였으나 무슨 결점으로인지 중지되고 마는 바람에 너무 기민하게 거기다 땅을 샀던, 그 모씨가 그 땅 처치에 곤란하여 꾸민 연극이었다.

– 이태준, 〈복덕방〉

* 마코: 일제 강점기 때의 담배 이름.
* 청장: 장부를 청산한다는 뜻으로, 빚 따위를 깨끗이 갚음을 이르는 말.
* 금시발복: 어떤 일을 한 다음 이내 복이 돌아와 부귀를 누리게 되는 것.
* 가쾌: 집 흥정을 붙이는 일을 직업으로 가진 사람.
* 축항: 항구를 구축함. 또는 그 항구.

🔑 문제 해결 이 소설은 1930년대 일제 강점기를 배경으로, 근대화 속에서 소외된 노년 계층의 몰락을 그리고 있다. [A]의 안 초시와 딸의 대화에서 두 사람이 돈 문제로 갈등하는 것을 알 수 있고, [B]에서 안 초시가 사기를 당해 투자에 실패한 사건이 압축적으로 전달되고 있다.

[A]와 [B]에 대한 설명으로 가장 적절한 것은?

① [A]는 외양 묘사를 통해 인물의 성격을 드러내고 있고, [B]는 배경 묘사를 통해 인물의 처지를 드러내고 있다.

② [A]는 대화와 서술을 통해 인물 간의 갈등이 드러나고 있고, [B]는 요약적 서술을 통해 사건의 전모가 드러나고 있다.

③ [A]는 작품 속 서술자가 사건에 대해 평가하고 있고, [B]는 작품 밖 서술자가 앞으로 전개될 사건을 예측하고 있다.

④ [A]는 시간의 흐름에 역행하여 사건이 진행되고 있고, [B]는 시간의 흐름에 따라 사건이 순차적으로 진행되고 있다.

⑤ [A]는 향토적인 소재를 통해 주제 의식을 드러내고 있고, [B]는 상징적인 소재를 통해 사건의 의미를 드러내고 있다.

🔍 선택지 개념어

① 046 외양 묘사
　 045 배경 묘사
② 047 대화
　 038 서술
　 029 외적 갈등
　 039 요약적 제시
③ 002 이야기 내부의 서술자
　 006 편집자적 논평
　 003 이야기 외부의 서술자
　 050 사건의 암시
④ 056 역순행적 구성
　 055 순행적 구성

01

> 내게 오래된 옛 우물과 그 속에 사는 금빛 잉어에 대해 말해 준 사람은 증조할머니였을 것이다.
>
> 어릴 때 살던 동네 가운데에 큰 우물이 있었다. 물맛이 달아 단샘, 커다랗다고 해서 한우물이라고도 했지만 사람들은 예부터의 습관대로 옛 우물이라고 불렀다. 아주 옛날부터 있어 온 우물이라는 뜻이었을 것이다. 우물은 물이 깊고 물맛이 좋았다. 증조할머니는 내게 말했다. 옛 우물에는 금빛 잉어가 살고 있단다. 천 년이 지나면 이무기가 되고 또 천 년이 지나면 뇌성벽력 치는 밤 용이 되어 하늘에 올라가지. 아흔 살이 넘은 할머니에게서 검은 머리털이 돋아나고 텅 빈 입에 누에씨 같은 희고 깨끗한 이가 돋아나자 어머니는 그것을 불길한 재앙의 징조로 여겼다. 노망이 들었다고 말했다. 할머니에게 대꾸도 하지 않았고 바로 보지도 않았고 밥도 조금씩밖에 주지 않았다. 노망든 노인네들은 오래 산다는 속설을 두려워했다. 그러나 할머니는 고양이 혼이 씌어 밤마다 고양이 울음소리를 내며 쥐를 잡으러 다니는 광자네 할머니 같지는 않았다. 오돌이네 할아버지처럼 자기가 싼 똥을 주워 먹지도 않았다.
>
> 달빛 가득한 우물을 들여다보면 금빛 잉어가 슬몃슬몃 물속에서 움직이는 소리가 들리는 듯도 했다. 계집아이들은 학교에서 오전 수업을 마치고 돌아오면 해지기 전까지 물을 길어 놓아야 했다. 두레박을 빠뜨리면 매를 맞거나 밥을 굶었지만 아이들은 늘 두레박을 빠뜨리고 저물 때까지 우물가에서 무력하고 절망적이고 공포에 찬 울음을 울곤 했다. 방심은 언제나 용서받지 못할 악덕이었다.
>
> – 오정희, 〈옛 우물〉

문제 해결 이 소설은 중년 여성인 '나'가 어린 시절 자신이 목격했던 탄생과 죽음의 공간인 '옛 우물'에 대한 추억을 떠올리며 삶의 의미를 깨닫는 내용이다.

윗글의 서술상 특징에 대한 설명으로 가장 적절한 것은?

① 대화를 통해 등장인물 간의 갈등을 심화하고 있다.
② 과거 회상의 기법을 사용하여 사건을 서술하고 있다.
③ 서술의 주체를 교체하여 이야기의 입체감을 높이고 있다.
④ 인물의 성격 변화 과정을 제시하여 긴장감을 조성하고 있다.
⑤ 인물의 내면 심리를 서술하여 자의식의 혼란을 드러내고 있다.

선택지 개념어

① 047 대화
　030 갈등의 고조
② 056 역순행적 구성
　038 서술
③ 013 서술자의 변화
④ 015 입체적 인물
⑤ 040 내면 서술

02

이에 황제가 즉시 패초하니 초왕이 전교를 보고 크게 놀랐으며 온 나라가 떠들썩하였다. 초왕이 즉시 태상왕에게 국사를 맡기고 용포를 벗고 월각 투구를 쓰고 용인갑을 입고 청룡도를 비스듬히 들고 오추마를 채찍질하여 그날 바로 황성에 도착하였다. 초왕이 계단 아래에 나아가 땅에 엎드리니, 황제가 초왕의 손을 잡고 양쪽에 장수를 다 보낼 수 없는 국가의 위태로움을 이야기하였다. 이에 초왕이 이렇게 말하였다. / "비록 남북의 강병이 억만이라 하더라도 폐하께서는 조금도 근심하지 마소서."

즉시 사자를 명하여 충렬왕후에게 사연을 전하였더니, 왕후가 사연을 보고 크게 놀라 화려한 옷을 벗고 갑주를 갖추어 입고 천사검을 들고 천리준총마를 타고 태상 태후 및 두 공주와 후궁에게 하직한 뒤, 천리마를 채찍질하여 황성으로 달려왔다. 황성에 도착하니 황제와 초왕이 성 밖에까지 나와 맞이하거늘 왕후가 말에서 내려 땅에 엎드려 아뢰었다.

"초왕 부부가 정성이 부족하여 외적이 자주 강성하는 게 아닌가 합니다."

황제가 그 충성스러움을 못내 칭찬하고 어떻게 적을 물리칠 것인지 방책을 물었더니 왕후가 아뢰었다. / "폐하의 은덕이 오직 우리 초왕 부부에게 미쳤사온데, 불행하여 전장에서 죽은들 어찌 마다하겠습니까? 엎드려 바라건대 폐하께서는 근심하지 마옵소서."

이에 군병을 조발하여 왕후를 대원수 대사마 대장군 겸 병마도총독 상장군에 봉하고 인끈과 절월을 주며 군중에 만약 태만한 자가 있거든 즉시 참수하라 하였다. 또 초왕은 대원수 겸 상장군을 봉하였다. 군사를 조발할 때 장 원수는 황성의 군대를 조발하고 이 원수는 초나라의 군대를 조발하여 각각 80만씩 거느리고 행군하여 대봉은 북방의 흉노를 치러 가고 애황은 남방의 선우를 치러 떠났다.

이때 애황은 잉태한 지 일곱 달이었다. 각자 말을 타고 남북으로 떠나면서 대봉이 애황의 손을 잡고 말하였다. / "원수가 잉태한 지 일곱 달이니, 복중에 품은 혈육 보전하기를 어찌 바랄 수 있으리오? 부디 몸을 안보하소서. 무사히 돌아와 서로 다시 보기를 천만 바라노라."

이렇게 애틋한 정을 이기지 못하였는데, 애황이 다시 말하였다.

"원수는 첩을 걱정하지 마시고 대군을 거느리고 가 한 번 북을 쳐 도적을 깨뜨리고 빨리 돌아와 황상의 근심을 덜고 태후의 근심을 덜게 하소서."

– 작자 미상, 〈이대봉전〉

문제 해결 이 소설은 이대봉과 장애황의 활약상을 보여 주는 군담 소설이다. 전쟁 중 황제가 대봉과 애황을 부르고, 이에 대봉과 애황이 남과 북으로 출전하여 활약하는 등 다양한 장면을 통해 전쟁의 양상을 보여 주고 있다.

윗글에 대한 설명으로 적절한 것은?

① 배경 묘사를 통해 인물 간의 갈등을 부각하고 있다.
② 초월적 공간을 통해 사건의 환상성을 강화하고 있다.
③ 서술자의 개입을 통해 비극적 결말을 암시하고 있다.
④ 잦은 장면 전환을 통해 사건을 속도감 있게 전개하고 있다.
⑤ 과장된 상황의 설정을 통해 해학적 분위기를 형성하고 있다.

선택지 개념어
① 045 배경 묘사
　029 외적 갈등
③ 005 서술자의 개입
　050 사건의 암시
④ 048 장면의 전환
⑤ 065 과장된 표현
　067 해학적 표현

03

> "상제의 명이니 용왕과 토끼를 판결하라." / 말이 끝나기도 전에 용왕은 전하에 꿇어앉고 토끼를 바라보면서 몹시 한스러워했다. 한 선관이 지필묵을 두 사람 앞에 놓더니,
>
> "상제의 명이니 각자 느낀 바를 진술하고 **처분을 기다리라.**" (중략)
>
> 옥황이 다 읽고 나서 여러 신선들과 의논하니 일광노가 나와 말한다. / "두 사람이 진술한 바로 그 옳고 그름이 불을 보듯 환하게 되었습니다. 폐하께서 병든 자를 위하여 죄 없는 자를 죽인다면 그 원망을 어찌하겠습니까? **강자를 누르고 약자를 도와 공정한 처결을 하소서.**"
>
> 옥황이 그 말이 옳다 하고 다음과 같이 판결하였다. / "대체로 천지는 만물이 머물다 가는 여관과 같고 세월은 백 대에 걸쳐 지나는 손님과 같다. **낳으면 늙고 늙으면 죽는 것은 인간의 일상적 일이**오, 사물의 항상 되는 일인즉 진실로 이에 초연하여 혼자 존재함을 듣지 못했고 날개가 돋아 신선이 된다함을 듣지 못했노라. (중략) 광연이 비록 살아날 약이 있다 하나 **토끼인들 어찌 죽음을 싫어하는 마음이 없겠는가?** 광연은 용궁으로 보내고 토끼는 세상으로 놓아주어 그 천명을 즐기게 함이 하늘의 뜻에 순응함이라."
>
> – 작자 미상, 〈토공전〉

🔑 **문제 해결** ｜ 이 소설에서 옥황상제는 토끼와 용왕을 불러들여 각자의 진술을 들은 뒤 바로 판결을 내리고 있다.

〈보기〉를 바탕으로 윗글을 감상한 내용으로 적절하지 <u>않은</u> 것은?

> ― 보기 ―
>
> 윗글은 〈토끼전〉을 고쳐 쓴 한문 소설로 재판을 통해 갈등을 해결하는 송사 설화의 모티프가 나타난다. 용왕과 토끼는 옥황상제가 주관하는 재판 상황에 놓이게 되고, 이 상황에서는 지위의 우열보다는 진술의 우위가 판결에 영향을 미친다. 이 판결의 내용은 지위의 높고 낮음보다 생명의 가치를 존중하는 작가의 의식을 드러내고 있다.

① '상제의 명이니 용왕과 토끼를 판결하라.'라는 말에서, 송사 설화의 모티프가 쓰였음을 확인할 수 있군.

② 꿇어앉아 함께 '처분을 기다리'는 것에서, 용왕과 토끼가 재판 당사자로서 대등한 처지에 놓이게 되었음을 알 수 있군.

③ '강자를 누르고 약자를 도와 공정한 처결을 하소서.'라는 일광노의 말에서, 토끼의 진술에 대한 지지를 확인할 수 있군.

④ '낳으면 늙고 늙으면 죽는 것은 인간의 일상적 일'이라는 말에서, 옥황이 판결을 망설이는 이유를 짐작할 수 있군.

⑤ '토끼인들 어찌 죽음을 싫어하는 마음이 없겠는가?'라는 말에서, 모든 생명은 소중하다는 작가의 의식을 확인할 수 있군.

🔍 **선택지 개념어**
① 054 모티프

04

> "방이 이렇게 비좁은데 그럼 어머니, 이 옷장이라도 어디 다른 데로 좀 내놓을 수 없으세요? 이 옷장을 들여놓으니까 좁은 방이 더 비좁지 않아요."
>
> 아내는 마침내 내가 가장 거북스럽게 시선을 피해 오던 곳으로 화제를 끌어들이고 있었다.
>
> 바로 그 옷궤 이야기였다. 십칠팔 년 전, 고등학교 1학년 때였다. 술버릇이 점점 사나워져 가던 형이 전답을 팔고 선산을 팔고, 마침내는 그 아버지 때부터 살아온 집까지 마지막으로 팔아넘겼다는 소식이 들려왔다. K시에서 겨울 방학을 보내고 있던 나는 도대체 일이 어떻게 되어 가는지나 알아보고 싶어 옛 살던 마을엘 찾아가 보았다. 집을 팔아 버렸으니 식구들을 만나게 될 기대는 없었지만, 그래도 달리 소식을 알아볼 곳이 없기 때문이었다. 어스름을 기다려 살던 집골목을 들어서니 사정은 역시 K시에서 듣고 온 대로였다. 집은 텅텅 빈 채였고 식구들은 어디론지 간 곳이 없었다. 나는 다시 골목 앞에 살고 있던 먼 친척 간 누님을 찾아갔다. 그런데 그 누님의 말을 들으니, 노인이 뜻밖에 아직 나를 기다리고 있다는 것이었다.
>
> "여기가 어디냐. 네가 누군데 내 집 앞 골목을 이렇게 서성대고 있어야 하더란 말이냐."
>
> 한참 뒤에 어디선가 누님의 소식을 듣고 달려온 노인이 문간 앞에서 어정어정 망설이고 있는 나를 보고 다짜고짜 나무랐다. 행여나 싶은 마음으로 노인을 따라 문간을 들어섰으나 집이 팔린 것은 분명해 보였다.
>
> 그날 밤 노인은 옛날과 똑같이 저녁을 지어 내왔고, 그날 밤을 거기서 함께 지냈다. 그리고 이튿날 새벽 일찍 K시로 나를 다시 되돌려 보냈다. 나중에야 안 일이지만 노인은 그렇게 나에게 저녁밥 한 끼를 지어 먹이고 마지막 밤을 지내게 해 주고 싶어, 새 주인의 양해를 얻어 그렇게 혼자서 나를 기다리고 있었다 했다. 언젠가 내가 다녀갈 때까지는 하룻밤만이라도 내게 옛집의 모습과 옛날 같은 분위기 속에 맘 편히 눈을 붙이고 가게 해 주고 싶어서였을 터이다. 아무리 그렇더라도 문간을 들어설 때부터 썰렁한 집안 분위기가 이사를 나간 빈집이 분명했건만.
>
> – 이청준, 〈눈길〉

🔑 **문제 해결** 이 소설은 아들에 대한 미안함을 지닌 노모와 자식으로서의 책임감과 과거를 회피하던 아들 '나'가, 옷궤에 얽힌 과거 일을 회상하며 어머니의 사랑을 깨닫고 화해하게 되는 내용이다.

윗글의 서술상의 특징으로 가장 적절한 것은?

① 서술자를 교체하여 새로운 사건을 도입하고 있다.

② 인물들의 다양한 체험을 삽화 형식으로 나열하고 있다.

③ 잦은 장면 전환을 통해 긴박한 분위기를 형성하고 있다.

④ 역순행적 구성을 통해 사건을 입체적으로 전달하고 있다.

⑤ 인물의 외양을 객관적으로 묘사하여 사실성을 강화하고 있다.

🔍 **선택지 개념어**

① 013 서술자의 변화
② 060 삽화 형식
③ 048 장면의 전환
④ 056 역순행적 구성
⑤ 046 외양 묘사

05

차설, 성주 땅에 심현이란 재상이 있어 다만 일자(一子)를 두었으되 이름은 의량이라. 방년 십오에 등과 입신하여 명망이 조야에 가득하매, 심상서 지극히 사랑하여 아름다운 규수를 구할새 추상서 집 처녀의 용모 재질이 매우 뛰어남을 듣고 매파를 보내어 통혼하니, 추상서 또한 이왕 심의량의 문장 조화가 출중함을 아는고로 허락하여 보내고 즉시 소저를 불러 심상서 집 사연을 이른대, 소저 듣기를 마치고 얼굴빛을 달리하며 대왈,

"소녀 일찍 아뢰지 못함은 여자의 도리에 당돌하온고로 자연 미루어 지체하였더니, 이제 대인 말씀을 듣사오매 어찌 숨기리이까? 소녀 운향사에 갔을 때에 남양 땅에 있는 양상서의 아들 산백을 만나 삼년 함께 고생하였는데, (중략) 비록 예를 이루지 아니하였사오나 맹약은 이미 하였으매, 부모 아직 양생을 못 보신지라, 조만간에 양생이 찾아오리니, 바라옵건대 부모는 소녀의 깊은 정회를 살피소서." / 하거늘, 상서 대로 왈,

"내 집이 비록 패망하나, 너 같은 불효녀를 두어 문호에 욕되게 할 줄 어찌 생각하여 헤아렸으리요. 다시 이런 말을 내지 말라." (중략)

소저 슬피 울며 왈, / "이제 그가 불원천리하고 왔삽거늘, 어찌 박절히 쫓아 보내리이까."

한대, 상서 듣기를 마치고 혜오되, / '일이 이렇게 되었으니 잠깐 보게 하리라.'

하고 비로소 허락하니, 소저 침소에 돌아와 기쁨을 이기지 못하여 단장을 고치고 후당에 나아가 양생을 맞아 예절을 갖추어 마주 대하니 양생이 눈물을 머금으며 왈,

"내 낭자를 이별한 후 무성한 근심으로 세월을 허비하다가 만 가지 즐거움이 소용이 없고 헛되이 근심하여 가오니, 낭자는 이 사정을 어여삐 여기소서." / 하더라.

[중략 부분의 줄거리] 아버지의 반대로 추소저가 양생의 구애를 거절하자 양생은 자신의 편지를 추소저에게 전해 달라는 것을 유언으로 남기고 죽는다. 추소저는 양생의 죽음을 알게 되어 양생의 무덤에 가서 제문을 올리고 무덤 안으로 뛰어든다. 추소저는 죽어 양생을 만나게 되고 둘은 함께 지장왕 앞에 이르게 된다.

양생이 문왈, / "이곳은 어디며, 이 집은 뉘 집이뇨?" / 역사 왈,

"그대 인생살이에 시력이 상하여 고향을 모르는도다. 이 산은 봉래산이요, 이 집은 수정궁이라. 전일 그대 삼신산 신선과 더불어 풍경을 완상하여 세월을 보내더니, 이월 그믐은 영보도군(靈寶道君)의 탄일이라. 상제 잔치를 열어 즐기실새, 이때 낭자 참례하였다가 일시 춘정을 이기지 못하여 그대와 더불어 외통함을 상제 아시고 그대 양인을 적강(謫降)[*]하시니라." / 하더라.

차시는 추구월(秋九月) 보름이라. 월출동령하여 청광이 조용한 곳에 한 줄 무지개 월궁으로부터 일어나 하나는 추씨의 무덤에 박히고 하나는 양생의 무덤에 박히더니, 문득 두 무덤이 일시에 갈라지며 무덤 속 오운(五雲)이 일어나는 곳에 두 사람의 시체가 움직여 일어나며 무지개 다리를 좇아 한곳에 모이매, 서로 반가움을 이기지 못하여 들입다 붙들고 왈,

"오늘날 우리 양인의 만남이 어찌 하늘이 정함이 아니리요." (중략)

이윽고 시비 등이 일제히 소저와 양생을 데리고 들어오며 매우 기뻐하거늘, 상서 부부 황망히 소저를 붙들고 울며 왈,

"네 진짜 살아 오느냐, 네 죽은 혼이 우리를 희롱함이냐. 네 우리를 버리고 어디를 갔다가 이제 돌아오느냐. 그 진짜와 가짜를 깨닫지 못하매 너는 실정을 베풀어라. 저 선비는 뉘뇨?"

소저 눈물을 거두고 가로되,

"소녀 부모께 불효를 끼침이 죄당만사(罪當萬死)*오며, 차인은 운향사에서 함께 고생하던 양생이로소이다. 소녀 양생과 더불어 전생 인연이 있삽기로 이승에서 부부 되어 백년동락하려 하옵다가, 조물(造物)이 시기하므로 양생이 함원치사(含怨致死)*하고 소녀 또한 여차여차하여 죽었삽더니 명부에서 우리 양인을 불쌍히 여기사, 세상에 도로 나가 전생의 미진한 연분을 맺으라 하시고 소녀와 양생의 혼백을 보내어 육신에 붙이매, 이러므로 우리 양인이 환생하오니 이 어찌 인력으로 하올 바이리까." / 하더라.

– 작자 미상, 〈양산백전〉

* 적강: 신선이 인간 세상에 내려오거나 사람으로 태어남.
* 죄당만사: 지은 죄가 너무 커서 죽어 마땅함.　　* 함원치사: 원한을 품고 죽음에 이름.

🔑 **문제 해결**　이 소설은 천상계에서 적강한 양산백과 추소저가 죽음과 재생을 통해 애정을 성취한다는 내용을 담고 있다. '중략 부분의 줄거리' 바로 앞부분을 보면 추상서의 허락으로 양산백과 추소저가 잠시 만나는 장면이 제시되어 있다.

〈보기〉를 참고하여 윗글을 이해한 내용으로 적절하지 **않은** 것은?

─ 보기 ─

　〈양산백전〉에서 남녀 주인공인 양산백과 추소저는 초월 세계와 현실 세계를 넘나들며 사랑을 이어가고 있다. 주인공들이 이동하는 공간을 시간 순서에 따라 도식화하면 다음과 같다. 여기서 적강, 죽음, 재생의 모티프는 주인공들이 다른 세계로 이동하게 되는 요인으로 작용한다.

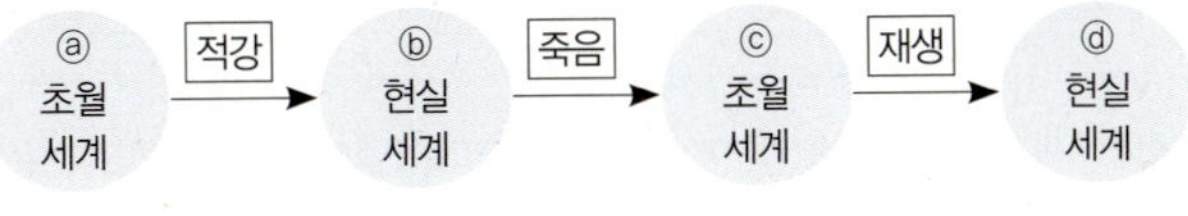

① ⓐ에서 ⓑ로 양산백과 추소저가 적강한 것은 상제에 의해 이루어진 사건이군.

② ⓑ에서 추소저는 자신의 의사와 달리 심의량과의 혼례가 추진되기 때문에 시련을 겪고 있군.

③ ⓑ에서 양산백은 추상서가 추소저와의 대면을 허락하지 않았기 때문에 추소저를 보지 못한 채 죽어 ⓒ로 가게 되는군.

④ ⓒ에서 양산백은 자신이 ⓐ에서 신선과 함께 생활했던 일을 황건역사를 통해 듣게 되었군.

⑤ ⓓ에서 추소저는 상서 부부에게 자신과 양산백이 재생하게 된 이유를 설명하며 자신들의 재생이 필연적임을 강조하고 있군.

🔎 **선택지 개념어**
① 059　이원적 공간 구도
② 075　혼사 갈등

01

[앞부분의 줄거리] 남편이 전쟁에서 전사한 뒤, 청산댁은 두 아들을 뒷바라지하며 어렵게 살아간다. 시간이 흘러, 장애가 있는 첫째 아들과 달리 둘째 아들 만득이는 군대에 간 후 월남으로 떠나게 된다.

　　청산댁은 며칠 남지 않은 손자 돌 채비에 일손이 바빴다. 콩나물도 통통하게 살이 오른 게 손가락 두 마디 정도 자라 있었다. 고사리며 취나물 등 산나물도 물에 담가 두었고 삶아서 두 번 물을 갈았다. 돌떡은 종류가 많을수록 좋다니까 인절미며 백설기 절편은 물론 수수떡도 하고 약과도 만들 작정이었다.

　　청산댁은 마루에서 수수를 고르고 있었다. 옆에 놓인 트랜지스터에서는 재방송 연속극이 흘러 나오고 있었다.

　　"청산댁 기시요?"

　　"누구다요?"

[A]　　청산댁은 연속극에 귀를 기울인 채 고개를 돌렸다. 반장이 낯모를 사내를 데리고 마당을 가로질러 오고 있었다.

　　"마침 기셨구만이라."

　　"워쩐 일이요. 일로 앉으씨요."

　　청산댁은 마루를 대충 치웠다.

　　"괜찮으요. 근디, 읍사무소서 나온 양반이요."

　　반장은 낯선 사내를 가리켰다.

　　"저 실례합니다. 읍사무소에서 나왔습니다."

　　"세금 다 냈는디 읍사무소는 무신……."

– 조정래, 〈청산댁〉

🔑 **문제 해결**　이 소설은 남편이 전쟁에서 전사한 뒤 반복되는 수난을 겪으며 살아온 청산댁의 삶을 보여 주고 있다. 반장과 청산댁의 대화는 실제로 지방에서 쓰는 말을 사용하여 현실감 있게 표현되어 있다.

[A]의 서술상 특징에 대한 설명으로 가장 적절한 것은?

① 요약적 서술을 통해 인물의 과거 상황을 제시하고 있다.

② 사투리의 활용을 통해 상황을 사실감 있게 표현하고 있다.

③ 인물 간의 대화를 통해 인물들의 성격 변화를 드러내고 있다.

④ 회상의 기법을 사용하여 갈등 해소의 실마리를 제시하고 있다.

⑤ 인물의 반복적 행위를 제시하여 긴박한 분위기를 조성하고 있다.

🔍 **선택지 개념어**

① 039　요약적 제시

①, ④ 056　역순행적 구성

② 071　방언 및 비속어 표현

③ 047　대화

　015　입체적 인물

　032　갈등의 해소

02

[앞부분의 줄거리] 윤창권은 가족과 함께 일제 치하의 고향을 떠나 만주 장자워푸에서 황무지를 개간하는 조선 이주민 집단에 합류한다.

　이런 일이 반이나 진행되었을까 한 때다. 땅도 자꾸 얼어들어 일도 힘들어졌거니와 더 큰 문제가 일어났다. 이날도 역시 모두 제 구역에서 제가 맡은 쿨리들을 데리고 일을 하는데 쿨리들이 먼저 보고 둔덕으로 뛰어 올라가며 뭐라고 떠들어 댔다. 창권이도 둔덕으로 올라서 보았다. 한편 쪽에서 갈가마귀떼처럼 이곳 토민들이 수십 명씩 무더기가 져서 새까맣게 몰려오는 것이다.

　'마적떼 아닌가!' / 그러나 말을 탄 사람은 하나도 없다. 그들은 더러는 이쪽으로 몰려오고 더러는 동네로 들어간다. 창권은 집안 식구들이 걱정된다. 삽을 든 채 집으로 뛰어들어 가다가 그들 한패와 부딪쳤다. 앞을 턱 막아서더니 쭉 에워싼다. 까울리, 까울리방즈*, 어쩌구 한다. 조선 사람이냐고 묻는 눈치다. 그렇다고 고개를 끄덕이니까 한 자가 버럭 나서며 창권이가 잡은 삽을 낚아챈다. 창권은 기운이 부쳐서가 아니라 얼떨결에 삽자루를 놓쳤다. 삽을 빼앗은 자는 삽을 번쩍 쳐들고 창권을 내려치려 한다. 창권은 얼굴이 퍼렇게 질려 뒤로 물러났다. 창권에게 발등을 밟힌 자가 창권의 등덜미를 갈긴다. 그리고는 일제 깔깔 웃어 댄다. 삽을 들었던 자도 삽을 휘휘 두르더니 밭 가운데로 팽개쳐 버린다. 그리고는 창권의 멱살을 잡고 봇도랑 내는 데로 끄는 것이다.

　창권은 꼼짝 못 하고 끌렸다. 뭐라고 각기 제대로 떠들고 삿대질이더니 창권을 봇도랑 바닥에 고꾸라뜨린다. 창권이뿐 아니라 봇도랑 일을 하던 쿨리들도 붙들어 가지고 힐난이다. 봇도랑을 못 내게 하는 모양이다. 그러자 윗구역에서, 또 그 윗구역에서 여깃말 할 줄 아는 조선 사람들이 내려왔다. 동리에서도 조선 사람들이 소리를 지르며 나타났다. 창권은 눈이 째지게 놀랐다. 윗구역에서 내려오는 조선 사람 하나가 괭이를 둘러메고 여기 토민들 몰켜 선 데로 뭐라고 여깃말로 호통을 치면서 그냥 닥치는 대로 찍으려 덤벼드는 것이다. 몰켜 섰던 토민들은 와 흩어져 버린다. 창권을 둘러쌌던 패들도 슬금슬금 물러선다.

– 이태준, 〈농군〉

　*쿨리: 육체노동에 종사하는 현지인 노동자.　　*까울리, 까울리방즈: 중국인이 한국인을 낮추어 부르는 말.

🔑 **문제 해결**　이 소설은 만주를 배경으로 조선 농민들의 끈질긴 삶의 투쟁과 생명력을 보여 주고 있다. 이 장면에서는 창권에게 현지 토민들이 들이닥치는 사건을 마치 현재 일어나는 것처럼 생동감 있게 표현하고 있다.

윗글에 대한 설명으로 가장 적절한 것은?

① 인물의 대화를 직접적으로 인용하여 사건의 진행을 더디게 하고 있다.
② 심리적 갈등을 드러내기 위해 인물의 내면을 위주로 서술하고 있다.
③ 서술자가 주인공으로 등장하여 자신의 체험을 이야기하고 있다.
④ 상황의 현장감을 부각하기 위해 현재 시제를 활용하고 있다.
⑤ 시점의 변화를 통해 사건을 다각적으로 제시하고 있다.

🔍 **선택지 개념어**
① 047 대화
　052 사건 전개를 지연
② 028 내적 갈등
　040 내면 서술
③ 007 1인칭 주인공 시점
④ 064 현재형
⑤ 053 갈등을 다각적으로 조명

03

제비가 듣지 않고 흙을 물어 집을 짓고, 알을 안아 깨인 후에 날기 공부를 힘쓸 때에, 뜻밖에 구렁이가 들어와서 제비 새끼를 몰수이 먹으니, 흥부 깜짝 놀라 하는 말이,

"흉악한 저 짐승아, 좋은 음식 많건마는 무죄한 저 새끼를 모조리 잡아먹으니 악착스럽다. 제비 새끼가 은나라 대성황제를 낳았고, ㉠곡식을 먹지 않고 살아나니 인간에 해가 없고, 옛 주인을 찾아오니 제 뜻이 다정하지만, 제 새끼가 이제 다 죽임을 당했으니 어찌 불쌍하지 않으리."

이렇게 경계할 때, 이에 ㉡제비 새끼 하나가 공중에서 뚝 떨어져, 대발 틈에 발이 빠져 자끈 부러져 피를 흘리고 발발 떠니, 흥부가 보고 펄쩍 뛰어 달려들어 제비 새끼를 손에 들고 불쌍히 여기며 하는 말이,

"불쌍하다 이 제비야, 은왕 성탕(成湯)의 은혜가 미쳐 금수를 사랑하여 다 길러 내었더니, 이 지경이 되었으니 어찌 가련하지 않으리. 여봅소, 아기어미 무슨 당사(唐絲)*실 있습나?"

"아이고, ㉢굶기를 부자의 밥 먹듯 하며 무슨 당사실이 있단 말이요?"

하고, 천만 뜻밖의 실 한 닢 얻어 주거늘, 흥부가 칠산* 조기 껍질을 벗겨 제비 다리를 싸고, 실로 곱게 감아 찬 이슬에 얹어 두니, 십여 일이 지난 뒤에 다리가 완전히 굳어 제 곳으로 가려 하고 하직할 때, 흥부가 비감(悲感)하여 하는 말이,

"먼 길에 잘들 가고, 삼월에 다시 보자." 하니,

저 제비 거동 보소. 두 날개 부는 바람에 몸을 날려 백운(白雲)을 비웃으며 주야로 날아 강남에 이르니,

제비 황제가 묻기를,

"너는 어이 저느냐?"

제비 여쭙기를,

"소신의 부모가 조선에 나가 흥부의 집에다가 집을 짓고 소신 등 형제를 낳았삽더니, 뜻밖에 구렁이의 변을 만나 소신의 형제는 다 죽고, 소신이 홀로 죽지 않으려고 하여 바르작거리다가 뚝 떨어져 두 발목이 자끈 부러져, 피를 흘리고 발발 떠온즉, 흥부가 여차여차하여 다리 부러진 것이 의구하여 이제 돌아왔사오니, 그 은혜를 십분지 일이라도 갚기를 바라나이다."

제비 황제가 하교하기를,

"그런 은공을 몰라서는 행세치 못할 금수라. 네 박 씨를 갖다 주어 은혜를 갚으라."

(중략)

그달 저 달 다 지내고 3월 3일 다다르니, 강남서 나온 제비가 옛 집을 찾으려 하고 오락가락 넘놀 때에, 놀부가 사면에 제비집을 지어 놓고 제비를 들이모니, ㉣그중 팔자 사나운 제비 하나가 놀부 집에 흙을 물어 집을 짓고 알을 낳아 안으려 할 때, 놀부놈이 주야로 제비집 앞에 대령하여 가끔가끔 만져 보니, 알이 다 곯고 다만 하나가 깨었다. 날기 공부를 힘쓸 때, 구렁이가 오지 않으니, 놀부는 민망 답답하여 제 손으로 제비 새끼를 잡아 내려 두 발목을 자끈 부러뜨리고, 제가 깜짝 놀라 이르는 말이,

"가련하다, 이 제비야."

하고 조기 껍질을 얻어 찬찬 동여 ㉤ 뱃놈의 닻줄 감듯 삼층 얼레 연줄 감듯 하여 제 집에 얹어 두었더니, 10여 일 뒤에 그 제비가 9월 9일을 당하여 두 날개를 펼쳐 강남으로 들어가니, 강남 황제가 각처 제비를 점고할 때, 이 제비가 다리를 절고 들어와 엎드렸더니, 황제가 신하로 하여금,

"그 연고를 사실하여 아뢰라."

하시니, 제비가 아뢰되,

"작년에 웬 박 씨를 내어보내어 흥부가 부자 되었다 하여 그 형 놀부놈이 나를 여차여차하여 절뚝발이가 되게 하였사오니, 이 원수를 어찌하여 갚고자 하나이다."

황제가 이 말을 들으시고 대경하여 말하기를,

"이놈 이제 전답 재물이 여유 있으되 동기를 모르고 오륜에 벗어난 놈을 그저 두지 못할 것이요, 또한 네 원수를 갚아 주리라."

– 작자 미상, 〈흥부전〉

* 당사: 중국에서 들여온 명주실.
* 칠산: 서해안에 있는 조기의 명산지.
* 점고: 일일이 점을 찍어 가며 조사함.

🔑 **문제 해결** 이 소설은 형제간의 우애를 다루며 조선 후기의 빈부 격차와 그로 인한 갈등을 풍자하고 있다. 판소리계 소설답게 서민적이면서 해학적인 문체를 통해 골계미를 드러내고 있다.

㉠~㉤에 대한 설명으로 적절하지 <u>않은</u> 것은?

① ㉠: 해학적 표현을 사용하여 웃음을 유발하고 있다.
② ㉡: 모습이나 소리를 흉내 낸 말을 사용하여 인상 깊게 표현하고 있다.
③ ㉢: 관용적인 표현을 사용하여 인물의 처지를 나타내고 있다.
④ ㉣: 대상에 대한 서술자의 주관적 판단이 반영되어 있다.
⑤ ㉤: 비유적 표현을 반복하며 행동을 과장하여 표현하고 있다.

🔍 **선택지 개념어**
① 067 해학적 표현
④ 001 서술자
　 005 서술자의 개입
⑤ 065 과장된 표현

04

장 선생 맏손자가 여쭈되

"우리 집 잔치를 벌이려 하오매 각처 손님을 청하려니와 만일 산중의 왕 백호산군(白虎山君)을 청치 아니하오면 후일에 필경 화가 될 듯하오니 어찌하오리까."

장 선생이 눈을 감고 오래 생각하다가 이르되

"백호산군은 힘만 믿고 사나워 친구를 모르고, 연전에 네 아비를 해하려고 급히 쫓아오니 네 아비가 뛰기를 잘 못하였던들 하마 죽을 뻔하였나니, 그러므로 내 집에 험한 기억이 있고, 또한 **산군**이 좌석에 참례하면 각처 손님이 필경 겁이 나고 두려워 잘 놀지 못할 것이니 **청치 아니함이 마땅하도다.**"

(중략)

토끼 왈 / "오늘 잔치에 조용히 좌를 정하여 예법을 정할 것이거늘 한갓 요란만 하고 무례하니, 아무리 우리 잔치인들 놀랍지 아니하랴."

노루란 놈이 턱을 끄덕이며 웃어 왈

"말씀이 가장 유리하니 원컨대 선생은 좋은 도리를 가르쳐 좌정케 하소서."

토끼 모든 손님을 돌아보며 가로되 / "내 일찍 들으니 '조정은 벼슬이요 향당은 나이'라 하오니 부질없이 다투지 말고 **연치(年齒)를 차려 좌를 정하소서.**"

노루가 허리를 수그리고 펄쩍 뛰어 내달아 왈

"내가 나이 많아 허리가 굽었노라. 상좌에 처함이 마땅하다."

하고, 암탉의 걸음으로 엉금엉금 기어 상좌에 앉으니, 여우란 놈이 생각하되, '저놈이 한갓 허리 굽은 것으로 나이 많은 체하고 상좌에 앉으니, **난들 어찌 무슨 간계로 나이 많은 체 못 하리오.**'하고 나룻을 쓰다듬으며 내달아 왈 / "내 나이 많아서 나룻이 세었노라."

한대, 노루 답 왈 / "네 나이 많다 하니 어느 갑자에 났는가. 호패를 올리라."

하니, 여우 답 왈 / "소년 시절에 호방하고 의협심이 있어 주색청루(酒色靑樓)에 다닐 적에 술이 대취하여 오다가, 대신 가시는 길을 건넜다 하여 호패를 떼여 이때까지 찾지 못하였거니와, 천지개벽한 후 처음에 황하수 치던 시절에 나더러 힘세다 하고 가래장부 되었으니 내 나이 많지 아니 하리오. 나는 이러하거니와 너는 어느 갑자에 났느냐."

노루 답 왈 / "천지개벽하고 하늘에 별 박을 때에, 날더러 궁통(窮通)하다 하여 별자리를 분간하여 도수를 정하였으니 내 나이 많지 아니하리오."

(중략)

또 여쭈되 / "존장이 천지만물을 무불통지하오니, 글도 아시나이까."

두꺼비 왈 / "미련한 짐승아. 글을 못 하면 어찌 천자 만고 역대를 이르며 음양지술을 어찌 알리오."

하거늘 여우 가로되 / "존장은 문학도 거룩하니 풍월을 들으리이다."

두꺼비 부채로 서안(書案)을 치며 크게 읊어 왈

"대월강우입(待月江隅入)하니 고루석연부(高樓夕烟浮)라.

금일군회중(今日群會中)에 유오대장부(惟吾大丈夫)라."

읽기를 그치니 여우 왈

"존장의 문학이 심상치 아니하거니와, 실없이 묻잡느니 존장의 **껍질**이 어찌 우둘투둘하시나이까."

두꺼비 답 왈 / "소년에 장안 팔십 명을 밤낮으로 데리고 지내다가, 남의 몸에서 옴이 올라 그리하도다."

여우 또 문 왈 / "그리하면 **눈**은 왜 그리 노르시나이까."

"눈은 보은현감 갔을 때에 대추 찰떡과 고욤을 많이 먹었더니 열이 성하여 눈이 노르도다."

또 물어 왈

"그리하면 등이 굽고 **목정**이 움츠러졌으니 그는 어찌한 연고입니까."

– 작자 미상, 〈두껍전〉

🔑 **문제 해결** 이 소설은 등장인물들의 행태를 통해 조선 후기 사회의 단면을 풍자한 우화 소설로, 인물들은 누가 상좌에 앉느냐를 정하기 위해 자신이 나이가 더 많다고 여러 가지 방법으로 주장하고 있다.

〈보기〉를 참고하여 윗글을 감상한 내용으로 적절하지 <u>않은</u> 것은?

보기

〈두껍전〉은 등장인물들의 행태를 통해 조선 후기 사회의 단면을 풍자한 우화 소설이다. 조선 후기는 기존의 신분 제도에 따른 지배 질서가 약화되면서 새로운 질서가 대두되는 시기였다. 〈두껍전〉에서 중요한 관심사는 이전과 다른 질서에 의해 누가 상좌에 앉아야 하느냐이다. 이 질서에 따라 펼쳐지는 인물들의 행위는 풍자의 대상이 된다. 풍자는 상대에게 우위를 점하기 위해 외양을 우스꽝스럽게 표현하거나 속임수를 쓰는 등의 비윤리적인 모습으로, 또 한문구를 이용하여 유식한 체하는 모습으로도 드러난다.

① 장 선생이 '산군'을 '청치 아니함이 마땅하도다'라고 말하는 장면을 통해, 기존의 신분 질서가 약화된 사회의 모습을 드러내는군.

② 노루가 '연치를 차려 좌를 정하'자는 기준에 동조하는 모습을 통해, 기존의 신분 질서를 옹호하는 인물을 풍자하는군.

③ 여우가 '난들 어찌 무슨 간계로 나이 많은 체 못 하리오'라고 생각하며 언변 대결에 참여하는 장면을 통해, 비윤리적 행위로 목적을 이루고자 하는 부정적인 행태를 드러내는군.

④ 두꺼비가 '부채로 서안을 치며 크게 읊'으며 말하는 내용을 통해, 유식한 체하는 인물의 모습을 풍자하는군.

⑤ 여우가 두꺼비의 '껍질', '눈', '목정' 등에 대해 언급한 내용을 통해, 상대에게 우위를 점하고자 외양을 우스꽝스럽게 표현하는 모습을 풍자하는군.

🔍 **선택지 개념어**

①, ② 078 신분 질서
②, ④, ⑤ 068 풍자적 표현
⑤ 066 희화화

① 시와 화자

01 정답 ④
| 2024 6월 고1 전국연합

◎ 정답풀이
㉠은 '부엌에' 있는 '전기 제품'으로 '일 분만 단추를 눌러도' 쉽게 지을 수 있는 밥이다. 반면 ㉡은 가족을 위하는 어머니의 사랑과 정성, 희생이 담긴 밥이다. 따라서 ㉡은 ㉠과 달리 대상의 가치 있는 사랑을 느끼게 하는 것이라 할 수 있다.

✗ 오답풀이
① ㉠은 어려운 상황 속 화자의 이상을 실현해 주는 것과는 관련이 없다.
② ㉡이 아니라 ㉠에 대한 설명으로 볼 수 있다. ㉡은 대상의 희생으로 지어진 것이다.
③ ㉠은 희생 없이 편리하게 지을 수 있는 것으로, 화자의 아픈 마음을 치유해 주는 것과는 거리가 멀다.
⑤ 화자는 어머니와 함께 있지 않고 혼자 있는 상황이므로, ㉠이 아니라 ㉡이 과거의 것에 해당한다고 볼 수 있다.

02 정답 ①
| 2016 6월 고2 전국연합

◎ 정답풀이
1연에서는 아들이 돌아가신 아버지에게 말을 건네고 있고, 2연에서는 이를 들은 아버지가 아들에게 말을 건네고 있다. 즉, 말을 건네는 방식을 활용하여 돌아가신 아버지에 대한 아들의 정성이라는 주제 의식을 심화하고 있다.

✗ 오답풀이
② 시선이 원경에서 근경으로 이동하고 있지 않다.
③ 대립적인 의미의 시어로 비판적 현실 인식을 보여 주고 있지 않다.
④ 과거와 현재를 대비한 부분이나 화자의 심경 변화는 드러나 있지 않다.
⑤ '아베', '가이소' 등의 시어를 반복하고 있으나 이는 아버지의 명복을 비는 아들의 마음을 강조하기 위한 것이지 화자 자신의 부정적 처지를 강조하는 것은 아니다.

03 정답 ⑤
| 2020 9월 고1 전국연합

◎ 정답풀이
화자는 '눈이 녹으면 ~ 발자욱을 찾아 나서면'이라며 시의 중심 대상인 순이를 찾아 나서고 싶어 하고 있다. 그러나 화자는 순이를 찾아 나서면 '일 년 ~ 눈이 나리리라'라며 슬픔을 느낄 것이라고 하였으므로, 순이를 만나게 된다고 확신하고 있다고 볼 수 없다.

✗ 오답풀이
① 화자는 '함박눈'이 내려서 '슬픈 것'처럼 지도 위에 덮인다고 하였다. 순이와의 이별로 슬픔을 느꼈기 때문에 '함박눈'에 화자의 슬픈 감정이 투영된 것으로 볼 수 있다.
② 화자가 '벽과 천정'이 하얗다고 한 것은 '방 안에까지 눈이 나리는' 까닭이다. 이는 방 안에 아무도 없음을 의미하는 것으로, 순이와 이별한 허전함을 강조한 것으로 볼 수 있다.
③ 화자는 편지를 써도 순이가 가는 곳을 몰라서 '내 마음속에만 남아 있는 것'이라고 하였다. 따라서 화자는 순이를 만날 수 없기 때문에 마음속에만 남아 있다고 표현한 것으로 볼 수 있다.
④ 화자는 순이의 '발자욱을 눈이 자꾸 나려 덮여 따라갈 수도 없다.'라고 하였다. 따라서 눈이 '발자욱'을 가려서 흔적을 덮었기 때문에 따라갈 수 없다고 한 것임을 알 수 있다.

04 정답 ③
| 2020 6월 고2 전국연합

◎ 정답풀이
〈제4수〉의 초장의 '욕심'은 중장과 종장의 내용으로 볼 때, 속세 사람들의 끝없는 욕심을 의미한다. 화자는 낚싯대 외에는 세간이 없으나, 이와 달리 속세 사람들은 '욕심'이 '그지없'는 것이다. 따라서 '욕심'은 자연과의 합일을 지속하려는 마음을 의미하는 것이 아니다.

✗ 오답풀이
① 〈제1수〉의 '명월'이 좋아 '잠'을 자지 않는 행위는 자연과의 합일을 도모하는 행위로 볼 수 있다. 따라서 자연 친화적인 삶의 모습을 보여 준다고 할 수 있다.
② 〈제2수〉의 '작녹'은 벼슬과 녹봉이라는 의미로 세속적 가치를 나타낸다. 따라서 이러한 '작녹'을 마음에 두지 않고 '문'을 늦도록 닫아 두는 것은 세속적 삶을 멀리하려는 태도를 드러낸 것이라 할 수 있다.
④ 〈제5수〉에서 화자는 '산'과 '물'을 '너'라고 부르고 있으므로 이 둘을 청자로 설정한 것이라 할 수 있다. 그리고 '산'의 한결같이 높은 점을, '물'의 매일매일 흐르는 점을 높이 평가하고 있으므로 자연물의 변함없는 모습을 예찬하고 있다고 할 수 있다.
⑤ 〈제6수〉에서 속세를 의미하는 '홍진'에 '나지 마라'라고 한 것과 '칼 톱'을 무섭다고 표현한 것은 벼슬길의 위험성을 인식했기 때문이라 할 수 있다.

01 정답 ①　　　　　　　　　ㅣ 2023 3월 고2 전국연합 변형

◎ 정답풀이

'쪼이고 있다', '채워 넣고 있다', '눈부시다' 등 현재 시제를 활용하여 시상을 전개하고 있는데, 이를 통해 햇볕을 쪼이고 있는 할머니들이 처한 시적 상황을 제시하고 있다.

✕ 오답풀이

② '아지랑이 피어오를 것 같고' 등에서 봄의 동적 분위기가 환기되기는 하지만, 연쇄법은 드러나 있지 않다.
③ 다양한 시각적 이미지는 활용되고 있지만, 후각적 이미지는 드러나 있지 않다.
④ 말을 건네는 방식은 드러나 있지 않다.
⑤ '이렇게'에서 '이', '그새'에서 '그'라는 지시어가 들어간 표현이 쓰이긴 했지만, 지시어가 연속적으로 배치되어 대상에 대한 주목을 유도하고 있지는 않다.

02 정답 ⑤　　　　　　　　　ㅣ 2021 6월 고2 전국연합

◎ 정답풀이

화자가 '가던 길'을 멈추고 싶다고 한 것은 자신이 '똥덩이처럼' 쓸모없는 것으로 느껴질 때 '어딘가 걸려 있고' 싶기 때문이다. 이는 현실과 타협하려는 모습이 아니라, 의미 있는 존재가 되고 싶은 화자의 마음을 드러낸 것이다.

✕ 오답풀이

① 화자는 스스로를 무가치하게 느끼는 부정적 상황에 처해 있기 때문에 '버스'에서 뛰어내리고 싶다고 한 것이다.
② '홍은동 사거리'에는 털보네 대장간이 있었지만, 현대 아파트가 들어서면서 사라졌고, 화자는 그곳을 찾아가고 싶다고 하였다.
③ '털보네 대장간'에서 화자는 자신을 달구고, 벼리고, 갈아 무쇠낫으로 바꾸고 싶다고 하였다. 이는 자신을 단련하여 탈바꿈하고 싶은 마음을 드러낸 것으로 볼 수 있다.
④ 화자는 지금까지 살아온 인생이 온통 부끄러워졌을 때 '직지사 해우소'에서 떨어져 내리는 똥덩이를 언급하고 있으므로, '직지사 해우소'와 관련된 소재를 통해 자신의 삶에 대한 반성적 인식을 보여 주고 있다고 할 수 있다.

03 정답 ④　　　　　　　　　ㅣ 2022 3월 고1 전국연합 변형

◎ 정답풀이

'툇마루'에 앉은 화자는 '말없이 몸짓 없이' 달이 떠오르기만을 기다리고 있으며, '내 하나인 외론 벗', '내 그림자'는 화자의 고독한 정서를 드러내고 있다. 따라서 '툇마루'는 고독하고 적막한 상황이 형상화되는 공간으로 볼 수 있다.

✕ 오답풀이

① '툇마루'가 일상적 공간인 것은 맞지만, 이 시에서 이별의 상황을 회상하고 있지는 않다.
② '툇마루'에 앉아 있는 화자는 달이 뜨는 것을 기다리고 있을 뿐, 현실을 관조하며 삶을 성찰하고 있지는 않다.
③ 달이 '떠오를' 것이라는 점에서 '달'은 상승 이미지와 관련이 있지만, 하강 이미지는 드러나 있지 않다.
⑤ '툇마루'에는 달이 '이제' 떠오를 것이라는 기대감이 나타나 있으나, 지나온 삶에 대한 그리움은 나타나 있지 않다.

04 정답 ②　　　　　　　　　ㅣ 2017 6월 고1 전국연합

◎ 정답풀이

(가)에서는 영탄적 표현 '모르는고'와 '모르도다'를 통해 임과 이별한 상황에 대한 슬픔의 정서를 부각하고 있고, (나)에서는 영탄적 표현 '닳으리라'와 '슬퍼하노라'를 통해 임을 그리워하는 상황에서 임에 대한 애타는 그리움의 정서를 부각하고 있다.

✕ 오답풀이

① (가)와 (나) 모두 청각적 심상이 드러나 있지 않다.
③ (가)와 (나) 모두 자조적 어조가 드러나 있지 않다.
④ (가)와 (나) 모두 역설적 표현이 드러나 있지 않다.
⑤ (가)에는 가정적 상황이 드러나 있지 않다. (나)에서는 '꿈에 ~ 남는다면'이라는 가정적 상황을 제시하여 임에 대한 간절한 그리움을 부각하고 있으나, 이를 통해 미래가 나아질 것이라는 기대감을 드러내고 있지는 않다.

05 정답 ②　　　　　　　　　ㅣ 2016 9월 고2 전국연합 변형

◎ 정답풀이

2연의 '어느 잠이 오리오', 3연의 '누구입니까 누구입니까'는 모두 물음의 형식으로 제시된 시구인데, '어느 잠이 오리오'는 임의 부재로 근심하는 상황을, '누구입니까 누구입니까'는 부재하는 임을 원망하고 있는 상황을 부각하고 있다.

✕ 오답풀이

① '경경 고침상'을 시적 공간이라 볼 수 있지만, 화자가 이곳에서 다른 곳으로 이동하는 모습은 나타나지 않는다.
③ 독백체와 말을 건네는 방식이 활용되었다고 볼 수 있지만, 화자와 청자가 말을 주고받는 대화 형식을 활용하고 있지는 않다.
④ 시구의 반복을 통해 화자의 정서를 강조하고 있으나 환상적 분위기를 조성하고 있지는 않다.
⑤ 임과 이별한 상황에서 임에 대한 그리움을 드러내고 있을 뿐, 감정을 절제한 표현이나 화자의 단호한 의지를 표출하고 있지는 않다.

❌ 오답풀이

① 〈제2수〉에서 화자는 세속적 욕망과 가치를 나타내는
'공명'과 '부귀'를 모두 '잊었노라'라고 표현하며 세속적인
것과 거리를 두는 무욕의 삶을 지향함을 드러내고 있다.
③ 〈제5수〉의 '팥죽'과 '저리지'는 소박한 음식을 의미한다.
이 두 가지 음식을 통해 화자는 자신의 삶에 대한 만족감을
드러내고 있다.
④, ⑤ 〈제11수〉에서 화자가 '유신'하다고 여기는 대상은
'대 막대'이다. '대 막대'는 화자가 어린 시절 타고 놀았던
놀이 도구였고, 나이가 든 이후에는 지팡이로 사용하는 대
상이다. 화자는 어린 시절부터 나이 든 이후까지 자신의 곁
에서 신의를 지키는 '대 막대'에 대해 '반갑고야'라며 친밀
감을 드러내고 있다. 그리고 한편으로 '대 막대'의 쓰임 변
화를 통해 화자는 자신이 나이가 들었음을 인식하고 있다.

04 정답 ⑤

| 2018 3월 고1 전국연합

◎ 정답풀이

[B]에서는 '버선짝', '토시짝', '털먹신' 등 짝이 있는 물건을
열거하여 짝이 없는 화자의 외롭고 서글픈 정서를 드러내고
있다. 하지만 [A]와 [C]에는 짝이 있는 물건이 나타나지 않
으며, 화자의 애상감을 점층적으로 표현하고 있지도 않다.

❌ 오답풀이

① [A]에서는 부유한 사람의 팔자 좋은 처지와 '지게 목발'
을 못 면하는 화자의 처지가 대조를 이루고 있다. 이에 대
해 화자는 '이런 팔자 어이하리'라고 하며 불평등한 현실에
서 느끼는 괴로움을 토로하고 있다.
② [B]에서는 '지게는 못 면하고'와 '남의 집도 못 면하고'
등에서 유사한 문장 구조가 사용되었는데, 이를 통해 화자
의 가난하고 외로운 상황을 강조하고 있다.
③ [C]의 '더런 놈의 팔자로다 이놈의 팔자로다'에는 먹고살
기 위해 나뭇짐을 져야 하는 자신의 신세에 대한 화자의 한
탄과 더불어, 이러한 처지를 어쩔 수 없는 운명으로 여기는
체념적 어조가 드러나 있다.
④ '이히후후'는 노래의 처음과 끝에 반복되는 의성어로 고
된 노동으로 인해 내뱉는 소리이다. 이는 고달픈 화자의 삶
에 대한 한숨 소리로 해석할 수 있으며, 이를 통해 화자의
고달픈 심정을 표현하고 있다.

---

❸ 화자의 어조, 태도, 정서

01 정답 ①

| 2021 9월 고2 전국연합 변형

◎ 정답풀이

'튼튼한 벽이 되어 있었다.', '벽은 꿈쩍도 하지 않았다.'와
같은 단정적 어조를 활용하고 있다. 이를 통해 약자의 어려
움을 외면하는 사회의 현실을 드러내고 있다.

❌ 오답풀이

② 도치의 방식은 드러나 있지 않다.
③ '할머니', '벽' 등의 시어가 반복되고 있지만, 대상을 나
열하는 열거의 방법은 드러나 있지 않다.
④ '할머니'와 '벽'을 이룬 사람들이 대조되고 있지만, 대조
와 연쇄를 통해 시적 분위기가 반전되고 있지는 않다. 시적
분위기는 일관되어 있다.

> **➕ 개념어 – 연쇄**
> 앞 구절의 끝 어구를 다음 구절의 앞 어구에 이어 받아서 표현
> 하는 방법을 말한다. 전달하고자 하는 의미를 강조하는 효과가
> 있다.

⑤ 색채어는 드러나 있지 않다.

02 정답 ①

| 2020 3월 고2 전국연합

◎ 정답풀이

'-도다, -구나' 등과 같은 감탄의 의미를 나타내는 종결 표
현을 활용하여 영탄적 어조로 독락당과 그 주변의 경관 및
이언적이 남긴 자취에 대한 예찬적 태도를 드러내고 있다.

❌ 오답풀이

② '변함없는 경치가 그 더욱 반갑구나'를 통해 자연의 변함
없는 불변성에 주목하고 있는 것은 알 수 있으나 이를 통해
인간사의 한계를 부각하고 있지는 않다.
③ '몇몇 옛 자취 보며 문득 생각하니'에서 과거 회귀적 지
향을 드러냈다고 볼 수는 있으나 현실의 모순을 언급하고
있지는 않다.
④ 화자는 독락당과 그 주변 자연의 아름다운 경치를 감상
하고 있을 뿐, 다양한 삶의 모습을 제시하고 있지는 않다.
⑤ 화자는 '안회, 사마온공'과 같은 역사적 인물을 언급하고
있으나 이를 통해 상황 극복의 의지를 드러내고 있지는 않다.

03 정답 ②

| 2021 6월 고2 전국연합

◎ 정답풀이

〈제2수〉에서 화자는 세속적 가치를 나타내는 '공명'과 '부
귀'를 다 잊었다며 무욕의 삶을 지향하는 모습을 드러내고
있다. 즉, 〈제2수〉는 '남'으로부터의 소외를 의미하는 것이

4 이미지(심상)

01 정답 ⑤

| 2022 6월 고2 전국연합

◎ **정답풀이**

'천년의 구름 아래 바위는 늙었네'에서 '천년의 구름'과 '바위는 늙었네'라는 표현을 통해 세월의 흐름을 시각적 이미지로 나타내어 부벽루 주변의 쓸쓸한 분위기를 조성하고 있다.

✕ **오답풀이**

① 묻고 답하는 구조가 아닌 화자의 독백으로 시상이 전개되고 있다.
② 명령이나 요구의 뜻을 나타내는 명령형 어조는 사용되고 있지 않다.
③ 인간 역사의 유한함에 대해 덧없음과 쓸쓸함을 느끼고 자연과 인간 역사를 대비하여 표현하고 있을 뿐, 반어적 표현을 활용하여 시적 상황을 구체화하고 있지 않다.
④ '산은 오늘도 푸르고'에서 색채어를 사용하고 있지만 색채어의 대비를 통해 대상을 드러내고 있지는 않다.

02 정답 ④

| 2018 9월 고2 전국연합

◎ **정답풀이**

시상이 전개되면서 화자의 태도는 거미를 무심하게 대하다가 거미 가족에게 연민을 느끼는 것으로 변하고 있다. 하지만 화자의 태도가 달라짐에 따라 거미가 처한 상황이 악화되고 있다고 볼 수는 없다. 거미가 내보내진 '문 밖'은 재회의 가능성을 지닌 곳이라 할 수 있다.

✕ **오답풀이**

① '내 손에 오르기라도 하라고 ~ 울고불고 할 이 작은 것은 ~ 나를 서럽게 한다'에서 대상을 의인화하여 화자의 연민을 드러내고 있음을 확인할 수 있다.
② '차디찬 밤이다'에서 촉각적 심상이 드러나는데, 거미가 추운 밤에 문 밖으로 버려지는 것이므로 촉각적 심상을 통해 대상이 놓인 비극성을 부각하고 있음을 확인할 수 있다.
③ '쓸어 버린다', '짜릿한다', '서러워한다' 등 현재형 어미를 사용하여 거미를 버리는 상황과 그에 따른 화자의 정서를 생생하게 보여 주고 있다.
⑤ 1연→2연→3연으로 시상이 전개되면서 행의 수가 늘어나는데, 이에 따라 화자의 정서도 '아모 생각 없이'→'서러워한다'→'가슴이 메이는, 슬퍼한다'로 심화되고 있다.

03 정답 ④

| 2020 11월 고2 전국연합

◎ **정답풀이**

'한 발 재겨 디딜 곳'은 화자가 처한 절박하고 절망적인 상황을 나타낸 것이다. 이를 통해 화자는 고난이 절정에 달한, 한 발도 디딜 곳이 없는 극한의 상황을 드러내고 있다.

✕ **오답풀이**

① 1연에서는 겨울이라는 계절적 상황을 '매운'이라는 감각적 이미지로 제시하고 있다. 이를 통해 혹독한 추위를 생생하고 현실감 있게 드러내고 있다.
② '서릿발'은 '땅속의 물이 얼어 기둥 모양으로 솟아오른 것'을 의미한다. 이는 추운 날씨를 시각적으로 보여 주는 것이므로, 겨울이라는 계절적 상황을 더욱 부각하며 겨울이 주는 시련을 분명하게 드러낸다고 할 수 있다.
③ '북방'은 수평적 기준에서 극한의 상황을, '고원'은 수직적 기준에서 극한의 상황을 나타낸다. 이를 통해 화자가 극한 중의 극한의 상황 속에서 겨울을 맞이하여 매우 고통스럽다는 것을 잘 드러내고 있다.
⑤ '겨울'은 부정적인 상황으로 고통스러운 현실을 의미한다. 이에 반해 '무지개'는 희망찬 미래를 상징한다. 무지개가 '강철'이라는 차가운 속성의 물체로 표현된 것으로 보아 화자는 겨울이라는 부정적 상황을 무지개를 통해 다르게 인식하려고 노력하고 있다고 할 수 있다.

04 정답 ③

| 2019 3월 고1 전국연합

◎ **정답풀이**

ⓑ는 아주 멀리 있는 '서역 땅'에서 '산 넘고 물 건너' 온 것이다. 이를 통해 '너'는 저승에 있는 죽은 사람임을 짐작할 수 있다. 즉, ⓑ는 실제로 존재하는 것이 아니라 '너'에 대한 그리움으로 인해 화자가 들었다고 착각한 것이다. 따라서 ⓑ가 화자에게 반가움과 동시에 과거의 추억을 환기한다고 볼 수 없다.

✕ **오답풀이**

① 화자는 '너를 꿈꾼' 후 인기척에 잠이 깨는데, 인기척이 '너'의 ⓐ라고 느꼈지만 나가 보니 빗소리였다고 하였다. 즉, 화자가 꾼 '꿈'으로 인해 빗소리를 '너'의 ⓐ로 착각한 것임을 알 수 있다.
② 화자는 '너'를 꿈꾼 후 들은 빗소리를 '너'의 ⓐ로 생각하면서 '너'에 대한 그리움이 점점 고조되고 있고, 이에 따라 빗소리를 '너'가 '신발을 끌고 와 / 다정하게 부르는' ⓑ로 인식하고 있다.
④ ⓒ를 '너'의 목소리로 착각한 화자는 착각임을 깨닫고 실망과 좌절감을 느끼게 된다. '하염없이 내리는' ⓒ는 빗물이 땅으로 떨어지는 하강의 이미지이므로, '너'와의 만남이 무산된 화자의 좌절감과 연결된다고 볼 수 있다.
⑤ 화자는 그리워하던 ⓑ가 들리는 것 같아서 문을 열고 나가지만, 소리의 정체가 ⓒ임을 알고 허탈감을 느낀다. 이러한 화자의 허탈감은 '굵은 빗방울 따위가 성기게 떨어지는 소리'인 '후드득'보다 더 강한 느낌을 주는 '후두둑'을 통해 청각적 이미지로 부각되고 있다.

01 정답 ③
| 2022 11월 고1 전국연합

◎ **정답풀이**

'흙의 무게가 삶의 무게만큼 힘겨웠지만'은 화자가 경험한 삶의 고통과 고뇌를 드러낸 것으로, 계절의 변화에서 발견한 희망의 이미지가 드러난다고 볼 수 없다.

✖ **오답풀이**

① '매운 바람'도 '맞을 만치 맞으면', '오히려 더욱 따사로움을 알았다'에서 겨울을 견디면 봄이 온다는 화자의 인식을 엿볼 수 있으므로, 화자가 겨울을 소생의 가능성이 있는 계절이라고 인식했다고 할 수 있다.
② '덜 녹은 눈발'이 '땅의 품 안으로 녹아'드는 계절은 봄이므로 겨울에서 봄으로 순환하는 자연의 질서에 대한 화자의 인식이 드러난다고 볼 수 있다.
④ '겨울 들판'이나 '사람'에 대해 '가까이 다가서지도 않으면서'라고 연결한 것에서 자연 현상을 인간의 삶과 관련짓는 화자의 인식이 드러난다고 볼 수 있다.
⑤ '가까이 다가서지도 않으면서' '함부로 말하지 않기로 했다'에는 편견을 가지는 태도를 지양하는, 화자가 지향하고자 하는 삶의 태도가 드러난다고 볼 수 있다.

02 정답 ②
| 2020 9월 고2 전국연합

◎ **정답풀이**

〈학습 활동〉에서 〈씨앗을 받으며〉가 수미상관의 구조로 구성되어 있음을 설명하였다. '젊음이 역사한'에서 '젊음'은 화자가 아니라 '가을 초목'의 과거를 의미하는 것이다. 가을 초목이 결실을 맺기 위해 '모진 비바람에 부대끼'는 시련을 겪어 낸 것을 의미한다. 화자가 과거의 노력에 대한 가치를 재인식하고 있다는 것은 적절하지 않다.

✖ **오답풀이**

① 화자는 '가을 초목'이 결실을 맺은 '가을 뜨락'에서 씨앗을 받으려다 스스로의 삶을 평가하며 성찰하고 있다. 따라서 '가을 뜨락에'의 반복을 통해 자신의 삶을 탐색하는 계기가 된 계절적 상황을 강조하고 있다고 할 수 있다.
③ 화자는 초목이 시련을 이겨 내고 얻은 '씨앗'을 받으며, 그와 대비되는 자신의 모습에 부끄러움을 느끼고 있다. 따라서 '씨앗을 받으려니'를 반복하여 화자가 느끼고 있는 감정을 촉발한 소재 '씨앗'에 주목하게 한다고 할 수 있다.
④ 화자는 결과를 내지 못한 자신이 나무의 결과물인 '씨앗'을 받는 것이 염치없는 일임을 '도무지'를 통해 부각하고 있다.
⑤ 첫 연의 '송구하다'를 마지막 연에서 더 심화된 어감을 가진 '염치없다'로 변형함으로써 화자가 느끼고 있는 성찰적 태도를 강화하고 있다고 할 수 있다.

03 정답 ③
| 2019 3월 고2 전국연합 변형

◎ **정답풀이**

1행을 보면 임과 봄에 이별한 후 늦가을이 되었음을 알 수 있고, 이어서 5행을 보면 여름과 가을이 지나고 겨울이 되었다고 했으므로, 시상의 전개 과정에서 시간의 흐름이 나타난다고 할 수 있다.

✖ **오답풀이**

① '조물이 시기런지'에서는 조물의 시기 때문에 이별의 시간이 흘러가고 있다고 하여, 상황을 운명적으로 인식함을 드러내고 있다. 운명을 거부하는 도전적 자세가 드러난다고 볼 수 없다.
② 화자는 사랑하는 임을 볼 수 없는 상황에 대해 괴로워하고 있을 뿐 반성하는 모습은 보이지 않는다.
④ 임의 부재로 인한 괴로움과 관련된 자연의 모습인 '낙목한천'과 임과 함께하던 기쁨과 관련된 자연의 모습인 '방춘화류'가 제시되어 있는데, 이는 시적 분위기를 형성할 뿐, 인간과 자연의 대비가 나타난다고 할 수 없다.
⑤ 화자는 임을 상실한 경험과 이로 인한 괴로움을 표출하고 있을 뿐, 극복하려는 의지적 자세는 드러나 있지 않다.

04 정답 ④
| 2020 3월 고1 전국연합

◎ **정답풀이**

B와 C에는 '물', '바위', '솔(소나무)', '그(대나무)'라는 중심 소재에 대한 예찬이 드러나 있다. D에서도 높이 떠서 만물을 비추는 '달'이라는 자연물을 예찬하고 있으므로 B, C와 같이 D도 중심 소재에 시선을 주고 있다고 볼 수 있다. D에서 화자의 시선이 내면으로 이동한 것은 아니다.

✖ **오답풀이**

① A에서는 중심 소재인 '수석', '송죽', '달'을 제시하고 있는데, '수석(물, 바위)'은 무생물, '송죽(소나무, 대나무)'은 생물, '달'은 천상의 자연물이다.
② B의 〈제2수〉에서 '구름'과 '바람'을 '물'과 대조하여 '물'의 영원성을 예찬하고 있고, 〈제3수〉에서 '꽃'과 '풀'을 '바위'와 대조하여 '바위'의 불변성을 예찬하고 있다.
③ B의 〈제2수〉와 〈제3수〉는 초장과 중장이 대구를 이루고 있고, C의 〈제4수〉와 〈제5수〉의 초장에서도 대구가 나타나 있다. 대구법을 활용하면 운율감이 형성된다.
⑤ A의 〈제1수〉에는 '수석', '송죽', '달'이 언급되었고, B의 〈제2수〉에 '물', 〈제3수〉에 '바위', C의 〈제4수〉에 '솔', 〈제5수〉에 '그(대나무)', D의 〈제6수〉에 '너(달)'가 나타나므로, 중심 소재들이 A에서 언급된 순서대로 배치되어 있다.

6 표현 방식

01 정답 ①

◎ 정답풀이

화자는 달 밝고, 바람이 잔잔하게 불고, 물결도 비단처럼 잔잔한 날에, 작은 배를 타고 흥을 느끼고 있다. 화자는 이 즐거움을 혼자만 알고 싶은 마음을, 세상이 알게 될지도 모르니 '백구'에게 너무 즐겨 하지 말라고 표현한 것이다. 즉, '백구'는 화자의 즐거움이 **투영**된 자연물이라 할 수 있다.

✕ 오답풀이

② 내적 성찰은 드러나 있지 않으므로 백구가 화자에게 내적 성찰을 일으킨다고 볼 수 없다.
③ 화자는 자연을 즐기고 있을 뿐, 백구를 통해 세월의 흐름을 인식하고 있지 않다.
④ 화자는 칠십이 넘은 노년에 자연을 즐기고 있는 것이므로 현실을 도피한 것으로 보기 어렵고, 백구가 화자의 태도를 촉발한 것이 아니라, 화자가 자신의 정서를 백구에 **투영**하여 표현한 것이다.
⑤ 화자는 세상에 대해 비판적 태도를 보이고 있지 않다.

02 정답 ②

◎ 정답풀이

'곰비임비 임비곰비 천방지방 지방천방', '워렁퉁탕'에서 **음성 상징어**를 활용하여 작중 상황을 생동감 있게 나타내고 있다.

✕ 오답풀이

① 청자와 대화를 주고받는 방식이나 화자가 삶을 성찰하는 내용은 드러나 있지 않다.
③ 화자의 공간 이동은 드러난다고 볼 수 있지만, 화자의 시선이 원경에서 근경으로 이동하고 있지는 않다.
④ **대구**의 방식을 활용하여 대상의 긍정적 속성을 예찬하고 있지는 않다.
⑤ 추상적 관념을 구체적 대상으로 표현하거나 사회 현실을 고발하는 내용은 드러나 있지 않다.

03 정답 ④

◎ 정답풀이

'모밀묵'의 의미를 부각하기 위해, '것, 음식, 식성, 식욕'과 같은 **명사로 시행을 종결**하고 있다. 이처럼 명사로 시행을 끝맺으면 나타내고자 하는 의미를 강조하고 시상을 집약시키는 효과가 있다.

✕ 오답풀이

① 수미상관의 형태는 드러나 있지 않다.
② 시의 표면에 화자가 명시되어 있지 않다.
③ 시각적 심상, 미각적 심상 등이 활용되고 있으나, 촉각적 심상의 대비는 드러나 있지 않다.
⑤ 화자는 관조적 어조로 이야기하고 있을 뿐, 비관적 태도는 드러나 있지 않다.

04 정답 ②

◎ 정답풀이

화자는 '뿌리'에 의지하던 삶에서 벗어나, 불안정하고 예측 불가능하지만 새로운 가능성을 찾아 나서고자 한다. '뿌리'라는 시어를 **반복**하여 이러한 시의 주제 의식을 강조하고 있다.

✕ 오답풀이

① 공간의 이동은 드러나 있지 않다.
③ 앞부분에 경치를 제시하고 뒷부분에 정서를 제시하는 선경 후정의 방식은 드러나 있지 않다.
④ 청유형 종결 어미는 드러나 있지 않다.
⑤ **색채어**는 드러나 있지 않다.

05 정답 ①

◎ 정답풀이

10~12행 '그날 밤 / 가난한 서울의 시민들은 / 꿈에 볼 것이다.'를 보면 무엇을 본다는 것인지 서술어에 해당하는 목적어가 드러나 있지 않은데, 이어지는 13~21행에서 목적어를 제시하고 있다. 즉, 10~21행에 걸쳐 **도치**의 방식을 활용하여 시적 상황을 부각하고 있다고 할 수 있다.

✕ 오답풀이

② 명령형 문장은 드러나 있지 않다.
③ 감탄사는 드러나 있지 않다.
④ '~ 동안 / 연탄가스는 가만가만히 / 쥐라기의 지층으로 내려간다.'에서 '연탄가스'를 **의인화**하였다고 볼 수 있겠지만, 청자로 설정하고 있지는 않다.
⑤ 동일한 시행의 **반복**은 드러나 있지 않다.

개념어 기출문제 정답과 해설

1 서술자와 시점

01 정답 ③
| 2017 3월 고2 전국연합

◎ 정답풀이

서술자인 '나'는 어머니가 돌아가신 것을 알고 단식을 하며 어머니와 자신의 삶을 돌이켜보고 있다. 따라서 이 소설은 서술자 '나'가 어머니의 죽음과 관련된 자신의 체험과 내면 심리를 1인칭 주인공 시점으로 드러내고 있다.

✕ 오답풀이

① 이 소설은 1인칭 주인공 시점으로 서술자가 자신의 이야기를 하고 있으므로 관찰자의 입장으로 볼 수 없다.
② 서술자는 항상 '나'이므로 서술자가 교체되지 않는다.
④ '나'가 현재의 시점에서 과거의 여섯 살 무렵을 회상하는 장면이 나타나기 때문에 역순행적 구성이다.
⑤ 동시에 벌어지는 사건을 나란히 배치하고 있지 않다.

02 정답 ②
| 2024 3월 고2 전국연합

◎ 정답풀이

이 소설에서는 서술자가 '아이는 ~ 욕심은 미처 나지 못했다.'와 같이 '아이'라는 특정 인물의 심리와 의식을 중심으로 사건을 서술하고 있다.

✕ 오답풀이

① 서술자가 교체되고 있지 않다.
③ 간접 인용은 다른 사람의 말이나 글을 끌어다 쓰는 것인데, 이 소설에서 반복적으로 활용되고 있지 않다.
④ 동시적 사건이 병치되는 것이 아니라, 아이가 겪은 사건이 시간의 흐름에 따라 서술되고 있다.
⑤ 서술자가 이야기 외부에 위치하여 서술하고 있으므로, 자신의 체험을 진술하고 있지 않다.

03 정답 ⑤
| 2018 11월 고1 전국연합

◎ 정답풀이

'독부 되어 그 정상이 차마 보지 못할러라.'에서 장경의 안타까운 처지에 대해 서술자가 개입하여 논평하고 있고, '보는 사람이 아니 괴이히 여길 이 없더라.'에서도 서술자는 장경을 잘 돌보는 초운의 행동에 대한 자신의 생각을 직접 드러내고 있다.

✕ 오답풀이

① 장경과 주인 차영 간의 대화는 드러나지만 이를 통해 인

물을 희화화하고 있는 것은 아니므로 적절하지 않다.
② 장면의 전환이 나타나지만 이를 통해 긴박한 분위기를 조성하는 것은 아니므로 적절하지 않다.
③ 장경이 겪은 현실에서의 일들이 나타나 있을 뿐, 꿈속에서의 일은 나타나지 않는다.
④ 이 장면에서 비현실적 공간을 설정하고 있지는 않다.

04 정답 ①
| 2017 3월 고2 전국연합

◎ 정답풀이

(가)는 서대주에 대해 '서대주가 사람을 해친 마음에 대한 앙갚음이 아닌가 생각한다.'라고 서술자가 논평하는 부분에서, (나)는 자라에게 속아 용궁으로 끌려온 토끼의 처지에 대해 '세상에 턱없이 명리를 탐하는 자는 가히 이것을 보아 징계할지로다.'에서 서술자의 주관적 논평을 확인할 수 있다.

05 정답 ②
| 2018 3월 고1 전국연합

◎ 정답풀이

서술자인 '나'는 이 소설의 중심인물인 아버지를 바라보며, 방랑하며 살았던 아버지의 삶에 대해 서술하고 있다. 즉, 사건을 체험한 서술자 '나'가 아버지와 관련된 사건을 중심으로 하여 그에 대한 자신의 생각을 서술하고 있다.

✕ 오답풀이

① 장면마다 다른 서술자를 제시하는 것은 아니다.
③ 외부 이야기에서 내부 이야기로 장면을 전환하는 액자 구조는 나타나지 않는다.
④ 작품 안의 서술자인 '나'가 서술하는 1인칭 시점이므로, 작품 밖의 서술자는 나타나지 않는다.
⑤ 동시에 일어나는 두 개의 사건을 병렬적으로 배치한 것은 아니다.

06 정답 ①
| 2018 9월 고2 전국연합

◎ 정답풀이

이야기 내부의 서술자인 '나'는 아들인 은표를 두고 장조카를 구해 낸 너우네 아저씨의 삶을 관찰하며, 그의 행동과 심리에 초점을 맞추어 서술하고 있다.

✕ 오답풀이

② 서술자는 너우네 아저씨의 모습을 묘사하고 있지만 공간적 배경에 대한 묘사는 드러나 있지 않다.
③ 서술자인 '나'는 작중 인물이지만 객관적 입장이 아니라 주관적 입장에서 너우네 아저씨를 관찰하고 있다.
④ 장면을 빈번하게 교차하거나 긴박한 분위기를 조성하는 것은 아니다.
⑤ 서술자는 '나'이며, 공간의 이동에 따라 달라지지 않는다.

01 정답 ②

| 2016 11월 고1 전국연합

◎ 정답풀이

[A]에서 이여백은 이화가 여우를 잡지 못할 **상황을 가정**하여, 자신도 여기에 있지 못하고 이화도 죽을 것이라고 경고하고 있다. [B]에서 이화는 황제 앞에 나아가며 웃옷을 벗지 않는 자신의 행동에 대한 근거로, 옷을 벗고 황제 앞에 나서는 것은 조선의 예의가 아니라는 당위성을 내세우고 있으므로 적절하다.

✖ 오답풀이

① [A]에서 이여백은 이화에게 애걸하고 있으므로 **권위를 내세우고** 있다고 볼 수 없고, [B]에서 이화는 동등한 입장을 내세우며 상대방의 공감을 이끌어 내고 있지 않다.
③ [A]에서 이여백은 과거와 현재를 비교하며 상대방의 태도를 비난하고 있지 않고, [B]에서 이화는 미래 상황을 예측하며 상대방의 태도 변화를 요구하고 있지 않다.
④ [A]에서 이여백은 자신의 처지를 하소연한다고 볼 수 있으나, [B]에서 이화는 당당하게 주장하고 있으므로 상황의 다급함을 내세우며 상대방의 동의를 구하고 있지 않다.
⑤ [A]에서 이여백은 구체적인 근거를 내세우며 상대방을 평가하고 있지 않고, [B]에서 이화는 조선의 상황을 예로 들며 상대방의 요구가 부당함을 지적하고 있다고 볼 수 있다.

02 정답 ②

| 2016 9월 고1 전국연합

◎ 정답풀이

박씨는 월선에게 누명을 씌우고, 박씨의 계략에 속은 승상은 분노하여 월선을 죽이려고 한다. [B]에서 월성은 아버지를 설득하기 위해 '누이가 죽으면~', '남이 묻거든~'이라고 **상황을 가정하여 말하고** 있다. 이와 달리 [A]에서 월선은 상황을 가정하여 말하고 있지 않다.

✖ 오답풀이

① [A]에서 월선은 자신의 불행을 운명과 자신의 탓으로 돌리고 있으므로 [B]와 달리 상대방에 대한 원망을 드러내고 있다는 것은 적절하지 않다.
③ [A]에서 월선이 자신의 잘못을 뉘우치는 것은 아니며, [B]에서 월성이 상대방을 비꼬는 것은 아니므로 적절하지 않다.
④ [A]에서 월선은 비교적 차분한 말투로 운명을 한탄하고 있고, [B]에서 월성은 격앙된 어조로 말하고 있으므로 적절하지 않다.
⑤ [A]에서 월선이 **권위에 기대어 말하고** 있지 않고, [B]에서 월성이 **고사를 인용하여 말하고** 있지 않으므로 적절하지 않다.

03 정답 ③

| 2016 9월 고2 전국연합

◎ 정답풀이

부자는 송사에 지고 그대로 가기가 분한 마음에, 뇌물을 받고 잘못된 판결을 내린 관원들에게 새들의 송사 이야기를 하고 있다. 따라서 부자가 이야기를 하는 의도는 **우회적인 말하기**를 통해 비리와 관련된 관원들을 비판하기 위한 것이라 볼 수 있다.

✖ 오답풀이

① 다른 송사를 청탁하기 위한 것은 아니다.
② 자신의 지혜를 뽐내기 위한 의도와는 거리가 멀다.
④ 관원들과 판결에 대해 논쟁을 벌이기 위해서가 아니라, 자신의 억울함을 호소하고 관원들의 잘못된 판결을 새들의 송사에 빗대어 비판하기 위한 것이다.
⑤ 패배로 끝난 송사로 잃게 된 재산을 되찾기 위한 것은 아니다.

04 정답 ⑤

| 2020 11월 고2 전국연합

◎ 정답풀이

중심인물인 '나'는 판돌을 다시 만난 뒤 그를 마주 보기도 싫은 마음이지만, 그동안 돈을 많이 벌었냐고 묻고 있다. 이는 판돌의 안부 인사에 따른 반응일 뿐, '나'가 한을 해소할 계기를 마련하기 위해 일부러 판돌에게 근황을 물은 것은 아니다. '나'의 한이 해소되는 것은 판돌에게 두 집안에 얽힌 과거 얘기를 들은 후이다.

✖ 오답풀이

① '나'는 어머니에게 '개죽음당한 아버지 유골이 지리산 계곡에' 나뒹굴고 있다고 하였으므로, 아버지가 죽임을 당한 비극으로 인해 한을 품게 되었음을 알 수 있다.
② 어머니는 '나'가 고등 고시에 합격하여 검사가 된 것만으로도 복수라며 고향에 가는 것을 말렸었다고 하였다. 그러나 '나'는 검사가 되었기 때문에 오히려 두려움 없이 고향에 돌아가 자신에게 한을 품게 한 대상인 판돌과 재회한 것임을 알 수 있다.
③ '나'가 '꿈꾸듯 오랫동안 벼러 온 고향'에 다녀오려고 했지만 어머니가 말렸다는 것에서 '나'가 오랫동안 고향을 떠나 있었음을 알 수 있다. 따라서 '나'가 고향을 떠나 있어서 고향과의 소통의 단절로 인해 과거의 한을 해소하지 못했을 것임을 알 수 있다.
④ '나'는 판돌을 자신의 아버지를 죽게 하여 한을 품게 한 대상으로 여기고 있었지만, 두 집안의 비극에 대한 판돌의 얘기를 듣고 난 후 판돌이 박쇠의 유골을 찾았기를 바라게 된다. 이는 한을 품게 한 대상과의 재회를 통해 그동안의 오해가 풀리고 '나'의 인식이 전환되었기 때문임을 알 수 있다.

01 정답 ③
| 2020 9월 고2 전국연합

◎ 정답풀이

ⓐ는 '나'가 전쟁으로 고아가 된 조카 훈이를 잘 키우는 것을 통해 전쟁에 대해 할 수 있는 '복수'를 의미한다. 따라서 ⓐ는 인물과 사회 간의 갈등에서 비롯된 행위로 볼 수 있다. ⓑ는 훈이가 서울로 가지 않고 남아서 정직과 근면으로 인한 보상이 어떤 것인지를 보여 주고 싶다는 말에 '나'가 자신과 할머니에 대한 '복수'냐고 한 데서 나온 말이다. 즉 '나'와 훈이의 인물 간의 갈등에서 비롯된 말로 볼 수 있다.

⊗ 오답풀이

① ⓐ는 '나'가 훈이를 잘 키우는 것이므로 의도적 행위로 볼 수 있지만, ⓑ는 훈이의 우발적 행위로 볼 수 없다.
② ⓐ는 '나'의 의지가 반영되었다고 볼 수 있고, ⓑ는 '나'의 오해가 반영되었다고 볼 수 있으므로 적절하지 않다.
④ ⓐ는 훈이를 보호하기 위한 의도가 있다고 볼 수 있고, ⓑ는 특정 인물을 기만하기 위한 의도와는 관련이 없다.
⑤ ⓐ는 전쟁에 대한 부정적 인식에서 비롯되었다고 볼 수 있고, ⓑ는 특정 인물에 대한 긍정적 인식과는 관련이 없다.

02 정답 ④
| 2018 9월 고2 전국연합

◎ 정답풀이

[C]의 여인은 죽은 사람이어서 비현실적인 인물로 볼 수 있으므로 전기적 요소가 나타난다고 할 수 있지만, 이를 통해 이 인물의 영웅적 면모를 드러내는 것은 아니다.

⊗ 오답풀이

① [A]의 '국운은 나날이 쇠퇴하였고, 호적이 침입하여 팔도강산을 짓밟았다.'를 보면, 서술자는 병자호란이라는 역사적 사건의 내용을 요약적 진술로 전달하고 있다.
② [A]에서 서술자는 청허 선사에 대해 '그는 천성이 어질었고 마음 또한 착했다.'와 같이 인물의 성격을 직접 제시하고, '추운 사람을 만나면 ~ 밥도 몽땅 주어 버렸다.'와 같이 인물의 선한 행동을 통해 부연하고 있다.
③ [B]의 '맑은 하늘은 물빛같이 푸르렀고'에서 시각적 심상, '음산한 밤공기가 ~ 찬바람이 엄습했고'에서 촉각적 심상을 사용하여 밤이라는 시간적 배경을 드러내고 있다.
⑤ [C]의 '직녀가 은하에서 내려왔나, 월궁에서 항아가 내려왔나'를 보면, 서술자는 여인을 고사 속의 인물인 직녀와 항아와 비교하여 궁금증을 유발하고 있다.

03 정답 ③
| 2018 11월 고2 전국연합

◎ 정답풀이

마을 사람들이 고속 도로 때문에 '먼 굴다리 쪽을 일부러

돌아'가는 모습은 권력에 의해 피해를 입고도 이를 수용하는 농민들의 상황을 드러내고 있다. 이는 국가 권력과 개인의 외적 갈등이며, 이를 세대 간의 갈등으로는 볼 수 없다.

⊗ 오답풀이

① '부당한 환지'를 받고 피해를 입었지만 '정부에서 한 일'이기 때문에 어쩔 도리가 없다고 생각하는 것에서 토지를 침탈당한 농민들의 모습이 드러난다고 볼 수 있다.
② 송노인에게 고속 도로가 통하면 '가게도 차릴 수 있을 것'이라고 한 이성복 동장은 마을 환지위원장이므로, 가해자의 편에 서서 개발에 동조하는 중간자로 볼 수 있다.
④ 노인들은 환지 문제에 대해 '세상이 그런 걸 머!'라고 체념할 뿐 의견을 드러내지 않고 있으므로, 현실에 대해 무기력한 태도로 방관하는 농민들의 모습을 확인할 수 있다.
⑤ 노인들과 청년들의 입장이 달라지면서 '눈에 보이지 않는 어떤 틈'이 생기고 있다는 것에서, 농민들이 세대 간의 갈등으로 파편화되어 가는 모습을 확인할 수 있다.

04 정답 ②
| 2022 11월 고1 전국연합

◎ 정답풀이

정 상궁은 이성이 화양을 박대한다고 생각하여 '부마께서 이렇게 매몰차시니 어찌 분하지 않겠습니까?'라고 말하는데, 화양은 서방님이 자신을 예로 대한다고 말하며 '어찌 한심하지 않겠는가?'라고 정 상궁을 질책하고 있다. 하지만 정 상궁을 질책하며 가족 내 갈등이 유발된 책임을 가족 외 인물에게 돌리고 있는 것은 아니다.

⊗ 오답풀이

① 계모 장씨가 이성이 왕실의 한 사람이 된 후 '비밀스럽게 계교를 행하였다'는 것에서 주인공 이성의 혼인으로 인해 계모와 이성의 갈등이 심화되고 있음을 알 수 있다.
③ 장씨와 혜랑은 화양을 해치는데, 이성에게 누명이 미치게 되면 '어찌 멸문지화를 면할 수 있겠는가'라고 한 것에서 계모가 일으킨 사건이 가문을 위협할 수 있음을 알 수 있다.
④ 이성이 신이한 침법으로 죽어 가던 화양을 깨어나게 한 것에서, 주인공이 비범한 능력을 발휘하여 위기에 대응하고 있음을 알 수 있다.
⑤ 이무와 이성이 이영준에게 죄를 저지른 어머니 장씨를 용서해 달라고 간청하는 것에서, 유교적 윤리를 바탕으로 악행을 저지른 가족 내 인물을 포용하려 함을 알 수 있다.

❹ 서술 방식

01 정답 ⑤

◎ 정답풀이

[A]에서는 목포의 모습을 '크고 작은', '빼곡히', '북적거리고', '색색으로' 등의 시각적 심상과, '빵빵' 등의 청각적 심상을 사용하여 **묘사**하고 있다. 즉 [A]는 다양한 감각적인 묘사를 통해 도시의 정경을 그리고 있으므로, 관찰 대상을 실감 나게 드러내고 있다는 설명은 적절하다.

⊗ 오답풀이

① [A]에서 서술자는 이야기 내부가 아니라 이야기 외부에서, 목포를 보고 놀란 아이들의 심리와 목포의 모습을 **서술**하고 있다.
② [A]의 '아이들은 멍청하게 입만 벌렸다.'로 보아 긴박한 분위기가 아니라 놀란 분위기인 것을 알 수 있다.
③ [A]는 도시 풍경을 **묘사**하고 있으므로 사건을 **요약적으로 서술**한 것이 아니며, 갈등 해소 과정도 드러나 있지 않다.
④ [A]에 추측하는 표현이나 일어날 사건에 대한 예상은 드러나 있지 않다.

02 정답 ①

◎ 정답풀이

아내와 이별한 김유령은 화산도사를 찾아가서 자신의 아내를 다시 만나게 해 달라고 부탁하고 있다. 이 장면은 김유령과 화산도사의 **대화**를 중심으로 사건을 전개하고 있다.

⊗ 오답풀이

② 김유령이 화산도사에게 아내와의 과거의 일을 말하고 있을 뿐, 현재와 과거를 교차하여 서술하고 있지 않다.
③ 인물의 **외양 묘사**는 나타나지 않으므로, 이를 통해 인물의 성격 변화를 드러내고 있다고 볼 수 없다.
④ 서술자가 개입하여 인물의 행동을 평가하고 있지 않다.
⑤ 인물의 **내면 심리를 서술**하여 인물 간의 갈등을 표출하고 있지 않다.

03 정답 ②

◎ 정답풀이

이 소설은 1인칭 주인공 시점으로, 인생의 모순을 둘러싼 '나'의 내면의 복잡한 심리 상태를 **독백적 진술**을 통해 자세히 **서술**하고 있다.

⊗ 오답풀이

① 계절적 배경은 나타나 있지 않다.
③ **의식의 흐름 기법**은 무의식적으로 떠오르는 생각들을 논리성 없이 그대로 서술하는 방식이다. 이 소설은 인물의 내면 심리를 자세하게 서술하고 있지만 의식의 흐름 기법에 따라 서술한 것은 아니다.
④ 의문과 추측의 진술에 의해 다른 인물에 대한 반감을 드러내고 있는 것은 아니다.
⑤ 이모와 어머니의 삶에 대해 진술한 부분에서 과거에 대한 **서술**이 나타나지만, 인물 간 갈등 양상을 드러낸 것은 아니다.

04 정답 ⑤

◎ 정답풀이

'마음만 상할 따름일러라', '병사 대경하여 무수히 슬퍼하다가', '병사 크게 놀라며 또한 크게 기뻐하여' 등에서 서술자가 인물의 심리를 **직접 제시**하고 있다.

⊗ 오답풀이

① 시간의 흐름에 따라 **서술**하고 있으므로 과거와 현재가 교차되는 것은 아니다.
② 장면이 전환되면서 매화의 정체가 드러나고 있지만 이를 통해 긴박한 분위기가 조성되는 것은 아니다.
③ '학당', '내당' 등의 공간적 배경은 제시되어 있으나 이를 통해 주제가 암시적으로 드러나는 것은 아니다.
④ 매화의 정체를 중심으로 사건이 진행되고 있을 뿐, 인물 간의 첨예한 갈등은 나타나지 않는다.

05 정답 ②

◎ 정답풀이

[A]에서는 안 초시와 딸의 금전적인 갈등이 **대화**와 **서술**을 통해 드러나고 있다. [B]에서는 안 초시의 권유로 딸이 땅을 산 상황에서 1년이 지난 뒤, 투자에 실패한 사건의 전모가 **요약적 서술**을 통해 드러나고 있다.

⊗ 오답풀이

① [A]에서는 안 초시나 딸의 **외양 묘사**가 드러나지 않고, [B]에도 **배경 묘사**가 드러나지 않는다.
③ 이 소설의 서술자는 작품 밖에서 인물과 사건을 **서술**하고 있다. [B]는 지난 1년간의 과거 사건을 **서술**하고 있다.
④ [A]에서는 **대화**를 통해 시간의 흐름에 따라 사건이 진행되고 있으며, [B]에서는 과거의 일들을 회상하고 있다.
⑤ [A]에서는 향토적 소재가 드러나지 않으며, [B]에서도 상징적인 소재는 드러나지 않는다.

> ➕ 개념어 - 향토적 소재
> 시골의 정취를 풍길 수 있는 산, 바다, 구체적 지명 등의 소재를 말한다.

5 구성 방식

01 정답 ②

◎ 정답풀이

'내게 오래된 옛 우물과 ~ 증조할머니였을 것이다.'에서 서술자 '나'가 과거 어린 시절을 회상하고 있다는 것을 알 수 있다. '나'는 '옛 우물'과 '금빛 잉어' 등을 떠올리며 이와 관련된 과거의 사건을 서술하고 있다.

✕ 오답풀이

① 인물 간의 대화는 나타나 있지 않다.
③ 서술자의 교체는 나타나 있지 않다.
④ 인물의 성격 변화 과정은 나타나 있지 않다.
⑤ '나'의 어린 시절의 기억을 토대로 내면 심리를 부분적으로 서술하고 있으나, 서술한 내면 의식을 자의식의 혼란이라고는 볼 수 없다.

02 정답 ④

◎ 정답풀이

이 소설은 전쟁 상황에서 황제가 초왕에게 전교를 보내는 장면, 대봉이 황성으로 오는 장면, 대봉과 애황이 남북으로 출전하는 장면, 대봉과 애황이 이별하는 장면 등으로 장면을 계속 전환하며 사건을 전개하고 있다.

✕ 오답풀이

① 배경을 묘사한 부분은 나타나 있지 않다.
② 초월적 공간과 환상적 요소는 드러나 있지 않다.
③ 비극적 결말을 암시하는 서술자의 개입은 나타나 있지 않다.
⑤ 전쟁의 엄중한 분위기가 나타나 있으며 해학적 분위기는 나타나 있지 않다.

03 정답 ④

◎ 정답풀이

'낳으면 늙고 늙으면 죽는 것은 인간의 일상적 일'이라는 옥황의 말은 명대로 살라는 하늘의 뜻에 순응하라는 의미로 볼 수 있다. 결국 옥황은 지위의 우열에 상관없이 토끼의 편을 지지하면서 토끼를 세상에 놓아주라는 판결을 내리고 있는데, 옥황이 판결을 망설이는 모습은 나타나 있지 않다.

✕ 오답풀이

① 용왕과 토끼가 옥황이 주관하는 재판을 받는다는 점에서 송사 설화의 모티프가 쓰였음을 알 수 있다.
② 용왕과 토끼가 옥황 앞에서 함께 무릎을 꿇고 처분을 기다리는 모습에서, 용왕과 토끼가 옥황 앞에서 대등한 재판 당사자가 되었음을 알 수 있다.
③ 병든 자를 위해 죄 없는 자를 죽이지 말고, 강자를 누르고 약자를 도와 공정한 처결을 하라는 일광노의 말은 약자인 토끼의 진술을 지지하는 것임을 알 수 있다.
⑤ 토끼 역시 죽음을 싫어할 것이라는 옥황의 판결에서, 지위의 높고 낮음보다 모든 생명의 가치를 소중하게 여기는 작가의 의식이 드러남을 알 수 있다.

04 정답 ④

◎ 정답풀이

서술자인 '나'는 아내가 어머니에게 한 말을 듣고 옷궤에 대한 기억을 떠올리며 과거를 회상하고 있다. 따라서 역순행적 구성을 통해 사건을 입체적으로 전달하고 있다.

✕ 오답풀이

① 서술자는 '나'이며 교체되고 있지 않다.
② '나'와 어머니의 과거 경험을 서술하고 있지만, 다양한 체험을 삽화 형식으로 나열하고 있는 것은 아니다.
③ 현재의 '나'가 과거의 일을 회상하고 있을 뿐, 잦은 장면 전환을 통해 긴박한 분위기를 형성하고 있다고 볼 수 없다.
⑤ 인물의 외양을 객관적으로 묘사한 부분은 없다.

05 정답 ③

◎ 정답풀이

추상서는 ⓑ에서 양산백이 추소저를 찾아오자, '일이 이렇게 되었으니 잠깐 보게 하리라.'라고 생각하고 추소저와 양산백의 대면을 허락하여 둘이 만나게 된다. 따라서 양산백이 추소저를 보지 못하고 ⓒ로 간다는 것은 적절하지 않다.

✕ 오답풀이

① 역사가 '상제 잔치를 열어 즐기실새 ~ 그대와 더불어 외통함을 상제 아시고 그대 양인을 적강하시니라.'를 보면 상제가 추소저와 양산백을 ⓑ로 적강시킨 것임을 알 수 있다.
② ⓑ에서 추상서가 추소저와 심의량의 결혼을 추진하자, 추소저는 양산백과의 인연을 추상서에게 말하고, 이에 추상서가 크게 노하고 있으므로, 추소저가 시련을 겪고 있다고 볼 수 있다.
④ '그대 인생살이에 ~ 적강하시니라.'를 통해, 죽어서 ⓒ로 가게 된 양산백은 황건역사에게 자신이 신선과 더불어 풍경을 완상하며 세월을 보냈던 ⓐ에서의 일을 듣고 있음을 알 수 있다.
⑤ ⓓ에서 추소저와 양산백이 환생하게 된다. 추소저는 상서 부부에게 '소녀 양생과 더불어 ~ 환생하오니 이 어찌 인력으로 하올 바이리까.'라고 하며 두 사람이 재생하게 된 이유와 그 필연성이 하늘의 일임을 말하고 있음을 알 수 있다.

6 표현 방식

01 정답 ②

◎ 정답풀이

[A]의 '청산댁 기시요?', '누구다요?', '마침 기셨구만이라.', '워쩐 일이요.' 등을 보면, 현실감 있는 **사투리**를 사용하여 반장과 청산댁의 대화를 사실적으로 표현하고 있다.

✕ 오답풀이

① 요약적 서술이나 인물의 과거 상황은 드러나 있지 않다.
③ 인물 간의 대화가 나타나 있지만 이를 통해 인물들의 성격 변화를 보여 주는 것은 아니다.
④ 청산댁의 현재 상황이 나타나므로 회상의 기법을 사용한 것은 아니다.
⑤ 인물의 반복적 행위나 긴박한 분위기는 드러나 있지 않다.

02 정답 ④

◎ 정답풀이

현지인 노동자들과 땅을 일구던 창권에게 토민들이 수십 명씩 들이닥쳐 공격하는 부분에서는, **현재 시제**를 통해 사건의 현장감을 부각하여 창권이 처한 상황의 급박함을 전달하고 있다.

✕ 오답풀이

① 창권의 독백이 나타날 뿐 인물의 대화가 직접 인용된 부분은 나타나 있지 않다.
② 인물의 내면이 아니라 토민들이 갑자기 들이닥치는 사건의 전개 과정이 드러나 있다.
③ 3인칭 전지적 작가 시점이므로 서술자가 주인공으로 등장하는 것은 아니다.
⑤ 시점의 변화 없이 3인칭 시점에서 서술되고 있다.

03 정답 ①

◎ 정답풀이

해학적 표현은 인물의 말과 행동 등을 과장하거나 희화화하여 웃음을 자아내는 표현을 말한다. ㉠은 인간에게 해를 끼치지 않고 뜻이 다정한 제비의 모습을 말하고 있을 뿐, 해학적 표현이 나타나는 것은 아니다.

✕ 오답풀이

② ㉡은 '뚝', '발발'과 같은 음성 상징어를 활용하여 제비의 모습을 표현하고 있다.
③ ㉢의 '굶기를 부자의 밥 먹듯' 한다는 말은 관용적으로 사용하는 표현으로 볼 수 있다.

④ ㉣에서 제비의 팔자가 사납다고 한 것은 제비가 불쌍하다는 서술자의 주관적 판단이 반영된 것으로 볼 수 있다.
⑤ ㉤은 '닻줄 감듯', '연줄 감듯'이라는 비유적 표현을 반복하며 놀부가 제비 다리를 동여매는 모습을 **과장된 표현**으로 드러내고 있다.

04 정답 ②

◎ 정답풀이

노루가 동조한 '연치를 차려 좌를 정하'자는 기준은 나이순으로 정하자는 것이므로, 신분을 중심으로 한 기존의 질서가 아니라 새로운 질서라고 볼 수 있다. 따라서 노루를 기존의 신분 질서를 옹호하는 인물로 볼 수 없다.

✕ 오답풀이

① 장 선생의 맏손자는 잔치에 백호산군을 부르지 않으면 화가 될 것을 염려하지만, 장 선생은 산군이 잔치에 오면 손님이 겁이 나고 두려워할 것이라며 청하지 않는 것이 마땅하다고 말한다. 이는 기존의 지배 질서를 의미하는 산군을 초대하지 말자는 것이므로, 기존의 신분 질서가 약화된 사회의 모습으로 볼 수 있다.
③ 여우는 노루가 나이 많은 체하며 상좌에 앉는 모습을 보고, 자신도 간계를 통해 나이 많은 체할 수 있다며 대결에 참여하고 있다. 이를 통해 속임수를 쓰는 비윤리적인 행위로 자신의 목적을 이루고자 하는 행태를 확인할 수 있다.
④ 두꺼비가 부채로 서안을 치며 한시를 크게 읊는 장면을 통해 한문구를 이용하여 유식한 체하는 모습을 **풍자**하는 것을 알 수 있다.
⑤ 여우는 두꺼비에게 껍질은 왜 우둘투둘하고, 눈은 왜 그리 노랗고, 목정은 왜 움츠러졌는지 물어보고 있다. 이를 통해 상대의 외양을 우스꽝스럽게 **희화화**하여, 자신이 우위를 점하고자 하는 모습을 **풍자**하는 것을 알 수 있다.

대구

강정복	영덕중학교
강지원	전문과외
금정원	델타학원
김철홍	계성고등학교
김현우	명륜국어논술학원
박노덕	건민재
박성민	박쌤김쌤학원
박창연	청운국어논술학원
서동민	계피맛국어학원
유숙희	훈민정음국어교습소
유진아	채움국어교습소
이정현	이정현국어교습소
이정희	이정희국어학원
지상훈	능인고등학교
최유림	이지화국어학원
최인정	나무와숲국어교실
한주연	전문과외

대전

강영기	강영기바른교육학원
김원석	달곰국어
김태호	중일고등학교
박소연	다온영어국어학원
박인수	박인수수능연구소
유은재	일취월장입시학원
유형민	둔산마스터학원
정지은	청명대입학원
조민수	둔산마스터학원
조승연	호연지기학원
최경옥	청담프라임학원

부산

강현우	강서고등학교
김준서	수로부인국어
김혜정	아름국어
박가연	박가연국어
박경아	시너지학원
박미자	전문과외
박상준	필(必)통(通)국어
박여진	리만국어
박은지	이투스247해운대센텀점
박정임	올바른국어학원
배민지	허복선글샘국어전문학원
신정근	바른국어
신혜영	수오재국어
안성희	수로부인국어
안혜지	다이나믹학원
유정희	유정희언어논술교습소

유현주	대신여자중학교
임영진	초읍초등학교
정서은	정서은국어논술
홍성훈	큰뜻국어

서울

강반석	전문과외
강상훈	지성과감성
강선옥	혜윰국어논술교습소
강원준	광신고등학교
강인진	광문고등학교
고민정	성신여자중학교
권로사	입시전문코벤트
권민서	연하늘국어학원
김경애	책과노니는집
김도연	사과나무학원
김미정	김미정국어
김선아	밝음학원
김수진	브레인국어논술공부방
김영준	김영준국어논술학원
김요섭	목동사과나무학원강서관
김은옥	김은옥국어논술교습소
김은지	프로스D&V학원
김정관	경신고등학교
김진홍	기파랑문해원서초반포원
김태범	강북메가스터디학원 / 대치명인학원
김형준	숭의여자고등학교
노소영	전문과외
노희성	천호하나학원
박동춘	국풍학원
박소미	대치두다국어학원
박태순	참좋은학원
박하희	전문과외
백선영	명지고등학교
백현미	아로새김학원
사승훈	열매국어
송준형	전문과외
신거산	바로글논술
신준배	김상호이엠케이학원
안광규	말과글국어전문국어교습소
안민정	오름국어학원
안보람	보람국어
안상미	안상미국어
양선희	종로학원신촌
양은비	전문과외
오도현	송파메가스터디
오연송	송송국어
유은정	광문고등학교
유혜민	민국어교습소

윤경민	윤경민국어전문학원
윤미정	천개의고원
윤은규	전문과외
윤현지	김영준국어논술학원
이범구	세계학원
이서현	사계국어논술
이성우	오디세이국어교실
이아라	아라국어논술학원
이영준	너나교육열매국어학원
이윤주	연세윤국어
이정복	석률학원
이정선	대성고등학교
이진영	강남리더스학원
이창근	참수학뿌리국어학원
이창열	제일학원
이충환	송파메가스터디학원
이한준	강동뉴스터디
이형섭	가리온학원
이혜미	홍익대학교사범대학부속고등학교
이홍진	대일외국어고등학교
장정미	네오스터디학원
전병호	라온국어논술학원
전서윤	누원고등학교
정민지	세라국어
정성아	성아국어
정승훈	강남하이퍼기숙학원 / 피큐브아카데미
정혜채	지혜의숲국어논술
정희숙	정샘국어
조혜정	대치조혜정국어
조희정	T&S STUDY
최병두	전문과외
최용수	강일연세학원
최인호	우신고등학교
최제원	최홍국어논술학원
하 랑	서강학원
한기연	대치상아학원
홍승민	손글국어
홍혜란	대치명인학원
황창식	상승국어

세종

박태준	더플러스입시학원
소선희	아비투스국어학원
안솔이	혜윰국어학원
이경주	로운국어전문학원
이규혁	일취월장국어학원
이한솔	더올림입시학원
정한미	다락서원소담점
천정은	카이젠학원

울산

김진렬　국자감국어전문학원
성부경　국어여행학원
이유림　이유림국어연구소 ──
정지혜　전문과외
조민철　생각의창국어논술전문학원

인천

강민근　강민근국어논술
강인혜　리딩엠
김석현　전문과외
김 솔　전문과외
김윤정　뿌리깊은국어학원
김지은　김쌤국어전문학원
김태현　언해담국어학원
김현지　뿌리깊은국어
문미진　엠투엠수학국어학원
박가람　국어스토리학원
배성현　국어논술자신감
이유진　인천중산중학교
임희순　하나M국어
홍선희　홍쌤의국어공부방
황재준　고대국어논술학원

전남

강수진　목포강쌤국어
김경주　김경주국어논술전문학원
박종섭　백제고등학교
안정광　안비국어
윤기한　명품국어학원
이동규　완도고등학교
정해연　책봄논술

전북

강라연　반전국어학원
고민석　전주해성중학교
김예곤　이승수국어논술학원
송미영　송미영국어전문학원
양성정　세종국어논술학원
이동익　든든한국어
이지훈　전일고등학교
임승언　전일고등학교

제주

고영란　신성여자고등학교
김예사　샤인학원
김창우　예인학원
이예은　이예은단비국어학원
현정대　대기고등학교

충남

김영웅　생각올림국영수단과연합학원
방제숙　전문과외
이선영　천안중앙고등학교
이예은　나성이미숙국어학원
전윤찬　천안압구정국어논술학원
조용아　서천중학교
조효준　조효준국어학원

충북

김동훈　김동훈국어학원
박규경　솔밭중학교
박대권　피디케이
이빛나　일신여자고등학교
이주현　지음국어과학전문학원
이효정　더블제이영어국어
장수진　이레국어교습소
정미향　이루다국어논술
한상철　한상철국어